MITOLOGIA GREGA

Volume I

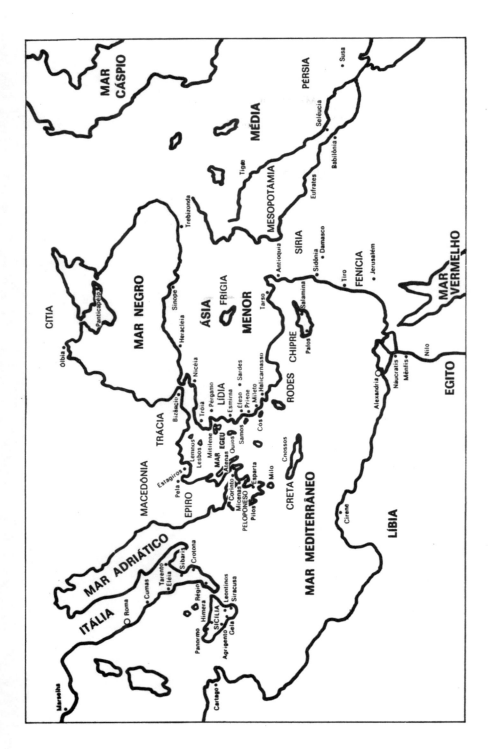

Mapa do Mundo Helênico

Junito de Souza Brandão

MITOLOGIA GREGA
VOLUME I

Petrópolis

© 1986, Editora Vozes Ltda.
Rua Frei Luís, 100
25689-900 Petrópolis, RJ
www.vozes.com.br
Brasil

Todos os direitos reservados. Nenhuma parte desta obra poderá ser reproduzida ou transmitida por qualquer forma e/ou quaisquer meios (eletrônico ou mecânico, incluindo fotocópia e gravação) ou arquivada em qualquer sistema ou banco de dados sem permissão escrita da editora.

CONSELHO EDITORIAL

Diretor
Gilberto Gonçalves Garcia

Editores
Aline dos Santos Carneiro
Edrian Josué Pasini
Marilac Loraine Oleniki
Welder Lancieri Marchini

Conselheiros
Francisco Morás
Ludovico Garmus
Teobaldo Heidemann
Volney J. Berkenbrock

Secretário executivo
João Batista Kreuch

Diagramação: AG.SR Desenv. Gráfico
Capa: Juliana Teresa Hannickel

ISBN 978-85-326-0071-4 – (Obra completa)
ISBN 978-85-326-0407-1 – Vol. I
ISBN 978-85-326-0072-1 – Vol. II
ISBN 978-85-326-0450-7 – Vol. III

Dados Internacionais de Catalogação na Publicação (CIP)
Câmara Brasileira do Livro, SP, Brasil)

Brandão, Junito de Souza, 1926-1995.
    Mitologia grega, vol. I / Junito de Souza Brandão. 26. ed. – Petrópolis, RJ : Vozes, 2015.

  Bibliografia.

  8ª reimpressão, 2021.

  Mitologia grega – História I. Título.

06-9289   CDD-292.0809

Índices para catálogo sistemático:
1. Mitologia grega : História   292.0809

Editado conforme o novo acordo ortográfico.

Este livro foi composto e impresso pela Editora Vozes Ltda.

SUMÁRIO

Nota à sétima edição, 7

Prefácio, 9

Introdução, 13

As famílias divinas, 19

I. Mitologia grega: preliminares, 25

II. Mito, rito e religião, 37

III. A Grécia antes da Grécia e a chegada dos Indo-Europeus, 45

IV. Dos Jônios à Ilha de Creta, 51

V. Os Aqueus e a Civilização Micênica: a maldição dos Atridas, 71

VI. Troia histórica, Troia mítica e as invasões dos dórios, 101

VII. Homero e seus poemas: deuses, mitos e escatologia, 121

VIII. Hesíodo, trabalho e justiça: Teogonia, Trabalhos e Dias, 155

IX. A primeira fase do Universo: do Caos a Pontos, 193

X. A Primeira Geração Divina: de Úrano a Crono, 205

XI. Ainda a Primeira Geração Divina: filhos e descendentes
(De Nix ao Leão de Nemeia), 237

XII. Ainda a Primeira Geração Divina: filhos e descendentes
(Do Rio Nilo a Hécate), 273

XIII. A Segunda Geração Divina: Crono e sua descendência, 291

XIV. A Terceira Geração Divina: Zeus e suas lutas pelo poder, 351

Apêndice: Deuses gregos e latinos, 367

Bibliografia, 371

Índice onomástico, 381

Índice analítico, 409

NOTA À SÉTIMA EDIÇÃO

A sétima edição do Volume I de *Mitologia grega* apresenta-se bastante alterada. Raramente uma página deixou de sofrer alguma emenda. Procuramos, de um lado, corrigir, tanto quanto possível, os erros tipográficos (e os nossos) e, de outro, aprimorar a redação de alguns tópicos importantes, enriquecendo-os com o que há de mais atual em mito e religião, de 1986 até o momento.

A novidade maior, todavia, encontra-se na parte etimológica. É que, na redação dos dois volumes do *Dicionário mítico-etimológico da mitologia grega* (Petrópolis, Vozes, 1991), tivemos a oportunidade de compulsar dicionários bem mais especializados em etimologia greco-latina, o que permitiu melhorar e até mesmo retocar alguns étimos.

Agradecendo a grande aceitação dos três volumes de *Mitologia grega*, esperamos, agora, que os estudiosos os complementem com os dois indispensáveis volumes do *Dicionário mítico-etimológico*.

Rio de Janeiro, 10 de julho de 1991.

Junito Brandão

PREFÁCIO

Através do conceito de arquétipo, C.G. Jung abriu para a Psicologia a possibilidade de perceber nos mitos diferentes caminhos simbólicos para a formação da Consciência Coletiva. Nesse sentido, todos os símbolos existentes numa cultura e atuantes nas suas instituições são marcos do grande caminho da humanidade das trevas para a luz, do inconsciente para o consciente. Estes símbolos são as crenças, os costumes, as leis, as obras de arte, o conhecimento científico, os esportes, as festas, todas as atividades, enfim, que formam a identidade cultural. Dentre estes símbolos, os mitos têm lugar de destaque devido à profundidade e abrangência com que funcionam no grande e difícil processo de formação da Consciência Coletiva.

Os pais ensinam aos filhos como é a vida, relatando-lhes as experiências pelas quais passaram. Os mitos fazem a mesma coisa num sentido muito mais amplo, pois delineiam padrões para a caminhada existencial através da dimensão imaginária. Com o recurso da imagem e da fantasia, os mitos abrem para a Consciência o acesso direto ao Inconsciente Coletivo. Até mesmo os mitos hediondos e cruéis são da maior utilidade, pois nos ensinam através da tragédia os grandes perigos do processo existencial.

Todavia, os arquétipos são ainda mais do que a matriz que forma os símbolos para estruturar a Consciência. Eles são também a fonte que os realimenta. Por isso, os mitos, além de gerarem padrões de comportamento humano, para vivermos criativamente, permanecem através da história como marcos referenciais através dos quais a Consciência pode voltar às suas raízes para se revigorar. A obra de Jung demonstrou fartamente que o Inconsciente não é somente a origem da Consciência, mas, também, a sua fonte permanente de reabastecimento. Da mesma forma que a noite permite às plantas prepararem-se para cada novo dia e o sono descansa e reabastece o corpo, assim, também, o Inconsciente renova a

Consciência. Das trevas fez-se a luz, que, através delas, se mantém. De noite, por meio dos sonhos; de dia, através da fantasia, os arquétipos produzem e revigoram os símbolos. A interação do Consciente com o Inconsciente Coletivo, através dos símbolos, forma, então, um relacionamento dinâmico, extraordinariamente criativo, cujo todo podemos denominar de Self Cultural. Os mitos são, por isso, os depositários de símbolos tradicionais no funcionamento do Self Cultural, cujo principal produto é a formação e a manutenção da identidade de um povo.

A grande utilidade dos mitos, por conseguinte, está não só no ensinamento dos caminhos que percorrem a Consciência Coletiva de uma determinada cultura durante sua formação, mas também na delineação do mapa do tesouro cultural através do qual a Consciência Coletiva pode, a qualquer momento, voltar para realimentar-se e continuar se expandindo. Mas, poderíamos perguntar, qual a utilidade do conhecimento dos mitos de uma cultura, tão diferente quanto a greco-romana, para a Consciência Coletiva Brasileira?

Nosso país atravessa atualmente uma fase histórica da maior importância para a busca de uma identidade a partir da sua sociedade multicultural. Valorizando nossa ecologia, tentando proteger o que resta das culturas indígenas, estudando as culturas negras representantes da negritude em nosso meio, traduzindo os rituais da cultura japonesa já pujantemente existente entre nós e voltando-nos às nossas raízes ibéricas para acompanhar o renascimento de Portugal e Espanha do interior do seu enigma histórico, nós brasileiros caminhamos para descobrir quem somos.

Nesta tarefa, o conhecimento da cultura greco-romana muito pode nos ajudar, tanto pela imitação quanto pela diferenciação. A imitação nos permite buscar nossos símbolos e empregá-los como pontes entre nossa Consciência e nossas raízes, da mesma forma que os gregos o faziam. A diferenciação nos estimula a buscar nossa maneira especial e única de viver com os nossos próprios símbolos.

Existe ainda algo extraordinário no estudo da Mitologia Grega, para o que gostaria de motivar a atenção do leitor. Trata-se de compreender a razão pela qual a Cultura Ocidental se voltou tão intensamente para a Grécia durante o Renascimento, o que muitos têm compreendido como um retrocesso ao paganismo e um consequente desvirtuamento do cristianismo. No entretanto, lado a lado com a intolerância da Inquisição e sua obra repressiva das variáveis míticas (heresias), percebemos, no Renascimento, a Consciência da fé cristã, não só com os símbolos da religião greco-romana e egípcia, como com toda a sorte de crenças, superstições e magia. Foi nesta convivência entre religião, alquimia, astrologia e superstição que nasceu o humanismo europeu, útero e berço da ciência moderna. Não vejo nisso um retrocesso do cristianismo, e sim um avanço. A árvore mítica judaico-cristã foi buscar em outras culturas o material imaginário necessário para implantar a transição patriarcal do Self Cultural e encontrou, na Mitologia Grega, uma fonte inesgotável de símbolos de convivência com as forças da natureza. O Ocidente reencontrou na Grécia não só uma cornucópia de mitos matriarcais, como também inúmeros padrões mitológicos de convivência destes símbolos matriarcais com os patriarcais. Estes ingredientes foram indispensáveis para os gênios do Renascimento constituírem a ciência moderna, a partir da busca da espiritualidade judaico-cristã, aplicada às forças da natureza. Este mesmo fator pode nos ajudar criativamente na interação entre, por um lado, nossas raízes judaico-cristãs e a cultura japonesa de dominância patriarcal e, por outro lado, as culturas indígenas e negras de dominância matriarcal na busca da construção da identidade brasileira, a partir de nossa sociedade multicultural.

Para encerrar, uma palavra diretamente sobre este livro e seu autor. Esta obra nos traz o tesouro simbólico da cultura grega através de alguém que se dedicou ao seu estudo e ao seu ensino por mais de trinta anos. Quem já teve o privilégio de frequentar os cursos deste mestre, teve certamente a oportunidade de perceber que a delicadeza e o carinho com que transmite seus ensinamentos se respaldam na força do estudo, da pesquisa e da erudição. Junito de Souza Brandão, em sua vida dedicada ao ensino de culturas antigas, principalmente da greco-romana, tem expressado entre nós a essência do arquétipo do professor que tempera aquilo que transmite aos seus alunos com o amor que ele próprio sente pelo conhecimento transmitido. Ao proceder assim, o mestre se transforma em sacerdote, pois os fatos que ensina viram símbolos da atividade imemorial da humanidade em direção à totalidade através da cultura. É o produto desta dedicação de uma vida que temos à nossa frente. Desejo ao leitor bom proveito.

Dr. Carlos Byington
Psiquiatra e Analista Junguiano

Introdução

Quando da gestão do Dr. Roberto Piragibe da Fonseca, em 1960, como diretor da então Faculdade de Filosofia da PUC-RJ, conseguimos, após muita insistência, introduzir no Currículo de Letras a Cadeira de *Mitologia grega e latina*, que continua, até hoje, em plena vitalidade, e até mesmo com número excessivo de alunos... Ignoro se existe outra universidade, no Brasil, que mantenha regular e curricularmente o *Mito* como disciplina, ao menos eletiva. Se não existe, é de todo lamentável, porquanto não se pode, a meu ver, estudar com profundidade a Literatura Greco-Latina e seu κόσμος (kósmos), seu "universo" multifacetado, sem um sério embasamento mítico, pois que o mito, nesse caso, se apresenta como um sistema, que tenta, de maneira mais ou menos coerente, explicar o mundo e o homem. Opondo-se ao λόγος (lógos), "como a fantasia à razão, como a palavra que narra à que demonstra", λόγος (lógos) e μῦθος (mythos) são as duas metades da linguagem, duas funções igualmente fundamentais da vida e do espírito. O "lógos", sendo um raciocínio, procura convencer, acarretando no ouvinte a necessidade de julgar. O "lógos" é verdadeiro, se é correto e conforme à lógica; é falso, se dissimula alguma burla secreta (um "sóphisma")[1]. O mito, porém, não possui outro fim senão a si próprio. Acredita-se nele ou não, à vontade, por um ato de fé, se o mesmo parece "belo" ou verossímil, ou simplesmente porque se deseja dar-lhe crédito. Assim é que o mito atrai, em torno de si, toda a parte do irracional no pensamento humano, sendo, por sua própria natureza, aparentado à arte, em todas as suas criações. E talvez seja este o caráter mais evidente do mito grego. Verificamos que ele está presente em todas as atividades do espírito. Não existe domínio algum do helenismo, tanto a plástica como a litera-

---

1. Σόφισμα (sóphisma), *sofisma*, aqui no caso, é um expediente enganoso e enganador.

tura, que não tenha recorrido constantemente a ele. "Para um grego, um mito não conhece limites. Insinua-se por toda parte [...]. Reserva de pensamento, o mito acabou por viver uma vida própria, a meio caminho entre a razão e a fé. [...] Até os filósofos, quando o raciocínio atingiu o seu limite, recorreram a ele como a um modo de conhecimento capaz de comunicar o incognoscível"[2].

De outro lado, sendo uma *fala*[3], um sistema de comunicação, uma mensagem, o mito é uma como que *metalinguagem*, já que é uma segunda *língua na qual* se fala da primeira. Não sendo um objeto, um conceito, uma ideia, o mito é um modo de significação, uma forma, um *symbolon*, acrescentaríamos. Donde não se pode defini-lo simplesmente pelo objeto de sua mensagem, mas pela maneira como a profere. "Metalinguagem" não é apenas a "literatura", no caso em pauta a greco-latina, que não se pode explicar sem o mito, mas igualmente inúmeros fatos da língua. Se não mais é possível falar do "rapto de Helena" por Alexandre ou Páris, a não ser buscando fundo no mitologema quem era a "antiga deusa da vegetação" Helena e o significado de rapto, ainda mais que perpetrado por um príncipe outrora "exposto"; se não mais se poderia analisar a "Esfinge inquiridora" do *Édipo Rei* de Sófocles, a não ser partindo-se de sua morfologia primitiva de *Íncubo*, de demônio opressor erótico, e de *alma penada*; se não mais teria sentido expor os *Doze Trabalhos* de Héracles, impostos ao "herói" pela protetora dos "amores legítimos", Hera, se não se visse neles, entre muitos outros conteúdos, um longo rito iniciático, coroado pela apoteose, como semelhantemente aconteceu com Psiqué – assim também muitos fatos da língua ficariam reduzidos a meras palavras, se não se buscasse esclarecê-los através do mito e da religião. Como explicar, por exemplo, em latim, *contemplari*, "olhar atentamente para" e *considerare*, "examinar com cuidado e respeito", desvinculados do sentido profundamente religioso de *templum*, "templo", e *sidus*, "constelação"? Uma coisa é *templum*, templo, local onde se aninham as estátuas dos deuses; outra, bem mais rica e nobre, é *templum*, espaço quadrado delimitado pelo áugure no céu e no chão, espaço em cujo interior o sacerdote tomava e interpretava os

---

2. GRIMAL, Pierre. *La mythologie grecque*. Paris: PUF, 1952, p. 8ss.

3. BARTHES, Roland. *Mythologies*. Paris: Seuil, 1972, p. 137ss.

presságios. Donde *contemplari*, "contemplar", é observar atentamente se os pássaros voam da esquerda para a direita (bom presságio) ou da direita para a esquerda (mau presságio) . *Sidus, -eris* é constelação, donde *considerare*, "considerar", é "examinar atenta e respeitosamente os astros e sondar-lhes as disposições". Cícero já emprega a expressão *sidera natalícia* (*De Diu.*, 2,43,91), "astros que presidem aos nascimentos" e determinam as sequências da vida dos que nascem sob sua tutela.

Pois bem, foi dentro desses cânones, que não são novos, buscando no mito o que ele tem de "permanente" em todas as culturas, que procuramos elaborar três volumes sobre *Mitologia grega*. Não desprezamos os significantes de nenhum mito, mas investigamos com afinco e persistência o sentido de seu conteúdo. Partindo de um suporte meramente expositivo, mas podando-lhe com cuidado o romanesco, e escolhendo com mais cautela ainda a ou as variantes mais antigas e "autênticas", tentamos ir bastante além, esmiuçando-lhe o simbolismo e, quanto possível, as significações psicológicas.

Após Freud, Jung, Neumann, Melanie Klein, Erich Fromm, Mircea Eliade, e isto para citar apenas alguns dos grandes pioneiros e seus seguidores, o mito enveredou por caminhos bem mais legítimos e genuínos: deixou de ser uma simples história da carochinha ou uma ficção, "coisa inacreditável, sem realidade", para, como acentua Byington no Prefácio, "através do conceito de arquétipo, abrir para a Psicologia a possibilidade de perceber diferentes caminhos simbólicos para a formação da Consciência Coletiva".

Se, a princípio, o estudo do mito nos interessou como um auxiliar poderoso e indispensável para uma melhor compreensão das línguas grega e latina e sobretudo de suas respectivas literaturas, a partir de 1982, quando começamos a trabalhar em dupla, em São Paulo e no Rio de Janeiro, com o psiquiatra e analista Carlos Byington, é que percebemos com mais clareza o peso do mito, esse inesgotável repositório de símbolos, que realizam "a interação do Consciente com o Inconsciente Coletivo". É exatamente esse "tipo de mito" que procuramos transmitir não só a nossos alunos de Departamentos vários da PUC-RJ, e em cursos anuais em nossa cidade, mas particularmente a universitários, professores, psicólogos, psicanalistas, psiquiatras e analistas de São Paulo e da Unicamp, com muitos dos quais, e prazerosamente, vimos trabalhando, há quatro anos.

Na elaboração de *Mitologia grega*, Volume I, após os sete primeiros capítulos, em que focalizamos mito e obra de arte, definição de mito e religião, estudo da religião pré-helênica, chegada à Hélade dos gregos indo-europeus e visão panorâmica dos poemas e deuses homéricos, tivemos que fazer uma séria e difícil opção. Por onde começar? Poderia ser por qualquer mito, já que este, além de não se enquadrar no tempo, é totalmente ilógico. Mas, como Hesíodo, poeta do século VIII a.C., portanto, cronologicamente, o segundo depois de Homero, nos legou, conforme se comenta no capítulo VIII, duas obras preciosas com vistas à mitologia grega, *Teogonia* e *Trabalhos e Dias*, resolvemos, por dois motivos, iniciar por ele. Primeiro, porque o poeta de Ascra colocou certa ordenação, ao menos genealógica, no confuso mito grego; segundo, porque, inteligentemente, fez coincidir o *Caos*, "massa confusa e informe", que dá início à *cosmoteofania*, isto é, ao aparecimento do mundo e dos deuses, com o *caos* social da *Idade de Ferro*, em que vivia seu século. Nesse caso, o homem percorreu o caminho inverso ao dos deuses: da *Idade de Ouro* degradou-se até a *Idade de Ferro*... Temos, por conseguinte, dois "caos". Partindo do primeiro, o poeta há de fazer com que do *Caos*, das "trevas", se chegue a *Zeus*, "à luz" e sonha com a extinção do segundo: quem sabe se o homem, apoiado em Zeus, símbolo da *díke*, da justiça, não há de emergir do *caos* social para a *luz*? Da *Idade de Ferro* não há de retornar à *Idade de Ouro*?

Nossa *Mitologia grega*, portanto, abrange três grandes momentos do mito helênico: o Volume I, após os sete primeiros capítulos de que já se falou linhas atrás, irá do *Caos* até as lutas de *Zeus* pelo poder; o Volume II, mais denso, partirá de *Zeus*, já como deus cosmocrata e "pai dos deuses e dos homens", e se fechará no mito de *Eros e Psiqué*; o Volume III será consagrado ao *Mito dos heróis*.

Na feitura de *Mitologia grega* usamos algumas obras altamente especializadas no assunto, todas, por sinal, indicadas na Bibliografia Geral. Gostaríamos, todavia, de destacar o nosso manuseio constante, para interpretação da parte simbólica, do *Diccionario de símbolos*, de J.E. Cirlot, do *Dictionnaire des symboles*, de Jean Chevalier e Alain Gheerbrant, e de *Le symbolisme dans la mythologie grecque*, de Paul Diel. No que se refere à interpretação psicológica, nossos guias principais foram Sigmund Freud, C.G. Jung, Erich Neumann e Gaston Bachelard.

Mitologia grega deve muito a muita gente. Não apenas às pessoas que tanto me incentivaram e até reclamaram de meu natural *festina lente*, como a estimada amiga Rose Marie Muraro, que prefaciará o segundo volume; o jovem psicólogo José Raimundo de Jesus Gomes; colegas e alunos do Rio de Janeiro e de São Paulo, mas também àqueles que gentilmente me ajudaram *manu laboriosa*, como as professoras Miriam Sutter Medeiros, Lea Bentes Cardoso e o universitário Fred Marcos Tallman, que se encarregaram da parte datilográfica; Silvia Elizabeth von Blücher, Augusto Ângelo Zanatta, Valderes Barboza e o já consagrado Professor Synval Beltrão Jr., aos quais fico devendo o penoso trabalho de organização dos índices do primeiro volume.

Esperamos, por fim, que os três volumes de *Mitologia grega* cumpram as duas finalidades únicas que tivemos em mira ao redigi-los: cooperar para que as humanidades clássicas voltem urgentemente ao lugar que lhes compete e servir não só aos que lidam com a ciência da psiqué, mas também a quantos acreditam na perenidade do *mito*, que não é grego nem latino, mas um farol que ilumina todas as culturas.

Rio de Janeiro, 26 de abril de 1985
Junito de Souza Brandão

AS FAMÍLIAS DIVINAS

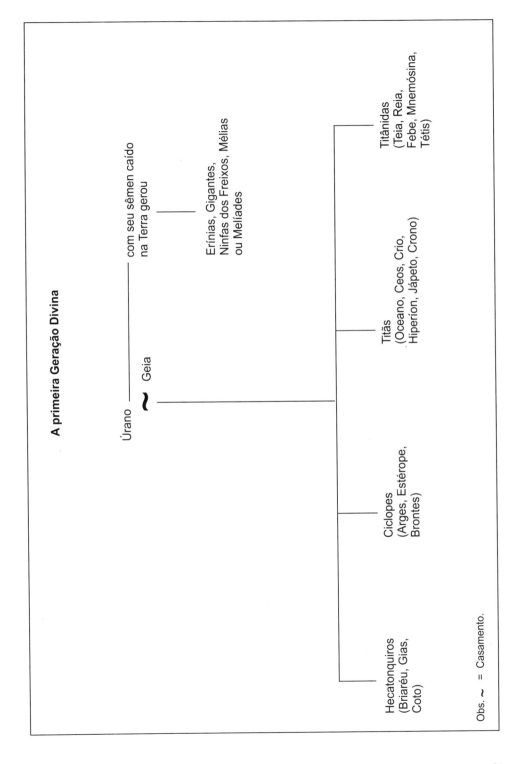

Zeus, o fertilizador

Zeus

(uniões divinas)
- Métis: Atená
- Têmis: Horas, Moiras
- Dione: Afrodite
- Eurínome: Cárites
- Mnemósina: Musas
- Leto: Apolo, Ártemis
- Deméter: Core ou Perséfone
- Hera: Ares, Hebe, Ilítia

(uniões humanas e com heroínas)
- Alcmena: Héracles
- Antíope: Anfião, Zeto
- Calisto: Arcas
- Dânae: Perseu
- Egina: Éaco
- Electra: Dárdano, Iásion, Harmonia
- Europa: Minos, Sarpédon, Radamanto
- Io: Épafo
- Laodamia: Sarpédon
- Leda: **Helena**, Dioscuros (Castor e **Pólux**), Clitemnestra
- Maia: Hermes
- Níobe: Argos, Pelasgo
- Plutó: Tântalo
- Sêmele: Dioniso
- Taígeta: Lacedêmon

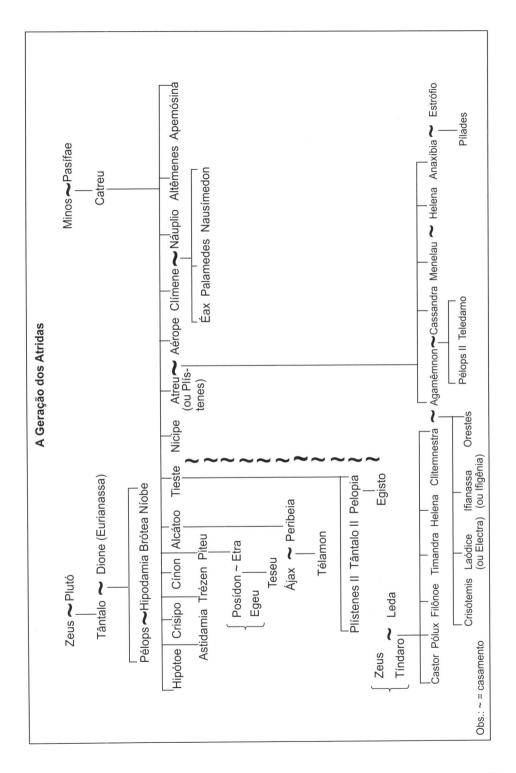

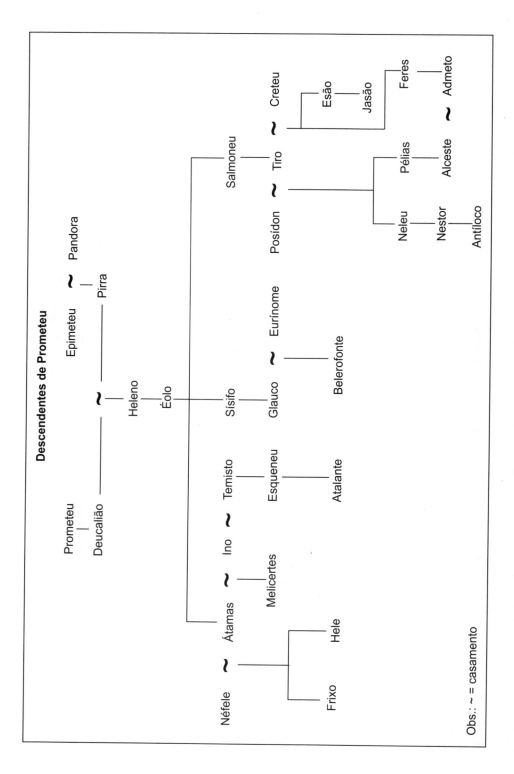

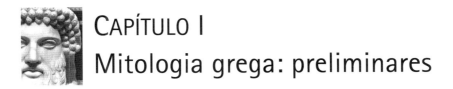

Capítulo I
Mitologia grega: preliminares

1

Os mitos gregos só se conhecem através da forma escrita e das imóveis composições da arte figurada, o que, aliás, é comum a quase todas as mitologias antigas. Ora, a forma escrita desfigura, por vezes, o mito de algumas de suas características básicas, como, por exemplo, de suas variantes, que se constituem no verdadeiro pulmão da mitologia. Com isso, o mito se enrijece e se fixa numa forma definitiva. De outro lado, a forma escrita o distancia do momento da narrativa, das circunstâncias e da maneira como aquela se converteria numa ação sagrada. Um mito escrito está para um mito "em função", como uma fotografia para uma pessoa viva. E se é verdade que a forma escrita é uma característica das mitologias antigas, a grega ainda está comprometida por outra particularidade. Mitos existem, fora do mundo grego, que, mesmo em sua rígida forma escrita, conservaram um nítido e indiscutível caráter religioso: são aqueles cujo contexto tem um cunho ritual.

O *Enûma Elîsh*[1], por exemplo, se reduz a um vasto repertório ritual. Se dos mitos egípcios se conhece relativamente pouco, é porque tudo quanto nos chegou de autêntico provém de textos rituais, como os *Textos das pirâmides*, os *Textos dos sarcófagos*, o *Livro dos mortos*... Análoga é a situação dos mais antigos textos rituais da Índia.

---

1. *Enûma Elîsh* são as duas primeiras palavras do grande poema babilônico e que significam "Quando, no alto..." O poema é inexatamente denominado *Poema da criação*, assunto que ocupa uma parte mínima da narrativa. Melhor seria chamá-lo *Poema da exaltação de Marduc*.

Acontece, no entanto, que a Grécia antiga não nos legou um único mito em contexto ritual, embora se pudesse, talvez, defender, ao menos como parte de um rito, o que chegou até nós de alguns festejos dionisíacos.

"A mitologia grega chegou até nós através da poesia, da arte figurativa e da literatura erudita, ou seja, em documentos de cunho 'profano'"[2], se bem que *profano* aqui no caso deva ser tomado em sentido muito lato, uma vez que poesia, arte figurativa e literatura erudita tiveram por suporte o mito.

É claro que houve, na Grécia, um liame muito forte entre literatura, arte figurativa e religião, mas, ao plasmar o material mitológico, os poetas e artistas gregos não obedeciam tão somente a critérios religiosos, mas também, e isso é fácil de se perceber, a ditames estéticos. Toda obra de arte como todo gênero artístico e literário possuem exigências intrínsecas. Entre narrar um mito, que é uma *práxis* sagrada, em determinadas circunstâncias, para determinadas pessoas, e compor uma obra de arte, mesmo alicerçada no mito, vai uma distância muito grande. A famosa lei das três unidades (ação, tempo e lugar), embora de formulação tardia, como teoria poética, está presente na tragédia clássica. Tal lei não é válida para o mito, que se desloca livremente no tempo e no espaço, multiplicando-se através de um número indefinido de episódios. Para reduzir um mitologema a uma obra de arte, digamos, a uma tragédia, o poeta terá que fazer alterações, por vezes violentas, a fim de que a ação resulte única, se desenvolva num mesmo lugar e "caiba" num só dia[3]. Não é em vão que, as mais das vezes, a tragédia grega se inicia *in medias res*. *Édipo Rei* de Sófocles começa quando termina o mito O *flashback* fará o milagre de recompor o restante...

A redução do mito a uma obra de arte traz outra consequência com vistas à documentação mitológica. O mito, como já se assinalou, vive em variantes; ora, a obra de arte, de conteúdo mitológico, somente pode apresentar, e é natural, uma dessas variantes. Acontece que, dado o imenso prestígio da poesia na Grécia, a variante apresentada por um grande poeta impunha-se à consciência pú-

---

2. BRELICH, Angelo. *Gli eroi greci*. Roma: Edizioni dell'Ateneo e Bizzarri, 1978, p. 33ss.

3. Veja-se BALDRY, H.C. *The Dramatization of the Theban Legend*. Greece and Rome, s. 2, v. 3, p. 24ss.

blica, tornando-se um *mito canônico*, com esquecimento das demais variantes, talvez artisticamente menos eficazes, mas, nem por isso, menos importantes do ponto de vista religioso.

2

As alterações sofridas pelos mitos gregos, todavia, não se restringem aos poetas e artistas. Estes, conquanto reduzissem o mito e o recriassem, alterando-o, para que o mesmo pudesse atender às novas exigências artísticas, de qualquer forma o aceitavam e mantinham.

Bem diferente é a atitude do pensamento racional, sobretudo dos Pré-Socráticos, muitos dos quais tentaram desmitizar ou dessacralizar o mito em nome do *lógos*, da razão. Acertadamente afirma Mircea Eliade: "Em nenhuma outra parte vemos, como na Grécia, o mito inspirar e guiar não só a poesia épica, a tragédia e a comédia (e acrescentaríamos o lirismo), mas também as artes plásticas; por outro lado, a cultura grega foi a única a submeter o mito a uma longa e penetrante análise, da qual ele saiu radicalmente 'desmitizado'. A ascensão do racionalismo jônico coincide com uma crítica cada vez mais corrosiva da mitologia 'clássica', tal qual é expressa nas obras de Homero e Hesíodo. Se em todas as línguas europeias o vocábulo 'mito' denota uma 'ficção', é porque os gregos o proclamaram há vinte e cinco séculos"[4].

A crítica dos filósofos jônicos não visava, na realidade, ao pensamento mítico, à essência do mito, mas aos atos e atitudes dos deuses, tais quais os concebiam Homero e Hesíodo. A crítica fundamental era feita "em nome de uma ideia cada vez mais elevada de Deus". Um Deus verdadeiro jamais poderia ser concebido como injusto, vingativo, adúltero e ciumento, como enfatiza Xenófanes (576-480 a.C.), de Cólofon, na Ásia Menor: "No dizer de Homero e de Hesíodo os deuses fazem tudo quanto os homens considerariam vergonhoso: adultério, roubo, trapaças mútuas" (Frgs. B11, B12). Repele a concepção de que os deuses

---

4. ELIADE, Mircea. *Mito e realidade*. São Paulo: Perspectiva, 1972, p. 130. [Tradução de Pola Civelli].

tenham tido um princípio e se assemelhem aos homens: "Mas os mortais acreditam que os deuses nasceram, que usam indumentária e que, como eles, têm uma linguagem e um corpo" (Frg. B14). O antropomorfismo, iniciado com Homero e aperfeiçoado por Hesíodo, é violentamente censurado: "Se os bois, os cavalos e os leões tivessem mãos e pudessem, com suas mãos, pintar e produzir as obras que os homens realizam, os cavalos pintariam figuras de deuses semelhantes a cavalos, os bois semelhantes a bois e a eles atribuiriam os corpos que eles próprios têm" (Frg. B15).

Para Xenófanes, a ideia de Deus é algo mais sério: "Há um deus acima de todos os deuses e homens: nem sua forma nem seu pensamento se assemelham aos dos mortais" (Frg. B23).

A crítica racionalista veio num crescendo, e o mito recebeu com Demócrito (520-440 a.C.) um duro golpe. Com efeito, o sistema mecanicista do filósofo de Abdera, na Trácia, reduz tudo a um entrechoque de partículas insecáveis, ingênitas, denominadas ἄτομοι (átomoi), de ἄτομος (átomos, indivisível). "Por necessidade da natureza, os átomos movem-se no vácuo infinito com movimento retilíneo de cima para baixo e com desigual velocidade. Daí entrechoques atômicos e formação de imensos vórtices ou turbilhões de que se originam os mundos"[5], os seres, a alma, os deuses, mas tudo, porque tudo é matéria, está sujeito à lei da morte.

Assim, para Demócrito, os deuses vulgares e a mitologia nasceram da fantasia popular. Os deuses existem, mas são entes superiores ao homem, embora compostos também de átomos e, portanto, sujeitos à lei da morte. "Deus verdadeiro e natureza imortal não existem".

Dois outros sérios entraves para o mito foram a "dicotomização" e a "politização". A primeira teve por corifeu a um dos maiores e mais *religiosos* poetas da Hélade, Píndaro (521-441 a.C.), com toda a justiça cognominado o príncipe dos poetas e o poeta dos príncipes, o qual, em nome da moral, começou a filtrar o mito. Para o gigantesco poeta tebano, dentre as diversas variantes de um mitolo-

---

5. FRANCA, Leonel, S.J. *Noções de história da filosofia*. 13. ed. Rio de Janeiro: Agir, 1952, p. 40ss.

gema, somente urna é verdadeira; as demais são coisas que possuem apenas o crédito dos poetas: "O mundo está repleto de maravilhas e, não raro, as afirmativas dos mortais vão além da verdade; mitos, ornamentados de hábeis ficções, nos iludem... As Graças, a quem os mortais devem tudo quanto os seduz, tributam-lhes honras e, as mais das vezes, fazem-nos crer no incrível!"[6] E vai mais longe sua tesoura ética: "O homem não deve atribuir aos deuses a não ser belas ações. Este é o caminho mais seguro"[7]. E quantas vezes o maior dos líricos da Grécia antiga não truncou, não podou e alterou o mito, para torná-lo compatível com suas exigências morais.

Também Ésquilo (525-456 a.C.), o pai da tragédia, depurou o mito para dele extrair tão somente a variante sadia, como já o demonstramos em livro recente: "O dever do poeta, diz Ésquilo a respeito do mito de Fedra, é ocultar o vício, não propagá-lo e trazê-lo à cena. Com efeito, se para as crianças o educador modelo é o professor, para os jovens o são os poetas. Temos o dever imperioso de dizer somente coisas honestas"[8].

Eurípides (480-406 a.C.), o trágico da solidão, seguiu as pegadas de Xenófanes: sua concepção religiosa é alta e depurada, como salientamos na longa *Introdução* que fizemos ao poeta e suas ideias na tragédia *Alceste*[9].

Outro perigo para a mitologia foi a "politização", que, muitas vezes, usando e abusando de deslocamentos do mito, particularmente do mito dos heróis, fez que os mesmos tivessem por passagem inevitável, viessem de onde viessem, a cidade de Atenas. A peregrinação, como se pode ver na *Introdução* que fizemos ao mito dos heróis, no terceiro volume, é uma característica típica dos heróis, mas eleger Atenas como ponto obrigatório de convergência dos mesmos só se pode atribuir a intenções políticas. O desejo de defender a hegemonia política da ci-

---

6. *Olímpicas*, 1,28-33.

7. Ibid., 35.

8. BRANDÃO, Junito de Souza. *Teatro grego: Origem e evolução*. Rio de Janeiro: TAB, 1980, p. 46ss.

9. EURÍPIDES. *Alceste*. Rio de Janeiro: Bruno Buccini Editor, 1968, 3. ed., p. 19ss [Tradução de Junito de Souza Brandão].

dadela de Atená levou seus poetas a "depurarem" e a castrarem, com esse *encontro marcado*, certos mitos de heróis locais, acrescentando-lhes gestas de heróis de cidades vizinhas, fabricando-lhes genealogias espúrias, atribuindo-lhes importantes fatos históricos com total inversão da cronologia. De modo inverso, as glórias e feitos dos heróis das cidades inimigas foram denegridos e empanados. Não foi com outro intento que desfilaram pelas ruas de Atenas Admeto da Tessália, Édipo de Tebas, Adrasto de Sicione, Orestes de Argos, Castor e Pólux de Esparta...

Na realidade, a crítica racionalista entrou pelo século V a.C. e acabou por fazer discípulos ilustres. Ao contrário do crédulo Heródoto (480-425 a.C.), Tucídides (460-395 a.C.) baniu os deuses de sua *História da Guerra do Peloponeso*. Nesta 1, 21, o adjetivo μυθῶδες (mythôdes), que significa "semelhante ao mito", passou a ter a acepção de "fabuloso", na expressão "τὸ μὴ μυθῶδες (tò mè mythôdes), o que não é fabuloso, numa clara alusão ao mito. De pouco adiantaram as chicotadas e a "xingologia" do maior dos cômicos universais, Aristófanes (445-388 a.C.), contra os inovadores. Os sofistas, mercê da atitude intelectual de alguns pensadores precedentes, aproveitando-se das condições políticas e sociais do tempo, abalaram, com sua teoria ancípite e demolidora, os nervos da *pólis*. Prevalecendo-se do caminho já aplainado pelo ceticismo, entre outras sérias "depurações", procuraram varrer o mito da mente de seus jovens discípulos, como tentamos demonstrar em *As nuvens*[10].

3

Na realidade, a mitologia deixou o século V a.C. meio coxa, "depurada" e cambaleante. De saída teve, no século IV a.C., um encontro dramático com o Epicurismo. Epicuro (341-270 a.C.), retomando o atomismo materialista de Demócrito, procurava libertar o homem do temor dos deuses e da necessidade inexorável da *Moîra*. Afinal, se os deuses, distantes e desinteressados do ho-

---

10. ARISTÓFANES. *As nuvens*. Rio de Janeiro: Grifo, 1976, p. 20ss [Introdução e Tradução de Junito de Souza Brandão].

mem, são também matéria, sujeitos, por conseguinte, à morte, já que formados, como os homens, por entrechoques atômicos, por que temê-los? O além, grande preocupação do homem grego, não existe. Se tudo é matéria, deuses e alma, o bem supremo está no prazer negativo, na ausência de dor para o corpo e de perturbação para a alma. Deus ou os deuses não agem. De sua *Ética* nos ficou um fragmento sombrio acerca da fragilidade e impotência divina face ao problema do *mal*: "Deus, ou quer impedir os males e não pode, ou pode e não quer, ou não quer nem pode, ou quer e pode. Se quer e não pode, é impotente: o que é impossível em Deus. Se pode e não quer, é invejoso, o que, igualmente, é contrário a Deus. Se nem quer nem pode, é invejoso e impotente: portanto nem sequer é Deus. Se pode e quer, o que é a única coisa compatível com Deus, donde provém então a existência dos males? Por que Deus não os impede?"

Parecia morta a mitologia. Os deuses agora não estavam apenas desmitizados, mas também dessacralizados. Mas eis que, em pleno século IV a.C., surgiram duas novas modalidades de interpretação do mito, as quais, *a seu modo*, vão contribuir para "salvar uma certa mitologia" e, como se há de ver mais adiante, para perpetuá-la no "cristianíssimo" mundo ocidental. *Alegorismo* e *Evemerismo*, eis aí os dois novos monstros sagrados. Trata-se, como argutamente percebeu Mircea Eliade, comentando essas duas últimas novidades do pensamento grego, não apenas de "uma crítica devastadora ao mito", mas de "uma crítica a qualquer mundo imaginário, empreendida em nome de uma psicologia simplista e de um raciocínio elementar"[11].

Já que os mitos não eram mais compreendidos literalmente, buscavam-se neles as ὑπόνοιαι (hypónoiai), isto é, as *suposições*, as *significações ocultas*, os *subentendidos*. Foi isto que, a partir do século I d.C., se denominou *alegoria*, que significa, etimologicamente, "dizer outra coisa", ou seja, o desvio do sentido próprio para uma acepção translata, ou mais claramente: *alegoria* é "uma espécie de máscara aplicada pelo autor à ideia que se propõe explicar". Teágenes de Régio, já no século VI a.C., tentara fazer uma exegese da poesia homérica com base na ὑπόvo-

---

11. ELIADE, Mircea. Op. cit., p. 133.

ια (hypónoia), mas somente no século IV a.C. é que a alegoria descobriu que os nomes dos deuses representavam sobretudo *fenômenos naturais*.

Assim é que o estoico Crisipo reduziu a mitologia a postulados físicos ou éticos. Homero e Hesíodo estão "salvos"; "salva" está a poesia e a arte, que poderão continuar a beber na fonte inesgotável do mito, embora *alegorizado*.

Não foi, todavia, só a alegoria que "salvou" a mitologia helênica. Um pouco mais tarde, lá pelos fins do século IV a.C. e inícios do III a.C., o filósofo alexandrino Evêmero publicou uma obra, de que nos restam alguns fragmentos, intitulada ʿΙερὰ ʾΑναγραφή (Hierà Anagraphé), *História Sagrada*, que, com o mesmo título, foi traduzida para o latim pelo poeta Quinto Ênio (239-169 a.C.). Trata-se de uma espécie de romance sob forma de viagem filosófica, no qual afirma Evêmero haver descoberto a *origem dos deuses*. Estes eram antigos reis e heróis divinizados e seus mitos não passavam de reminiscências, por vezes confusas, de suas façanhas na terra.

O Evemerismo, por conseguinte, nada mais é do que a tentativa de explicar o processo de apoteose de homens ilustres. Embora teoricamente antípoda do alegorismo, o Evemerismo muito contribuiu também para "salvar" a mitologia, injetando-lhe uma dose de caráter "histórico" e humano. Afinal, os deuses não passavam de transposições, através da apoteose e de reminiscência, um tanto desordenada, das gestas de reis e de heróis primitivos, personagens autenticamente históricas... O próprio Evêmero, aliás, diz ter encontrado na Ilha dos Bem-Aventurados um templo dedicado a Zeus. Neste templo se conservava uma coluna de ouro em que o próprio *deus*, quando ainda vivia como simples *mortal*, gravara a história da humanidade! Era a total desmitização...

4

Após batalhas tão ingentes contra a carência de documentos rituais; contra as reduções introduzidas pela própria literatura e arte figurativa, mercê de suas exigências estéticas; contra o *lógos* desmitizador dos pré-socráticos; contra a *dicotomização* e a *politização*; contra o sistema mecanicista de Demócrito e depois de Epicuro; contra a depuração da *scaenica philosophia* de Eurípides; contra o *mythôdes* de Tucídides; contra a lavagem cerebral dos Sofistas; contra o Alegorismo, tão aplicado pelos Estoicos; contra o Evemerismo... seria o momento de se perguntar: morreu a *mitologia*? A resposta é: *ainda não*.

Com efeito, ao longo de todas essas refregas, dos fins do século VII aos fins do século I a.C., a mitologia, *sem desmitização* e *sem dessacralização*, se bem que bastante ferida, manteve-se viva e atuante. A fórmula de tal sobrevivência é facilmente explicável. Se a tenacidade e o vigor, com que os pré-socráticos bem como alguns outros pensadores e "reformadores" combatiam o mito, se tivessem imposto integralmente à consciência grega, a tradição mitológica teria desaparecido por completo. Mas tal não aconteceu, porque os ataques desfechados contra o mito partiram sempre da elite pensante, de filósofos, de poetas e de escritores (com muitas e poderosas *exceções*) e se uma parcela dessa mesma elite pensante descobriu, sobretudo no Oriente, "outras mitologias" capazes de alimentar-lhe o espírito, a massa iletrada, tradicionalista por vocação e indiferente a controvérsias sutis, a alegorismos e a evemerismos, agarrava-se cada vez mais à tradição religiosa.

De outro lado estava a religião oficial, estatal, que, embora se apresentasse, não raro, como uma liturgia sem fé, tinha interesses óbvios em defender seus deuses, outrora destemidos paladinos da pólis. Mas a grande trincheira da mitologia foram as religiões dos Mistérios, em particular dos Mistérios de Elêusis, dos Mistérios Greco-Orientais, da secular autoridade religiosa do Oráculo de Delfos, do culto do deus do *êxtase* e do *entusiasmo*, Dioniso, de modo particular nas Antestérias, de que falaremos no segundo volume, e das Confrarias Órfico-Pitagóricas[12]. A tudo isso somaram-se as chamadas *soteriologias* ou doutrinas da salvação, verdadeiras "mitologias da alma", propagadas pelo neopitagorismo, neoplatonismo, gnosticismo e hermetismo, a cujo lado se expandiram mitologias solares, astrais e funerárias, bem como a magia e a bruxaria.

E se o cristianismo lutou tanto para impor-se e teve primeiro que "fertilizar" tantas arenas com o sangue de seus mártires, a oposição à nova e autêntica experiência religiosa não teve origem na religião e mitologias clássicas, de resto já ago-

---

12. Veja-se a respeito dos Mistérios Gregos e Orientais a obra monumental de Joseph HOLZNER, *Autour de Saint Paul*, cap. V: "Les Mystères grecs et l'idée du salut". Paris: Éditions Alsatia, 1953, p. 75-123.

nizantes, alegorizadas e evemerizadas, mas na oposição tenaz das religiões de Mistérios, das soteriologias e dos diversos tipos de mitologias e religiões populares, que nem mesmo os decretos do Imperador Teodósio (346-395 d.C.), fechando e destruindo templos, conseguiram eliminar. A "extinção religiosa" do paganismo se haveria de conseguir por outros meios, sem repressão e sem violências. E se o cristianismo, sem nenhuma conivência, sem nenhuma alteração de sua doutrina, adotou da mitologia tantos significantes e tantos símbolos, o fez *ad captandam beneuolentiam*, isto é, com o fito de atrair os pagãos para a verdadeira fé e para o escândalo da cruz. Se, até hoje, muitos estranham e se espantam com "as múltiplas semelhanças" do culto cristão com "fatos mitológicos", isto se deve não apenas à prudente cristianização de significantes da mitologia grega, oriental e romana, mas sobretudo ao Espírito de Deus, que sopra onde lhe agrada. Sob muitos aspectos o cristianismo salvou a mitologia: dessacralizou-a de seu conteúdo pagão e ressacralizou-a com elementos cristãos, ecumenizando-a. Quando se pensa na homologação, por parte do cristianismo, das tradições religiosas populares é que os fatos se tornam mais nítidos. "Cristianizados, deuses e locais de culto da Europa inteira, na feliz expressão de Mircea Eliade, receberam eles não somente nomes comuns, mas também reencontraram, de certa forma, seus próprios arquétipos e, por conseguinte, seu prestígio universal. Uma fonte da Gália, sagrada desde a pré-história, por causa da presença de uma figura divina local ou regional, torna-se santa para toda a cristandade, após ser consagrada à Virgem Maria. Os matadores de dragões são assimilados a São Jorge ou a um outro herói cristão; os deuses das tempestades o são a Elias. De regional e provincial, a mitologia tornou-se universal. É de modo especial pela criação de uma nova 'linguagem mitológica' comum a toda a população rural, que permaneceu presa à terra, e portanto na iminência de se isolar em suas próprias tradições, que o papel civilizador do cristianismo se tornou considerável. Cristianizando a antiga herança religiosa europeia, ele não apenas a purificou, mas ainda fez ascender a uma nova etapa religiosa da humanidade tudo quanto merecia ser 'salvo' entre as velhas práticas, crenças e esperanças do homem pré-cristão"[13].

---

13. ELIADE, Mircea. *Images et symboles*. Paris: Gallimard, 1952, p. 230.

Talvez não fosse de todo fora de propósito recordar uma verdade que o grande Cardeal Jean Daniélou gostava de repetir, verdade que atesta a perenidade da cultura clássica, de que o mito não é parte menos importante: "Uma coisa é a revelação, outra, as representações sob as quais os escritores sacros no-la transmitiram, hauridas, em grande parte, nas civilizações antigas"[14].

Em conclusão: foi graças ao alegorismo e ao evemerismo e sobretudo porque a literatura grega e as artes plásticas se desenvolveram cimentadas no mito que os deuses e heróis da Hélade sobreviveram ao longo processo de desmitização e dessacralização, mesmo após o triunfo do cristianismo, que acabou por absorvê-los, porque já então estavam esvaziados por completo de "valores religiosos viventes".

"Camuflados sob os mais inesperados disfarces", evemerizados e despojados de suas formas clássicas, deuses e heróis conseguiram, embora a duras penas, atravessar toda a Idade Média.

Na Renascença, porém, recobertos com sua roupagem de gala, regressaram triunfantes, de corpo inteiro, para não mais se esconder. Salva pelos poetas, artistas, filósofos e pelo cristianismo, a herança clássica converteu-se em tesouro cultural: Camões, Fernando Pessoa e Carlos Drummond de Andrade, apenas para citar o triângulo maior da poesia em língua portuguesa, estão aí para prová-lo.

Estamos de acordo com Georges Gusdorf: "A consciência mítica, embora reprimida, não está morta. Afirma-se mesmo entre os filósofos e sua persistência secreta encoraja-lhes talvez os empreendimentos no que estes têm de melhor. Não se trata, por conseguinte, de uma simples arqueologia da razão. O interesse pelo passado constitui-se aqui na preocupação com o atual"[15].

---

14. CHAUCHARD, Paul et al. *La survie après la mort*. Paris: Éditions Labergerie, 1868, p. 24.

15. GUSDORF, Georges. *Mythe et métaphysique*. Paris: Flammarion, 1953, p. 8.

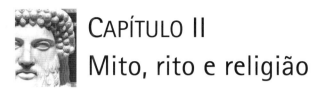

Capítulo II
Mito, rito e religião

1

É necessário deixar bem claro, nesta tentativa de conceituar o *mito*[1], que o mesmo não tem aqui a conotação usual de fábula, lenda[2], invenção, ficção, mas a acepção que lhe atribuíam e ainda atribuem as sociedades arcaicas, as impropriamente denominadas culturas primitivas, onde mito é o relato de um acontecimento ocorrido no tempo primordial, mediante a intervenção de entes sobrenaturais. Em outros termos, mito, consoante Mircea Eliade, é o relato de uma história verdadeira, ocorrida nos tempos dos princípios, *illo tempore*, quando, com a interferência de entes sobrenaturais, uma realidade passou a existir, seja uma realidade total, o cosmo, ou tão somente um fragmento, um monte, uma pedra, uma ilha, uma espécie animal ou vegetal, um comportamento humano. Mito é, pois, a narrativa de uma criação: conta-nos de que modo algo, que não era, começou a ser.

---

1. Claro que a palavra *mito* tem múltiplos significados, mas, como diz Roland Barthes, o que se tenta é definir coisas, não palavras.

2. Mito se distingue de lenda, fábula, alegoria e parábola. *Lenda* é uma narrativa de cunho, as mais das vezes, edificante, composta *para ser lida* (provém do latim *legenda*, o que deve ser lido) ou narrada em público e que tem por alicerce o histórico, embora deformado. *Fábula* é uma pequena narrativa de caráter puramente imaginário, que visa a transmitir um ensinamento teórico ou moral. *Parábola*, na definição de Monique Augras, em *A dimensão simbólica*, Petrópolis, Vozes, 1980, p. 15, "é um mito elaborado de maneira intencional". Tem, antes do mais, um caráter didático. "Os evangelhos evidenciam o caráter didático da parábola, que tende a criar um simbolismo para explicar princípios religiosos", consoante a mesma autora. *Alegoria*, etimologicamente *dizer outra coisa*, é uma ficção que representa um objeto para dar ideia de outro ou, mais profundamente, "um processo mental que consiste em simbolizar como ser divino, humano ou animal, uma ação ou uma qualidade".

Em síntese:

MITO

história verdadeira ————————⟶ *nova realidade*: cosmoantropofania
ocorrida no tempo   *(total ou parcial)*
primordial

intervenção de entes
sobrenaturais

De outro lado, o mito é sempre uma representação coletiva, transmitida através de várias gerações e que relata uma explicação do mundo. Mito é, por conseguinte, a *parole*, a palavra "revelada", o dito. E, desse modo, se o mito pode se exprimir ao nível da linguagem, "ele é, antes de tudo, uma palavra que circunscreve e fixa um acontecimento"[3]. Maurice Leenhardt precisa ainda mais o conceito: "O mito é sentido e vivido antes de ser inteligido e formulado. Mito é a palavra, a imagem, o gesto, que circunscreve o acontecimento no coração do homem, emotivo como uma criança, antes de fixar-se como narrativa"[4].

O mito expressa o mundo e a realidade humana, mas cuja essência é efetivamente uma representação coletiva, que chegou até nós através de várias gerações. E, na medida em que pretende explicar o mundo e o homem, isto é, a complexidade do real, o mito não pode ser lógico: ao revés, é ilógico e irracional. Abre-se como uma janela a todos os ventos; presta-se a todas as interpretações. Decifrar o mito é, pois, decifrar-se. E, como afirma Roland Barthes, o mito não pode, consequentemente, "ser um objeto, um conceito ou uma ideia: ele é um modo de significação, uma forma"[5]. Assim, não se há de definir o mito "pelo objeto de sua mensagem, mas pelo modo como a profere".

---

3. VAN DER LEEUW, G. *L'homme primitif et la religion*. Paris: Alcan, 1940, p. 131.

4. LEENHARDT, Maurice. *Do Kamo*. Paris: N.R.F., 1947, p. 247.

5. BARTHES, Roland. *Mythologies*. Paris: Seuil, 1970, p. 130.

2

É bem verdade que a sociedade industrial usa o mito como expressão de fantasia, de mentiras, daí mitomania, mas não é este o sentido que hodiernamente se lhe atribui.

O mesmo Roland Barthes, aliás, procurou reduzir, embora significativamente, o conceito de mito, apresentando-o como qualquer forma substituível de uma verdade. Uma verdade que esconde outra verdade. Talvez fosse mais exato defini-lo como uma verdade profunda de nossa mente. É que poucos se dão ao trabalho de verificar a verdade que existe no mito, buscando apenas a ilusão que o mesmo contém. Muitos veem no mito tão somente os significantes, isto é, a parte concreta do signo. É mister ir além das aparências e buscar-lhe os significados, quer dizer, a parte abstrata, o sentido profundo.

Talvez se pudesse definir mito, dentro do conceito de Carl Gustav Jung, como a conscientização dos arquétipos do inconsciente coletivo, quer dizer, um elo entre o consciente e o inconsciente coletivo, bem como as formas através das quais o inconsciente se manifesta.

Compreende-se por *inconsciente coletivo* a herança das vivências das gerações anteriores. Desse modo, o inconsciente coletivo expressaria a identidade de todos os homens, seja qual for a época e o lugar onde tenham vivido.

Arquétipo, do grego *arkhétypos*, etimologicamente, significa modelo primitivo, ideias inatas. Como conteúdo do inconsciente coletivo foi empregado pela primeira vez por Jung. No mito, esses conteúdos remontam a uma tradição, cuja idade é impossível determinar. Pertencem a um mundo do passado, primitivo, cujas exigências espirituais são semelhantes às que se observam entre culturas primitivas ainda existentes. Normalmente, ou didaticamente, se distinguem dois tipos de imagens:

a) imagens (incluídos os sonhos) de caráter pessoal, que remontam a experiências pessoais esquecidas ou reprimidas, que podem ser explicadas pela anamnese individual;

b) imagens (incluídos os sonhos) de caráter impessoal, que não podem ser incorporados à história individual. Correspondem a certos elementos coletivos: são hereditárias.

A palavra textual de Jung ilustra melhor o que se expôs: "Os conteúdos do inconsciente pessoal são aquisições da existência individual, ao passo que os conteúdos do inconsciente coletivo são arquétipos que existem sempre e *a priori*"[6].

Embora se tenha que admitir a importância da tradição e da dispersão por migrações, casos há e muito numerosos em que essas imagens pressupõem uma camada psíquica coletiva: é o inconsciente coletivo[7]. Mas, como este não é verbal, quer dizer, não podendo o inconsciente se manifestar de forma conceitual, verbal, ele o faz através de *símbolos*. Atente-se para a etimologia de *símbolo*, do grego *sýmbolon*, do verbo *symbállein*, "lançar com", arremessar ao mesmo tempo, "com-jogar". De início, símbolo era um sinal de reconhecimento: um objeto dividido em duas partes, cujo ajuste e confronto permitiam aos portadores de cada uma das partes se reconhecerem. O símbolo é, pois, a expressão de um conceito de equivalência. Assim, para se atingir o mito, que se expressa por símbolos, é preciso fazer uma *equivalência*, uma "con-jugação", uma "re-união", porque, se o signo é sempre menor do que o conceito que representa, o símbolo representa sempre mais do que seu significado evidente e imediato.

Em síntese, os mitos são a linguagem imagística dos princípios. "Traduzem" a origem de uma instituição, de um hábito, a lógica de uma gesta, a economia de um encontro.

Na expressão de Goethe, os mitos são as relações permanentes da vida.

Se mito é, pois, uma representação coletiva, transmitida através de várias gerações e que relata uma explicação do mundo, então o que é *mitologia*?

Se *mitologema* é a soma dos elementos antigos transmitidos pela tradição e *mitema* as unidades constitutivas desses elementos, *mitologia* é o "movimento" desse material: algo de estável e mutável simultaneamente, sujeito, portanto, a transformações. Do ponto de vista etimológico, mitologia é o estudo dos mitos, concebidos como história verdadeira.

---

6. JUNG, C.G. *Aion – Estudos sobre o simbolismo do Si-mesmo*. Petrópolis: Vozes, 1982, p. 6. [Tradução de Dom Mateus Ramalho Rocha, O.S.B.].

7. Veja-se, para maiores esclarecimentos, a obra de C.G. JUNG e Ch. KERÉNYI. *Introduction à l'essence de la mythologie*. Paris: Payot, 1953, p. 95ss.

3

Quanto à *religião*, do latim *religione*, a palavra possivelmente se prende ao verbo *religare*, ação de *ligar*, o que parece comprovado pela imagem do grande poeta latino Tito Lucrécio Caro (*De Rerum Natura*, 1,932): *Religionum animum nodis exsoluere pergo* – esforço-me por libertar o espírito dos nós das superstições – onde o poeta epicurista joga, como está claro, com as palavras *religio* e *nodus*, *religião* ("ligação") e *nó* (uma outra ligadura).

Religião pode, assim, ser definida como o conjunto de atitudes e atos pelos quais o homem *se prende*, *se liga* ao divino ou manifesta sua dependência em relação a seres invisíveis tidos como sobrenaturais. Tomando-se o vocábulo num sentido mais estrito, pode-se dizer que a religião para os antigos é a reatualização e a ritualização do mito. O rito possui, no dizer de Georges Gusdorf, "o poder de suscitar ou, ao menos, de reafirmar o mito"[8].

Através do rito, o homem se incorpora ao mito, beneficiando-se de todas as forças e energias que jorraram nas origens. A ação ritual realiza no imediato uma transcendência vivida. O rito toma, nesse caso, "o sentido de uma ação essencial e primordial através da referência que se estabelece do profano ao sagrado"[9]. Em resumo: o rito é a práxis do mito. É o mito em ação. O mito rememora, o rito comemora.

Rememorando os mitos, reatualizando-os, renovando-os por meio de certos rituais, o homem torna-se apto a repetir o que os deuses e os heróis fizeram "nas origens", porque conhecer os mitos é aprender o segredo da origem das coisas. "E o rito pelo qual se exprime (o mito) reatualiza aquilo que é ritualizado: re-criação, queda, redenção"[10]. E conhecer a origem das coisas – de um objeto, de um nome, de um animal ou planta – "equivale a adquirir sobre as mesmas um poder mágico, graças ao qual é possível dominá-las, multiplicá-las ou reprodu-

---

8. GUSDORF, Georges. Op. cit., p. 24.

9. Ibid., p. 25.

10. LAGENEST, J.P. Barruel de. *Elementos de sociologia da religião*. Petrópolis: Vozes, 1976, p. 25.

zi-las à vontade"[11]. Esse retorno às origens, por meio do rito, é de suma importância, porque "voltar às origens é readquirir as forças que jorraram nessas mesmas origens". Não é em vão que na Idade Média muitos cronistas começavam suas histórias com a origem do mundo. A finalidade era recuperar o tempo forte, o tempo primordial e as bênçãos que jorraram *illo tempore*.

Além do mais, o rito, reiterando o mito, aponta o caminho, oferece um modelo exemplar, colocando o homem na contemporaneidade do sagrado. É o que nos diz, com sua autoridade, Mircea Eliade: "Um objeto ou um ato não se tornam reais, a não ser na medida em que repetem um arquétipo. Assim a realidade se adquire exclusivamente pela repetição ou participação; tudo que não possui um modelo exemplar é vazio de sentido, isto é, carece de realidade"[12].

O rito, que é o aspecto litúrgico do mito, transforma a palavra em *verbo*, sem o que ela é apenas *lenda*, "legenda", o que deve ser lido e não mais proferido.

4

À ideia de reiteração prende-se a ideia de *tempo*. O mundo transcendente dos deuses e heróis é religiosamente acessível e reatualizável, exatamente porque o homem das culturas primitivas não aceita a irreversibilidade do tempo: o rito abole o tempo profano e recupera o tempo sagrado do mito. É que, enquanto o tempo profano, cronológico, é linear e, por isso mesmo, irreversível (pode-se "comemorar" uma data histórica, mas não fazê-la voltar no tempo), o tempo mítico, ritualizado, é circular, voltando sempre sobre si mesmo. É precisamente essa reversibilidade que liberta o homem do peso do tempo morto, dando-lhe a segurança de que ele é capaz de abolir o passado, de recomeçar sua vida e recriar seu mundo. O profano é o tempo da vida; o sagrado, o "tempo" da eternidade.

J.B. Barruel de Lagenest tem uma página luminosa acerca da dicotomia do *profano* e do *sagrado*. Para o teólogo em pauta, o profano e o sagrado podem ser

---

11. ELIADE, Mircea. *Mito e realidade*. São Paulo: Perspectiva, 1972, p. 19. [Tradução de Pola Civelli].

12. ELIADE, Mircea. Citado por Georges GUSDORF. Op. cit., p. 26.

enfocados subjetiva e objetivamente: "Se considerarmos a experiência sensível como o elemento mais importante da atitude religiosa, a percepção do sagrado [...] será valor determinante da vida profunda de um indivíduo ou de um grupo. Diante da divindade a criatura só se pode sentir fraca, incapaz, totalmente dependente.

Esse sentimento se transforma em instrumento de compreensão, pois torna aquele que o vive capaz de descobrir, como que por intuição, o eterno no transitório, o infinito no finito, o absoluto através do relativo. O sagrado é, assim, o sentimento religioso que aflora.

No entanto, também é possível ver no sagrado um modo de ser independente do observador. Na medida em que o sobrenatural aflora através do natural, não é mais o sentimento que cria o caráter sagrado, e sim o caráter sagrado, preexistente, que provoca o sentimento. Deste ponto de vista, não há solução de continuidade entre a manifestação da divindade através de uma pedra, de uma árvore, de um animal ou de um homem consagrados. Nesse caso, nem a pedra, nem a árvore, nem o animal, nem o homem são sagrados e sim aquilo que revelam: a hierofania faz que o objeto se torne outra coisa, embora permaneça o mesmo [...]. Um objeto ou uma pessoa não são 'apenas' aquilo que se vê; são sempre 'sacramento', sinal sensível de outra coisa; e, por isso mesmo, permitem o acesso ao sagrado e a comunhão com ele"[13].

Nada mais apropriado para encerrar este capítulo que as palavras de Bronislav Malinowski, o grande estudioso dos costumes indígenas das Ilhas Trobriand, na Melanésia. Procura mostrar o etnólogo que "a consciência mítica", embora rejeitada no mundo moderno, ainda está viva e atuante nas civilizações denominadas primitivas: "O mito, quando estudado ao vivo, não é uma explicação destinada a satisfazer a uma curiosidade científica, mas uma narrativa que faz reviver uma realidade primeva, que satisfaz a profundas necessidades religiosas, aspirações morais, a pressões e a imperativos de ordem social e mesmo a exigências práticas. Nas civilizações primitivas, o mito desempenha uma função indispensável: ele ex-

---

13. LAGENEST, J.P. Barruel de. Op. cit., p. 17s.

prime, exalta e codifica a crença; salvaguarda e impõe os princípios morais; garante a eficácia do ritual e oferece regras práticas para a orientação do homem. O mito é um ingrediente vital da civilização humana; longe de ser uma fabulação vã, ele é, ao contrário, uma realidade viva, à qual se recorre incessantemente; não é, absolutamente, uma teoria abstrata ou uma fantasia artística, mas uma verdadeira codificação da religião primitiva e da sabedoria prática"[14].

---

14. MALINOWSKI, Bronislav. Citado por Mircea ELIADE. Op. cit., p. 23.

Capítulo III
A Grécia antes da Grécia e a chegada dos Indo-Europeus

1

Por uma questão de clareza, não se pode falar do mito grego sem antes traçar, embora esquematicamente, um esboço histórico do que era a Grécia antes da Grécia, isto é, antes da chegada dos Indo-Europeus ao território da Hélade.

Vamos estampar, de início, como já o fizera Pierre Lévêque[1], um quadro, um sistema cronológico, com datas arredondadas, sujeitas portanto a uma certa margem de erros. A finalidade dos dados cronológicos, que se seguem, é apenas de orientar o leitor e chamar-lhe a atenção para o "estado religioso" da Hélade pré-helênica e ver até onde o antes influenciou o após no curso da mitologia grega.

Neolítico I	~ 4500-3000
Neolítico II	~ 3000-2600
Bronze Antigo ou Heládico Antigo	~ 2600-1950
Primeiras invasões gregas (*Jônios*) na Grécia	~ 1950
Bronze Médio ou Heládico Médio	~ 1950-1580
Novas invasões gregas (*Aqueus* e *Eólios*?)	~ 1580
Bronze Recente ou Heládico Recente ou Período Micênico	~ 1580-1100
Últimas invasões gregas (*Dórios*)	~ 1200

---

1. LÉVÊQUE, Pierre. *La aventura griega*. Barcelona: Labor, 1968, p. 6. Obs.: ~ = *Aproximadamente*.

Se os restos paleolíticos são muito escassos e de pouca importância, no Neolítico I o solo grego é coberto por uma série de "construções", obra, ao que parece, de populações oriundas do Oriente Próximo asiático. A transição do Neolítico I para o Neolítico II é marcada, na Grécia, pela invasão de povos, cuja origem não se pode determinar com segurança. O sítio neolítico mais bem conhecido é *Dimini*, na Tessália, e que corresponde ao Neolítico II. Trata-se de uma acrópole, de uma cidade fortificada, fato raro para a época. O reduto central contém um *mégaron*, ou grande sala, o que revelaria uma organização monárquica. Trata-se, e é isto que importa, de uma civilização agrícola. O homem cuida dos rebanhos e a mulher se encarrega da agricultura, o que patenteia a crença de que a fecundidade feminina exerce uma grande e benéfica influência sobre a fertilidade das plantas. A divindade soberana do Neolítico II, na Grécia, é a *Terra-Mãe*, a *Grande Mãe*, cujas estatuetas, muito semelhantes às cretenses, representam deusas de formas volumosas e *esteatopígicas*. A função dessas divindades, *hipóstases* da Terra-Mãe, é fertilizar o solo e tornar fecundos os rebanhos e os seres humanos.

2

Na virada do Neolítico II para o Bronze Antigo ou Heládico Antigo, ~ 2600-1950, chegam à Grécia novos e numerosos invasores, provenientes da Anatólia, na Ásia Menor. Cotejando a civilização anterior com o progresso trazido pelos anatólios, o mínimo que se pode dizer é que se trata de uma grande civilização, cujo centro mais importante foi Lerna, na Argólida, cujos pântanos se tornariam famosos, sobretudo por causa de um dos Trabalhos de Héracles. Uma das contribuições mais sérias dessa civilização foi a linguística: a partir do Bronze Antigo ou Heládico Antigo, montes, rios e cidades gregas recebem nome[2], o que permite acompanhar o desenvolvimento e a extensão da conquista anatólia, que se prolonga da Macedônia, passando pela Grécia continental, pelas Cíclades, e atingem a ilha de Creta, que também foi submetida pelos anatólios. O grande

---

2. Os nomes com sufixo -*nthos*, como *Kórinthos* (Corinto), *Tíryns*, *Tírynthos* (Tirinto), *Hyákinthos* (Jacinto), ou nomes em -*ss*, -*tt*, reduzidos ou não a -*s*, -*t*, como *Knosós* (Cnossos), *Nárkissos* (Narciso), muito comuns, quer na toponímia, quer na antroponímia grega, são, provavelmente, de origem anatólia, o que, do ponto de vista religioso, é importante para se estabelecer a procedência de determinados mitos.

marco dessa civilização, no entanto, foi a introdução do bronze, início evidentemente de uma nova era.

De outro lado, a existência comprovada de palácios fortificados denuncia uma sólida organização monárquica. Em se tratando de uma civilização agrícola, a divindade tutelar continua a ser a *Grande Mãe*, dispensadora da fertilidade e da fecundidade. As estatuetas, com formas também opulentas e esteatopígicas, adotam, por vezes, nas Cíclades, uma configuração estilizada de violino, o que, aliás, as tornou famosas. As tumbas são escavadas nas rochas ou se apresentam em forma de canastra. As numerosas oferendas nelas depositadas atestam a crença na sobrevivência da alma.

3

Nos fins do segundo milênio, entre ~ 2000-1950, ou seja, no apagar das luzes da Idade do Bronze Antigo ou Heládico Antigo, a civilização anatólia da Grécia propriamente desapareceu, com a irrupção de novos invasores. Desta feita, eram os gregos[3] que pisavam, pela primeira vez, o solo da futura Grécia.

Os gregos fazem parte de um vasto conjunto de povos designados com o nome convencional de Indo-Europeus. Estes, ao que parece, se localizavam, desde o quarto milênio, ao norte do Mar Negro, entre os Cárpatos e o Cáucaso, sem jamais, todavia, terem formado uma unidade sólida, uma raça, um império organizado e nem mesmo uma civilização material comum. Talvez tenha existido, isto sim, uma certa unidade linguística e uma unidade religiosa. Pois bem, essa frágil unidade, mal alicerçada num "aglomerado de povos", rompeu-se, lá pelo terceiro milênio, iniciando-se, então, uma série de migrações, que fragmentou os Indo-Europeus em vários grupos linguísticos, tomando uns a direção da Ásia (armênio, indo-iraniano, tocariano, hitita), permanecendo os demais na Europa (balto, eslavo, albanês, celta, itálico, grego, germânico). A partir dessa dispersão, cada grupo evoluiu independentemente e, como se tratava de povos nômades, os movimen-

---

3. *Grego* é um adjetivo (*graikós, é, ón*) e, como substantivo, *hoi Graikoí, os gregos*, a denominação somente apareceu tardiamente, após Aristóteles, substituindo, por vezes, a *Héllenes*, os helenos. A extensão do termo *grego* e sua aplicação a todos os helenos se deveu, ao que parece, aos romanos. Na realidade, os gregos chamavam-se mínios, aqueus e, depois, em definitivo, *helenos*.

tos migratórios se fizeram no tempo e no espaço, durante séculos e até milênios, não só em relação aos diversos "grupos" entre si, mas também dentro de um mesmo "grupo". Assim, se as primeiras migrações indo-europeias (indo-iranianos, hititas, itálicos, gregos) estão séculos distantes das últimas (baltos, eslavos, germânicos...), dentro de um mesmo grupo as migrações se fizeram por etapas. Desse modo, o grupo itálico, quando atingiu a Itália, já estava fragmentado, "dialetado", em latinos, oscos e umbros, distantes séculos uns dos outros, em relação à chegada a seu *habitat* comum. Entre os helenos o fato ainda é mais flagrante, pois, como se há de ver, os gregos chegaram à Hélade em pelo menos quatro levas: jônios, aqueus, eólios e dórios e, exatamente como aconteceu com o itálico, com séculos de diferença entre um grupo e outro. Para se ter uma ideia, entre os jônios e os dórios medeia uma distância de cerca de oitocentos anos!

Se não é possível reconstruir, mesmo hipoteticamente, o império indo-europeu e tampouco a língua primitiva indo-europeia, pode-se, contudo, estabelecer um sistema de correspondências entre as denominadas línguas indo-europeias, mormente, e é o que importa no momento, no que se refere ao vocabulário comum e, partindo deste, chegar a certas estruturas religiosas dessa civilização.

O vocabulário comum mostra a estrutura patrilinear da família, o nomadismo, uma forte organização militar, sempre pronta para as conquistas e os saques. Igualmente se torna claro que os indo-europeus conheciam bem e praticavam a agricultura; criavam rebanhos e conheciam o cavalo.

Os termos mais comuns, consoante Meillet[4], são, resumidamente, os que indicam:

- *Parentesco* – pai, mãe, filho, filha, irmã;

- *grupo social* – rei, tribo, aldeia, chefe da casa e da aldeia;

- *atividades humanas* – lavrar, tecer, fiar, ir de carro, trocar, comprar, conduzir (= casar);

- *animais* – boi, vaca, cordeiro, ovelha, bode, cabra, abelha, cavalo, égua, cão, serpente, vespa, mosca e *produtos*: leite, mel, lã, manteiga;

---

4. MEILLET, Antoine. *Aperçu d'une histoire de la langue grecque.* Paris: Hachette, 1935, p. 3ss.

- *vegetais* – álamo, faia, salgueiro, azinheira;

- *objetos* – machadinha, roda, carro, jugo, cobre, ouro, prata;

- *principais partes do corpo*; *nomes distintos para os dez primeiros números*; *nomes das dezenas*; a palavra *cem*, mas não *mil*.

O vocabulário religioso é extremamente pobre. São pouquíssimos os nomes de deuses comuns a vários indo-europeus.

Básico é o radical **deiwos*, cujo sentido preciso, segundo Frisk, é *alte Benennung des Himmels*, quer dizer, "antiga denominação do céu"[5], para designar "deus", cujo sentido primeiro é *luminoso, claro, brilhante*, donde o latim *deus*, sânscrito *devâḥ, iraniano div*, antigo germânico *tîvar*. Este mesmo radical encontra-se no grande deus da luz, o "deus-pai" por excelência: grego *Zeús*, sânscrito *Dyauḥ, latim Iou* (de **dyew-*) e com aposição de *piter* (pai), tem-se *Iuppiter*, "o pai do céu luminoso", *Júpiter*, bem como o sânscrito *Dyauḥ pitâ*, grego *Zeùs patér*, cita *Zeus-Papaios*, isto é, Zeus Pai.

Zeus é, portanto, o deus do alto, o soberano, "o criador". *Cosmogonia* e *paternidade*, eis seus dois grandes atributos[6].

Além de Zeus, para ficar apenas no domínio grego, podem citar-se ainda "o deus solar" *Hélios* (Hélio), védico *Sûrya*, eslavo antigo *Solnce*, e o "deus-Céu", grego *Ouranós* (Úrano), sânscrito *Varuna*, a abóbada celeste.

De qualquer forma, como acentua Mircea Eliade, "os Indo-Europeus tinham elaborado uma teologia e uma mitologia específicas. Praticavam sacrifícios e conheciam o valor mágico-religioso da palavra e do canto (*Kan). Possuíam concepções e rituais que lhes permitiam consagrar o espaço e 'cosmizar' os territórios em que se instalavam (essa encenação mítico-ritual é atestada na Índia antiga, em Roma, e entre os celtas), as quais lhes permitiam, de mais a mais, renovar periodicamente o mundo (pelo combate ritual entre dois grupos de celebrantes,

---

5. FRISK, Hjalmar. *Griechisches Etymologisches Wörterbuch*. Heidelberg: Carl Winter, 1958, verbete *Zeús*.

6. *Deus* em grego se diz *theós*, mas este, segundo H. FRISK, Op. cit., verbete *theós*, significa *espírito, alma*: a ideia de *theós* como *deus* é recente e teria se desenvolvido a partir da divinização dos mortos ou talvez o vocábulo signifique, a princípio, *cipo, estela*.

rito de que subsistem traços na Índia e no Irã)"[7]. Eliade conclui, mostrando que a grande distância que separa as primeiras migrações indo-europeias das últimas, como já assinalamos, impossibilita a identificação dos elementos comuns no vocabulário, na teologia e na mitologia da época histórica.

Essas longas e lentas migrações, por outro lado, face ao contato com outras culturas e mercê dos empréstimos, *sincretismos* e *aculturação*, trouxeram profundas alterações ao acervo religioso indo-europeu. E se muito pouco nos chegou de autêntico dessa religião, esse pouco foi brilhantemente enriquecido, sobretudo a partir de 1934, pelas obras excepcionais de Georges Dumézil. Partindo da mitologia comparada, mas sem os exageros e erros de Max Müller e sua escola, apoiado em sólida documentação, Dumézil fez que se compreendesse melhor toda a riqueza acerca do que se possui do mito e da religião de nossos longínquos antepassados. Uma de suas conclusões maiores foi a descoberta da estrutura trifuncional da sociedade e da ideologia dos indo-europeus, estrutura essa fundamentada na tríplice função religiosa dos deuses[8].

Não há dúvida de que é entre os indo-iranianos, escandinavos e romanos que a "trifunção" está mais acentuada, mas entre os gregos, ao menos da época histórica, a mesma estrutura pode ser observada, ao menos como hipótese:

	Soberania (Sacerdotes)	Força (Guerreiros)	Fecundidade (Campônios)
Indo-Iranianos	– Varuna e Mitra	Indra	Nasátya
Escandinavos	– Odin e Tyr	Tor	Freyr
Romanos	– Iuppiter	Mars	Quirinus
Gregos	– Zeús	Ares	Deméter

No que tange à Hélade, esta divisão há de perdurar, religiosamente, até o fim.

Eis aí, em linhas gerais, o que foi a Grécia antes da Grécia e a primeira contribuição religiosa dos indo-europeus gregos à sua pátria, nova e definitiva.

Voltemos, agora, aos invasores indo-europeus e ao destino da mitologia grega.

---

7. ELIADE, Mircea. *História das crenças e das ideias religiosas*. Rio de Janeiro: Zahar, 1978, tomo I, vol. II, p. 15. [Tradução de Roberto Cortes de Lacerda].

8. DUMÉZIL, Georges. *Ouranós – Varuna, étude de mythologie comparée indo-européenne*. Paris: A. Maisonneuve, 1934, passim; e *Jupiter Mars Quirinus, essai sur la conception indo-européenne de la société et sur les origines de Rome*. Paris: Gallimard, 1941.

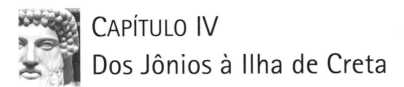

Capítulo IV
Dos Jônios à Ilha de Creta

1

Ao apagar das luzes do Bronze Antigo ou Heládico Antigo, por volta de ~ 2600-1950, os primeiros gregos, os jônios, atingiram a Hélade, através dos Bálcãs, e ocuparam violentamente a Grécia inteira, levando de vencida os anatólios, que foram, ao que tudo indica, escravizados. Guerreiros e com sólida organização social do tipo militar, obedeciam em tudo a seus chefes. Instalavam-se em palácios em acrópole, fortificados com grandes muralhas, portas de entrada estreita, reforçada com torres, como se pôde observar nas escavações efetuadas em Egina, Tirinto e Micenas pré-aqueias. Não se trata ainda de palácios com o conforto e a beleza de Cnossos, em Creta, nem tampouco das futuras e gigantescas fortalezas aqueias da Grécia continental, mas, mesmo assim, os palácios jônicos atestam o caráter belicoso desses indo-europeus.

Mercê da forte organização social desses primeiros gregos, o povo, ao que parece, "tinha uma vida igualitária", com a terra dividida em glebas equivalentes entre os vários chefes das famílias de que se compunha cada uma das quatro tribos em que já se dividiam os jônios.

Muitos arqueólogos e historiadores opinam que os primeiros indo-europeus gregos, antes de penetrarem na Hélade, teriam passado primeiro pela "civilizada" Ásia Menor, o que explicaria sua refinada técnica em cerâmica, a chamada cerâmica *mínia*, já anteriormente bem conhecida naquela região, inclusive na denominada Troia VI dos arqueólogos.

Se, em relação ao Bronze Antigo ou Heládico Antigo, ~ 2600-1950, as contribuições jônicas, no que tange à agricultura, foram somenos, o mesmo não se pode afirmar, como já se enfatizou, com referência à cerâmica, com os estilizados vasos *mínios*, de cor cinza e, em seguida, amarelos, encontrados no Peloponeso e na Beócia.

A metalurgia não conheceu grandes progressos e seguiu o caminho do bronze, já mencionado na fase anterior. Em compensação surge o cavalo, há longo tempo conhecido dos indo-europeus, o que representa um marco importante para a época.

Em matéria de religião, o primeiro ponto a ser observado é o deslocamento do processo de inumação, das necrópoles exteriores para dentro dos núcleos urbanos, mas as escassas oferendas encontradas nos túmulos mostram um enfraquecimento na crença em relação à imortalidade da alma ou ao menos no que se refere ao intercâmbio entre vivos e mortos. Santuários construídos em acrópole, como o de Egina, evidenciam a implantação da religião patrilinear indo-europeia na Grécia, o que explica o desaparecimento quase total das estatuetas e do culto da Grande Mãe nessa época, pelo menos nos núcleos "urbanos".

Em síntese, a Hélade dos jônios propriamente submergiu na barbárie e fechou-se ao comércio com o Mediterrâneo. É bem verdade que no Heládico Antigo já se encontram barcos jônicos na ilha de Melos, nas Cíclades e em contato com os cretenses, mas esse intercâmbio é esporádico e nem sempre amistoso. Representa, no entanto, algo importante: o grande batismo dos pastores nômades nas águas de Posídon, embora ainda faltasse muito para que o mar se tornasse o eterno namorado da Hélade.

2

Da barbárie jônica, que sufocara os anatólios da Grécia, passamos à ilha de Creta, onde, por sinal, luzia intensamente essa mesma civilização anatólia, que até o momento mantivera contatos mais ou menos pacíficos com os povos da Grécia continental.

Antes de se abordar, se bem que sumariamente, a história e o destino da ilha de Minos, impõe-se uma pergunta: qual é a origem dos cretenses? Há os que simplesmente escamoteiam o problema, ignorando-lhes o passado e iniciando a história da Ilha pelo Minoico Antigo, isto é, a partir de ~ 2800, quando, possivelmente, lá chegaram os anatólios. Outros, todavia, remontam além do Minoico Antigo e, partindo da linguística, procuram demonstrar que a língua cretense, tradicionalmente denominada *pelásgico*, não representa o substrato mediterrâneo anterior à chegada dos Indo-Europeus. Isolando do vocabulário grego os raros vestígios do *pelásgico*, seria possível reconstruir um "substrato cretense", enriquecido com inúmeros topônimos e, através desse substrato, provar que o *pelásgico* teria certo parentesco com a língua indo-europeia, principalmente com os dialetos luvita e hitita. Neste caso, os cretenses seriam *proto-indo-europeus*, aparentados portanto com os gregos, mas que, anteriormente a estes, se teriam separado do tronco comum indo-europeu. Hipótese sedutora, mas hipótese apenas. Os anatólios teriam vindo bem depois...

Outra observação é que muito do pouco que se conhece de Creta, "este livro de imagens sem texto", deve-se ao labor, às fadigas e à competência do verdadeiro descobridor de Cnossos, o sábio Sir Arthur Evans (1851-1941). Se o dinâmico investigador de Troia e Micenas, Heinrich Schliemann, por causa da instabilidade política de Creta, ainda submetida à dominação turca, não pôde prosseguir suas escavações, iniciadas em 1886, Evans foi mais feliz: desde 1894 já o encontramos na ilha de Ariadne, onde permaneceu quase até o fim da vida. A publicação de sua obra monumental sobre Cnossos ainda é o ponto de partida para estudos sobre Creta e o Palácio do rei Minos[1].

A história de Creta, a partir de aproximadamente 2800, costuma ser dividida em três grandes fases:

Minoico Antigo . . . . ~ 2800-2100;

Minoico Médio . . . . ~ 2100-1580;

Minoico Recente . . . . ~ 1580-1100.

Por volta de 2800, povos anatólios ocuparam-na. Terra fértil e rica, aberta para o Mediterrâneo e suas ilhas, para o continente grego, para o Egito e para o Oriente, sem ter sofrido as invasões que ensanguentaram a Hélade, teve um desenvolvimento político, econômico, social e religioso muito mais rápido do que

---

1. EVANS, Arthur. *The Palace of Minos at Cnossos*. 6 vols. London: Oxford, 1921-1936.

o verificado no continente helênico. Uma longa paz permitiu que ali florescesse uma civilização próspera e opulenta, chamada indiferentemente *minoica, egeia, mediterrânea* ou *cretense*, centrada nos palácios de Cnossos, Festo e Mália. Lá, por volta de 1700, estes três soberbos monumentos foram destruídos ou por um terremoto ou, como opina a maioria, pelos gregos jônios, que lá teriam aportado numa vasta expedição de pilhagem.

Com a reconstrução dos palácios, entre 1700-1400, começa o grande esplendor da civilização cretense sob a liderança política, econômica e cultural de Cnossos, que se tornara, sob o rei *Minos* (talvez um nome dinasta, como *Faraó, Ptolomeu, César*), o centro de uma singular potência monárquica. Já conhecedores de um determinado tipo de hieróglifos, acabaram por transformá-los numa escrita silábica mais estilizada a que Arthur Evans denominou Linear A, ainda infelizmente não decifrada, e de que derivará mais tarde, por iniciativa dos gregos aqueus, como se verá, a Linear B.

Império marítimo, suas naus dominaram o Egeu e as ilhas vizinhas. Uma sólida agricultura, uma pecuária muito rica e sobretudo uma indústria muito avançada para a época fizeram de Creta a mais adiantada civilização do Ocidente, entre 1580-1450.

O comércio minoico, ativo e corajoso, transpôs as fronteiras das ilhas do Egeu, muitas das quais já estavam sob o domínio de Cnossos, levando os produtos de Creta e sua arte até a Ásia Menor, Síria, Egito e Grécia. A extraordinária prosperidade da ilha de Minos pode também ser observada em sua arte apurada, com magníficos afrescos, relevos, estatuetas, pedras preciosas, sinetes de ouro, cerâmica decorada com motivos vegetais e animais; os palácios gigantescos, com belas colunas, afunilando para a base e com engenhosas soluções para a iluminação interior, os cognominados "poços de luz" e já com um rudimentar, mas eficiente sistema de esgotos.

3

De uma civilização tão requintada, com um sentido de beleza tão agudo, era de se esperar um aprimorado sistema religioso. Na realidade, esse "requinte" no trato com o divino deve ter existido, mas a carência de documentos "decifrados" (como é o caso dos hieróglifos mais antigos e da Linear A) e de uma *teogonia* faz que o estudo da religião cretense somente possa ser feito indiretamente, através dos descobrimentos arqueológicos, da pintura, da escultura (embora esta seja bem mais pobre), da cerâmica e sobretudo da influência exercida sobre a religião grega posterior. É uma religião que se estuda com os olhos, dada a impossibilidade de se "ler nas almas".

"Um belo livro de imagens sem texto", para repetir a feliz expressão de Charles Picard.

A decifração da Linear B, em 1952, pelo jovem arquiteto inglês Michael Ventris, prematura e tragicamente desaparecido, assessorado pelo filólogo John Chadwick, não trouxe quase nada de novo acerca da religião da ilha de Creta[2]. Assim, só se pode ter da mesma uma visão arqueológica e indireta e esta através da religião grega, como já se assinalou.

Para se estabelecer uma certa ordem na desordem com que o assunto costuma ser enfocado pelos especialistas e na multiplicidade de hipóteses que cada um deles (Arthur Evans, Charles Picard, G. Glotz, P. Faure, M.P. Nilsson, R. Pettazzoni, Mircea Eliade, Jean Tulard, Pierre Lévêque, J. Chadwick...) se acha no direito de emitir, o que se deve ao *modus* como a religião cretense chegou até nós, vamos dividir o assunto em:

a) locais do culto e as cerimônias;

b) o culto dos mortos;

c) as sacerdotisas e seus acólitos;

d) a Grande Mãe e suas hipóstases;

e) o grande mito cretense.

---

2. Chama-se *Linear B* a escrita silábica creto-micênica, derivada certamente da *Linear A* e elaborada pelos aqueus entre 1450-1400, como veículo de comunicação entre os gregos aqueus e os cretenses de Cnossos, uma vez que, em relação a Creta, somente na Cidade de Minos se usava esse tipo de escrita. O importante é que a língua das tabuinhas de argila endurecidas pelos incêndios, que devoraram os grandes palácios aqueus no continente e Cnossos, é um dialeto aqueu arcaico, muito semelhante ao dialeto homérico da *Ilíada* e da *Odisseia*. Lamentavelmente as tabuinhas de argila de Linear B encontradas em Cnossos, Micenas e, de modo particular, em Pilos, traduzem numa linguagem fria tão somente documentos administrativos e comerciais, inventários, listas de funcionários, de sacerdotes e alguns nomes de deuses. Nenhum texto literário, histórico, religioso ou jurídico figura na Linear B.

As escavações arqueológicas permitem detectar os locais de culto na ilha de Creta através de grande quantidade de oferendas neles depositadas, como armas, esculturas, joias e do mobiliário religioso: mesas para libações, tripés, vasos sagrados. Inicialmente, são as grutas e cavernas que servem de "santuário" e de cemitério. Diga-se, de caminho, que vários mitos associados a esses primitivos locais de culto integraram-se mais tarde à religião grega, como a gruta de Amniso, porto bem próximo de Cnossos, onde estava, consoante Homero, *Odiss.*, XIX, 188, a caverna de Ilítia, deusa pré-helênica dos partos e, mais tarde, hipóstase de Hera.

No monte Dicta havia uma gruta célebre, onde, para fugir a Crono, que devorava os filhos ao nascerem, Reia deu à luz o grande Zeus. A partir do Minoico Médio, ~ 2100-1580, já se encontram modestas instalações para o culto, localizadas nos cumes das montanhas: trata-se de pequenos recintos em torno de uma árvore, rochedo ou fonte, como atestam vestígios encontrados nos montes Palecastro e Iucta, bem como em Gúrnia e Mália. Ainda nesse período surgem as "capelas" no interior das habitações. No palácio de Festo havia um recinto com três peças: uma mesa para oferendas, uma fossa para sacrifícios e um banco sobre o qual se colocavam os objetos de culto. Um pouco mais tarde, ~ 1700-1580, esses recintos sagrados tiveram um grande impulso, como se pode ver pelo palácio de Cnossos: salas abertas na direção leste, dispositivo tripartite, como em Festo, colunas sagradas, ornamentadas com a *lábrys* e com os cornos de consagração. Em todas as residências reais há um dispositivo análogo com santuário e câmara de purificação. De qualquer forma, a ilha de Creta não conheceu *templos*.

4

Antes de abordarmos as cerimônias do culto, uma palavra sobre determinados objetos sagrados acima mencionados.

As *grutas* e *cavernas* desempenhavam um papel religioso muito importante, não apenas na religião cretense, mas em todas as culturas primitivas. A descida a uma caverna, gruta ou labirinto simboliza a morte ritual, do tipo iniciático. Neste e em outros ritos da mesma espécie, passava-se por "uma série de experiências" que levavam o indivíduo aos começos do mundo e às origens do ser, donde "o saber iniciático é o saber das origens". Esta catábase é a materialização do *regressus ad uterum*, isto é, do retorno ao útero materno, donde se emerge de tal maneira transformado, que se troca até mesmo de nome. O iniciado torna-se *outro*.

Na tradição iniciática grega, a gruta é o *mundo*, *este mundo*, como o concebia Platão (*República*, 7,514 ab): uma caverna subterrânea, onde o ser humano está agrilhoado pelas pernas e pelo pescoço, sem possibilidade, até mesmo, de olhar para trás. A luz indireta, que lá penetra, provém do sol invisível: este, no entanto, indica o caminho que a psiqué deve seguir, para reencontrar o bem e a verdade. Todos os espectros, que lá se movem, representam este mundo, esta caverna de aparências de que a alma deverá se libertar, para poder recontemplar o mundo das Ideias, seu mundo de origem.

O neoplatônico Plotino (*Enéadas*, 4,8,1) compreendeu perfeitamente o sentido simbólico da caverna platônica, quando afirmou que esta para o autor do *Fédon* bem como o antro para Empédocles traduziam o nosso mundo, onde a caminhada para a inteligência, isto é, para a verdade, só há de ser possível quando a alma quebrar os grilhões do corpo e libertar-se da gruta profunda.

À ideia de caverna está associado o *labirinto*. Embora as escavações arqueológicas em Cnossos não revelem nenhum *labirinto*, este figura nas moedas cretenses e é mencionado em relação a outros locais da Ilha. Ao que parece, "os labirintos" em Creta foram reais: trata-se, provavelmente, de cavernas profundas artificialmente abertas pelo próprio homem, junto ou entre pedreiras para fins iniciáticos[3].

O famoso labirinto de Cnossos (*labýrinthos*, "construção cheia de sinuosidades e meandros") designaria o próprio palácio. Neste caso, fazendo-se uma aproximação etimológica, mesmo de cunho popular, entre *labýrinthos*, labirinto, e *lábrys*, machadinha de dois gumes, o primeiro seria "o palácio da bipene", cujo simbolismo religioso será explicado depois.

---

3. Veja-se, a esse respeito, FAURE, P. Spéléologie crétoise et humanisme. In: *Bulletin de l'Association Guillaume Budé*. Paris: 1958, p. 27-50.

Numa visão simbólica, o labirinto, como as grutas e cavernas, locais de iniciação, tem sido comparado a um *mandala*, que tem realmente, por vezes, um aspecto labiríntico. Trata-se, pois, como querem Jean Chevalier e Alain Gheerbrant, "de uma figuração de provas iniciáticas discriminatórias, que antecedem à marcha para o *centro oculto*"[4].

Assim, em termos religiosos cretenses, o Labirinto seria o útero; Teseu, o feto; o fio de Ariadne, o cordão umbilical, que permite a saída para a luz.

Acerca da construção de Cnossos e dos mitos que o envolvem há de se falar mais adiante.

Eram múltiplas as cerimônias na religião cretense. Segundo Diodoro Sículo, "os cretenses afirmavam que as honras outorgadas aos deuses, os sacrifícios e a iniciação nos mistérios eram invenções suas e que os outros povos os haviam imitado"[5]. Se o todo da pretensão cretense não é verídico, fica ao menos atestada a importância concedida pelos minoicos às cerimônias do culto. Estas se iniciavam pelas purificações, que se reduziam, em princípio, a uma simples aspersão das mãos, exceto nas cerimônias solenes, quando se descia às salas de lustração, preparadas para essa finalidade.

Os sacrifícios sangrentos de bois, cabras, ovelhas e porcos se faziam ao ar livre. O touro possuía uma peculiaridade: normalmente era sacrificado apenas em efígie, mercê de sua alta sacralidade.

Num sarcófago dos séculos ~ XIII-XII, exumado em Háguia Tríada, vê-se um touro preso a uma mesa, enquanto seu sangue escorre num vaso.

O sacrifício sangrento era acompanhado de oferendas de frutos e grãos, que representavam as primícias das colheitas, depositadas em vasos denominados *kérnê*, isto é, vasos de cerâmica com numerosos compartimentos. As escavações mostraram que turíbulos para fumigações e recipientes vários para brasas, sobre os quais se colocavam substâncias aromáticas e especiais, tinham certamente por finalidade provocar o *êxtase* e o *entusiasmo* nos fiéis.

---

4. CHEVALIER, J. & GHEERBRANT, A. *Dictionnaire des symboles*. Paris: Robert Laffont, Jupiter, 1982, p. 554.

5. DIODORO SÍCULO (séc. I d.C.). *Biblioteca histórica*, 73,3.

Os jogos eram parte intrínseca do culto, como as célebres touradas sagradas, nas quais o animal não era sacrificado. É muito provável que as acrobacias, que se realizavam sobre o mesmo por jovens de ambos os sexos, fizessem parte de uma *dokimasía*, quer dizer, de uma prova iniciática, uma vez que, como demonstraram Arthur Evans e Charles Picard, pular sobre um touro na corrida é um rito iniciático por excelência. "Muito provavelmente, como pensa Mircea Eliade, a lenda dos companheiros de Teseu, sete rapazes e sete moças, 'oferecidos' ao Minotauro, reflete a lembrança de uma prova iniciática desse gênero. Infelizmente ignoramos a mitologia do touro divino e o seu papel no culto. É provável que o objeto cultual especificamente cretense, denominado 'chifre de consagração', represente a estilização de um frontal de touro. A sua onipresença confirma a importância de sua função religiosa: os chifres serviam para consagrar os objetos colocados no interior"[6], a saber, no interior desses mesmos cornos, e talvez ainda servissem de proteção mágica ao Palácio de Cnossos.

As touradas atuais, diga-se de passagem, sobretudo as espanholas, em que se mata e se devora o touro, simbolizariam uma comunhão com o animal, uma aquisição de seu *mana*, de sua *enérgueia*, já que o touro, seja o *Minotauro*, seja o feroz *Rudra* do *Rig Veda*, é portador de um sêmen abundante que fertiliza abundantemente a terra.

Ao culto em favor dos vivos estava indissoluvelmente ligado *o culto em benefício dos mortos*. Estes eram inumados e não cremados. Os cadáveres eram introduzidos pelo alto em salas mortuárias profundas, providas de oferendas e de objetos da vida comum: indumentárias, armas, talismãs, vasos e até archotes, o que mostra que para os minoicos a vida no além continuava muito semelhante àquela que tiveram neste mundo. As oferendas eram renovadas e até mesmo sacrifícios eram oferecidos aos mortos, sem que se possa afirmar com certeza que estes fossem divinizados. É bem verdade que o túmulo do rei-sacerdote de Cnossos tinha um formato especial: talhado na rocha, possuía uma cripta de pilares, com o teto pintado de azul, simbolizando a abóbada celeste; na parte de

---

6. ELIADE, Mircea. Op. cit., p. 163.

cima se havia erguido uma capela muito parecida com os santuários da Grande Mãe, mas isto não prova a deificação do morto. É mais provável que o santuário traduzisse apenas o fato de que o culto funerário ao rei falecido se fizesse sob os auspícios da Deusa-Mãe.

A todos esses cultos presidiam *sacerdotisas*, hipóstases da Grande Mãe e não sacerdotes, o que parece normal numa sociedade essencialmente matrilinear, como já demonstrara Bachofen[7], e que fizera da mulher "divinizada" a maior das divindades de seu Panteão. Tal preeminência se encontra também em certos cultos anatólios, principalmente em Éfeso, em torno de Ártemis. As sacerdotisas são facilmente reconhecíveis pela coloração branca do rosto e pela indumentária: um bolero aberto no peito combinado com uma saia comprida, confeccionada de pele, pintada e guarnecida com uma cauda de animal, ou um vestido longo, normalmente em forma de sino; pelo uso da tiara e pelo fato de carregarem a bipene. O elemento masculino apareceu tardiamente no sacerdócio e, assim mesmo, como réplica da junção de um deus à Grande Mãe. Com exceção do *rei*, que é o grande sacerdote do *Touro*, seu papel é apenas de assistente e acólito das sacerdotisas. Nada se sabe de concreto a respeito do recrutamento desses dignitários, de sua posição social e reputação moral. A única informação certa é que eles eram muito respeitados na Grécia arcaica e que os gregos recorriam constantemente à cultura e à ciência dos mesmos.

5

Se pouco se conhece do culto cretense, menos ainda se sabe acerca de seu Panteão. Uma coisa, todavia, é certa: a religião cretense estava centrada no feminino, representado pela *Grande Mãe*, cujas hipóstases principais, em Creta, foram Reia e a Deusa das Serpentes.

---

7. BACHOFEN, Johann Jakob. *Das Mutterrecht*. Stuttgart: Krais und Hoffmann, Erste Auflage, 1975, p. 112ss. O Autor usa as formas patriarcal e matriarcal, que foram substituídas por patrilinear e matrilinear.

Claro que se poderiam multiplicar os nomes, as projeções e as hipóstases da Grande Mãe em todas as culturas[8], mas esta permaneceu sempre e invariavelmente como algo acima e além das apelações: mãe dos deuses, mãe dos homens e de tudo quanto existe na terra, a *Grande Mãe* é um arquétipo.

"O traço mais original da religião cretense, escreve Jean Tulard, parece ter sido sua predileção pelos símbolos. Tal simbolismo atribui um valor emblemático a todo material sagrado e, como o símbolo é suficiente para criar a ambiência divina, não se torna necessário que o deus seja visível. Esse simbolismo de um caráter particular, no entanto, se casa perfeitamente com um incontestável antropomorfismo"[9]. Desse modo, na expressão de Charles Picard, a religião cretense duplicou as representações icônicas de seus deuses com o paralelismo dos símbolos.

É assim, exatamente, que se apresenta a Grande Mãe minoica. Deusa da natureza, reina sobre o mundo animal e vegetal. Sentada junto à árvore da vida, está normalmente acompanhada de animais, como serpentes, leões ou de determinadas aves. Armada, e de capacete, simboliza a deusa da guerra, representação da vida e da morte. Para reinar sobre a terra, desce do céu sob a forma de *pomba*, símbolo da harmonia, da paz e do amor. Domina o céu, a terra, o mar e os infernos, surgindo, assim, sob as formas de *pomba, árvore, âncora* e *serpente*. E uma coisa é certa: a primazia absoluta das divindades femininas na ilha de Creta atesta a soberania e a amplitude do culto da Grande Mãe. Em geral, essas divindades femininas se apresentam sob a forma de ídolos do tipo esteatopígico em terracota ou bronze inicialmente de cócoras e depois em pé, com os braços abertos. As formas exage-

---

8. Otto von EISSFELDT, em *Éléments orientaux dans la religion grecque ancienne* (Paris: PUF, 1960, c. VII, "Aspects du culte et de la Légende de la Grande Mère dans le Monde Grec"), demonstrou que, se em Creta a hipóstase da *Grande Mãe* é particularmente Reia, e se esta, na Grécia, com o sincretismo creto-micênico, tornou-se apenas "atriz de um drama mitológico"; se a *Geia* de Hesíodo é, em última análise, a *Terra cosmogônica*, enquanto *Deméter* é a *Terra cultivada*, onde estaria a Grande Mãe? Estaria num *arquétipo*, acima de nomes, de hipóstases e de sincretismos, mas para cuja composição muito concorreu a Grande Mãe frígia, *Cibele*, que, se não teve muita projeção na Grécia arcaica, foi a Grande Mãe (*Magna Mater*) do Império Romano, ao menos a partir de 204 a.C., quando o Senado mandou buscar a *pedra negra* que simbolizava a deusa.

9. TULARD, Jean. *Histoire de la Crète*. Paris: PUF, 1962, p. 50-51.

radas, com seios proeminentes, flancos largos, traseiro exuberante e umbigo enorme são a própria imagem da fecundidade. Pouco importa, portanto, que deusas tipicamente cretenses, como Reia, Hera, Ilítia, Perséfone, Britomártis, meras transposições da Grande Mãe, tenham sido assimiladas pelos gregos, com funções, por vezes, diferentes das que exerciam em Creta, porque um traço comum sempre as prenderam ao velho tema minoico: a fecundidade.

Hera tornou-se a "mãe dos deuses", mas teve um culto especial, como Grande Mãe, na Lacônia, Arcádia e Beócia. *Ilítia*, sempre ligada a Hera, tornou-se a deusa dos partos. *Perséfone* recebeu mãe grega: Deméter, deusa da vegetação. *Britomártis*, "a doce virgem", fez jus a um pequeno, mas elucidativo mito cretense: perseguida durante nove meses pelo rei Minos, acabou lançando-se ao mar, onde foi salva pelas redes dos pescadores, recebendo, por isso mesmo, o epíteto de *Dictnia*, "a caçadora com redes". Assimilada a Ártemis, tornou-se, como esta, deusa da caça e deusa-Lua, mãe noturna da vegetação. A grande *Reia* converteu-se em esposa de Crono.

Mesmo determinados "objetos cultuais", de que ainda não se falou, como a *pedra sagrada*, o *pilar*, o *escudo bilobado*, a *árvore* e certos animais sagrados, como o *touro*, a *serpente*, o *leão* e determinadas aves, considerados por alguns simples fetichismo ou zoolatria, devem ser, na verdade, interpretados como outras tantas representações das divindades minoicas e, particularmente, da *Grande Mãe*.

Os *bétilos*, por exemplo, caídos do céu, os estalactites e estalagmites, encontrados nas grutas, são símbolos da presença divina em todas as culturas, como o *Bet-'el*, o Betel (Casa de Deus), de Jacó; a *pedra negra* de Cibele e aquela encaixada na Caaba, tornando-se, portanto, a *pedra* o substituto do divino. O *pilar* simboliza, de um lado, o poder estabilizador das divindades cretenses, susceptível de substituir a forma humana dos deuses e, de outro, a relação entre os diversos níveis do universo e o canal por onde circula a energia cósmica, constituindo-se num centro irradiador dessa mesma energia. O *escudo bilobado*, que figura, as mais das vezes, ao lado da *bipene*, é a arma passiva, defensiva e protetora, como a *Grande Mãe*. A *árvore* tem uma importância muito grande: traduz a própria deusa da vegetação, já que representa a vida em perpétua evolução. O *touro* é o mais privilegiado animal sagrado de Creta: símbolo da força genésica, confundiu-se mais tarde com Zeus, que, sob a forma de *touro*, raptou Europa, e também com o monstruoso Minotauro. A *serpente* é o animal ctônio por excelência: entre suas múltiplas significações e símbolos, destaquemos, por agora, ser ela uma ponte entre o mundo de baixo, ctônio, e o mundo de cima, uma guardiã das sementes, projeção da Terra-mãe. O *leão* é a encarnação do poder, da sabedoria e da justiça, e retrata, de certa forma, o rei Minos, cujas características e virtudes se mencionarão um pouco mais adiante. As aves possuem também papel relevante, seja como símbolos das *hierofanias*, isto é, das aparições divinas, seja como "acompanhantes" das deusas, destacando-se a *pomba*, como já se mencionou.

A existência de *deuses do sexo masculino* na civilização minoica está mais do que comprovada. O culto ao escudo bilobado, a importância dos ritos de fecundidade, das hierogamias, do touro e mesmo do galo mostram claramente a existência de um princípio masculino em Creta, embora se tenha de admitir que "esses deuses" eram tão somente divindades associadas à Grande Mãe, como o deus-galo Velcano, sem lhe terem jamais ameaçado o poder e a soberania. Trata-se, na realidade, de filhos ou amantes seus. Todo esse feminino cretense reflete talvez, como quer Bachofen[10], uma primitiva e longínqua *matrilinhagem*, que se apoia na crença fundamental que une a mulher às potências geradoras da vida.

Não se quer dizer com isto que a mulher tenha sido o "cabeça do casal" na célula familiar e que tenha havido em Creta uma *ginecocracia, stricto sensu*. Minos é o rei e a história da civilização minoica não nos revela figura alguma feminina análoga à rainha-mãe dos Hititas. Na realidade, nada prova, até o momento, que a cretense exercesse efetivamente um papel político. Sua preponderância foi social e religiosa. Longe de estar enclausurada no gineceu, a mulher participa de todas as atividades da "pólis": trabalha, caça, é toureira, diverte-se, ocupa o lugar de honra nos espetáculos públicos, aliás maravilhosamente bem vestida, enfim *tem e exerce* direitos iguais aos dos homens... Religiosamente, a supremacia da mulher cretense é inegável e óbvia; *ela é a sacerdotisa*: os sacerdotes surgiram mais tarde e apenas como acólitos. Afinal, a augusta divindade de Creta é a Grande Mãe... Não foi por ironia que Plutarco afirmou que os cretenses chama-

---

10. BACHOFEN, Johann Jakob. Op. cit., p. 123ss.

vam a seu país não de *pátria* (de *patér*, pai), mas de *mátria* (de *máter*, mãe). Na ilha de Minos a mulher não governava, mas reinava.

Os gregos, que tanta influência tiveram da civilização minoica, esqueceram-se de herdar-lhe a dignidade da mulher!

6

O grande mitologema cretense do rei *Minos* está indissoluvelmente ligado ao palácio de Cnossos e a seu *labirinto*, bem como ao arquiteto *Dédalo*, ao *Minotauro* e ao mito de *Teseu* e *Ariadne*.

Se, do ponto de vista histórico, *Minos* foi um nome dinasta, que governou Creta, ao menos como rei suserano de Cnossos, miticamente a coisa é bem diversa. Filho de Zeus e Europa (que Zeus raptara sob a forma de Touro) ou do rei cretense Astérion e da mesma Europa, Minos tinha dois irmãos, Sarpédon e Radamanto, com os quais disputou o poder sobre Creta, eco evidentemente de lutas reais pela supremacia de Cnossos sobre Festo e Mália, dois outros grandes centros políticos e econômicos da Ilha. Minos alegou que, de direito, Creta lhe pertencia por vontade dos deuses e, para prová-lo, afirmou que estes lhe concederiam o que bem desejasse. Um dia, quando sacrificava a Posídon, solicitou ao deus que fizesse sair um touro do mar, prometendo que lhe sacrificaria, em seguida, o animal. O deus atendeu-lhe o pedido, o que valeu ao rei o poder, sem mais contestação por parte de Sarpédon e Radamanto. Minos, no entanto, dada a beleza extraordinária da rês e desejando conservar-lhe a raça, enviou-a para junto de seu rebanho, não cumprindo o prometido a Posídon. O deus, irritado, enfureceu o animal, o mesmo que Héracles matou mais tarde (ou foi Teseu?) a pedido do próprio Minos ou por ordem de Euristeu. A ira divina, todavia, não parou aí, como se verá. Minos se casou com Pasífae, filha do deus Hélio, o Sol, da qual teve vários filhos, entre os quais se destacam Glauco, Androgeu, Fedra e *Ariadne*. Para vingar-se mais ainda do rei perjuro, Posídon fez que a esposa de Minos concebesse uma paixão fatal e irresistível pelo touro. Sem saber como entregar-se ao animal, Pasífae recorreu às artes de Dédalo, que fabricou uma novilha de bronze tão perfeita, que conseguiu enganar o animal. A rainha colocou-se dentro do simulacro e concebeu do touro um ser monstruoso, metade homem, metade touro, o *Minotauro*. Esse Dédalo era ateniense, da família real de Cécrops, e foi o mais famoso artista universal, arquiteto, escultor e inventor consumado. É a ele que se atribuíam as mais notáveis obras de arte da época arcaica, mesmo aquelas de caráter mítico, como as estátuas animadas de que fala Platão no *Mênon*. Mestre de seu sobrinho Talos, começou a invejar-lhe o talento e no dia em que este, inspirando-se na queixada de uma serpente, criou a serra, Dédalo o lançou do alto da Acrópole. A morte do jovem artista provocou o exílio do tio na ilha de Creta. Acolhido por Minos, tornou-se o arquiteto oficial do rei e, a pedido deste, construiu o célebre *Labirinto*, o grandioso palácio de Cnossos, com um emaranhado tal de quartos, salas e corredores, que somente Dédalo seria capaz, lá entrando, de encontrar o caminho de volta. Pois bem, foi nesse labirinto que Minos colocou o horrendo Minotauro, que era, por sinal, alimentado com carne humana.

Ora, se o rei já estava profundamente agastado com seu arquiteto, por haver construído o simulacro da novilha, estratagema através do qual sua mulher fora possuída pelo Touro, ficou colérico ao saber que Dédalo havia também planejado, com Ariadne, a libertação de Teseu, filho de Egeu, rei de Atenas. É que, com a morte de Androgeu, filho de Minos, morte essa atribuída indiretamente a Egeu, que, invejoso das vitórias do jovem cretense nos jogos por aquele mandados celebrar em Atenas, enviara o atleta para combater o Touro de Maratona, onde perecera, eclodiu uma guerra longa e penosa entre Creta e Atenas. Como a luta se prolongasse e uma peste (pedido de Minos a Zeus) assolasse a cidade, Minos concordou em retirar-se, desde que, de nove em nove anos, lhe fossem enviados sete rapazes e sete moças, que seriam lançados no Labirinto, para servirem de pasto ao Minotauro. Teseu se prontificou a seguir para Creta com as outras treze vítimas, porque, sendo já a terceira vez em que se ia pagar o terrível tributo ao rei de Creta, os atenienses começavam a irritar-se contra seu rei. Lá chegando, foi instruído por Ariadne, que por ele se apaixonara, como se aproximar do monstro e feri-lo. Deu-lhe ainda a jovem princesa, a conselho de Dédalo, um *fio condutor*, para que, após a vitória, pudesse sair da formidável teia de caminhos tortuosos de que era constituído o Labirinto. Livre deste e do Minotauro, Teseu fugiu com seus companheiros, levando consigo Ariadne, cujo destino será estudado, quando se tratar do mito de Dioniso e sobretudo do mito dos heróis.

Louco de ódio pelo acontecido, Minos descarregou sua ira sobre Dédalo e o prendeu no Labirinto com o filho Ícaro, que tivera de uma escrava do palácio, chamada Náucrates. Dédalo, todavia, facilmente encontrou o caminho da saída e, tendo engenhosamente fabricado para si e para o filho dois pares de asas de penas, presas aos ombros com cera, voou pelo vasto céu, em companhia de Ícaro, a quem recomendara que não voasse muito alto, porque o sol derreteria a cera, nem muito baixo, porque a umidade tornaria as penas assaz pesadas. O menino, no entanto, não resistindo ao impulso de se aproximar do céu, subiu demasiadamente. Ao chegar perto do sol, a cera fundiu-se, destacaram-se as penas e ele caiu no mar Egeu, que, daí por diante, passou a chamar-se Mar de Ícaro.

Este episódio tão belo foi narrado vibrante e poeticamente pelo grande vate latino Públio Ovídio Nasão (43 a.C.-18 d.C.) em suas *Metamorfoses*, 8,183-235.

Dédalo chegou são e salvo a Cumas, cidade grega do sul da Itália. Persegui-do por Minos, fugiu para a Sicília, onde o rei Cócalo o acolheu. O rei de Creta, porém, foi-lhe ao encalço. Pressionado, Cócalo prometeu entregar-lhe o enge-nhoso arquiteto, mas, secretamente, encarregou suas filhas de matarem o pode-roso Minos, durante o banho, com água fervendo, ou, segundo uma variante, Cócalo substituiu a água do banho por pez fervente, talvez por instigação do próprio Dédalo, que havia imaginado um sistema de tubos, em que a água era re-pentinamente substituída por uma substância incandescente. Foi este, mitica-mente, o fim trágico do grande rei de Creta.

A interpretação dessa cadeia de mitos, já bastante enriquecidos pelo sincre-tismo creto-micênico, não parece muito difícil.

Minos é "um rei sacerdote", para usar da expressão de Arthur Evans, ou seja, é a personificação do deus masculino da fecundidade. Identifica-se ainda com o senhor do raio e da chuva, associando-se à Deusa-Mãe, que personifica a Terra. A influência egípcia parece clara: encarnação do Touro, Minos lembra o touro Ápis, de Mênfis: sua união com Pasífae e o nascimento do Minotauro evocam as tríadas egípcias.

Minos não é o representante da divindade na terra, mas *seu filho*. Filho piedoso e submisso: de nove em nove anos, o rei se recolhia no mais temível e intrincado dos labirintos, no monte Iucta, para uma "entrevista secreta" com seu pai Zeus, a quem prestava contas de "suas atitudes" e de seu governo. Se descontente com o rei, este permanecia no *labirinto*; se satisfeito, Zeus o reinvestia no poder para mais um período de nove anos. Historicamente, o tributo novênio cobrado a Atenas parece refletir, desde o Minoico Médio, ~ 2100-1580, a penetração e o domínio cretense na costa oriental do Peloponeso e na Arcádia, onde se instala a dinastia de Dânao; na Lacônia, dominada pela de Lélex; na Beócia, conquistada por Cadmo, e na Ática, onde os agentes de Minos cobravam um tributo, em espécie ou em homens. Do ponto de vista religioso, no entanto, "o sacrifício" de catorze atenienses ao Minotauro simbolizaria *"um estado psíquico, a dominação perversa de Minos*, mas, se o monstro é filho de Pasífae, a rainha cretense estaria também na raiz da perversidade do rei: ela refletiria um amor culpado, um desejo injusto, uma dominação indevida e a falta, reprimidos no inconsciente do labirinto. Os sacrifícios ao monstro são outras tantas mentiras e subterfúgios para adormecê-lo e outras tantas faltas que se acumulam. O fio de Ariadne, que permite a Teseu voltar à luz, representa o auxílio espiritual necessário para vencer a iniquidade. No seu conjunto, o mito do Minotauro simboliza a luta espiritual contra a repressão"[11], uma espécie de luta entre Antígona e Creonte!

O retiro de Minos, de nove em nove anos, no labirinto do monte Iucta, é uma clara alusão ao processo iniciático, comum a reis e sacerdotes, periodicamente. A união de Teseu com Ariadne é um *hieròs gámos*, um casamento sagrado, com vistas à fecundidade e à fertilidade da terra.

Dédalo e Ícaro representam também algo de sério...

Dédalo é a engenhosidade, o talento, a sutileza. Construiu tanto o *labirinto*, onde a pessoa se perde, quanto as asas artificiais de Ícaro, que lhe permitiram escapar e voar, mas que lhe causaram a ruína e a morte.

Talvez se deva concordar com Paul Diel em que Dédalo, construtor do labirinto, símbolo do inconsciente, representaria, "em estilo moderno, o tecnocrata

---

11. CHEVALIER, J. & GHEERBRANT, A. Op. cit., p. 635.

abusivo, o intelecto pervertido, o pensamento afetivamente cego, o qual, ao perder sua lucidez, torna-se imaginação exaltada e prisioneiro de sua própria construção, o inconsciente"[12].

Quanto a Ícaro, ele é o próprio símbolo da *hýbris*, da *démesure*, do descomedimento. Apesar da admoestação paterna, para que guardasse um meio-termo, "o centro", entre as ondas do mar e os raios do sol, o menino insensato ultrapassou o *métron*, foi além de si mesmo e se destruiu. Ícaro é o símbolo da temeridade, da volúpia "das alturas"; em síntese: a personificação da *megalomania*.

Se, na verdade, as *asas* são o símbolo do deslocamento, da libertação, da desmaterialização, é preciso ter em mente que *asas* não se colocam apenas, mas se adquirem ao preço de longa e não raro perigosa educação iniciática e catártica. O erro grave de Ícaro foi a ultrapassagem, sem o necessário *gnôthi s'autón*, o indispensável "conhece-te a ti mesmo".

Para fechar este capítulo, uma derradeira palavra sobre a ilha de Minos. A influência cretense sobre a Grécia foi grande e benéfica. Aos minoicos devem os gregos aqueus uma parte de suas obras de arte e de suas técnicas, e do ângulo em que a civilização cretense nos interessa no momento, isto é, o *religioso*, a presença de Creta foi muito importante para o desenvolvimento da religião helênica. Mircea Eliade é taxativo: "Com efeito, a cultura e a religião helênicas são resultado da simbiose entre o substrato mediterrâneo e os conquistadores indo-europeus, descidos do Norte"[13].

A influência religiosa minoica não se restringe apenas à "importação" pura e simples de deuses, como alguns já citados, *Velcano, Britomártis, Reia, Ilítia, Perséfone*, e ao salutar sincretismo que se seguiu, mas também, e isto é importante, os gregos devem a Creta uma parte do mito de Zeus, algumas modalidades de jogos, os ritos agrários e certamente o culto de Deméter. E, se a capela creto-micênica, com sua tríplice divisão interna, teve seu prolongamento no santuário grego, o culto cretense do lar há de ter continuidade nos palácios micênicos.

---

12. DIEL, Paul. Citado por J. CHEVALIER & A. GHEERBRANT. Op. cit., p. 345.

13. ELIADE, Mircea. Op. cit., p. 158.

No que tange especificamente a Deméter, as origens de seu culto são atestadas em Creta e o santuário de Elêusis data da época micênica.

O sueco Martin P. Nilsson diz que "certas disposições, arquitetônicas ou de outra espécie, dos templos de mistérios clássicos, parecem derivar, mais ou menos, das instalações constatadas na Creta pré-helênica"[14].

É possível que Nilsson não tenha exagerado, ao afirmar que de quatro grandes centros religiosos da Hélade, *Delos, Delfos, Elêusis* e *Olímpia*, os três primeiros foram herdados dos micênicos, que, por sua vez, os receberam dos cretenses.

Sem omitir, nem tampouco esquecer o quanto a Hélade deve ao Egito e à Ásia Menor em matéria de religião, cabe, no entanto, a Creta um lugar de destaque nesse quadro de influências. Bastaria, para confirmá-lo, lembrar que a rainha do Hades grego é a cretense Perséfone e que, dos três juízes dos mortos, dois, Radamanto e Minos, tiveram por berço a ilha de Minos...

Talvez da Grécia em relação a Creta se pudesse repetir, *mutatis mutandis*, o que disse o extraordinário poeta latino Quinto Horácio Flaco (65-8 a.C.) de Roma em relação à Grécia:

> *Graecia capta ferum uictorem cepit et artes*
> *intulit agresti Latio (Epist.,* 2, 1, 157).

> – A Grécia conquistada conquistou seu feroz vencedor e introduziu suas artes no Lácio inculto.

É tempo, porém, de voltarmos à Hélade. Temos um encontro marcado com os *aqueus*.

---

14. NILSSON, Martin P. *The Minoan-Mycenaean Religion and its Survival in Greek Religion.* Lund, 1950, p. 142.

# Capítulo V
Os Aqueus e a Civilização Micênica: a maldição dos Atridas

1

Por volta de 1600-1580 a.C., a Hélade recebe nova onda de invasores indo-europeus: trata-se dos *aqueus*, nome genérico que Homero, logo nos dois primeiros versos da *Ilíada*, estendeu a todos os gregos que lutaram em Troia. Embora pouco numerosos, esses novos invasores eram aguerridos e rapidamente conquistaram o Peloponeso, empurrando os jônios para a costa asiática, onde se instalaram à margem do golfo de Esmirna. Na Grécia continental, os jônios permaneceram, ao que parece, apenas na Ática, na ilha de Eubeia, em Epidauro e Pilos, de onde, mais tarde, sairiam os *nelidas* (nome proveniente de *Neleús*, pai de Nestor) para colonizarem a Jônia. Falavam um dialeto grego muito semelhante ao jônico, o que pressupõe um *habitat* comum para jônios e aqueus, ao longo de sua lenta peregrinação em direção à Grécia.

Teria sido por essa mesma época que também chegaram à pátria de Sófocles os chamados *eólios*? Ou seriam esses últimos tão somente um "ramo" dos aqueus, que ocuparam a Beócia e a Tessália?

Seja como for, o mapa étnico da Hélade, à época aqueia, ~1580-1100 a.C., está "provisoriamente" montado: o Peloponeso, ocupado pelos aqueus; os jônios, encurralados na Ática e na Eubeia; os eólios dominando a Tessália e a Beócia.

2

Como se viu no capítulo anterior, os aqueus, desde ~ 1450 a.C., são os senhores absolutos de Creta, sobretudo após a destruição, em ~ 1550 a.C., dos palácios de Festo, Háguia Tríada e Tilisso. É bem verdade que também o palácio de Cnossos sucumbiu, devorado por um incêndio, por volta de 1400 a.C., mas ainda se ignoram as causas de tamanho desastre. O palácio foi incendiado e destruído em consequência de uma revolta popular contra o domínio aqueu ou por um terremoto? Até o momento nada se pode afirmar com certeza. O fato em si não importa muito: os aqueus, de ~ 1450 a ~ 1100 a.C., serão os senhores de Creta. Dessa fusão nascerá a civilização micênica, assim denominada porque teve por centro principal o gigantesco *Palácio de Micenas*, na Argólida, e durante os dois séculos seguintes a civilização minoica, ou, melhor dizendo, já agora a civilização creto-micênica, brilhará intensamente na Grécia continental.

Após as escavações realizadas sobretudo em Tirinto e Micenas por Heinrich Schliemann (1822-1890), continuadas mais tarde, entre outros, pelos arqueólogos gregos Stamatákis, Tsúntas, Keramápullos, Papadimitríu e pelo britânico Wace, abriram-se novas perspectivas para uma melhor compreensão do mundo grego arcaico e de sua civilização.

As fontes básicas para um estudo da civilização micênica são a arqueologia e os poemas homéricos, *Ilíada* e *Odisseia*. No tocante a estes últimos, como "fonte história", é preciso levar em consideração que Homero é antes de tudo um poeta genial e que a obra de arte possui suas exigências internas, não se coadunando muitas vezes com relatos históricos. Além do mais, os poemas homéricos foram "compostos" ou ao menos reunidos, após existirem como tradição oral, sujeitos portanto a inúmeras alterações, vários séculos após os acontecimentos neles relatados. Fatores, aliás, que levaram o competente e sério Denys Page a ressaltar, talvez com certo exagero, que os documentos escritos no alfabeto Linear B demonstram que "os poemas homéricos preservaram muito pouco do verdadeiro quadro do passado micênico"[1]. Tomado em bloco, Homero tem em seus poemas bastante de micênico! Com as necessárias precauções, isto sim, é possível estabelecer, partindo-se do II canto da *Ilíada*, na parte relativa ao *Catálogo das Naus*, em que o maior dos poetas épicos rememora os tempos heroicos da Guerra de

---

1. LLOYD-JONES, Hugh et al. *O mundo grego*. Rio de Janeiro: Zahar, 1977, cap. I, p. 18 [Tradução de Waltensir Dutra].

Troia, a dimensão do mundo aqueu, que se estende, ao norte, desde a Tessália até o extremo sul do Peloponeso, abrangendo, além de Creta, várias outras ilhas, como Ítaca, Egina, Salamina, Eubeia, Rodes e Chipre. Não se trata, evidentemente, de um império, mas de vários reinos, alguns territorialmente diminutos, mas independentes entre si, preludiando já no século XVI a.C. o que seria a Grécia clássica, uma Grécia fragmentada em cidades-estados, não raro antagônicas e que dificilmente se congregam até mesmo contra o inimigo comum, como aconteceu nas guerras greco-pérsicas. Pois bem, esses reinos, pequenos e grandes, cuja hegemonia parece ter sido de Micenas, estão todos centralizados em grandes palácios, como Pilos, Micenas, Esparta, Tebas... São, na realidade, independentes, mas ligados por interesses comuns. Em sua ânsia pelo poder, o que exige sua coalizão, aceitam, se bem que não muito de bom grado, a autoridade do rei mais importante e poderoso entre eles, como se pode ver na *Ilíada*. Agamêmnon, rei de Micenas, logo no início do poema, I,7, é chamado *ánaks andrôn*, o rei dos heróis, o que deixa claro ser ele o chefe supremo dos reis aqueus confederados contra Troia, embora isto não impeça que o comandante-em-chefe tenha por vezes que fazer valer sua autoridade contra os recalcitrantes heróis aqueus. Aliás, os deuses homéricos, como se verá, agirão exatamente assim com Zeus, o deus supremo do Olimpo! Os deuses homéricos se constituem, não raro, como simples projeção social do mundo heroico dos micênicos.

Dentre os grandes palácios que fizeram da Grécia do século XV ao XII a.C. uma soberba fortaleza, destaca-se o monumental palácio de Micenas, "um verdadeiro ninho de águias" numa acrópole, que culmina a 278 metros de altura. Trata-se, no conjunto, de um recinto de novecentos metros de perímetro, com poderosas fortificações de muros ciclópicos, aberto a oeste pela Porta dos Leões, encaixada em sólido baluarte, e, ao norte, por uma saída secreta. No interior desse formidável bastião ficava o palácio, cuja arquitetura, como a de suas réplicas em Tirinto e Pilos, é radicalmente diversa da de Cnossos. Ao labirinto minoico, Micenas opõe um conjunto rigorosamente ordenado em três partes: uma vasta sala do trono, um santuário e, como elemento básico, um *mégaron* (grande salão). Também este é constituído de três compartimentos: um vestíbulo exterior, um *pródomos* ou vestíbulo interior e o *mégaron* propriamente dito, com uma lareira no centro.

O palácio servia apenas de residência para o rei e, segundo se crê, para alguns dignitários. A verdadeira aglomeração humana ficava numa cidade baixa, a sudoeste da fortaleza.

3

Com base na Linear B, nos poemas homéricos e na arqueologia, é possível delinear um panteão micênico, embora se tenha de proceder com grande prudência. Nas tabuinhas de argila da Linear B são pouquíssimas as informações acerca dos deuses: estes se reduzem a poucos nomes, a meras informações onomásticas. A *Ilíada* e a *Odisseia*, elaboradas a partir do século IX a.C., têm que ser manuseadas com muita cautela, porque, se de um lado estampam uma "mitologia remoçada de quatro a cinco séculos", em relação à civilização creto-micênica, de outro, sofreram indubitavelmente adições posteriores. Quanto aos monumentos artísticos, estes são sempre objeto de interpretações divergentes.

Para um estudo da religião desse período há que se partir de uma evidência: houve, sobretudo após o domínio de Creta pelos aqueus, um sincretismo religioso creto-micênico.

De seu mundo indo-europeu os gregos trouxeram para a Hélade um tipo de religião essencialmente celeste, urânica, olímpica, com nítido predomínio do masculino, que irá se encontrar com as divindades anatólias de Creta, de caráter ctônio e agrícola, e portanto de feição tipicamente feminina. Temos, pois, de um lado, um panteão masculino (*patrilinhagem*), de outro, um panteão, onde as deusas superam de longe (*matrilinhagem*) aos deuses e em que uma divindade matronal, a *Terra-Mãe*, a *Grande Mãe*, ocupa o primeiríssimo posto, dispensando a vida em todas as suas modalidades: fertilidade, fecundidade, eternidade. Desses dois tipos de religiosidade, desse sincretismo, nasceu a religião micênica. Diga-se, de passagem, que esse encontro do *masculino* helênico com o *feminino* minoico há de fazer da religião posterior grega um equilíbrio, um meio-termo, muito a gosto da "paideia" grega posterior, entre a patrilinhagem e a matrilinhagem.

Outras influências, particularmente egípcias, muito importantes para os hábitos funerários, enriqueceram ainda mais o patrimônio religioso creto-micênico.

Vejamos mais de perto esse sincretismo. As tabuinhas de Pilos e Creta estampam alguns nomes de deuses e deusas[2], por onde se pode observar que "a fusão", por vezes, se realizou entre elementos muito heterogêneos.

Zeus se apresenta com uma equivalência feminina *Dia* (Py. 28), que não se pode identificar com a cretense *Hera*, a qual já aparece associada a Zeus, como deusa da fertilidade, em algumas tabuinhas de Cnossos (Kn. 02) e de Pilos (Py. 172). Ventris e Chadwick[3] pensaram ser *Dia* uma hipóstase da *Magna Mater*, a Grande Mãe cretense, isto é, *Reia*, que Píndaro[4] saudou com o título de Ἕν ἀνδρῶν ἕν θεῶν γένος, "mãe única dos deuses e dos homens", passagem aliás "mal compreendida e mal traduzida"[5] na excelente edição Les Belles Lettres.

De outro lado, o mesmo *Zeus*, sob denominação desconhecida, se apresenta em Creta, muito antes do sincretismo de que estamos falando, sob a forma de um jovem belo e sadio, cuja origem creto-oriental, independente do Zeus grego, é defendida por Charles Picard[6]. Trata-se do *Zeus cretágeno*, isto é, originário de Creta e que vai surgir em Roma com o nome de *Veiouis*, Véjove, o Júpiter adolescente de cabelos anelados. Além do mais, a ligação de Zeus com a ilha de Creta, após o sincretismo, sempre foi muito estreita. Para evitar que o pai Crono lhe devorasse também o caçula, Reia, grávida de Zeus, fugiu para a ilha de Minos e lá, no monte Dicta ou Ida, deu à luz secretamente o filho, que foi amamentado pela cabra cretense *Amalteia*.

Apolo aparece apenas com um de seus epítetos clássicos, *Peã* (Kn. 52), o deus protetor dos guerreiros. Na mesma tabuinha encontram-se também Atená, Posídon, Hermes, Ártemis e Eniálio, o belicoso, cujas funções serão mais tarde inteiramente assimiladas por Ares, cujo nome não está claramente determinado

---

2. Todos esses deuses e deusas terão seus mitos relatados e comentados nos capítulos subsequentes e sobretudo no Vol. II.

3. VENTRIS, Michael & CHADWICK, John. *Documents in Mycenaean Greek*. London: Cambridge University Press, 1956, p. 125-126.

4. *Nemeias*, VI, 1ss.

5. PICARD, Charles. *Monum. Piot.*, t. 49, p. 41ss.

6. PICARD, Charles et al. *Éléments orientaux dans la religion ancienne*. Paris: PUF, 1960, p. 16ss.

na Linear B. A cretense *Ilítia*, que posteriormente se tornará hipóstase de Hera, como deusa dos partos, e *Deméter*, "a terra cultivada", a Grande Mãe, lá estão inteiras (Py. 114). *Dioniso* (Py. 10) é outra presença importante e garantida e cujo culto já era muito difundido em Creta, bem antes do aparecimento do deus na *Ilíada* de Homero.

Causa realmente estranheza a ausência de nomes de deuses autenticamente cretenses, como *Reia*, *Britomártis* ou *Dictina*, *Velcano*, o deus-galo, e *Perséfone*.

Como se vê, com a inestimável cooperação cretense, o futuro panteão grego da época clássica, se bem que terrivelmente miscigenado, já estava pronto no século XIV a.C. Falou-se em cooperação cretense porque, dentre os deuses citados, são considerados como minoicos (posto que ainda se discuta a respeito de um ou outro) os seguintes: Atená, Hera, Ilítia, Perséfone, Reia; os secundários Eniálio, Velcano, Britomártis ou Dictina e *talvez* Hermes. Se Dioniso, Ártemis, Apolo e Afrodite são seguramente divindades asiáticas, sobra muito pouco de autenticamente indo-europeu entre os futuros doze grandes do Olimpo, pois que, acerca da origem de Hefesto, não se chegou ainda a uma conclusão convincente, nem mesmo do ponto de vista etimológico (V. *Dicionário mítico-etimológico*).

É de notar-se, todavia, como já se disse, que o sincretismo creto-micênico fez que as divindades helênicas tivessem um caráter essencialmente composto, miscigenado e heterogêneo, o que explica a multiplicidade de funções e um entrelaçamento de mitos em relação a uma mesma divindade.

O Zeus indo-europeu, deus da luz, segundo a própria etimologia da palavra, deus da abóbada luminosa do céu, do raio e dos trovões, irá fundir-se com o jovem "Zeus" cretense, apresentando-se, por isso mesmo, também como um adolescente imberbe, *deus dos mistérios* do monte Ida, *deus da fertilidade* e *deus ctônio*, o *Zeùs Khthónios* de que fala Hesíodo. Ora, o Zeus barbudo e majestoso do Olimpo, no esplendor da idade, é inteiramente diverso do jovem deus dos mistérios cretenses e, no entanto, se fundiram numa única personalidade.

Hermes, deus dos pastores, protetor dos rebanhos, é a divindade por excelência da sociedade campônia aqueia. Pois bem, enriquecido pelo mito cretense, Hermes tornou-se mais que nunca o "companheiro do homem". Deus da pedra sepulcral, do umbral, do *hérmaion* e das "hermas", guardião dos caminhos, protetor dos viajantes – cada transeunte lançava uma pedra, formando um *hérmaion*, literalmente, *lucro inesperado, descoberta feliz*, proporcionados por Hermes – e, assim, para se obterem "bons lucros" ou agradecer o recebido, se formavam verdadeiros montes de pedra à beira dos caminhos. Possuidor de um bastão mágico, o caduceu, com que tangia as almas para a outra vida, tornou-se o deus *psicopompo*, quer dizer, condutor de almas, sem o que estas não poderiam alcançar a eternidade e felicidade que a religião cretense prometia aos iniciados. Deus dos pastores, cujo mito estava ligado ao carneiro de velo de ouro, "verdadeiro talismã das riquezas aqueias e garantia de fecundidade", Hermes transformou-se no mensageiro dos imortais do Olimpo, em deus psicopompo e em deus das ciências ocultas.

Quanto às divindades femininas aqueias, todas elas são herdeiras de deusas cretenses. Hera, a Senhora, também uma *pótnia therôn*, a "senhora das feras", uma deusa da fertilidade, na civilização micênica converter-se-á na protetora de uma instituição aqueia fundamental, o casamento.

Atená, genuinamente cretense, está, em princípio, associada à árvore e à serpente, como deusa da vegetação. Na civilização aqueia é uma virgem guerreira, como aparece, em Micenas, numa medalha de estuque pintado, em que a deusa está com um enorme escudo, que lhe cobre todo o corpo, e rodeada de deuses que lhe prestam homenagem. Atená aqueia é, por excelência, a protetora das acrópoles em que se erguem os palácios micênicos, como mais tarde será a senhora da *Akrópolis* de Atenas. Seu nome duplo, *Palas Atená*, Atená defensora, mostra bem o resultado do sincretismo.

A dupla formada por *Deméter* e *Core* é uma junção muito frequente em Creta, de uma deusa mãe e de uma jovem (*Core* significa jovem) filha. O rapto de Core por Plutão, rei do Hades, e a busca da filha pela mãe relembram as cenas de rapto muito frequentes no culto cretense da vegetação. A junção, todavia, de *Core*, a semente de trigo lançada no seio da Mãe-Terra, Deméter, com a lúgubre *Perséfone*, rainha do Hades, é deveras estranha, mas ambas, mercê do sincretismo, constituem a mesma pessoa divina.

Seria inútil multiplicar os exemplos. Os deuses aqueus, por força da herança egeia, tornaram-se semigregos e semicretenses.

Pierre Lévêque mostra de modo preciso o resultado dessa fusão: "Com um mesmo nome grego (Zeus, Deméter), ou com um nome minoico (Hera, Atená) e, inclusive, com nome duplo (Core e Perséfone, Palas e Atená), os deuses aqueus têm uma personalidade complexa, híbrida, em que se fundiram elementos heterogêneos e, às vezes, contraditórios. Não houve uma justaposição de duas séries de deuses em um panteão único, mas sínteses estranhas propiciaram a criação de divindades que não eram nem indo-europeias, nem minoicas, mas sim aquéias"[7]. Destarte, para um estudo em profundidade dos deuses aqueus, é mister separar o que é indo-europeu do que é cretense e oriental. Seja como for, desde o século XIV a.C., a futura religião grega já estava delineada e inteiramente distinta de suas coirmãs védica, latina e germânica, que puderam conservar melhor o patrimônio comum indo-europeu, sobretudo a organização tripartite e trifuncional da hierarquia divina, uma vez que, por motivos de ordem política e cultural, não se deixaram contaminar tanto por elementos estranhos ao mundo indo-europeu.

4

Se a influência cretense na elaboração do panteão helênico foi grande e séria, mais destacada ainda foi a sua influência no que se refere ao culto dos deuses e dos mortos.

Como acentua o supracitado Pierre Lévêque, os sacerdotes da ilha de Minos são constantemente citados na Linear B e sua missão mais importante era a de consagrar as oferendas, fossem elas as primícias das colheitas ou os sacrifícios sangrentos. Num texto de Pilos faz-se menção de trigo, vinho, um touro, queijos, mel, quatro cabras, azeite, farinha e duas peles de cordeiro que deveriam ser sacrificados aos deuses. As peles fazem certamente parte da vestimenta litúrgica de sacerdotes de categoria inferior, denominados *diphtheráporoi*, quer dizer, "portadores de uma indumentária de pele", como se pode ver no sarcófago de Háguia Tríada.

---

7. LÉVÊQUE, Pierre. Op. cit., p. 69ss.

Os locais de culto, como em Creta, estão inteiramente ligados à vida familiar. No santuário palatino de Micenas encontrou-se uma pequena escultura em marfim, representando as "duas deusas", Deméter e Core, com o "menino divino", Triptólemo, a seus pés. No de Ásina, na Argólida, descobriram-se várias estatuetas em terracota. Nas casas particulares havia sempre um local destinado ao culto: era a lareira, centro do culto doméstico e que nos grandes palácios, como Micenas e Tirinto, ocupava o centro do *Mégaron*. O altar, propriamente dito, em geral oco, modelo portanto do *bóthros* grego (fenda, buraco onde se derramava o sangue das vítimas), era erguido normalmente no pátio do palácio, como se pode observar em Tirinto. Nas escavações realizadas em Micenas descobriu-se grande quantidade de estatuetas, a maioria em terracota. Trata-se, em sua quase totalidade, de ídolos femininos vestidos à maneira cretense; os poucos masculinos encontrados representam um jovem deus despido. Pois bem, essas estatuetas, muito semelhantes às cretenses, representam, na realidade, certas divindades ligadas à Terra-Mãe, mas têm, segundo se acredita, que ser interpretadas como oferenda aos deuses e não como objeto de culto, o que só aparecerá no século seguinte.

Também os hábitos funerários e o culto dos mortos são relativamente bem conhecidos na época micênica, graças a numerosos túmulos descobertos pelos arqueólogos.

As sepulturas cretenses e, posteriormente, as micênicas, embora tenham sofrido algumas modificações e transformações no decurso do segundo milênio, não só quanto ao local em que eram enterrados os mortos, mas sobretudo quanto à forma das mesmas, possuem uma característica que permaneceu inalterável: os corpos eram inumados e não incinerados. Durante o Heládico Médio, ~ 1950-1580 a.C., os cemitérios eram construídos dentro do perímetro urbano, junto às habitações e as tumbas tinham a forma de um cesto e normalmente não se depositavam oferendas para os mortos. No Heládico Recente, ~ 1580-1100 a.C., surgem as necrópoles separadas das aglomerações humanas e construídas a oeste das mesmas, certamente por influência do Egito, que considerava o Ocidente como o mundo dos mortos. As covas funerárias, a princípio, simples fossas, à imitação das sepulturas em forma de cesto, evoluíram para um formato de habitação, um túmulo, que acabou por dar origem aos *thóloi* (rotundas, pequenas construções de forma abobadada). Os corpos eram colocados em ataúdes, junto aos quais se depositava um rico mobiliário: máscaras, armas luxuosas, vasos, joias... Em Micenas encontraram-se oficialmente *nove thóloi*, aos quais se deram nomes convencionais, como o *Túmulo de Clitemnestra*, o *Túmulo de Egisto...*, destacando-se entre todos o *Túmulo de Agamêmnon*, o chamado *Tesouro do Atreu*, que representa, sem dúvida, a mais bem construída e a mais bela sala abobadada da Antiguidade. Curioso para a época é um túmulo encontrado em Mideia, na Argólida, sem vestígio de sepultamento. Trata-se, ao que tudo indica, de um *cenotáfio*, "túmulo vazio", construído para "atrair" a alma de pessoas, em tese, falecidas fora da pátria e plausivelmente não sepultadas ou que não houvessem recebido as devidas honras fúnebres, uma vez que o *eídolon* só poderia ter paz e penetrar no Hades quando o corpo descesse ritualmente ao seio da Mãe-Terra. O cenotáfio tinha, pois, por escopo, desde a mais alta Antiguidade, substituir simbolicamente a real sepultura, condição suficiente para descanso da alma, o que demonstrava também a crença dos aqueus na sobrevivência da mesma. Se é verdade que todos os mortos tinham direito a um culto, existem aqueles que, por circunstâncias especiais, fazem jus a honras peculiares e a um culto singular. Trata-se dos *heróis*, assunto que será bem desenvolvido em nosso Volume III. Para o momento, basta acentuar que o *herói*, normalmente "senhor" de um palácio, como na época micênica, goza na outra vida de um destino particular. Em se tratando de um culto a antepassados, outorgado pela família reinante, a ele deve associar-se toda a comunidade, porque o *herói* acaba por tornar-se um intermediário entre os homens e os deuses. Na época micênica, esse culto foi muito difundido e praticado, ultrapassando mesmo a civilização que, na Grécia, viu seu nascimento.

Dentre todos os heróis micênicos vamos destacar, por ora, apenas *Agamêmnon*, o grande rei de Micenas e que, como o rei de Creta, Minos, parece ter sido um nome dinasta. O que dá relevo ao "rei dos reis" não é apenas o fato de Agamêmnon ter sido o chefe dos exércitos gregos congregados contra Troia, mas sobretudo a *hamartía* que pesava sobre o *génos* dos atridas.

Antes de entrarmos no mito que transformou o gigantesco palácio de Micenas num "alcáçar de crimes e horrores", uma palavra sobre *hamartía* e *génos*.

Sem desejar entrar em longas discussões de ordem etimológica, linguística e literária acerca do vasto campo semântico de *hamartía*, que, na realidade, tem várias "conotações" no curso do pensamento grego, porque não é aqui o local apropriado, é melhor começar pelo verbo grego *hamartánein* que já aparece em diversas passagens da *Ilíada*, V, 287; VIII, 311; XI, 233; XIII, 518 e 605; XXII, 279... onde significa mais comumente *errar o alvo*. Dos trágicos a Aristóteles, apesar da ampliação do campo semântico do verbo, também este sentido de *errar o alvo* é encontrado, alargado com o de *errar, errar o caminho, perder-se, cometer uma falta*... Donde se pode concluir que o vocábulo *hamartía*, que é um deverbal de *hamartánein*, nunca poderá ser traduzido até os *Septuaginta* por "pecado". Diga-se, aliás, de passagem, que também o latim *peccatum*, fonte de "pecado", jamais possui, até o cristianismo, tal significado: *peccatum* em latim é "erro, falta *tropeço*"[8], abstração feita de culpa moral. Assim *hamartía* deve-se traduzir por "erro, falta, inadvertência, irreflexão", existindo, claro está, uma "graduação" nessas faltas ou erros, podendo ser os mesmos mais leves ou mais graves, como já observara Marco Túlio Cícero (106-43 a.C.)[9].

Acrescente-se, por último, que, na Grécia antiga, as faltas eram julgadas de fora para dentro: não se julgavam intenções, mas fatos, reparações, indenizações à vítima, se fosse o caso.

Quanto a *génos*, pode o vocábulo ser traduzido, em termos de religião grega, por "descendência, família, grupo familiar" e definido como *personae sanguine coniunctae*, quer dizer, pessoas ligadas por laços de sangue. Assim, qualquer falta, qualquer *hamartía* cometida por um *génos* contra o outro tem que ser religiosa e obrigatoriamente vingada. Se a *hamartía* é, dentro do próprio *génos*, o parente mais próximo está igualmente obrigado a vingar o seu *sanguine coniunctus*.

---

8. O grande poeta latino Quinto Horácio Flaco (65-8 a.C.) nos dá, *Epist.*, 1,1,9, o sentido exato, "físico", de *peccare*:
Solue senescentem mature sanus equum ne
peccet ad extremum ridendus et ilia ducat:
"Tem o bom-senso de desatrelar a tempo teu cavalo, que envelhece,
a fim de que ele, em meio ao riso, não venha a *tropeçar* e perder o fôlego".

9. *Parad.*, 3,1: *Alius magis alio uel peccat uel recte facit:*
"Há uma graduação nas nossas faltas como em nossos méritos".

Afinal, no sangue derramado está uma parcela da vida, do *sangue* e, por conseguinte, da *alma* do *génos* inteiro. Foi assim que, historicamente falando, até a reforma jurídica de Drácon ou Sólon, famílias inteiras se exterminavam na Grécia. É mister, no entanto, distinguir dois tipos de vingança, quando a *hamartía* é cometida dentro de um mesmo *génos*: a *ordinária*, que se efetua entre os membros, cujo parentesco é apenas em *profano*, mas ligados entre si por vínculo de obediência aos *gennêtai*, quer dizer, aos chefes gentílicos, e a *extraordinária*, quando a falta cometida implica em *parentesco* sagrado, erínico, de fé – é a *hamartía* cometida entre pais, filhos, netos, por linha troncal e, entre irmãos, por linha colateral. Esposos, cunhados, sobrinhos e tios não são parentes *em sagrado*, mas *em profano* ou ante os homens. No primeiro caso, a vingança é executada pelo parente mais próximo da vítima e, no segundo, pelas Erínias.

A essa ideia do direito do *génos* está indissoluvelmente ligada a crença na maldição familiar, a saber: qualquer *hamartía* cometida por um membro do *génos* recai sobre o *génos* inteiro, isto é, sobre todos os parentes e seus descendentes "em sagrado" ou "em profano".

Esta crença na transmissão da falta, na solidariedade familiar e na hereditariedade do castigo é uma das mais enraizadas no espírito dos homens, pois a encontramos desde o *Rig Veda* até o nordeste brasileiro, sob aspectos e nomes diversos. No citado *Rig Veda*, o mais antigo monumento da literatura hindu, composto entre 2000 e 1500 a.C., encontramos esta súplica: "Afasta de nós a falta paterna e apaga também aquela que nós próprios cometemos".

A mesma ideia era plenamente aceita pelos judeus, como demonstram várias passagens do *Antigo Testamento*, como está em *Êxodo* 20,5: "Eu sou o Senhor, teu Deus, um Deus zeloso, que vingo a iniquidade dos pais nos filhos, nos netos e bisnetos daqueles que me odeiam".

Talvez não fosse inoportuno lembrar que há uma grande diferença entre o homem *de lá* e o homem *de cá: o viver coletivo e o nosso viver individual*.

Fechado o parêntese, voltemos *à machina fatalis*, a máquina obrigatoriamente fatal que, por causa da *hamartía* de Tântalo e da consequente maldição familiar, há de esmagar todo o *génos* maldito dos atridas, cuja ninhada fatídica pode ser sintetizada no seguinte quadro:

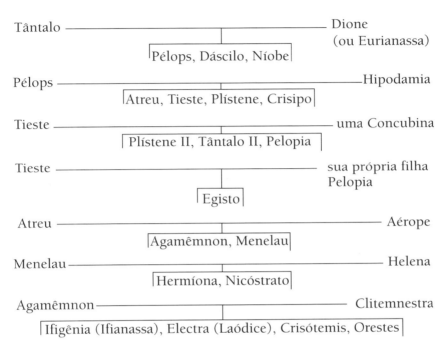

Tudo começou com a *hamartía* de Tântalo, filho de Zeus e Plutó, o qual reinava na Frígia ou Lídia, sobre o monte Sípilo. Extremamente rico e querido dos deuses, era admitido em seus festins. Por duas vezes Tântalo já havia traído a amizade e a confiança dos imortais: numa delas revelou aos homens os segredos divinos e, em outra oportunidade, roubou néctar e ambrosia dos deuses, para oferecê-los a seus amigos mortais. A terceira *hamartía*, terrível e medonha, lhe valeu a condenação eterna. Tântalo, desejando saber se os Olímpicos eram mesmo oniscientes, sacrificou o próprio filho Pélops e ofereceu-o como iguaria àqueles. Os deuses reconheceram, todavia, o que lhes era servido, exceto Deméter, que, fora de si pelo rapto da filha Perséfone, comeu uma espádua de Pélops. Os deuses, porém, recompuseram-no e fizeram-no voltar à vida.

Tântalo foi lançado no Tártaro, condenado para sempre ao suplício da sede e da fome. Mergulhado até o pescoço em água fresca e límpida, quando ele se abaixa para beber, o líquido se lhe escoa por entre os dedos. Árvores repletas de frutos saborosos pendem sobre sua cabeça; ele, faminto, estende as mãos crispadas, para apanhá-los, mas os ramos bruscamente se erguem. Há uma variante de grande valor simbólico: o rei da Frígia estaria condenado a ficar para sempre sobre um imenso rochedo prestes a cair e onde ele teria que permanecer em eterno equilíbrio.

O tema mítico de Tântalo, na luta interior contra a vã exaltação, simboliza a *elevação* e a *queda*. Seu suplício corre paralelo com sua *hamartía*: o objeto de seu desejo, a água, os frutos, a liberdade, tudo está diante de seus olhos e infinitamente distante da *posse*. No fundo, Tântalo é o símbolo do desejo incessante e incontido, sempre insaciável, porque está na natureza do ser humano o viver sempre insatisfeito. Quanto mais se avança em direção ao objeto que se deseja, mais este se esquiva e a busca recomeça...

O grande poeta paulista Vicente Augusto de Carvalho (1866-1924) nos oferece a topografia utópica dessa busca:

Velho Tema

Só a leve esperança, em toda a vida,
Disfarça a pena de viver, mais nada;
Nem é mais a existência, resumida,
Que uma grande esperança malograda.

O eterno sonho da alma desterrada
Sonho que a traz ansiosa e embevecida,
É uma hora feliz, sempre adiada
E que não chega nunca em toda a vida.

Essa felicidade que supomos,
Árvore milagrosa que sonhamos
Toda arreada de dourados pomos

Existe, sim: mas nós não a alcançamos
Porque está sempre apenas onde a pomos
E nunca a pomos onde nós estamos.

Níobe foi a primeira vítima da *hamartía* paterna. Casada com Anfíon, teve, consoante a maioria dos mitógrafos, catorze filhos: sete meninos e sete meninas. Na tradição homérica são apenas doze[10], mas na hesiódica são vinte. Orgulhosa de sua prole, Níobe dizia-se superior a Leto, que só tivera dois: Apolo e Ártemis. Irritada e humilhada, Leto pediu aos filhos que a vingassem. Com suas flechadas certeiras, Apolo matou os meninos e Ártemis, as meninas. Urna variante mais recente do mito narra que dos catorze se salvaram dois, um menino e uma menina. Esta, todavia, aterrorizada com o massacre dos irmãos, se tornou tão pálida, que foi chamada *Clóris*, a verde. Mais tarde, Clóris foi desposada por Neleu.

A infeliz Níobe, desesperada de dor e em prantos, refugiou-se no monte Sípilo, reino de seu pai, onde os deuses a transformaram num rochedo, que, no entanto, continua a derramar lágrimas. Do rochedo de Níobe, por isso mesmo, corre uma fonte.

A metamorfose em rochedo, como a de Eco, Níobe... pode ser interpretada como o símbolo da *regressão* e da *passividade*, que podem ser um estado apenas passageiro, precursor de uma transformação. Na realidade, Níobe é uma antiga deusa lunar asiática, mas é a *lua negra*, a outra face de Leto, a *lua cheia*. Seus filhos são mortos por Apolo (o sol) e por Ártemis (a lua cheia).

Pélops é apenas mais uma engrenagem da *machina fatalis*... Após sua "recomposição e ressurreição", o herói foi amado por Posídon, que o levou para o Olimpo e fê-lo seu escanção. Apesar de haver retornado ao nível telúrico, porque Tântalo dele se servia para furtar néctar e ambrosia aos deuses e oferecê-los aos homens, o deus do mar continuou a protegê-lo, dando-lhe de presente cavalos alados e ajudando-o na terrível disputa contra Enômao pela posse de Hipodamia.

Após a guerra movida pelo Ilo, o lendário fundador de Ílion ou Troia, contra Tântalo, a quem acusava de ser responsável pelo rapto de seu filho Ganimedes, Pélops deixou a Ásia Menor, onde nascera, e refugiou-se na Hélade.

Sabedor de que Enômao, rei de Pisa, na Élida, só daria a filha Hipodamia em casamento a quem o vencesse numa corrida de carros, Pélops, *herói* que era, aceitou, como tantos outros já o haviam feito, o desafio do rei.

Esse Enômao, que reinava na Élida, era filho de Ares e de uma filha do deus-rio Asopo, Harpina. Como não quisesse que sua filha Hipodamia se casasse, ou por

---

10. Doze é um número redondo homérico, inseparável de sua perspectiva cósmica. No gigantesco túmulo de Pátroclo, construído sobre uma base quadrada, Aquiles sacrificou doze jovens troianos. Trata-se do número da "totalidade".

estar apaixonado por ela ou por lhe ter anunciado um oráculo que seria morto pelo genro, punha como condição que o pretendente o ultrapassasse numa corrida de carros. Enquanto sacrificava um carneiro a Zeus, deixava que o competidor tomasse a dianteira. Como os cavalos de Enômao fossem de sangue divino, facilmente o rei levava de vencida o "pretendente" e o matava, antes que atingisse a meta final, que era o altar de Posídon, em Corinto. O rei de Pisa já havia eliminado doze pretendentes, quando Pélops se apresentou. Apaixonada por ele, Hipodamia ajudou-o a corromper o cocheiro real, Mírtilo, que concordou em serrar o eixo do carro de Enômao. Aos primeiros arrancos dos animais, a peça partiu-se e o monarca foi arremessado ao solo e pereceu despedaçado.

Pélops se casou com Hipodamia e, para silenciar Mírtilo, o vencedor de Enômao lançou-lhe o cadáver no mar. O cocheiro real, antes de morrer, amaldiçoou a Pélops...

O nome de Pélops está intimamente ligado à fundação mítica dos jogos Olímpicos, que, a princípio, segundo parece, limitavam-se a corridas de carros. Pélops os teria instituído, mas, como houvessem caído no esquecimento, Héracles os ressuscitou em honra e em memória do fundador. As competições olímpicas eram ainda não raro consideradas como Jogos Fúnebres em memória de Enômao.

À *hamartía* de Tântalo somam-se agora as do próprio Pélops e a maldição de Mírtilo. A *machina fatalis* tem combustível para funcionar por várias gerações! Antes, porém, que suas engrenagens voltem a girar, uma palavra sobre a *morte do rei* e *sua substituição* por Pélops no trono da Élida.

Marie Delcourt, em sua obra famosa sobre Édipo[11], comentando e discordando de uma passagem do pai da psicanálise[12], opina que não se deve insistir sobre "a concupiscência dissimulada" do menino pela mãe e, em relação ao pai, sobre o sentimento ambivalente do mesmo, marcado de um lado pela admiração e afeição e, de outro, pelo ódio e ciume. Assim, consoante a autora, em lugar de se acentuar o ciume sexual do menino, melhor seria chamar a atenção para a impaciência com que o filho adulto suporta a tutela de um pai envelhecido. A hostilidade entre ambos seria provocada menos por uma *libido* reprimida do que pelo desejo do poder. Se isto é verdadeiro, pode-se perfeitamente fazer uma aproximação entre o mito de Édipo, que mata a seu pai Laio, e outros mitologe-

---

11. DELCOURT, Marie. *Oedipe ou la légende du conquérant.* Paris: Les Belles Lettres, 1981, p. 66ss.

12. FREUD, Sigmund. *Totem et Tabou.* Paris: Payot, 1924. A passagem de que fala Marie Delcourt está na p. 197: "O sentimento de culpabilidade do filho gerou os dois tabus fundamentais do totemismo, que, por este motivo, devem se confundir com os dois desejos reprimidos do complexo de Édipo".

mas, como o de Pélops, em que um pai luta contra o pretendente da filha; como os de Telégono e Ulisses, Teseu e Egeu, em que os filhos matam direta ou indiretamente a seus pais; como o de Perseu e Acrísio, em que a vítima é o avô, no caso em pauta, Acrísio; como o de Anfitrião que assassina a seu sogro Eléctrion e, para não alongar a lista, o de Admeto e Feres, em que o pai Feres, envelhecido, "abre mão do trono, em favor de seu filho Admeto, tendo havido, no entanto, entre ambos, violentíssima altercação, como atesta a tragédia Alceste[13].

Seguindo essa linha de raciocínio, o tema essencial não é bem o duelo entre pai e filho, porque este pode ser entre sogro e genro (Enômao e Pélops, Eléctrion e Anfitrião) ou entre avô e neto (Acrísio e Perseu)..., *mas um conflito de gerações.*

O antagonismo, todavia, quer seja entre pai e filho, avô e neto, ou entre pai e pretendente, é sempre um combate pelo poder, cujo desfecho é a vitória do mais jovem. Ao que parece, essa luta, de início, entre *pai* e *filho*, fazia parte de um rito, o combate de morte que, nas sociedades primitivas, permitia ao Jovem Rei suceder ao Velho Rei. Todo o contexto familiar, com os problemas morais que o mesmo comporta, foi acrescentado mais tarde, quando a sucessão patrilinear se tornou a norma vigente. Assim, na luta de morte, que se travava pela sucessão, todas as atenuantes possíveis foram introduzidas para mitigar o impacto das "justas" primitivas. Jamais um poeta trágico pôs em cena um parricídio consciente. Se Édipo mata a Laio, Telégono a Ulisses, Perseu a Acrísio e Pélops a Enômao, a ação é simplesmente o resultado do cumprimento de um oráculo, e mais: os dois primeiros ignoravam tratar-se de seus próprios pais e Perseu não sabia que Acrísio era seu avô. Julgando que a atenuante, *oráculo*, era insuficiente, os trágicos transformaram a morte de Laio num acidente de caminho... Quanto a Teseu, é bom não esquecer que foi por um erro, por um engano fatal que o herói de Atenas se tornou o responsável pela morte de seu pai Egeu!

Desse modo, o parricídio ou é substituído por um simples destronamento, ou é realizado, mas como resultante de um erro, embora se tenha o respaldo de um oráculo. Em ambos os casos, os poetas evitam colocar em cena o mais horrendo dos crimes aos olhos da sociedade grega. A despeito, porém, de seu horror

---

13. EURÍPIDES. *Alceste*. Rio de Janeiro: Bruno Buccini Editor, 1968, vs. 615-740. [Tradução de Junito de Souza Brandão].

pelo parricídio, tiveram muitas vezes que tratar em público de uma hostilidade de fato entre homens de gerações diferentes, o que patenteia a importância existente na *sucessão por morte* na pré-história grega. Os testemunhos mais curiosos desse rito arcaico se encontram, como se verá, nas teogonias.

Para encerrar, uma pergunta: por que o Velho Rei deve ser substituído?

Na *Odisseia*, XI,494ss, Aquiles, quando da visita de Ulisses ao país dos mortos, mostra-se preocupado com a sorte de seu pai Peleu e pergunta-lhe se ele não é desprezado pelos mirmidões, uma vez que a velhice lhe entorpece os membros. Na realidade, um rei envelhecido não é apenas um soberano demissionário, mas sobretudo um ser maltratado e menosprezado. É que a função do rei, já que o mesmo é de origem divina, é *fecundar* e manter viva e atuante sua *força mágica*. Perdido o vigor físico, tornando-se impotente ou não mais funcionando a *força mágica*, o monarca terá que ceder seu posto a um jovem, que tenha méritos e requisitos necessários para manter acesa a chama da fecundação e a fertilidade dos campos, uma vez que, magicamente, esta está ligada àquela.

Na expressão de Westrup, "o mérito pessoal é uma condição necessária para se subir ao trono dos antigos e a persistência da energia ativa é indispensável para conservar o poder real"[14]. Donde se conclui que a sucessão por morte fundamenta-se no princípio da incapacidade, por velhice, de exercer a função real. A razão é de ordem mágica: quem perdeu a força física não pode transmiti-la à natureza por via de irradiação, como deveria e teria que fazer um rei.

Terminada esta longa digressão, necessária para que se possam compreender tantas sucessões violentas dentro do mito, voltemos à violência, à *hýbris* das *hamartíai* dos atridas.

De Pélops e Hipodamia, conforme esquema já exposto, nasceram, entre outros, Atreu, Tieste e Crisipo.

Consoante o mito, os persidas (filhos ou descendentes de Perseu) foram os primeiros a reinar sobre a Argólida em geral e sobre Micenas em particular. Esta, fundada por Perseu, foi governada depois por seu filho Estênelo e seu neto, Eu-

---

14. WESTRUP, C.W. Le roi dans l'Odissée. In: *Mélanges Fournier*. Paris: 1929, p. 772.

risteu. Em seguida, o poder passou para os pelópidas, também denominados atridas. É que a maldição paterna empurrara Atreu e Tieste para Micenas, onde se refugiaram. Essa maldição se deve ao fato de Atreu e Tieste terem assassinado o irmão Crisipo. Mais uma maldição que se vai somar a tantas outras...

Aliás, Crisipo, como engrenagem da *machina*, já havia contribuído para aumentar-lhe a potência fatídica. Quando Laio, ainda muito jovem, se viu obrigado a fugir de Tebas, porque Zeto e Anfião se lhe haviam apoderado violentamente do trono, refugiou-se na corte de Pélops, na Élida.

Esquecendo-se dos laços sagrados da hospitalidade, Laio deixou-se dominar por uma paixão louca por Crisipo e, com o consentimento deste, o raptou, inaugurando, destarte, na Grécia, ao menos miticamente, a pederastia. Pélops amaldiçoou a Laio, e Hera, a protetora dos amores legítimos, anatematizou a ambos. O resultado dessa dupla maldição há de se traduzir também na *Maldição dos labdácidas*, com Laio, Jocasta, Édipo, Etéocles, Polinice e Antígona...

Voltemos a Atreu e Tieste. Falecido Euristeu, sem deixar descendentes, os micênios, dando crédito a um oráculo, entregaram-lhes o trono. Foi pela disputa do reino de Micenas entre os dois irmãos que surgiu o ódio mais terrível, alimentado por traições, adultério, incesto, canibalismo, violência e morte. Atreu, que havia encontrado um carneiro de velo de ouro, prometera sacrificá-lo a Ártemis, mas guardou-o para si e escondeu o tosão de ouro num cofre. Aérope, que era mulher de Atreu, mas amante de Tieste, entregara a este secretamente o velocino. No debate entre ambos diante dos micênios, Tieste propôs que ocuparia o trono o que mostrasse à assembleia um tosão de ouro. Atreu aceitou, de imediato, a proposta, pois desconhecia a traição da esposa e a perfídia do irmão. Tieste seria fatalmente o vencedor, não fora a intervenção de Zeus, que, por meio de Hermes, aconselhou a Atreu fazer uma nova proposta: o rei seria designado por um prodígio. Se o sol seguisse seu curso normal, Tieste seria o rei, se regressasse para leste, Atreu ocuparia o trono. Aceito o desafio, todos passaram a observar o céu. O sol voltou para o nascente e Atreu, por proteção divina, passou a reinar em Micenas, expulsando Tieste de seu reino.

Sabedor um pouco mais tarde da traição de Aérope, fingiu uma reconciliação com o irmão, convidou-o a participar de um banquete e serviu-lhe como repasto as carnes de três filhos que Tieste tivera com uma náiade: Áglao, Calíleon e Orcômeno. Após o banquete, Atreu mostrou-lhe as cabeças de seus três filhos e, mais uma vez, o baniu. Tieste refugiou-se em Sicione, onde, a conselho de um oráculo, se uniu à própria filha Pelopia e dela teve um filho, Egisto. Pelopia seguiu para Micenas e lá se casou com o próprio tio Atreu. Egisto foi, pois, criado na corte deste último e, como ignorasse que Tieste era seu pai, recebeu do padrasto a ordem de matá-lo. Egisto, todavia, descobriu a tempo quem era seu verdadeiro pai. Retornou a Micenas, assassinou Atreu e entregou o trono a Tieste.

Agamêmnon e *Menelau*, filhos de Atreu e de Aérope! Que se poderia esperar destes condenados e marcados por tantas misérias e crimes? Agamêmnon surge no mito como o rei por excelência, encarregado na *Ilíada* do comando supremo dos exércitos gregos que sitiavam Troia. Consoante a designação de seus ancestrais, é chamado atrida, pelópida ou tantálida. Reinava sobre Argos, Micenas e até mesmo sobre toda a Lacedemônia. Era casado com Clitemnestra, irmã de Helena, ambas filhas de Tíndaro e Leda. Para obter Clitemnestra, que era casada, Agamêmnon iniciou logo sua carreira por um crime duplo: matou-lhe o marido, Tântalo, filho de Tieste, e a um filho recém-nascido do casal. Perseguido pelos Dioscuros, Castor e Pólux, irmãos de Clitemnestra e Helena, refugiou-se na corte de Tíndaro.

Desse casamento com Clitemnestra, que se ligara a Agamêmnon contra a vontade, nasceram três filhas: Crisótemis, Laódice e Ifianassa e um filho, Orestes. Tal é o primeiro estágio do mito. Surge depois Ifigênia ao lado de Ifianassa e Laódice é substituída pelos poetas trágicos por Electra, totalmente desconhecida de Homero. Desta ninhada fatídica os trágicos conheciam principalmente Ifigênia, Electra e Orestes.

Quando uma verdadeira multidão de pretendentes à mão de Helena assediava a princesa, Tíndaro, a conselho do solerte Ulisses, ligou-os por dois juramentos: respeitar a decisão de Helena na escolha do noivo, sem contestar a posse da jovem esposa e se o escolhido fosse, de qualquer forma, atacado, os demais deviam socorrê-lo. Quando o príncipe troiano Páris ou Alexandre raptou Helena, Menelau, a quem ela escolhera por marido, pediu auxílio a seu irmão Agamêmnon, o poderoso rei de Micenas, que também estava ligado a Menelau por juramento. Agamêmnon foi escolhido comandante supremo da armada aqueia, seja por seu valor pessoal, seja porque era uma espécie de rei suserano, dada a importância de Micenas no conjunto do mundo aqueu, quer por efeito de hábil campanha política. Convocados os demais reis ligados por juramento a Menelau, formou-se o núcleo da grande armada destinada a vingar o rapto de Helena e atacar Troia, para onde Páris levara a princesa.

Os chefes aqueus reuniram-se em Áulis, cidade e porto da Beócia, em frente à ilha de Eubeia. De início, os presságios foram favoráveis. Feito um sacrifício a Apolo, uma serpente surgiu do altar e, lançando-se sobre um ninho numa árvore vizinha, devorou oito filhotes de pássaros e a mãe, ao todo nove, e, em seguida, transformou-se em pedra. Calcas, o adivinho da vida militar, como Tirésias o era da religiosa, disse que Zeus queria significar que Troia seria tomada após dez anos de luta. De acordo com os *Cantos Cíprios*, poemas que narram fatos anteriores à *Ilíada*, os aqueus, ignorando as vias de acesso a Troia, abordaram na Mísia, Ásia Menor e, depois de alguns combates esparsos, foram dispersados por uma tempestade, regressando cada um a seu reino. Oito anos mais tarde, reuniram-se novamente em Áulis. O mar, todavia, permaneceu inacessível aos navegantes por causa de uma grande calmaria. Consultado mais uma vez, Calcas explicou que o fato se devia à cólera de Ártemis, porque Agamêmnon, matando uma corça, afirmara que nem a deusa o faria melhor que ele. A cólera de Ártemis poderia se dever também a Atreu, que, como se viu, não lhe sacrificara o carneiro de velo de ouro ou ainda porque o rei de Micenas prometera oferecer o produto mais belo do ano, que, por fatalidade, havia sido sua filha Ifigênia. Agamêmnon, após alguma relutância, terminou por consentir no sacrifício de Ifigênia, ou por ambição pessoal, ou por visar ao bem comum. De qualquer forma, esse sacrifício agravou profundamente as queixas já existentes e o desamor de Clitemnestra pelo esposo. Sacrificada a jovem Ifigênia, partiu finalmente a frota grega em direção a Troia, fazendo escala na ilha de Tênedos. Na ilha de Lemnos, Agamêmnon, a conselho de Ulisses, ordenou que se deixasse Filoctetes (sem cujas flechas, herdadas de Héracles, Troia não poderia ser tomada), de cuja ferida, provocada pela mordida de uma serpente em Tênedos, exalava um odor insuportável.

Nove anos de lutas diante da cidade de Príamo, de acordo com os presságios, já se haviam passado, quando surgiu grave dissensão entre Agamêmnon e o principal herói aqueu, Aquiles. É que ambos, tendo participado de diversas expedições de pilhagem contra cidades vizinhas, lograram se apossar de duas belíssimas jovens: Briseida, que se tornou escrava de Aquiles, e Criseida, filha do sacerdote de Apolo, Crises, foi feita cativa de Agamêmnon.

Crises, humildemente, dirigiu-se à tenda do rei de Micenas e tentou resgatar a filha. O rei o expulsou com ameaças. Apolo, movido pelas súplicas de seu sacerdote, enviou uma peste terrível contra os exércitos gregos.

É neste ponto que começa a narrativa da *Ilíada*. Talvez não fosse fora de propósito dizer, e o faremos, de caminho, que a *Ilíada* não relata a Guerra de Troia, mas apenas um episódio do nono ano da luta, exatamente a *ira de Aquiles e suas consequências funestas*. Quando o poema termina, com os funerais de Heitor, Troia continua de pé.

Vendo o exército assolado pela peste, Aquiles convocou uma assembleia. O adivinho Calcas, consultado, respondeu ser necessário devolver Criseida. Após violenta altercação com Aquiles, Agamêmnon resolveu devolver a filha de Crises, mas, em compensação, mandou buscar a cativa de Aquiles, Briseida. Este, irritado e como fora de si, porque gravemente ofendido em sua *timé*, em sua honra pessoal, coisa que um herói grego prezava acima de tudo, retirou-se do combate. Zeus, a pedido de Tétis, mãe do herói, consentiu em que os troianos saíssem vitoriosos, até que se fizesse *condigna reparação* a Aquiles. Para isso, Zeus enviou ao rei um sonho enganador para o empenhar na luta, fazendo-o acreditar que poderia tomar Troia sem o concurso do filho de Tétis. Além do mais, um antigo oráculo havia predito a Agamêmnon que a cidadela de Príamo cairia, quando houvesse séria discórdia no acampamento dos aqueus.

Sem Aquiles, o rei de Micenas interveio pessoalmente no combate e muitos foram seus feitos gloriosos, mas os aqueus, após duas grandes batalhas, foram sempre repelidos. Diante de uma derrota iminente, Agamêmnon, a conselho do prudente e sábio Nestor, dispôs-se a devolver Briseida e comprometeu-se ainda a enviar presentes a Aquiles. Ájax e Ulisses foram procurá-lo, mas o herói não aceitou a reconciliação. Face à audácia dos troianos, comandados por Heitor, que ousaram até mesmo chegar junto aos navios gregos e incendiá-los, Aquiles permitiu que seu fraternal amigo Pátroclo se revestisse de suas armas, mas somente para repelir os Troianos. Pátroclo foi além dos limites, além do *métron*: quis escalar as muralhas de Troia e foi morto por Heitor. Somente a dor imensa pela morte do amigo e o desejo alucinado de vingança fizeram o herói, após receber todos os desagravos por parte do comandante dos aqueus, voltar à cruenta refrega e não descansou enquanto não matou Heitor. Assim, a partir do canto XVIII da *Ilíada*, a figura de Agamêmnon se ofuscou diante dos lampejos do escudo e dos coriscos da espada de Aquiles.

As epopeias posteriores ao século IX a.C. enumeram outras gestas do rei de Micenas, após a morte de Heitor e Aquiles, e suas intervenções na grave querela entre Ájax e Ulisses pela posse das armas do maior dos heróis aqueus.

Na *Odisseia* se narra que, após a queda de Ílion, Agamêmnon tomou como uma de suas cativas e amantes a filha de Príamo, a profetisa Cassandra, que lhe deu dois gêmeos, Teledamo e Pélops. O retorno da Tróada do chefe supremo dos Aqueus ensejou também outras narrativas épicas. Os *Nóstoi*, ou poemas dos *Retornos*, contam que, no momento da partida, o *eídolon*, a "imagem" de Aquiles apareceu ao esposo de Clitemnestra e procurou retê-lo na Ásia, anunciando-lhe todas as desgraças futuras e exigindo-lhe, ao mesmo tempo, o sacrifício de Políxena, uma das filhas de Príamo, cuja esposa Hécuba fazia também parte, juntamente com Políxena, do quinhão de Agamêmnon, como está na tragédia *Hécuba* de Eurípides.

Quando este chegou aos arredores de Micenas, Egisto, que se tornara amante de Clitemnestra, fingindo uma reconciliação, ofereceu ao primo um grande banquete e, com o auxílio de vinte homens, dissimulados na sala do festim, matou a Agamêmnon e a todos os acompanhantes do rei. Outras versões atestam que Clitemnestra participou do massacre e pessoalmente eliminou a sua rival Cassandra.

Píndaro acrescenta que, no ódio contra a raça do esposo, a amante de Egisto quis também matar seu filho Orestes. Nos trágicos, as circunstâncias variam: ora Agamêmnon, como está em Homero, foi morto durante o banquete, ora o foi durante o banho, no momento em que, embaraçado na indumentária que lhe dera a esposa, e cujas mangas ela havia cosido, o rei não pôde se defender.

Consoante Higino (século I a.C.), e suas informações devem basear-se em fontes antigas, o instigador do crime foi Éax, irmão de Palamedes, cuja lapidação havia sido ordenada por Agamêmnon. Éax teria contado a Clitemnestra que o esposo pretendia substituí-la por Cassandra. Esta, com afiada machadinha, assassinou não só o marido, quando o mesmo fazia um sacrifício, mas igualmente a Cassandra.

Egisto, outro amaldiçoado, é, como já se assinalou, filho de Tieste e da própria filha deste, Pelopia. Tieste, banido pelo irmão Atreu, vivia longe de Micenas, em Sicione, e buscava com todas as forças um meio de vingar-se de seu irmão, que lhe havia massacrado os filhos. Um oráculo lhe anunciou que o vingador almejado só poderia ser um filho que ele tivesse de sua própria filha. Certa noite, em que Pelopia celebrava um sacrifício, Tieste a estuprou, mas a jovem conseguiu arrancar-lhe a espada e a guardou. Sem o saber, Atreu se casou com a sobrinha e mandou procurar por Sicione inteira a criança, que, ao nascer, Pelopia havia exposto[15]. O menino foi encontrado entre pastores que o haviam recolhido e alimentado com leite *de cabra*, daí, em etimologia popular, o nome de Egisto, em grego *Aígistos*, uma vez que *aíks*, *aigós* é cabra. Aproveitemos o momento para um corte: normalmente a criança exposta é salva e direta ou indiretamente alimentada por um pássaro ou animal. Semíramis, a rainha da Babilônia, o foi por *pombas*; Gilgamex, por uma *águia*; Télefo, por uma *corça*; Páris, por uma *ursa*; Rômulo e Remo, por uma *loba*... Provas iniciáticas desse tipo parecem ter por origem longínqua as denominadas *crenças zoolátricas*: prova-se que "o exposto" pertence ao clã, se o animal do clã pode se aproximar dele, sem fazer-lhe mal. Trata-se, em todo caso, de um duplo *ordálio* (juízo de um deus): a criança sobrevive em condições em que normalmente deveria perecer; é reconhecida por um animal do clã e por meio dele ou diretamente pelo mesmo é alimentada. Ao sair dessa prova dupla, o exposto está destinado a "grandes feitos". Observe-se, portanto, nesses ordálios menos um *rito familiar* que um *rito político*, capaz de habilitar "o desconhecido" a ser recebido num grupo social que normalmente o repeliria. As práticas acobertadas pelo mito da criança exposta

---

15. A respeito do tema *Criança exposta* (L'enfant exposé), cf. Marie DELCOURT, Op. cit., p. 365.

deviam se aplicar a pessoas que, de um modo ou de outro, eram *intrusas*, ou ainda a homens que tinham que lutar para conquistar uma posição a que primitivamente ou "aparentemente" não tinham direito algum.

Voltemos a Egisto. Criado como filho por Atreu, este um pouco mais tarde mandou-o procurar Tieste, prendê-lo e trazê-lo à sua presença.

Egisto cumpriu a missão e Atreu lhe ordenou que matasse Tieste. Quando este viu a espada com que deveria ser assassinado, a reconheceu de imediato. Perguntou a Egisto onde ele a obtivera. Respondeu-lhe o jovem que tinha sido uma dádiva de sua mãe Pelopia. Tieste mandou chamar a filha e lhe revelou o segredo do nascimento de Egisto. Tomando a espada, Pelopia se traspassou com ela. Vendo a lâmina toda ensanguentada, Atreu se rejubilou com "a morte do irmão". Egisto, então, de um só golpe, o prostrou. Em seguida, Tieste e Egisto reinaram em Micenas. Tendo seduzido Clitemnestra, com ela passou a viver. Após a morte de Agamêmnon, Egisto ainda reinou em Micenas por sete anos, até que chegou o vingador.

Orestes, com todo o fardo das *hamartíai* de dois *génê*, paterno e materno, já é conhecido desde as epopeias homéricas como "o vingador de Agamêmnon", embora não se fale do assassinato de Clitemnestra, praticado pelo filho. É só a partir de Ésquilo e sua *Oréstia* que Orestes se tornou uma figura de primeiro plano. O primeiro episódio de sua vida situa-se no mito troiano, quando, na primeira expedição grega, a armada foi dar na *Mísia*, no reino de Télefo. Tendo sido este ferido por Aquiles, não podia ser curado, segundo o oráculo, senão pela lança do filho de Tétis. Algum tempo depois, quando da segunda tentativa aqueia de navegar para a Tróada, Télefo foi ter a Áulis, em busca de cura, pois ali estava acampado o exército grego. Preso como espião, Télefo agarrou o pequeno Orestes e ameaçou matá-lo, se o maltratassem. Conseguiu, assim, ser ouvido e obteve a cura.

Quando do regresso de Agamêmnon a Micenas e de seu assassinato por Egisto e Clitemnestra, Orestes escapou do massacre graças à sua irmã Electra, que o enviou clandestinamente para a Fócida, onde foi criado como filho na corte de Estrófio, casado com Anaxíbia, irmã de Agamêmnon e pai de Pílades. Explica-se, desse modo, a lendária amizade que uniu para sempre os primos Orestes e Pílades. O mérito, todavia, da salvação de Orestes das mãos sangrentas de Clitemnestra tem outras versões no mito: o menino teria escapado, graças à presteza de sua ama, de seu preceptor ou sobretudo de um velho servidor da família. Atingida a idade adulta, Orestes recebeu de Apolo, deus essencialmente patrilinear, a ordem de vingar o pai, matando Egisto, e sua amante. Acompanhado de Pílades, Orestes chega a Argos e dirige-se ao túmulo de Agamêmnon, onde consagra uma madeixa. Electra, que vem fazer libações sobre o túmulo do pai, reconhece o sinal deixado pelo irmão e combina com o mesmo a morte de Egisto e Clitemnestra. Claro está que variam bastante de um poeta trágico para outro os sinais de reconhecimento entre os irmãos e os estratagemas que se planejaram para o morticínio dos então reis de Micenas. Mas tragédia é obra de arte! O mito, no entanto, continua o mesmo...

Iniciando seu plano de vingança, Orestes se apresenta como um viajante vindo da Fócida e encarregado por Estrófio de anunciar a morte de Orestes e de saber se as cinzas do morto deveriam permanecer em Cirra, sede do reino de Estrófio, ou ser transportadas para Argos. Clitemnestra, livre do medo de ver seus crimes punidos, deu um grito de júbilo e mandou, de imediato, avisar Egisto, que estava no campo. O rei regressou pressuroso e foi o primeiro a tombar sob os golpes do vingador. Clitemnestra, com suas súplicas, conseguiu abalar o filho, mas Pílades lembrou-lhe a ordem de Apolo e o caráter sagrado da vingança. Assassinando a própria mãe, Orestes é, imediatamente, envolvido pelas Erínias, as punidoras do sangue parental derramado, segundo se mostrou páginas acima, tema aliás amplamente desenvolvido na análise que fizemos da tragédia grega[16].

Orestes buscou asilo no *omphalós* ("umbigo", pedra que marcava o centro do mundo) do Oráculo de Delfos, onde foi purificado por Apolo. Essa purificação, no entanto, não o libertou das Erínias, tornando-se necessário um julgamento regular, que se realizou numa pequena colina de Atenas, mais tarde denominada Areópago, tribunal onde se julgavam os crimes de sangue. Como o julgamento terminasse empatado, Atená, que presidia o tribunal, deu seu voto, "Voto de Minerva", em favor do matricida.

---

16. BRANDÃO, Junito. *Teatro grego: Tragédia e comédia.* 5. ed. Petrópolis: Vozes, 1991, p. 22-35.

Libertado "exteriormente" da perseguição das Erínias, Orestes pediu a Apolo uma indicação do que deveria fazer a seguir. A Pítia respondeu-lhe que, para se livrar em definitivo da *manía*, da loucura, da "opressão interna" provocada pelo matricídio, deveria dirigir-se a Táurida, na Ásia Menor, descobrir e apossar-se da estátua de Ártemis. Acompanhado de Pílades, Orestes chegou a seu destino, mas foram ambos aprisionados pelo rei Toas, que costumava sacrificar os estrangeiros à sua deusa. Foram levados a Ifigênia, de quem se falará mais abaixo, a qual era a sacerdotisa do templo e encarregada de sacrificar os adventícios. Interrogados por esta a respeito de onde vinham e a que país pertenciam, a filha de Agamêmnon descobriu logo de quem se tratava, pois Orestes era seu irmão. Contou-lhe este por que motivo procurara a Táurida e qual a ordem que recebera de Apolo. Disposta a facilitar o roubo da estátua de Ártemis, de que era guardiã, Ifigênia planejou fugir com Orestes. Para tanto persuadiu o rei Toas de que não se poderia imolar o estrangeiro, que fugira da pátria por ter assassinado a própria mãe, sem primeiro purificá-lo, bem como a estátua da deusa, nas águas do mar. O rei deu crédito à sacerdotisa, que se dirigiu para a praia com Orestes, Pílades e a estátua de Ártemis. Sob o pretexto de que os ritos eram secretos, distanciou-se dos guardas e fugiu com os dois e a estátua no barco do irmão.

Desde menino, Orestes era noivo de Hermíona, filha de Menelau e Helena, mas, em Troia, o rei de Esparta prometera a filha a Neoptólemo, filho de Aquiles. No regresso da Táurida, Orestes foi para junto de Hermíona, enquanto Neoptólemo se encontrava em Delfos. Raptou-a e depois matou-lhe o marido. Com ela teve um filho chamado Tisâmeno. Reinou em Argos e, em seguida, também em Esparta, como sucessor de Menelau. Pouco tempo antes de sua morte, uma grande peste devastou-lhe o reino.

Ifigênia, a filha mais velha de Agamêmnon e Clitemnestra, como se viu, foi reclamada por Ártemis como vítima para que cessasse a calmaria e a frota aqueia pudesse chegar à Tróada. No momento exato em que ia ser degolada, Ártemis a substituiu por uma corça e, arrebatada, Ifigênia foi transportada para Táurida, onde se tornou sacerdotisa de Ártemis.

O sacrifício do primogênito é um tema comum no mito. Em todas as tradições encontra-se o símbolo do filho ou da filha imolados, cujo exemplo mais conhecido é o "sacrifício" de Isaac por Abraão. O sentido do sacrifício, todavia, pode ser desvirtuado: é o caso de Agamêmnon, imolando Ifigênia, em que a obediência ao oráculo, por intermédio de Calcas, dissimula, certamente, outras intenções, como a vaidade pessoal e o desejo de vingança, camuflados sob o disfarce de "bem comum".

O sacrifício de Abraão é inteiramente diferente. Embora, de certa forma, Isaac fosse mais um filho de Deus que de Abraão, pois que Sara o concebera já em idade avançada, por bondade de Deus, quando, normalmente, não tinha mais possibilidade de fazê-lo, a exigência de Javé se coloca em outra dimensão. Isaac foi concebido em função da fé: ele se tornou o filho da promessa e da fé. Se bem que o sacrifício de Abraão se assemelhe a todos os sacrifícios de recém-nascidos do mundo antigo, a diferença entre ambos é total. Se nas culturas primitivas um tal sacrifício, não obstante seu caráter religioso, era exclusivamente um *hábito*, um *rito*, cuja significação se tornava perfeitamente inteligível, no caso de Abraão é um *ato de fé*. O Patriarca *não compreende* por que uma tal ordem lhe é imposta, mas ele se dispõe a cumpri-la, porque o Senhor o exigiu. Por este ato, aparentemente absurdo, Abraão inaugura uma nova experiência religiosa: a substituição de gestos arquetípicos por uma religião implantada na *fé*.

Talvez valesse a pena repetir, a esse respeito, a fórmula comovente de São Paulo: *contra spem in spem credidit*, contra toda a esperança, ele acreditou na esperança...

Voltando ao assunto. No mundo paleo-oriental, o primeiro filho era, não raro, considerado como *filho de deus*. É que no Oriente antigo as jovens tinham por norma passar uma noite no templo e "conceber" do deus, representado, evidentemente, pelo sacerdote ou por um seu enviado, o *estrangeiro*. Pelo sacrifício desse primeiro filho, do *primogênito*, restituía-se à divindade aquilo que, de fato, lhe pertencia. O sangue jovem restabelecia a energia esgotada do deus, porque as divindades da vegetação e da fertilidade exauriam-se em seu esforço espermático para assegurar a opulência do *kósmos* e manter-lhe o equilíbrio. Tinham elas, pois, necessidade de se regenerarem periodicamente. Movendo-se numa economia do sagrado, que será ultrapassada por Abraão e seus sucessores, os sacrifícios no mundo antigo, para utilizar da expressão de Kierkegaard, pertenciam *ao geral*, quer dizer, eram fundamentados em teofanias arcaicas, cuja tônica era, tão somente, a circulação da energia sagrada no *kósmos*: da divindade para a natureza; da natureza para o homem e do homem, através do sacrifício, novamente para a divindade, num ciclo ininterrupto.

Na época histórica esses *sacrifícios* reais foram substituídos por urna "provação" como o de Isaac ou por um ato de submissão, como o de Ifigênia, mas cuja execução não mais se consumava: Isaac foi substituído por um carneiro e Ifigênia, por uma corça.

Trata-se, no paganismo, ao que tudo faz crer, de uma repressão patrilinear: obtida a submissão, o ato se dá por cumprido e o opressor por satisfeito.

Electra, a destemida irmã de Orestes, não é mencionada nas epopeias homéricas. Nos poetas posteriores, sobretudo a partir de Ésquilo, Electra substituiu de tal maneira a Laódice, que esta "filha canônica" de Agamêmnon acabou por desaparecer do mito. Após o assassinato do pai por Egisto e Clitemnestra, a princesa, não fora a intervenção da mãe, teria sido também eliminada pelo padrasto. Na realidade, por seu apego incondicional ao pai Agamêmnon (o *Complexo de Electra* está aí para perpetuá-lo), "a jovem indomável" odiava Egisto e não perdoava a Clitemnestra a coautoria no massacre de seu *amado* pai. Segundo algumas versões, salvou de morte certa ao pequeno Orestes, confiando-o, em segredo, como já se viu, a um velho preceptor, que o levou para longe de Micenas. Por tudo isto, era tratada no palácio como escrava. Temendo que a enteada tivesse um filho, que, um dia, pudesse vingar a morte de Agamêmnon, Egisto fê-la casar com um pobre camponês, residente longe da cidade. O marido, todavia, respeitou-lhe a virgindade. Por ocasião do retorno de Orestes, a jovem princesa trabalhou incansavelmente na preparação da grande vingança e tomou parte ativa no duplo assassinato. Quando, após a morte de Egisto e Clitemnestra, Orestes foi envolvido e "enlouquecido" pelas Erínias, ela colocou-se a seu lado e cuidou do irmão até o julgamento final no Areópago de Atenas. Na tragédia de Sófocles, intitulada *Aletes* (que era filho de Egisto), hoje infelizmente perdida, Electra figurava como personagem principal. Como Orestes e Pílades houvessem partido para Táurida em busca da estátua de Ártemis, anunciou-se em Micenas que ambos haviam perecido às mãos de Ifigênia. De imediato Aletes apossou-se do trono de Micenas. Como louca, Electra partiu para Delfos e lá, encontrando Ifigênia, que retornara com Orestes e Pílades, arrancou do altar de Apolo um tição ardente e quase cegou a irmã, não fora a pronta intervenção de Orestes. Voltando a Micenas com o irmão, cooperou mais uma vez com ele no assassinato de Aletes.

Após as núpcias de Orestes com Hermíona, Electra casou com Pílades. E a *maldição dos filhos de Atreu* continuou...

O ciclo da fatalidade dos atridas serviu de banquete *trágico* a nove grandes *tragédias* que chegaram até nós:

de Ésquilo (525-456 a.C.): *Oréstia* (*Agamêmnon, Coéforas, Eumênides*);

de Sófocles (496-405 a.C.): *Electra*;

de Eurípides (480-406 a.C.): *Electra, Helena, Ifigênia em Áulis, Ifigênia em Táurida, Orestes.*

É tempo de se voltar a Micenas. No capítulo seguinte há de se abordar histórica e miticamente a última grande façanha de Micenas, *A Guerra de Troia*, com o rapto da esposa de Menelau, Helena. Depois, as trevas dóricas descerão sobre as ruínas de Hélade...

Capítulo VI
Troia histórica, Troia mítica e as invasões dos dórios

1

A esplendorosa civilização micênica, que, *lato sensu*, se estendeu do século XVI ao XII a.C., e cuja expansão colonizadora já havia atingido o litoral asiático, culminou com a histórica *Guerra de Troia*. "Dez anos míticos" de um assédio sangrento teriam posto fim à gloriosa *Ílion* ou *Troia*. Hodiernamente, não se põe mais em dúvida não apenas a existência de Troia, que deve ter sido uma superposição de *cidadelas* muito importantes, desde o terceiro milênio até o século XII a.C., mas sobretudo a sua destruição histórica pelos aqueus. O primeiro grande passo para o descobrimento da "Troia homérica" foi dado por Heinrich Schliemann, que, a partir de 1870, fazendo escavações na colina de Hissarlik, na atual Turquia, a noroeste da Ásia Menor, encontrou várias cidades sobrepostas, nada menos que sete, a que seu extraordinário ajudante, o arqueólogo Wilhelm Dörpfeld, acrescentou mais duas. Schliemann, a princípio, pensou que a Troia II fosse a homérica, mas a cultura e a experiência de Dörpfeld fizeram-no inclinar-se para a Troia VI, que possuía restos de cerâmica muitíssimo semelhantes à de Micenas e Tirinto. Por este e outros indícios conclui-se que a Troia VI fora erigida ~ em 1900 a.C., por um povo sem dúvida proveniente também do mundo indo-europeu para a Ásia Menor. Cultivando a cerâmica mínia, esse povo não apenas mantinha um comércio ativo com os micênicos, mas, o que é mais importante, devia ter um possível parentesco com os primeiros gregos. Trata-se, segundo todas as probabilidades, dos hititas[1]. Cercada por magnífica muralha, Troia VI era uma cidade opulenta, cuja prosperidade se baseava na fertilidade de seu solo, na pecuária e na criação de cavalos. Os troianos são chamados comumente por Homero de "domadores de cavalos", como atesta o último verso da *Ilíada*, em que o maior dos heróis de Troia recebe este epíteto:

– *Assim, eles (os Troianos) fizeram os funerais de Heitor, domador de cavalos* (*Il.*, XXIV, 804).

As escavações em Ílion ou Troia terminaram sob a direção de W. Blegen e, consoante o grande mestre da Universidade de Cincinnati, Troia VI foi destruída por um tremor de terra, seguindo-lhe, sem nenhuma solução de continuidade nem de cultura, embora sem a opulência da anterior, *Troia VIIa*[2] com todas as possibilidades de ser a cidade de Príamo, a Troia homérica, a *Troia histórica*. Aliás, alguns outros fatos rigorosamente históricos, relacionados por Page[3], confirmam a historicidade da Guerra de Troia. Há registros hititas de uma aliança de cidades da Ásia Menor, entre as quais aparece *Ílion* ou *Troia*[4], contra uma coligação de reinos aqueus, ~ pelo século XIII a.C., exatamente no momento do grande poderio de Micenas, e, coincidentemente, da destruição de Ílion, que deve ter-se processado ~ entre 1230 e 1225 a.C., segundo os arqueólogos americanos, com uma diferença de poucos decênios em relação à data tradicional da Guerra de Troia. Esta, consoante o geógrafo e *philologus* alexandrino do século III a.C., Eratóstenes de Cirene, fora em 1183 a.C.

A *Ilíada* funde, pois, o fausto da Troia VI com a ruína da Troia VIIa. Com a VI, que trouxera consigo o cavalo, se dera início a uma civilização diferente da anterior. Troia VIII, que ainda se sobrepôs à Troia VIIa, culturalmente nada apresenta de importante e Troia IX é de data muito tardia.

---

1. PEREIRA, Maria Helena da Rocha. *Estudos de história da cultura clássica*. Coimbra: Atlântida, 1965, p. 56s.

2. BLEGEN, W. *Troy and the Trojans*. London: Thames and Hudson, 1963.

3. PAGE, D.L. The Trojan War. In: *Journal of Hellenic Studies*, 84, 1964, p. 1-20.

4. BLEGEN, W. Op. cit., p. 6, faz uma distinção entre *Ílion* e *Troia*: a primeira designaria a fortaleza, a cidadela; a segunda, a região. Tal distinção parece não existir na *Ilíada*.

Discutem-se ainda as causas dessa guerra. Uma vasta operação de pilhagem ou uma bem planejada operação de expansão imperialista, para se apossar de vastos domínios territoriais no Mediterrâneo oriental e assegurar o monopólio aqueu de um grande e rico empório? Na realidade, é grande o número de objetos micênicos encontrados nas margens do Mediterrâneo, o que atesta a sua expansão comercial. Para o agressivo comércio helênico não bastavam, porém, as "praças" conquistadas no Mediterrâneo oriental. Avançaram também em direção ao Egito, com o qual mantiveram excelentes relações comerciais. Descobrimentos arqueológicos mostraram inúmeros objetos egípcios chegados à Grécia nos séculos XIV e XIII a.C. e, em contrapartida, desenterram-se no país dos Faraós numerosos vasos micênicos, principalmente em Tell-el-Amarna, a célebre Akhetaton, a efêmera capital do "herético" Akhnaton ou Amenófis IV. Disputaram com o Egito e os hititas, já em decadência, as praças da Síria e da Fenícia. Penetrando pelo interior, chegaram até Jericó... Os aqueus, por conseguinte, não se satisfizeram com a ocupação de Creta, Rodes e Chipre, mas conquistaram estabelecimentos comerciais em toda a costa do Mediterrâneo oriental, desde Tróada até o Egito e isto sem falar em sua "expansão ocidental", que atingiu, comprovadamente, Tarento e Siracusa. Ora, um tal império marítimo haveria, mais cedo ou mais tarde, que chocar-se com interesses de outros povos. E foi exatamente o que aconteceu. Os micênicos, que já se haviam instalado em Mileto e Cólofon e que tinham em Troia um excelente cliente, para a qual vendiam punhais de bronze, pontas de flecha, mármore, objetos de marfim e sobretudo vasos, acabaram chocando-se com o império hitita e com o reino vassalo de Asuwa. Daí, possivelmente, a supracitada coligação de vinte e duas cidades da Ásia Menor, entre as quais se alinhava Troia, contra os aqueus. Esta é, em síntese, a tese de Denys Page.

Pierre Lévêque, apoiado em outros autores, julga que seria um método muito estranho o empregado pelos aqueus, para ampliar seu negócio: destruir precisamente uma cidade que com eles mantinha um comércio ativo e regular. Opina o ilustre professor de Besançon que a Guerra e a consequente destruição de Ílion se deveram simplesmente "a uma gigantesca operação de pilhagem"[5]. É mister,

---

5. LÉVÊQUE, Pierre. Op. cit., p. 49.

no entanto, não esquecer que a riquíssima cidadela de Troia (as escavações o mostraram), no momento, fazia parte de uma coligação contra os micênicos. Estes, astutamente, teriam aproveitado a oportunidade para destruir um inimigo e confiscar-lhe as riquezas.

De qualquer forma, a Guerra de Troia foi o canto de cisne do "império" aqueu. A derradeira expedição em que heróis destemidos se congregaram para impor-se no Mediterrâneo oriental. Tudo não teria passado de mais uma gesta, certamente heroica, não fora a epopeia homérica, que imortalizou o arrojo e o arrebatamento de Aquiles, a astúcia e a "nostalgia" de Ulisses, a fidelidade de Penélope, a dignidade de Heitor e a ternura de Andrômaca!

Mais um pouco e as trevas dórias descerão sobre a Hélade.

2

A civilização micênica havia pois atingido seu clímax, quando lá pelos inícios do século XII a.C. chegaram à Hélade as últimas levas de invasores indo-europeus, tradicionalmente denominados *dórios*. É inteiramente impossível, todavia, localizar no tempo um movimento que se processou lentamente e ao longo dos séculos. Uma coisa, porém, parece indiscutível: o incêndio de Hatusa, capital do império hitita na Ásia Menor, com o consequente desmoronamento deste mesmo império; a ameaça que pesou sobre o Egito por parte dos *povos do mar*, contida com dificuldade por Ramsés III, bem como a destruição dos grandes centros da civilização micênica, seguida de uma completa ruptura e desagregação política, religiosa e cultural do mundo aqueu, devem-se à erupção violenta dos dórios. Partindo do Danúbio ou da Ilíria, esses "gregos" já conhecedores do ferro, aguerridos e violentos, penetraram em vagas sucessivas pelo Epiro e, através da Macedônia e da Tessália, lograram apossar-se, grosso modo, de toda a Grécia continental, bem como de várias ilhas, principalmente de Creta, chegando até Rodes.

Dessa grande calamidade sobraram, ao que parece, as ilhas de Eubeia, Chipre e a *Ática*, com sua Atenas eterna, talvez deixada de lado pela pobreza de seu pequeno território.

Ao apagar das luzes do século XI a.C., chegou ao fim a catástrofe que submergiu toda a civilização micênica.

Exatamente como as invasões dórias, as migrações aqueias, jônicas e eólicas, fugindo ao vencedor, se fizeram paulatinamente, no tempo e no espaço, em direção à Ásia Menor. Essas migrações, é bom acentuar, que já haviam começado em plena época micênica, bem antes portanto das invasões dórias e que prosseguiram durante e por causa das mesmas, tiveram continuidade, por motivos outros, sobretudo de ordem política e econômica, até o século IX a.C.

Assim, a época da provável "composição" da *Ilíada* (século IX a.C.), a *Grécia da Ásia*, reduzida a um esquema muito simples, apresenta-se seccionada em três zonas étnicas: ao norte, a *Eólida*, com as ilhas de Tênedos e Lesbos; ao centro, a *Jônia*, com as grandes cidades de Mileto, Cólofon, Foceia, Éfeso e as ilhas de Samos e Quios; ao sul, a *Dórida*, com as cidades de Halicarnasso, Cnido e as ilhas de Cós e Rodes.

As invasões dórias, do ponto de vista mítico, coincidem com o chamado *Retorno dos Heraclidas*, isto é, *lato sensu*, todos os filhos e descendentes de Héracles até a geração mais remota, mas, no mito, denominam-se Heraclidas particularmente os filhos do herói com Dejanira e os descendentes destes que colonizaram o Peloponeso, conforme está resumido neste quadro genealógico:

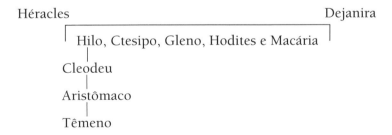

Após a morte trágica de Héracles no monte Eta e sua gloriosa apoteose, os filhos fugiram do Peloponeso, temendo a cólera de seu primo Euristeu, que impusera ao herói os célebres *Doze Trabalhos*. Após uma curta permanência na corte do rei Cêix, em Traquine, refugiaram-se em Atenas, onde Teseu, sem recear a pressão e as ameaças de Euristeu, lhes deu hospitalidade. Este declarou guerra aos atenienses, mas na batalha perdeu os cinco filhos. Perseguido por

Hilo, Euristeu foi morto junto dos Rochedos Cirônicos, no Istmo de Corinto. A vitória, de acordo com a previsão do oráculo, se deveu ao sacrifício de uma das filhas de Héracles, Macária, que se ofereceu voluntariamente para morrer pelo bom êxito de Atenas e dos Heraclidas contra o despotismo de Euristeu.

Com o desaparecimento deste e dos filhos, Hilo com seus irmãos e descendentes apoderou-se do Peloponeso. Ao cabo de um ano, porém, uma peste se abateu sobre a região e o oráculo revelou que a mesma era consequência da cólera divina, porque os Heraclidas haviam retornado antes do tempo fixado pela *Moîra*. Obedientes, voltaram para a Ática, fixando-se na planície de Maratona. Desejoso, porém, de regressar à pátria, Hilo, a essa época, já casado com Íole, outrora concubina de seu pai, e ao qual os irmãos consideravam como o verdadeiro herdeiro da tradição paterna, voltou a consultar o oráculo de Delfos. A Pítia lhe respondeu que a aspiração dos Heraclidas só poderia ser alcançada "após a terceira colheita". À frente dos seus, "após a terceira colheita", Hilo avançou contra o Peloponeso, mas se chocou com as tropas de Équemo, rei de Tégea, cunhado dos Dioscuros, de Helena e Clitemnestra. Tendo-o desafiado para um combate singular, Hilo foi vencido e morto. Seu neto Aristômaco voltou a consultar a Pítia que lhe respondeu: "Os deuses te darão a vitória, se atacares pela via estreita". Aristômaco interpretou que "a via estreita" era o Istmo de Corinto. Atacou novamente a Équemo, mas foi morto e, mais uma vez, os Heraclidas foram vencidos. Têmeno, filho de Aristômaco e bisneto de Hilo, fez mais uma tentativa junto a Apolo. Este se limitou a repetir e a renovar as respostas anteriores. Têmeno observou à Pítia que seu pai e bisavô, tendo seguido escrupulosamente as determinações do oráculo, foram vencidos e mortos. Replicou-lhe Apolo que a culpa havia sido deles, que não haviam sabido interpretar corretamente o oráculo: por "terceira colheita" se deveria entender "terceira geração" e, por "via estreita", "a via do mar e os estreitos entre a costa da Grécia continental e a do Peloponeso".

Têmeno formava com seus irmãos a *terceira geração* após Hilo, e, tendo compreendido agora o oráculo, pôs-se a construir uma verdadeira frota em Naupacto, na costa da Lócrida, mas a morte do adivinho Carno por um dos Heraclidas fez que uma imensa tempestade dispersasse a frota e houve uma fome tão grande, que todos debandaram. Mais uma consulta a Apolo. O deus respondeu que as calamidades se deviam ao assassinato de Carno e que a vitória dependia do banimento do homicida por dez anos e de "um guia de três olhos". O assassino foi expulso e, um dia, apareceu no acampamento dos descendentes de Héracles "um ser de três olhos": um caolho montado num cavalo. Esse caolho era Óxilo, rei da Élida, de onde fora expulso por um ano, por causa de um homicídio involuntário.

O rei se dispôs a guiá-los, desde que tivesse o apoio dos mesmos para recuperar o trono. Travada a batalha, a vitória, dessa feita, foi da "terceira geração". O rei do Peloponeso, Tisâmeno, filho de Orestes, foi morto e suas tropas destroçadas. O Peloponeso foi, a partir de então, dividido em três reinos básicos: Argólida, Lacônia e Messênia. A Élida teve seu rei Óxilo de volta e a Arcádia permaneceu nas mãos de seus primitivos habitantes. Um século após a morte de Héracles, seus descendentes voltaram ao Peloponeso.

O retorno dos Heraclidas reflete as lutas sangrentas travadas pelos invasores dórios contra os aqueus e o auxílio que àqueles foi prestado "por guias" e chefes de um clã aqueu no exílio.

3

Com as invasões dórias houve, já se disse, uma completa ruptura e desagregação política, social, religiosa e cultural do mundo aqueu.

Durante séculos se afirmou que os dórios haviam "criado" na Hélade duas novidades de importância capital: a metalurgia do ferro e a cerâmica geométrica e que a conquista do Peloponeso se devera à superioridade das armas de ferro dórias sobre o armamento de bronze dos aqueus. Quanto ao ferro, não foi o mesmo "inventado" nem tampouco usado pela vez primeira pelos dórios. A metalurgia do ferro já se conhecia bem antes na Anatólia e seu monopólio pertencia aos hititas. Com a ruína do império centrado em Hatusa, o uso do ferro se difundiu pela Palestina e Creta, e depois pela Grécia, possivelmente, isto sim, através dos dórios. A cerâmica geométrica, que predominou na Hélade de ~ 1100 a 750 a.C., não é também uma criação dória: surgiu, na realidade, da arte micênica e, coincidentemente, alcançou seu maior esplendor em terras não dominadas pelos dórios: Atenas e a ilha de Chipre.

As grandes "novidades" dórias foram no plano social e religioso. Fortemente organizados em torno de seus chefes militares, os invasores estavam ainda muito presos e ligados à primitiva e belicosa sociedade indo-europeia. Reinava entre eles uma patrilinhagem feroz, dada a superioridade do homem como guerreiro. Houve, nesse sentido, um retrocesso muito sério em relação aos reinos aqueus, onde a mulher, mercê da influência matrilinear cretense, gozava de uma liberdade, de uma estima e de um respeito, que nunca mais ela terá, ao menos na Grécia continental. Vivendo em comunidades, indissoluvelmente ligados pela camaradagem bélica, os homens prolongavam na vida diária essa convivência íntima, própria da guerra em que estavam de contínuo empenhados. Desse *modus uiuendi* originaram-se, certamente, dois hábitos, que se hão de perpetuar no helenismo: a nudez do atleta e a pederastia[6].

Estrabão (~ 63 a.C.-19 d.C.), misto de filósofo estoico, historiador e geógrafo, nos fala em sua *Geografia*, 10,483, de certos hábitos cretenses herdados dos dórios: o jovem, em plena adolescência, antes de ser admitido na classe dos adultos, era raptado por um mais velho e com este passava dois meses no campo. Ao retornar, recebia do amante uma armadura completa e tornava-se seu companheiro inseparável no combate. Só então, após esse "rito iniciático", era o adolescente admitido no ἀνδρεῖον· (andreîon), isto é, no *clube dos homens*.

No plano religioso, o *retrocesso dório* foi responsável também por algumas transformações bem acentuadas. O equilíbrio "patriomatrilinear" conquistado a duras penas pela civilização micênica, mercê da influência cretense, acentue-se mais uma vez, foi, no mundo dório, inteiramente rompido. As deusas, hipóstases da Grande Mãe, foram alijadas e instaurou-se uma sociedade divina de feição patrilinear, à imagem e semelhança da sociedade viril dória, uma vez que a mulher espartana, abandonando a dança e a música, tão cotadas na educação micênica, transformou-se em "atleta". A graça e a feminilidade de outros tempos fo-

---

6. MARROU, Henri-Irénée. *Histoire de l'éducation dans l'Antiquité*. Paris: Seuil, 1955, p. 55ss.

ram substituídos por uma concepção utilitarista e crua: a mulher tinha o dever sagrado, antes do mais, de se preparar para ser mãe fecunda de filhos robustos. Por outra: a mulher espartana tornou-se *matriz sadia*, uma espécie de *laboratório eugênico*, como aconteceu, guardadas as devidas proporções, com a juventude dos estados totalitários do tipo fascista, na *Gioventù fascista*, na *Hitlerjugend* e continua a acontecer nos milenarismos utópicos...

Dodona e Olímpia, outrora possessão de deusas-mães, são solenemente ocupadas por Zeus. Delfos, outrora domínio de Geia e da serpente Píton, é, a sangue e fogo, ocupado por Apolo, que, não satisfeito, expulsa de Amiclas, cidade muito próxima de Esparta, a Jacinto, jovem herói pré-helênico da vegetação.

Em síntese, ao equilíbrio entre patrilinhagem e matrilinhagem que caracterizava o sincretismo creto-micênico sucedeu o mais grosseiro domínio masculino.

Sofreram igualmente transformações os hábitos funerários. A inumação, que era o processo universalmente praticado em toda a Hélade, foi substituída, a partir dos dórios, pela cremação.

De qualquer forma, as invasões dórias foram um desastre. Nos inícios do século XII a.C., a civilização micênica foi varrida do solo helênico. Micenas, Tirinto, Tebas, Pilos foram destruídas e incendiadas. A escrita, embora de caráter administrativo, desapareceu ou deixou de ser usada. O contato e o comércio com o mundo exterior foram reduzidos a quase nada. A extraordinária arte micênica entrou em franca decadência. Durante pelo menos três séculos "a Grécia ficou isolada, empobrecida, paroquial". Era a *Idade de Ferro*. Um caos cultural envolveu em trevas dórias a Grécia continental.

Jônios, eólios, mas sobretudo os *aqueus*, tangidos pelos invasores, voltaram à Ásia Menor, não mais como conquistadores: eram agora suplicantes. Não formavam, certamente, grupos naturais, compactos e fortes; não eram portadores do fogo sagrado de seus lares, nem os guiavam seus deuses nacionais.

O *génos* estava definitivamente rompido. Eram tão somente refugiados e indigentes, sem deuses, sem pátria, sem lar. A pouco e pouco, todavia, começaram a fundir-se com seus antigos e esquecidos irmãos de outrora. Multiplicam-se os casamentos. Até mesmo o poder político dividiu-se, muitas vezes, entre os plutocratas senhores da Ásia Menor grega e os imigrados. Bem mais rápido do que era de se esperar, os dinastas da Jônia vangloriavam-se de sua origem continental. Eis aí como se apresenta a situação da Jônia, à época em que nasceu a *Ilíada*, situação que deveria ter sido outra, cerca de quatro séculos antes. Aportaram à Ásia Menor como imigrantes, mas esta situação era contrabalançada por um grande orgulho: a lembrança do império aqueu, de sua opulência e de suas conquistas. O passado era sua riqueza: viviam em *póthos*, na doce lembrança da presença de uma ausência. Herdeiros da raça da idade dos heróis, tinham na lembrança que esta terra a que chegavam como suplicantes, seus ancestrais haviamna pisado como conquistadores. A glória de uma de suas derradeiras façanhas, a destruição de Ílion, mantinha-lhes a coragem, quando forçados a combater para conquistar um lugar ao sol. Seus poetas e aedos, rememorando-lhes este passado, alimentavam-lhes o sentimento e o orgulho de serem descendentes de uma idade heroica[7].

4

Falou-se de uma Ílion histórica, de uma guerra histórica, mas existe também uma *Troia mítica*, com sua guerra gigantesca de dez anos. Tudo começou com o rapto de Helena, mulher de Menelau, um dos filhos amaldiçoados de Atreu. Vamos mostrar o mito e suas consequências, desde os primórdios.

Tétis (*Thétis*), que é preciso não confundir com a titânida Tétis (*Tethýs*), era a mais bela das nereidas, filha do Velho do Mar, Nereu, e de Dóris. Zeus e Posídon queriam conquistá-la, mas um oráculo de Têmis revelou que o filho nascido do enlace da nereida com um dos dois seria mais poderoso que o pai.

De imediato os dois deuses desistiram de seu intento e, para afastar qualquer ameaça, apressaram-se em conseguir para ela um marido mortal. Outros mitógrafos atribuem o oráculo a Prometeu, que havia predito que o filho de Zeus e Tétis se tornaria o senhor do mundo, após destronar o pai. O centauro

---

7. BRANDÃO, Junito de Souza. *De Homero a Jean Cocteau*. Rio de Janeiro: Bruno Buccini Editor, 1969, p. 14.

Quirão, sem perda de tempo, começou a orientar seu discípulo Peleu no sentido de conquistar a filha imortal de Nereu. Apesar de todos as sucessivas metamorfoses de Tétis, o que é próprio das divindades do mar, em fogo, água, vento, árvore, pássaro, tigre, leão, serpente e, por fim, em verga, Peleu, orientado por Quirão, a segurou firmemente e a deusa, embora contra a vontade, deu-se por vencida. Para as bodas solenes de Tétis e Peleu, no monte Pélion, compareceram todos os deuses. As Musas cantaram o epitalâmio e todos os imortais ofereceram lembranças aos noivos. Entre as mais apreciadas e notáveis destacam-se uma lança de carvalho, dádiva de Quirão, e o presente de Posídon, dois cavalos imortais, Bálio e Xanto, os mesmos que, na Guerra de Troia, serão atrelados ao carro do bravo Aquiles.

O casamento do discípulo de Quirão com a filha de Nereu foi um desastre. Já haviam tido seis filhos, mas, na ânsia de imortalizá-los, Tétis sempre acabava por matá-los. Assim foi, até que Peleu lhe tomou das mãos o sétimo, o caçula Aquiles, no momento em que a nereida, na tentativa de imortalizá-lo, segurando-o pelo calcanhar direito, o temperava ao fogo. Outra versão assevera que Tétis, segurando-lhe o mesmo calcanhar, o mergulhava nas perigosas águas do rio infernal Estige, que tinham o dom de tornar invulnerável tudo que nelas fosse introduzido. Na realidade, Aquiles era invulnerável, menos no local por onde a mãe o segurou...

Tétis, inconformada com a atitude do marido, a quem, aliás, não amava, o abandonou para sempre. Embora confiando ao pai o filho caçula, jamais deixou de ajudá-lo e protegê-lo por todos os meios a seu alcance, como se pode ver através de toda a *Ilíada*. A *Moîra*, porém, tem os seus desígnios e Aquiles perecerá muito jovem, exatamente pelo calcanhar não temperado pelo fogo ou não banhado pelas águas do Estige.

De qualquer forma, foi durante as núpcias de Tétis e Peleu que Éris, a Discórdia, com certeza "convidada a não comparecer" ao monte Pélion, deixou cair entre os deuses a maçã de ouro, o Pomo da Discórdia, destinado *à mais bela* das três deusas ali presentes: Hera, Atená e Afrodite. *In continenti* se levantou uma grande disputa e altercação entre as três. Não se atrevendo nenhum dos deuses a assumir a responsabilidade da escolha, Zeus encarregou Hermes de conduzir as três imortais ao monte Ida, na Ásia Menor, onde seriam julgadas pelo "pastor" Páris ou Alexandre.

Antes de se lhe conhecer a decisão, uma palavra sobre o extenso mito do pastor do monte Ida. Páris ou Alexandre era o filho caçula de Príamo, rei de Troia, e de sua esposa Hécuba. Esta, nos últimos dias de gravidez, sonhou que estava dando à luz uma tocha que incendiava a cidade. Príamo consultou a seu filho bastardo Ésaco e obteve como resposta que o nascituro seria a ruína de Ílion. O rei, por isso mesmo, mandou matar a criança, tão logo nasceu, mas Hécuba o entregou ao pastor Agesilau, para que o expusesse no monte Ida. O servo assim fez, mas, regressando cinco dias depois, encontrou uma ursa amamentando o menino. Impressionado, Agesilau o recolheu e criou ou, segundo uma variante, o entregou aos pastores do Ida, para que o fizessem. Páris cresceu forte e belo, tornando-se um pegureiro corajoso, que defendia o gado contra os ladrões e os animais selvagens, recebendo, por isso mesmo, o nome de *Alexandre*, isto é, "o protetor dos homens", e, numa interpretação mais popular e mítica, "o que protege" o rebanho ou "o homem protegido", por não ter perecido no monte Ida.

Certo dia, os servidores de Príamo foram buscar no rebanho, que Alexandre guardava, um touro pelo qual o pastor tinha particular estima. Inconformado com o fato de que o animal seria o prêmio do vencedor nos Jogos Fúnebres em memória do filho de Príamo, quer dizer, em honra do próprio Páris, que os pais reputavam morto, o valente zagal seguiu os servidores do rei, resolvido a participar do certame e recuperar seu animal favorito. Alexandre participou das provas e venceu-as todas, competindo contra os próprios irmãos, que não sabiam quem era ele. Deífobo, um deles, irritado, quis matá-lo com a espada, mas o vencedor refugiou-se no altar de Zeus. Sua irmã, a profetisa Cassandra, o reconheceu e Príamo, feliz por ter reencontrado o filho, que julgava morto, acolheu-o e deu-lhe o lugar que lhe cabia no palácio real.

Pois bem, foi a este Páris, quando ainda era pastor no monte Ida, que Zeus enviou Hermes com as três deusas que disputavam, com sua beleza, a maçã de ouro, a grande provocação de Éris, a Discórdia. Ao ver as divindades, o pastor teve medo e quis fugir, mas Hermes o persuadiu a funcionar como árbitro, em nome da vontade de Zeus.

As imortais expuseram então seus argumentos e defenderam sua própria causa e candidatura, oferecendo-lhe cada uma sua proteção e dons particulares, se fosse por ele declarada vitoriosa. Hera prometeu-lhe, se vencedora, o império da Ásia; Atená, a sabedoria e a vitória em todos os combates; Afrodite assegurava-lhe tão somente o amor da mulher mais bela do mundo: Helena, mulher de Menelau, rainha de Esparta. Alexandre decidiu que a mais bela das três era Afrodite. Até o dia desse julgamento fatídico, que provocará a Guerra de Troia, Páris amava uma ninfa do Ida, chamada Enone. Conhecedora do futuro e hábil curandeira, ambos dons de Apolo, tudo fez para que Páris não a abandonasse. Ao ver que suas previsões e súplicas eram inúteis, disse-lhe, na despedida, que, se fosse ferido, voltasse, pois só ela poderia curá-lo.

Da cidadela de Ílion, em companhia de Eneias, partiu Alexandre para Esparta, em busca de Helena. Heleno e Cassandra, filhos de Príamo, e ambos dotados de poder divinatório (*manteía*), previram o desfecho trágico da aventura, mas ninguém lhes deu ouvido.

No Peloponeso, Páris e Eneias foram acolhidos pelos Dioscuros, Castor e Pólux, irmãos de Helena, que os conduziram ao palácio real. Menelau os recebeu dentro das normas da sagrada hospitalidade e lhes apresentou Helena. Dias depois, tendo sido chamado a Creta, para assistir aos funerais de seu padrasto Catreu, o rei entregou os hóspedes à solicitude da esposa. Bem mais rápido do que se esperava, a rainha foi conquistada por Páris: era jovem, belo, cercava-o o fausto oriental e tinha a ajuda indispensável de Afrodite. Helena, apaixonada, reuniu todos os tesouros que pôde e fugiu com Alexandre, levando várias escravas, inclusive a cativa Etra, mãe de Teseu, mas deixando em Esparta sua filha Hermíona, com apenas nove anos. Regressando a Troia, Páris foi bem acolhido por Príamo e toda a casa real, não obstante as terríveis profecias de Cassandra.

Sabedor de sua desgraça por Íris, mensageira dos imortais, o monarca voltou apressadamente a Esparta e, para tentar resolver pacificamente o grave problema, Menelau e Ulisses foram como embaixadores a Ílion. Reclamaram Helena e os tesouros carregados pelo casal. Páris se recusou a devolver tanto Helena quanto os tesouros e ainda tentou convencer os troianos a matarem o rei de Esparta, que foi salvo por Antenor, companheiro e prudente conselheiro do velho Príamo. Com a recusa de Páris e sua traição a Menelau, a guerra se tornou inevitável.

Reunidos todos os reis e heróis, que haviam prestado juramento de solidariedade a Tíndaro, por ocasião do casamento de Helena, de que já se falou, deu-se início aos preparativos da grande expedição contra Troia.

Consultado o Oráculo de Delfos acerca da oportunidade de se iniciar uma expedição militar contra Ílion, aquele respondeu que se oferecesse a Atená *Prónoia*, Atená "Providência", porque era preciso tê-la *in bono animo*, um colar que Afrodite outrora dera a Helena. Hera pôs-se, de imediato, ao lado de Menelau e tudo fez para reunir os heróis aqueus contra Páris, seu inimigo pessoal. É curioso, aliás, como os deuses se dividiram, militarmente, nessa refrega, tendo cada um, evidentemente, seus motivos e interesses pessoais. Se ao lado dos helenos se alinharam Atená, Hera, Tétis, Posídon e Hefesto, nas fileiras troianas pelejavam Afrodite, Ares, Apolo e Ártemis. Alguns deles foram até mesmo feridos em combate, como Ares e Afrodite. Tem-se, não raro, a impressão, na leitura da *Ilíada*, de que a Guerra de Troia, em determinados momentos, foi mais uma teomaquia, uma luta de deuses, do que uma andromaquia, um confronto de heróis. Zeus posicionou-se como árbitro, não de todo isento: dependia, por vezes, do tom da voz feminina que lhe chegasse aos ouvidos... Em todo caso, pesava os destinos, confundindo-se, muitas vezes, com a própria *Moîra* e, no fundo, sabedor de que a vitória final seria dos aqueus, soube retardá-la, para dar-lhe um brilho maior.

Concluída a digressão, é mister voltar aos preparativos para a sangrenta seara de Ares. Não foi fácil convocar alguns dos chefes e heróis indispensáveis para a vitória dos gregos. É o caso, entre outros, de Aquiles, sem cuja presença, consoante a profecia de Calcas, Troia não poderia ser conquistada. É que o herói fora escondido pela própria mãe. Tendo ciência de que o fim de Troia coincidiria com a morte do filho, Tétis vestiu-o com hábitos femininos e o conduziu para a corte do rei Licomedes, na ilha de Ciros, onde o herói passou a viver disfarçado no meio das filhas do rei, com o nome de *Pirra*, isto é, *ruiva*, porque o herói tinha os cabelos louro-avermelhados. Sob esse disfarce feminino, Aquiles se uniu a uma das princesas, Deidamia, e deu-lhe um filho, Neoptólemo, o mesmo que, mais tarde, tomará o nome de Pirro. Tendo conhecimento do esconderijo do filho de Tétis, Calcas o revelou aos atridas, que enviaram Ulisses e Diomedes para buscá-lo. Mesmo assim o maior dos heróis aqueus teve uma oportunidade de escolha, pois Tétis preveniu o filho do destino que o aguardava: se fosse a Troia, teria uma fama retumbante, mas sua vida seria breve; se, ao contrário, ficasse, viveria por longo tempo, mas sem glória. Aquiles escolheu a vida breve e gloriosa. O historiador latino Caio Salústio Crispo (86-~35 a.C.), muitos séculos depois, ainda faria ecoar a opção de Aquiles: *...et quoniam uita ipsa, qua fruimur, breuis est, memoriam nostri quam maxume longam efficere...* (*De Coni. Cat.*, 1,3): "e, já que a vida que desfrutamos é breve, devemos fazer por deixar de nós a mais longa memória". E Marco Túlio Cícero (106-40 a.C.) parece ter-lhe completado o sentido: *Breue enim tempus aetatis, satis longum est ad bene honesteque uiuendum* (*De Sen.*, 19,70): "Curto, na verdade, é o tempo de nossa vida, mas é bastante longo para se viver bem e honradamente".

Congregados, por fim, os grandes heróis, Aquiles, Ulisses, Ájax, Filoctetes, Diomedes, Agamêmnon, Menelau, Nestor... os aqueus partiram para a Tróada. Apaziguada, como já se relatou, a cólera de Ártemis em Áulis, a gigantesca frota aqueia chegou a seu destino. Eram, ao todo, conforme o *Catálogo das Naus, Il.*, II, 494-769, mil cento e noventa e três naus! Nos dois primeiros cantos da *Ilíada* o combate propriamente ainda não começara. No terceiro ainda existia uma possibilidade de se resolver a grave situação, sem grande derramamento de sangue: a proposta foi do próprio Páris, que sugeriu um combate singular entre o ofendido, Menelau, e o ofensor, ele, Páris. Com o vencedor ficariam Helena e os tesouros. Travou-se a luta entre os dois heróis e, quando Menelau estava prestes a liquidar a Páris, Afrodite interveio. Envolveu o troiano num manto de nuvens e o transportou para os braços de Helena, aliás o campo de batalha predileto de Alexandre, que, como herói e guerreiro, deixa muito a desejar! Agamêmnon reclamou a vitória de Menelau, mas nada conseguiu. Houve, a seguir, um pequeno intervalo de tréguas, que foram logo rompidas por um aliado dos troianos, o lício Pândaro, que atirou uma seta contra Menelau. A partir desse momento começou realmente a cruenta refrega pela posse de Ílion, que só foi tomada e destruída, após a morte de seu ínclito herói Heitor e, assim mesmo, graças a um genial estratagema inspirado por Atená, materializado por Epeu e que "um dia o divino Ulisses introduziu na cidadela, pejado de guerreiros, que saquearam Ílion". Trata-se do *Cavalo de Troia*. A grande cilada grega já aparece no canto VIII da *Odisseia* pelos lábios do aedo Demódoco, e que foi magnificamente desenvolvida e enriquecida sete séculos depois no canto 2 da *Eneida* do mais inspirado poeta latino, Públio Vergílio Marão (70-19 a.C.). Fingindo uma retirada, canta Homero na *Odisseia* (VIII, 500-520), pela voz de Demódoco, parte dos aqueus, após incendiar as tendas, embarcou em suas naus, enquanto outros sentavam-se silenciosos em torno de Ulisses, dentro do Cavalo, que os troianos haviam arrastado para dentro de Ílion. Grande era a querela dos vassalos de Príamo a respeito do que *fazer* com o gigantesco simulacro de madeira. Três eram as propostas: abrir-lhe o bojo com o bronze; arremessá-lo do cimo dos rochedos ou poupar o grande simulacro como oferta propiciatória aos deuses. A terceira foi a vencedora, "porque era destino da cidade que fosse arruinada, quando tivesse dentro o grande Cavalo de Madeira, onde se escondiam todos os mais valentes dos argivos, que levavam aos troianos carnificina e morte. E o aedo cantava como os filhos dos aqueus, após saírem do cavalo e deixarem o bojo do monstro, destruíram Troia".

Foram dez anos de ódio, de terror, de lágrimas, de vilania e de bravura indomável, de morte e de carnificina. No fim, tudo acabou. Ílion era um monte de cinzas e de pedras calcinadas. Milhares de heróis, bravos e destemidos, transformaram Troia num silencioso dormitório de mortos.

Aquiles, cujo destino estava traçado, foi morto ingloriamente por uma flecha disparada por Páris, que, escondido atrás da estátua de Apolo, o alvejou. A flecha, guiada pelo deus, atingiu o herói na única parte vulnerável do corpo, o calcanhar direito. Mas também o raptor de Helena estava com seus momentos cronometrados pela *Moîra*: foi mortalmente ferido por uma flechada de Filoctetes. Procurou desesperadamente o auxílio de Enone, a ninfa que ele abandonara no monte Ida, pois somente ela poderia curá-lo. Enone, a princípio, se recusou a atendê-lo, ainda amargurada com a ingratidão e infidelidade de Páris. Quando, por fim, resolveu socorrê-lo, era tarde demais. Após a morte de Alexandre, Helena se casou com Deífobo, também filho de Príamo e Hécuba. Menelau, porém, foi ao encalço do casal e liquidou Deífobo. Quando levantou a espada para matar Helena, esta se lhe mostrou seminua e ressurgiram no rei de Esparta as chamas do antigo amor! Certamente, ao levantar a espada para descarregá-la na esposa infiel, Menelau estava irritado com o peso do capacete empenachado de crinas e outros enfeites que lhe cobriam a cabeça... O retorno do casal, agora reconciliado, foi uma odisseia. Tempestades, naufrágios, calmarias, fome e uma permanência forçada de cinco anos no Egito marcaram-lhe o difícil regresso. Finalmente, após oito anos de sofrimentos, abriram-se de novo para o rei Menelau e a rainha Helena as altas portas do palácio de Esparta, onde Telêmaco, filho de Ulisses, em suas peregrinações em busca do pai, irá encontrá-los felizes e sorridentes!

Nestas alturas dos acontecimentos, os deuses já se haviam esquecido de Troia, perpetuando, no Olimpo, sua imortalidade com o néctar e a ambrosia, num sorriso interminável!

Menelau, apesar de na *Ilíada* e mesmo nos *Poemas Cíclicos*[8] não ter sido nenhum modelo de heroísmo e de apresentar-se como personagem apagada, indecisa e sem personalidade, mereceu, já em idade avançada, ser transportado em vida para a Ilha dos Bem-Aventurados. Um "prêmio" dos Imortais, talvez por ter sido genro de Zeus ou por sua rigorosa e pacífica fidelidade conjugal... Helena, por motivos que se dirão logo a seguir, teria ficado por aqui mesmo, em seus santuários, até mesmo porque, numa sociedade acentuadamente patrilinear, como a enfocada por Homero, uma mulher, embora filha de Zeus, dificilmente chegaria à Ilha de Avalon! Existe, porém, uma variante mais tardia, segundo a qual a linda Helena se teria casado com Aquiles (*post mortem?*) e o casal estaria

---

8. Denominam-se *Cíclicos* poemas épicos antigos, com exceção da *Ilíada* e da *Odisseia*. Os relativos à Guerra de Troia são basicamente os seguintes: *Etiópida*, de Arctino de Mileto (~ séc. VIII a.C.), é uma continuação da *Ilíada*, até o suicídio de Ajax.
Destruição de Ílion, do mesmo autor. O assunto é a destruição de Troia. É a fonte capital do segundo canto da *Eneida* de Vergílio.
Pequena Ilíada, de Lesques de Mitilene, na ilha de Lesbos (~ séc. VII a.C.), que também é uma continuação do poema homérico.
Cantos Cíprios, em grego "Kypria", subentendendo-se *épe*: acontecimentos anteriores à *Ilíada*: Zeus suscitou a Guerra de Troia para que houvesse um equilíbrio demográfico. A terra estava habitada por um excessivo número de homens.
Nóstoi, Regressos, de Ágias ou Hágias de Trezene (séc. VII a.C.): retorno à pátria dos grandes heróis, afora Ulisses.
Telegonia, de Êugamon de Cirene (séc. VI), mera continuação da *Odisseia*.

vivendo no meio de festins na Ilha Branca, no mar Negro, na foz do rio Danúbio (v. *Helena, o eterno feminino*).

Falou-se, neste capítulo, do *rapto de Helena*. Tal fato merece um ligeiro comentário. Helena não *foi raptada* apenas uma vez, mas duas. O mito da esposa de Menelau é deveras confuso e complexo. Inúmeras variantes posteriores a Homero parecem encobrir o sentido primitivo do mitologema. Filha de Zeus e de Leda, na epopeia homérica, seu pai "humano" era Tíndaro e seus irmãos os Dioscuros, Castor e Pólux, e uma irmã, Clitemnestra. Muito cedo, todavia, Helena tornou-se filha de Zeus e de Nêmesis. Esta, para fugir à tenaz perseguição de Zeus, símbolo da fecundação, percorreu o mundo inteiro, tomando todas as formas possíveis, até que, cansada, no *outono*, se metamorfoseou em gansa. O deus se transformou em cisne e a ela se uniu, em Ramnunte, perto de Maratona, na Ática. Em consequência dessa união, Nêmesis pôs um *ovo que foi escondido num bosque sagrado*, "a semente guardada no seio da terra". O ovo, encontrado por um pastor, foi entregue a Leda. Esta *o guardou num cesto* e, no tempo devido, nasceu Helena, que Leda criou como sua própria filha. A tradição que faz de Leda mãe de Helena narra o fato de maneira análoga: para evitar que Leda lhe escapasse, certamente metamorfoseada também em gansa, Zeus, sob a mesma forma de cisne, fê-la pôr um ovo, de que nasceu Helena. Segundo outra versão, eram dois ovos: de um nasceram Helena e Pólux, que foram *imortalizados* pelo pai; do outro, Castor e Clitemnestra, ambos "mortais".

Pois bem, essa personagem mítica *especial*, Helena, foi *raptada*, uma primeira vez, pelo herói ateniense Teseu, que a conduziu a Afidna, na Ática, e a confiou à sua mãe Etra. Mas quando Teseu e seu amigo inseparável, Pirítoo, desceram ao Hades para *raptar* Perséfone, deusa essencialmente da *vegetação*, os Dioscuros atacaram Afidna, levando de volta sua irmã e como cativa a mãe de Teseu, Etra, que, como já se viu, foi conduzida para Troia por Helena, quando de seu segundo rapto por Páris.

Ora, todos os fatos acima narrados acerca do nascimento da rainha de Esparta, sempre tendo, de um lado, por pai um deus da fecundação e por matriz um ovo, e, de outro, as fugas constantes de "suas mães", Nêmesis e Leda e "seus raptos" por Teseu e Páris, parecem levar a uma só conclusão: Helena teria sido primitivamente uma deusa *ctônia* e, por conseguinte, *uma deusa da vegetação*, uma guardiã dos ovos, das sementes depositadas no seio da terra. Como tal, uma vítima destinada ao rapto. Com o tempo, "a deusa Helena", suplantada por outras divindades da vegetação mais importantes, teria caído no esquecimento e passado à classe das heroínas, fato comum e bem atestado na mitologia.

Na realidade, o rapto de deusas, Perséfone, "Helena"; de heroínas, caso de Europa, Leda ou das Sabinas... fazem parte integrante não somente de um ritual de iniciação, mas também de um rito da vegetação, como ainda se pode observar em culturas primitivas[9]. Normalmente, o rapto se consuma no outono, "quando os trabalhos agrícolas estão terminados", os celeiros estão cheios e é, portanto, o momento de se pensar e preparar a próxima colheita.

Na Grécia, no segundo ato do casamento, denominado *pompé*, "ação de conduzir", a noiva, seguida de uma procissão alegre e festiva, é levada ou por arautos ou pelo marido, da casa paterna para seu novo lar. Não podendo penetrar com seus próprios pés na nova habitação, porque o fogo sagrado do lar ainda não fora aceso, a noiva simula uma fuga e começa a gritar, pedindo o auxílio das mulheres que a acompanham. O marido terá de *raptá-la* e com ela nos braços atravessa a porta com todo o cuidado, para que os pés da esposa não toquem na soleira. No casamento romano, muitíssimo semelhante ao grego, não por imitação ou sincretismo, mas pela origem comum indo-europeia dos dois povos, repete-se o mesmo ritual. A segunda parte, denominada *deductio in domum*, ação de *conduzir* ao lar, quando o cortejo para em frente à casa do marido, a noiva simula a fuga e, raptada pelo marido, transpõe nos braços do mesmo a soleira.

O mundo moderno, embora tenha esquecido o valor iniciático e a sacralidade da fertilização do ritual do rapto da esposa, ainda, por vezes, sem o saber, o relembra. As noivas, ao menos as mais "dietéticas", têm ou "tinham" o direito de ser transportadas nos braços "hercúleos" do marido para dentro do novo lar ou do quarto da primeira noite de núpcias!

---

9. VAN GENNEP, Arnold. *Os ritos de passagem*. Petrópolis: Vozes, 1978, p. 104ss [Tradução de Mariano Ferreira].

Na expressão de Joseph L. Henderson, "o casamento pode considerar-se um rito de iniciação em que o homem e a mulher têm que submeter-se mutuamente. Em algumas sociedades, todavia, o homem compensa sua submissão 'raptando' ritualmente a noiva, como fazem os *dyaks* da Malaia e Bornéu, Hoje em dia existe uma reminiscência dessa prática no fato de o noivo cruzar a soleira da porta com a noiva nos braços".

Na realidade, como acrescenta ainda o mesmo Joseph L. Henderson, "independentemente do medo neurótico de que mães ou pais invisíveis podem estar espreitando atrás do véu do matrimônio, até mesmo um jovem normal pode sentir-se apreensivo com o rito matrimonial. O casamento é essencialmente um rito de iniciação da mulher, em que o homem há de sentir-se tudo, menos um herói conquistador. Por isso mesmo, não surpreende que se encontrem em sociedades tribais ritos compensadores de semelhante temor como o rapto ou a violação da noiva"[10]. A respeito desse último tema, aliás, a violação da noiva, falaremos mais adiante.

---

10. JUNG, Carl Gustav et al. *Man and his Symbols.* London: Aldus Books, 1964, p. 134.

# Capítulo VII
Homero e seus poemas: deuses, mitos e escatologia

1

Numa apresentação sumaríssima da epopeia homérica, já que o objetivo deste livro não é a literatura, mas o mito, é conveniente deixar claro um dado fundamental. A *Odisseia*, com os dez anos de peregrinação de *Odysseús*, o nosso Ulisses[1], em seu regresso ao lar, em Ítaca, após a destruição de Troia, é bem diferente, do ponto de vista "histórico", da *Ilíada*. Opinam alguns estudiosos de Homero[2], no entanto, que essa diferença, quanto ao fundo histórico de ambos os poemas, não deve ser excessivamente exagerada. A base histórica da *Odisseia* seria a busca do estanho. Realmente o ferro era pouco e o estanho absolutamente inexistente na Hélade. Possuindo o cobre, mas necessitados e desejosos do bronze, os helenos dos "tempos heroicos" organizaram a rota do estanho. É bem verdade que a espada de ferro dos dórios havia triunfado do punhal de bronze dos aqueus, mas, até pelo menos o século VIII a.C., o bronze há de ser o metal nobre da nobre elite da pátria de Homero. Assim se poderia defender que a temática do périplo fantástico de Ulisses teria sido o mascaramento da busca do estanho ao norte da Etrúria, com o descobrimento das rotas marítimas do Ocidente. Tratar-se-ia, desse modo, de uma genial ficção, embora assentada em esparsos fundamentos históricos, porque, no fundo, a *Odisseia* é o conto do *nóstos*,

---

1. Em grego, a par da forma clássica *Odysseús*, há uma dialetal, *Ulíkses*, donde o latim *Ulixes*, fonte do nosso Ulisses.

2. BONNARD, André. *Civilisation grecque*. 3 vols. Lausanne: Édit. Clairefontaine, s/d., p. 61ss.

do retorno do esposo, da grande *nostalgia* de Ulisses. Este seria o ancestral dos velhos marinheiros, que haviam, heroicamente, explorado o mar desconhecido, cujos mitos eram moeda corrente em todos os portos, do Oriente ao Ocidente: monstros, gigantes, ilhas flutuantes, ervas milagrosas, feiticeiras, ninfas, sereias e Ciclopes...

A *Ilíada*, ao revés, descreve um fato histórico, se bem que revestido de um engalanado maravilhoso poético. Na expressão, talvez um pouco "realista", de Page, o que o poema focaliza "são os próprios episódios do cerco de *Ílion* e ninguém pode lê-lo sem sentir que se trata, fundamentalmente, de um poema histórico. Os pormenores podem ser fictícios, mas a essência e as personagens, ao menos as principais, são reais. Os próprios gregos tinham isso como certo. Não punham em dúvida que houve uma Guerra de Troia e existiram, na verdade, pessoas como Príamo e Heitor, Aquiles e Ájax, que, de um modo ou de outro, fizeram o que Homero lhes atribui. A civilização material e o pano de fundo político-social, se bem que não se assemelhem a coisa alguma conhecida ou lembrada nos períodos históricos, eram considerados pelos gregos como um painel real da Grécia da época micênica, aproximadamente 1200 a.C., quando aconteceu o cerco de Troia"[3].

Um fato, porém, parece definitivo: uma realidade histórica está subjacente ao mito na epopeia homérica, se bem que, glorificada e transformada por vários séculos de tradição puramente oral que precederam à composição definitiva elaborada por Homero (séculos IX-VIII a.C.) e a fixação por escrito dos dois poemas (séc. VI a.C.).

A dificuldade maior no estudo da epopeia homérica está em isolar o que realmente é micênico do que pertence a épocas posteriores, como à Idade do Ferro, à Idade do Caos dório e ao ambiente histórico em que viveu o próprio poeta. Sem dúvida, também sob o ângulo político, social e religioso, os poemas homéricos são uma colcha de retalhos com rótulos de civilizações diferentes no tempo e no espaço. Não obstante todas estas dificuldades, alguns elementos micênicos podem, com boa margem de segurança, ser detectados nos dois grandes poemas.

---

3. PAGE, Denys. *The Greeks*. London: A.C. Watts, 1962, cap. I, p. 16s.

Consoante Homero, o que parece autêntico, o mundo micênico era um entrelaçamento de reinos pequenos e grandes, mais ou menos independentes, centralizados em grandes palácios, como Esparta, Atenas, Pilos, Micenas, Tebas..., mas devendo fidelidade, ou talvez vassalagem, não se sabe muito bem por que, ao reino de Agamêmnon, com sede em Micenas. Além deste aspecto político, há outros a considerar. Maria Helena da Rocha Pereira alinha alguns elementos aqueus presentes na epopeia homérica: "Ora, os Poemas Homéricos descrevem, fundamentalmente, a civilização micênica, embora ignorem a sua forte burocratização e a abundância de escravatura, reveladas pelas tabuinhas de Pilos. Mas, entre os principais elementos micênicos, podemos apresentar: as figuras e seus epítetos; a riqueza de Micenas ("Micenas rica em ouro"); a raridade do ferro, a noção de que *ánaks* é mais do que *basileús*[4]; o fausto dos funerais de Pátroclo (embora seja cremado, como os gregos da época histórica, e não inumado, como os Micênicos); a arquitetura dos palácios, nomeadamente a presença do *mégaron*; objetos como o elmo de presas de javali, a taça de Nestor, e a espada de Heitor, com um aro de ouro"[5].

2

Mas se comprovadamente existem elementos micênicos, de fundo e de forma, nos poemas homéricos, como pôde o bardo máximo da Hélade ter conhecimento, por vezes tão preciso, de um mundo que ele cantou cerca de quatro ou cinco séculos depois? A escrita já existia, é verdade, e cinco séculos também antes do poeta, mas aquela, a Linear B, era usada, como se falou no capítulo IV, sobretudo em documentos administrativos e comerciais e não em textos de caráter literário. Parece que os poderosos senhores do mundo aqueu julgavam indigno ou desnecessário que suas façanhas fossem gravadas em tabuinhas de argila. E realmente não era necessário, pela própria técnica poética da época. A poesia épica micênica é *oral* e *tradicional*, uma poesia não escrita e transmitida de gera-

---

4. *Ánaks* é o "senhor", o príncipe, talvez *uma espécie de rei com poderes religiosos*, e o *basileús* seria *o rei com poderes políticos*.

5. PEREIRA, Maria Helena da Rocha. Op. cit., p. 48s.

ção a geração. Uma poesia áulica, como quer Webster[6], cheia de fórmulas de caráter religioso e militar e cuja sobrevivência se deveu aos aedos e rapsodos[7].

O já citado Page sintetiza, com maestria, como o maior de todos os vates pôde "compor" seus dois poemas épicos sem documento algum escrito sobre o passado: "Todos concordam [...] que Homero viveu centenas de anos depois dos fatos que descreveu e que não teve documentos escritos sobre o passado. O que devemos perguntar, portanto, não é 'por que ele desconhece tanto sobre a Grécia micênica?', mas 'como pôde ele ter sabido o que sabia?' A resposta é que a épica grega é uma poesia de tipo muito peculiar – é oral e tradicional. Entendo, por oral, que era composta na mente, sem a ajuda da escrita. E, por tradicional, entendo que era preservada pela memória e transmitida oralmente de geração a geração. Jamais era estática. Crescia e se modificava continuamente. A *Ilíada* é a última fase de um processo de crescimento e desenvolvimento que começou durante o sítio de Troia, ou pouco depois. Esse tipo de poesia (que ocorre na poesia épica de muitas línguas além do grego) só pode ser composto, só pode ser preservado, se o poeta tiver à sua disposição um estoque de frases tradicionais – metade de versos, versos inteiros e estrofes, já prontos para quase todas as finalidades concebíveis. O poeta compõe, enquanto recita; não pode parar para pensar como continuar; deve ter pronta toda a história, antes de começar, e deve ter na memória a totalidade – ou quase totalidade – das frases de que precisará para contá-la. Os poemas homéricos são, na verdade, compostos dessa forma – não em palavras, mas em sequências de frases feitas. Em 28.000 versos, há 25.000 frases repetidas, grandes ou pequenas"[8].

À sólida argumentação de Denys Page pode-se acrescentar ainda, como processo mnemônico, na transmissão dessa poesia oral, o uso dos epítetos, os famo-

---

6. WEBSTER, T.B.L. *From Homer to Mycenae*. London: Methuen, 1958, cap. IV, passim.

7. Não é fácil distinguir entre estas duas categorias. *Aedo* é o grego *aoidós* e significa *cantor*. O *aedo* cantava ao som da cítara, improvisando, como Demódoco, no canto VIII da *Odisseia*. Rapsodo, *rhapsoidós*, de *rháptein*, "coser", e *oidé*, canto, significa um ajustador de cantos. Talvez *rapsodo* não fosse poeta: apenas ligava versos uns aos outros e os recitava, sem cantá-los. O *aedo* é diferente: é um inspirado dos deuses, conforme está na *Odiss.*, VIII, 43-45.

8. LLOYD-JONES, Hugh et al. Op. cit., p. 20-21.

sos *epítetos homéricos*. As personagens mais importantes e as divindades maiores "têm, em média, *dez* epítetos que se repetem no poema todo centenas de vezes com alguma variedade"[9]. São, ao todo, nos dois poemas, em estatística feita pacientemente pelo saudoso amigo e mestre Marques Leite, 4.560 epítetos.

Os poemas homéricos resultam, pois, de um longo, mas progressivo desenvolvimento da poesia oral, em que trabalharam muitas gerações. Usando significantes dos fins do século IX e meados do século VIII a.C., épocas em que foram, ao que parece, "compostas", na Ásia Menor Grega, respectivamente a *Ilíada* e a *Odisseia*, o poeta nos transmite significados do século XIII ao século VIII a.C. O mérito extraordinário de Homero foi saber genialmente reunir esse acervo imenso em dois insuperáveis poemas que, até hoje, se constituem no arquétipo da épica ocidental.

3

Esta ligeira introdução tem por objetivo mostrar que também a religião homérica é uma colcha de retalhos, uma sequência de pequenas e grandes rupturas, de pequenos e grandes sincretismos, em que o Ocidente se fundiu com o Oriente.

As escavações arqueológicas comprovaram que havia na época aqueia "uma religião dos mortos", fato já bem salientado no capítulo V, 5. A esse respeito desejamos somente chamar a atenção para dois fatos. Os vastos túmulos encontrados particularmente em Micenas com luxuoso mobiliário fúnebre, como o célebre *Tesouro do Atreu*, em que o morto, "o rei Agamêmnon", aparece com o rosto coberto por rica máscara de ouro[10], atestam dois pontos importantes: primeiro, que o rei, chefe da tribo, do clã, do *génos*, da família enfim, torna-se, após a morte, o que ele foi em vida, "o senhor", quer dizer, o "herói", o protetor dos que lhe habitam o território, o reino; segundo, que, sendo o culto dos mortos uma reli-

---

9. LEITE, José Marques. *Homero*. Rio de Janeiro: Gráfica Portinho Cavalcanti, 1976, p. 55s.

10. As *máscaras de ouro* simbolizam a *heroização* do morto, por isso que tinham como finalidade transformá-lo em um ser sobrenatural, de traços incorruptíveis, semelhantes às estátuas dos imortais.

gião da família e do grupo, havendo, por isso mesmo, necessidade de uma descendência para continuá-lo e transmiti-lo, esse culto é essencialmente local, indissoluvelmente ligado ao túmulo. Além da religião dos mortos, existia a religião dos deuses, em sua maioria, *deuses da natureza*, cujo arquétipo era o deus patrilinear indo-europeu do céu e da luz, Zeus.

Com as invasões dóricas e as migrações para a Ásia Menor, a vida grega se dividiu entre as duas margens do Egeu. Entre a Europa e a Ásia, não raro com apoio nas ilhas, começou a se plasmar o embrião de uma nova e promissora cultura. Apagados os archotes da civilização micênica, os emigrantes acenderam-nos em outra pira. Distantes das vicissitudes da mãe-pátria, abriram-se a novas influências.

Esse distanciamento, esse desenraizar-se, com todas as consequências que sempre lhe são inerentes, desenvolveram-lhes a independência e a liberdade de pensamento, bem como os emanciparam de velhas e arraigadas tradições. Livres das opressões e repressões das antigas crenças, prepararam-se com a mesma liberdade de espírito para arrostar novos problemas de ordem religiosa. A primeira grande consequência foi o enfraquecimento generalizado da religião dos mortos. Tratava-se de um culto, conforme se insistiu, essencialmente local e preso ao túmulo. Ora, o túmulo dos ancestrais agora estava longe demais, o culto interrompido, porque desvinculado da sepultura. Os ancestrais, os senhores, os "heróis" sobreviveram apenas no mito e a tradição religiosa não se renovou em torno dos novos senhores, mesmo porque, na Ásia Menor, se praticava a cremação: a alma do morto, separada para sempre do corpo, estava em definitivo excluída de seu domicílio e da vida de seus descendentes, não havendo, portanto, nada mais a temer nem a esperar da psiqué do falecido. De outro lado, como já se sabe, as migrações helênicas para seu novo domicílio não se fizeram em bloco: as tribos deixaram a mãe-pátria completamente fragmentadas, de acordo com as circunstâncias ou a oportunidade. Estava, por isso mesmo, rompida a tribo, o clã, o *génos*, a família. Pois bem, esses elementos díspares, de origens tribais e até mesmo "dialetais" diversas, ao se encontrarem em seu novo "habitat" com povos etnicamente diferentes, com outros hábitos e outra língua, confraternizaram-se mais facilmente. Eram todos exilados e a maneira mais prática de refazerem a vida era congregar o que tinham em comum, deuses e o restante. E a nova repercussão religiosa de mudança de meio fez que a religião dos deuses prevalecesse inteiramente sobre a religião dos mortos, determinando assim a formação de um autêntico politeísmo. Outro fator, no entanto, deu sua contribuição valiosa a todas essas rupturas e agregações: o recente espírito de independência face à tradição criou um ambiente propício ao desenvolvimento da arte. E a arte que floresceu, no momento, entre os gregos da Ásia Menor foi a *Epopeia*.

A arte épica deve ter tido considerável influência sobre a primeira elaboração do politeísmo e sobre o destino posterior da religião grega. É claro que o politeísmo já existia, mas embrionariamente, no nome de deuses ou nas formas míticas elementares vinculadas aos nomes divinos. O politeísmo é uma forma religiosa estreitamente ligada ao mito. Só existe, com a multiplicidade de deuses que o define, porque o mito criou esses deuses. Na realidade, o politeísmo surge na história unido ao sentimento e à noção do divino na natureza. Uma de suas grandes fontes é o mistério do mundo exterior em que estamos mergulhados; a outra, mais profunda, encontra-se num segundo mistério, que está em nós mesmos. A dar crédito a Sexto Empírico (século II d.C.), filósofo grego, sistematizador do estoicismo, Aristóteles teria esboçado uma teoria da religião fundamentada no naturalismo e no humanismo: "A noção humana da divindade decorre de dois princípios: dos fenômenos que se produzem na alma e dos fatos meteóricos"[11], isto é, de fenômenos da natureza. O sentimento religioso naturalista se expressou, portanto, primeiramente pelo mito. Este, por sua vez, se manifestará na epopeia, que é poesia, arte e liberdade. O florescimento da epopeia na "diáspora" grega para a Ásia Menor, onde foi sepultada a repressão do tradicionalismo da mãe-pátria, coincidiu com o momento em que o mito, libertando-se da esfera do sagrado, se emancipou da ação sacramental, que o representava, e do hino divino, que o celebrava. O canto, à medida em que se despojava dos elementos emotivos, tornava-se objeto de narrativa[12]. Houve, assim, uma como que segunda criação dos deuses. Claro está que esses deuses continuaram a ser na

---

11. *Pròs dogmatikús* (Contra os dogmáticos), III, 20.

12. PETTAZZONI, Raffaele. *La religion dans la Grèce antique*. Paris: Payot, 1953, p. 45s [Tradução de Jean Gouillard].

Grécia da Europa e na Grécia da Ásia os deuses dos ancestrais, mas o sortilégio, que, até então, os ligava estreitamente a seu local de culto, estava para sempre rompido e a poesia acabou por transfigurar em seus ideais esses deuses já bastante dessacralizados. Seres ideais, tão vivos e verdadeiros, que, pela primeira vez, os homens com eles se confraternizaram. Gigantes que se locomoviam como raios entre o Olimpo e a terra, eram, todavia, humanos, compensando com sua humanidade o que haviam perdido em sacralidade.

Esse "humanismo divino" foi a marca da poesia, o sinal mágico de uma obra através da qual o homem entalha e concebe os deuses à sua imagem e semelhança.

Era o *antropomorfismo*. "O mundo grego com seus deuses é um mundo do homem", sintetiza magistralmente Kerényi[13]. Eis aí os deuses de Homero, que é ele próprio o limite de uma evolução secular. Evolução religiosa, evolução linguística, com os dialetos jônico e eólio servindo-lhe de embasamento; evolução do verso, que, a princípio, cantado, se adaptou à recitação; evolução do mito divino e heroico, múltiplo e complexo, que acabará por se condensar num esquema homogêneo na saga troiana; evolução dos costumes, com o rito da cremação; evolução, enfim, da vida material, que assiste à substituição do bronze pelo ferro. Esse feixe de evoluções se concentra em Homero, assim como sua obra condensa três fases da religião: a que reinava na Grécia continental, quando os micênicos a deixaram; a que se desenvolveu na Ásia Menor, em condições bem diversas e, finalmente, aquela que desabrochou sob a inspiração da epopeia.

Homero fundiu estes três momentos culturais, mas não existe na *Ilíada* e na *Odisseia* nem evocação escrupulosa do passado, nem descrição exata do presente, mas a visão de um mundo ideal, composto de um passado micênico da Europa e de um presente homérico e asiático, amalgamados numa harmonia, que é realidade sem ser realidade, quer dizer, poesia e nada mais. Com efeito, os dois poemas homéricos, recheados de elementos religiosos, não são um código de vida, nem um cânon de fé. Trata-se de um documento religioso incomparável, mas imperfeito, porque omite; e parcial, mercê da liberdade com que são trata-

---

13. KERÉNYI, Károly. *Miti e misteri*. Torino: Boringhieri, 1980, p. 275.

dos os deuses: Zeus, Hera, Apolo, Atená... não passam, muitas vezes, de vagas reminiscências daquilo que realmente foram[14].

Além do mais, os deuses que passeiam, lutam e se divertem nos poemas homéricos não são a totalidade dos deuses da Grécia e a religião, que deles se ocupa, não é toda a religião, o que está perfeitamente de acordo com o espírito da epopeia. Trata-se, com efeito, de uma poesia burguesa, destinada a "reis" e heróis, a homens de alto coturno, voltados para as armas e para o mar. Não há dúvida de que é para um mundo aristocrático que o poeta compõe sua obra. Fundindo o passado no presente, o período da realeza aqueia com a aristocracia de seu século, Homero fazia-se compreender perfeitamente por seu público, pois que o passado, vivendo na tradição, era presença constante nos lábios dos aedos e rapsodos. Por outro lado, o público de Homero era constituído, em síntese, por duas aristocracias: a aristocracia política e a aristocracia militar, mas ambas, as mais das vezes, de origem burguesa. Para elas o poeta canta, prazerosamente, as gestas guerreiras e as astúcias do homem no mar. Para elas celebra os jogos, onde o vigor se conjuga com a nobreza. O preito da força e da beleza física, símbolos do herói, contraiu, desde Homero, núpcias indissolúveis com as qualidades do espírito: o *kalón*, o belo, e o *agathón*, o bom, eis aí a síntese de uma visão humanística que remonta à *Ilíada* e à *Odisseia*. Pois bem, o mundo dos deuses é a projeção dessa sociedade heroica e aristocrática. À autoridade de Agamêmnon e, não raro, à sua prepotência correspondem a soberania e o despotismo de Zeus, assim como às revoltas dos heróis contra as arbitrariedades do "senhor" e rei de Micenas corre paralelo a manifestação de independência dos imortais contra a tirania do "senhor" e rei do Olimpo. De outro lado, se o povo está presente nos poemas homéricos apenas para servir, aplaudir e concordar nas assembleias, os deuses humildes da vegetação teriam que esperar cerca de três séculos para que, em Elêusis, se erguessem, repentinamente, em plena escuridão, milhares de archotes para saudar "a luz nova" e Dioniso, de tirso em punho, pudesse penetrar triunfalmente na *pólis* democrática de Atenas... Também a humanidade esperou

---

14. PETTAZZONI, Raffaele. Op. cit., p. 48s.

séculos e séculos para que o grão de trigo, morrendo no seio da terra, produzisse frutos em abundância!

De qualquer forma, alijando o localismo, a aristocrática epopeia, por mais paradoxal que possa parecer, tendo-se tornado, com a difusão pelos "mundos gregos", um patrimônio comum, democratizou a religião e os deuses olímpicos passaram a ser deuses de todos. E se na Grécia continental, bem como em seus "pedaços" plantados na Ásia, na Europa e na África, jamais existiu unidade política, houve sempre, "em todas as Grécias", graças à religião, uma consciência de unidade racial. Ou se era grego ou se era *bárbaro*.

4

Vamos nos ocupar agora da religião homérica propriamente dita. Não se falará sobre o mito de cada um dos deuses, a não ser de passagem, nem tampouco sobre cada um dos heróis, que formigam e dão vida às epopeias homéricas, porque cada um deles, ao menos os mais importantes, terão direito a um estudo particular nos dois volumes subsequentes e no *Dicionário mítico-etimológico*.

Para se ter uma ideia do conjunto, far-se-á, de início, uma síntese dos cantos de que se compõem a *Ilíada* e a *Odisseia*. Comecemos pela *Ilíada*.

Após uma breve proposição e invocação, o poema nos coloca *in medias res*, no centro dos acontecimentos, já que a *Ilíada* celebra, como já se enfatizou, tão somente o nono ano da Guerra de Troia: a ira de Aquiles e suas consequências funestas.

> *Canta, ó deusa, a ira funesta de Aquiles Pelida, ira*
> *que tantas desgraças trouxe aos aqueus e fez baixar ao Hades*
> *muitas almas de destemidos heróis, dando-os a eles mesmos*
> *em repasto aos cães e a todas as aves de rapina: cumpriu-se*
> *o desígnio de Zeus, em razão da contenda, que, desde o início,*
> *lançou em discórdia o atrida, príncipe dos guerreiros,*
> *e o divino Aquiles.*

(Il., I, 1-7)

I – Crises, sacerdote de Apolo, avança até as naus dos aqueus, para resgatar sua filha Criseida, cativa de Agamêmnon. Todos os chefes desejam que assim se proceda, mas o atrida se recusa e insulta o sacerdote. Crises regressa, mas suplica a Apolo que castigue os aqueus. O deus envia uma peste, que dizima o exército. Aquiles pede que se reúna a assembleia, para saber do adivinho Calcas a causa de tão grande mal. Calcas responde ser necessário devolver Criseida para apaziguar a cólera de Apolo. Depois de violenta altercação com Aquiles, Agamêmnon devolve a filha de Crises, mas, em troca, manda buscar Briseida, presa do filho de Peleu. Aquiles, ferido em sua *timé*, em sua honra de herói, retira-se da luta e queixa-se à sua mãe Tétis, que lhe promete pedir a Zeus que o desagrave. Com a devolução de Criseida, cessa a peste. Zeus, a pedido de Tétis, consente em que os troianos saiam vitoriosos, até que se faça condigna reparação a Aquiles. Logo que a mãe do pelida se retira, trava-se no Olimpo séria discussão entre Zeus e Hera, que percebeu o pedido da deusa do mar e a promessa do esposo. O receoso Hefesto, filho de ambos, com habilidade, consegue contornar a grave situação. Os imortais, com um sorriso inextinguível, aproveitam para se divertir com a azáfama de Hefesto, que manquitolava pelos salões do Olimpo. E o dia terminou com um lauto banquete, ao som da cítara de Apolo e da voz cadenciada das Musas. Com muito néctar e muita ambrosia...

II – Zeus, em cumprimento de sua promessa a Tétis, envia um *ûlos Óneiros*, um "Sonho funesto" e enganador a Agamêmnon para o empenhar na luta. *Óneiros* surge sob a forma de Nestor e repreende fingidamente o rei de Micenas, revelando-lhe que o próprio Zeus deseja ação imediata e os imortais todos querem a vitória aqueia e a ruína de Troia. Agamêmnon, enganado pelo Sonho, reúne então todos os aqueus e é neste ponto que se introduz o *Catálogo das Naus*, com os nomes dos "reinos", que as enviaram, dos chefes e o número de naus que cada herói comanda.

Nas 1.183 naus deveriam ter chegado a Ílion cerca de quarenta a sessenta mil homens, num cálculo feito pelo mestre Marques Leite[15].

---

15. LEITE, José Marques. Op. cit., p. 37.

III – Os troianos descem à planície. Os anciãos, bem como Príamo e Helena, contemplam do alto das muralhas de Troia o campo de batalha. Por proposta de Páris, ele próprio e Menelau decidirão em combate singular o destino de Helena e dos tesouros. Quando Alexandre está para ser vencido e morto, Afrodite o salva e transporta-o numa nuvem para os braços de Helena.

IV – Um aliado dos troianos, Pândaro, fere Menelau com uma flechada: a luta recomeça. Ares e Apolo lutam pelos troianos. Atená pelos aqueus.

V – É a primeira grande batalha. Combate encarniçado, em que Diomedes mata a Pândaro, fere Eneias e Afrodite, que vem retirar o filho do campo de combate. Grande carnificina, em que o próprio deus Ares é também ferido por Diomedes.

VI – Heitor, o grande herói troiano, a conselho de seu irmão, o adivinho Heleno, dirige-se à cidadela de Ílion e ordena preces públicas a Atená para aplacá-la. Despedida de Heitor e Andrômaca, uma das páginas mais emocionantes do poema.

VII – Continua a luta cruenta. Os gregos são sempre vencidos. Encontro encarniçado entre Heitor e Ájax, sem vencedor, porque a noite interrompeu o combate. Trégua para sepultar os mortos.

VIII – Assembleia dos imortais. Zeus proíbe os deuses de intervirem nos combates. Segunda grande batalha. Nova derrota dos argivos. Hera e Atená tentam socorrê-los, mas Zeus, percebendo-lhes a intenção, envia sua mensageira Íris para afastá-las da luta e repreendê-las.

IX – Agamêmnon reúne os chefes aqueus para lhes propor o levantamento do cerco. Nestor julga que se procure aplacar a ira de Aquiles. O rei de Micenas concorda em restituir Briseida e oferece ricos presentes ao herói. Uma embaixada, formada por Fênix, Ájax e Ulisses, dirige-se à tenda do filho de Tétis e busca demovê-lo. Este não cede.

X – É o episódio conhecido como *Dolonia*. Expedição noturna de Ulisses e Diomedes, que surpreendem o troiano Dólon. Matam-no depois de terem sabido dele o lugar exato onde acampava Reso, rei da Trácia, que viera em socorro dos troianos. Liquidam Reso e roubam-lhe os cavalos.

XI – Terceira grande batalha, em que os gregos novamente são vencidos, apesar dos feitos bélicos de Agamêmnon, que é ferido em combate. Nestor pede a Pátroclo que tente dobrar o ânimo de Aquiles ou que ele mesmo vista as armas do herói para aterrorizar os comandados de Heitor.

XII – Os troianos atacam com êxito e chegam até o acampamento dos aqueus.

XIII – Em luta sangrenta, Heitor tenta chegar até os navios gregos.

XIV – É o dolo de Zeus, *Diòs apáte*. Hera atrai amorosamente a Zeus para os altos do monte Ida, onde o pai dos deuses e dos homens em profunda modorra adormece nos braços quentes da esposa. Disso se aproveita Posídon para socorrer os helenos.

XV – Zeus desperta. Reverbera a astúcia feminina de Hera e declara que os troianos serão os vencedores. Heitor penetra na praia, onde estão os navios gregos, e está prestes a incendiá-los. Ájax sozinho, heroicamente, consegue detê-lo.

XVI – É a *Patroclia*. Os troianos conseguem afinal incendiar um navio grego. Aquiles, vendo as chamas que se levantam da nau aqueia, permite que seu maior amigo, Pátroclo, se revista de suas armas, mas apenas para afastar os comandados de Heitor dos navios gregos. Feitos gloriosos e heroicos de Pátroclo, que, no entanto, tendo ultrapassado o *métron*, o "limite permissível", é morto por Heitor, que lhe arrebata as armas de Aquiles.

XVII – Combate sangrento em torno do corpo de Pátroclo. Apesar da vitória dos troianos, Menelau consegue trazer-lhe o cadáver até os navios.

XVIII – A dor ingente de Aquiles. Tétis procura consolá-lo e, em seguida, dirige-se às forjas de Hefesto, a fim de que este faça para o inconsolável filho de Peleu uma armadura completa. Descrição do escudo de Aquiles.

XIX – Após receber todas as satisfações de Agamêmnon e com sua *timé* recomposta, o filho de Tétis prepara-se para retornar ao combate.

XX – Grande batalha, em que, com a anuência de Zeus, os deuses se misturam com os heróis. Hera, Atená, Posídon e Hefesto pelejam ao lado dos gregos; Ares, Apolo, Ártemis, Afrodite e o deus fluvial Xanto lutam pelos troianos. Aquiles faz prodígios de coragem, bravura e arrojo.

XXI – O pelida, a partir daí, vai de vitória em vitória; limpa a planície da Tróada, empurrando os inimigos até as muralhas de Ílion. O rio Escamandro, transbordante de guerreiros mortos por Aquiles, inunda a planície e ameaça submergi-lo e só é dominado pelo sopro ígneo de Hefesto.

XXII – Heitor aguarda Aquiles sob as muralhas de Troia, mau grado as súplicas de Príamo. À vista do herói aqueu, Heitor foge. O pelida o persegue três vezes em torno das muralhas de Troia. Zeus pesa os destinos dos dois heróis: o troiano tem de morrer. Heitor é morto por Aquiles, que lhe arrasta o cadáver, coberto de pó e de sangue, até os navios.

A dor e o horror se apoderam do velho Príamo, de Hécuba e de Andrômaca.

XXIII – Vingado Pátroclo, o herói aqueu presta-lhe as últimas homenagens. Levanta-se uma gigantesca pira e as chamas devoram o cadáver de Pátroclo juntamente com mais doze jovens troianos, que Aquiles aprisionara e reservara para esta homenagem ao maior dos amigos. Jogos fúnebres em honra de Pátroclo.

XXIV – O filho de Tétis arrasta três vezes o cadáver de Heitor à volta do túmulo de Pátroclo. Príamo vem pedir o corpo de Heitor. O herói aqueu se enternece com as palavras do velho rei de Troia e devolve-lhe o cadáver do filho. Tréguas de doze dias. Funerais de Heitor, domador de cavalos...

A *Odisseia* nos leva a outras paragens...

Após dez anos da longa e sangrenta Guerra de Troia, Ulisses, saudoso de Ítaca, de seu filho Telêmaco e de Penélope, sua esposa fidelíssima, suspira pelo regresso à pátria.

A *Odisseia, Odýsseia*, é, pois, o poema do regresso de *Odysseús*, o nosso Ulisses, e de seus sofrimentos em terra e no mar.

Embora as personagens centrais estejam ligadas ao ciclo troiano, a temática do poema é bem outra. A *Odisseia* é o canto do *nóstos*, do regresso do esposo ao lar e da *nostalgia da paz*.

"Embora a ação seja mais concentrada, temos dois fios condutores em vez de um: as aventuras de Telêmaco e as de Ulisses, que só se reconhecem no canto XVI. Também há duas cóleras divinas a perseguir Ulisses"[16]. Trata-se da ira de

---

16. PEREIRA, Maria Helena da Rocha. Op. cit., p. 64.

Posídon contra o herói, por lhe ter este cegado o filho, o Ciclope Polifemo, e a do deus Hélio, por lhe terem os companheiros de Ulisses devorado as vacas. A proposição do poema menciona a segunda e omite a primeira, se bem que esta apareça antes daquela na sequência da narrativa.

Como a *Ilíada*, a *Odisseia* nos coloca *in medias res*: quando se inicia a narrativa, o esposo de Penélope, havia sete anos, era prisioneiro, na ilha de Ogígia, da paixão da ninfa Calipso.

Logo após a proposição, o poema nos leva até o Olimpo e de lá à ilha de Ítaca.

> *Musa, fala-me do varão astuto, que, após haver destruído*
> *a cidadela sagrada de Troia, viu as cidades de muitos povos*
> *e conheceu-lhes o espírito. No mar sofreu, em seu coração,*
> *aflições sem conta, no intento de salvar sua vida*
> *e conseguir o retorno dos companheiros. Mas, embora o desejasse,*
> *não os salvou; pereceram, os insensatos, por seu próprio desatino,*
> *eles que devoraram as vacas de Hélio Hiperíon,*
> *pelo que este não os deixou ver o dia do regresso.*
> *Conta-me, deusa, filha de Zeus, uma parte desses acontecimentos.*
>
> (*Odiss.*, I, 1-10)

I – Os deuses reunidos em assembleia no Olimpo, na ausência de Posídon, decidem que Ulisses regresse a Ítaca. Atená, disfarçada em Mentes, vai animar o jovem filho de Ulisses, Telêmaco, em sua luta contra os pretendentes à mão de Penélope e aconselha-o a partir em busca de notícias do pai.

II – O jovem príncipe convoca uma assembleia e solicita um navio para levá-lo a Pilos, corte de Nestor, e a Esparta, sede do reino de Menelau, a fim de buscar informações sobre o paradeiro de Ulisses. Disfarçada em Mentor, Atená promete ajudá-lo.

III – Telêmaco chega a Pilos, mas nada consegue saber a respeito do pai. Nestor conta-lhe o fim trágico de Agamêmnon e aconselha-o a ir até Esparta, para o que lhe dá por companhia seu filho Pisístrato.

IV – Telêmaco e Pisístrato são recebidos por Menelau, que lhes fala do fim de Troia e de seu tumultuado retorno a Esparta. Os pretendentes, em Ítaca, preparam uma emboscada contra Telêmaco.

V – Nova assembleia dos deuses, em que se estabelece a volta imediata de Ulisses a Ítaca. A pedido de Atená, Zeus envia Hermes à ilha de Ogígia com ordem a Calipso para deixar partir o herói. Este constrói uma jangada e faz-se ao mar. Posídon, que está vigilante, levanta uma tempestade e a jangada se despedaça. O herói consegue salvar-se e se recolhe nu à ilha dos Feaces, onde adormece.

VI – Atená aparece em sonho a Nausícaa, filha do rei dos Feaces, Alcínoo, para convencê-la a ir lavar suas roupas no rio. Depois de lavá-las, começa a jogar com suas companheiras. Ulisses, despertado pela algazarra, pede a Nausícaa que o ajude. Esta manda-lhe roupa e alimento e convida-o a ir até o palácio de seu pai, o rei Alcínoo.

VII – Ulisses apresenta-se como suplicante à rainha Arete, esposa de Alcínoo. Narra brevemente o que lhe aconteceu após sua partida da ilha de Calipso, mas não se dá a conhecer. Alcínoo concede-lhe a hospitalidade e promete mandar levá-lo a Ítaca.

VIII – Assembleia convocada para deliberar sobre os meios de reconduzir Ulisses à pátria. Grande banquete em honra do herói. Ao ouvir o aedo Demódoco cantar o seu passado glorioso, comove-se, o que leva Alcínoo a suspeitar de sua identidade. Jogos em sua honra: sai vencedor no lançamento do disco. Demódoco canta os amores de Ares e Afrodite e, depois, por solicitação de Ulisses, o estratagema do cavalo de Troia. O herói se emociona. Alcínoo pede-lhe que conte suas aventuras.

IX – "Eu sou Ulisses". É assim que se inicia o *flashback* do poema. Narra sua passagem pelo país dos Cícones, dos Lotófagos e dos Ciclopes. O Ciclope Polifemo devora seis de seus companheiros. Ulisses o embebeda e, aproveitando-se de seu sono, vaza-lhe o único olho. Em seguida escapa com seus nautas por baixo das gordas ovelhas do monstro, que pede a seu pai Posídon que o vingue. Daí a perseguição implacável do deus do mar contra o herói.

X – Continua a narrativa: na ilha de Éolo de onde, por culpa de seus comandados, acaba sendo expulso como amaldiçoado dos deuses; no país dos Lestrigões antropófagos, onde perde grande número de companheiros; na ilha de Eeia, a ilha da feiticeira Circe, que lhe transforma vinte e dois companheiros em animais semelhantes a porcos. Ulisses escapa aos sortilégios da "deusa" e obriga-a a restituir a forma humana a seus nautas.

XI – A conselho de Circe, Ulisses vai ao país dos Cimérios, às bordas do Hades, para consultar a alma do adivinho cego Tirésias acerca de seu regresso a Ítaca. Ulisses *não desceu à outra vida*. Abriu um fosso e fez em torno do mesmo três libações a todos os mortos com mel, vinho e água, espalhando por cima farinha de cevada. Após evocar as almas dos mortos, degolou em cima do fosso duas vítimas pretas: um carneiro e uma ovelha, dádivas de Circe. "O negro sangue correu e logo as almas dos mortos, subindo do Hades, se ajuntaram". Pôde assim Ulisses conversar com sua mãe, Anticleia, com Tirésias, Aquiles e com vários outros heróis e heroínas.

XII – Ulisses retorna à ilha de Circe e, advertido por ela dos perigos que o ameaçam em seu trajeto, parte para novas aventuras. Vencida a "tentação" das Sereias, passa por Cila e Caribdes e atinge a ilha do deus Hélio Hiperíon. Contra a proibição do herói e quebrando seus próprios juramentos, os companheiros de Ulisses devoram as vacas do deus Hélio. A pedido deste, as naus gregas são fulminadas pelos raios de Zeus. Somente Ulisses escapa e chega sozinho à ilha da ninfa Calipso.

XIII – Os marinheiros Feaces deixam o herói adormecido em Ítaca. O navio que o levou é, ao retornar, petrificado por castigo de Posídon. Atená disfarça o rei de Ítaca em mendigo.

XIV – Chega à cabana de seu fiel e humilde servidor, o porcariço Eumeu, que não o reconhece. É informado de como andam as coisas em Ítaca.

XV – Retorno de Telêmaco. Atená lhe aparece em sonhos e indica-lhe o caminho a seguir para evitar a emboscada dos pretendentes.

XVI – Chegada de Telêmaco à cabana de Eumeu. Enquanto este vai prevenir Penélope do regresso do filho, Ulisses e Telêmaco se reconhecem e preparam o extermínio dos pretendentes.

XVII – Ulisses visita o palácio de "Ulisses". No pátio, reconhece-o seu velho cão Argos e morre. O rei de Ítaca mendiga e é insultado pelo pretendente Antínoo.

XVIII – O herói é obrigado a lutar com o mendigo Iro, para divertimento dos pretendentes. Arrasta-o para fora do palácio, mas sofre, em seguida, novos ultrajes.

XIX – Ulisses, sempre desconhecido, conta a Penélope uma história que garante que o rei de Ítaca está prestes a retornar. Euricleia, a velha ama do herói, ao lavar-lhe os pés, reconhece-o por uma cicatriz na perna. Penélope, que tudo ignora, narra o ardil do véu sutil e imenso, mas anuncia seu plano para escolher um dos pretendentes.

XX – Banquete dos pretendentes. Instam com Penélope. Ulisses é insultado e maltratado.

XXI – Penélope traz o arco do esposo e promete desposar aquele que conseguir armá-lo e fazer passar a flecha pelos orifícios de doze machados em fila. Todos tentam, mas em vão. Graças à intervenção de Penélope e de Telêmaco, Ulisses consegue experimentar sua habilidade. Arma o arco sem dificuldade alguma e executa a tarefa imposta pela esposa. Terror dos pretendentes.

XXII – O senhor de Ítaca depõe seus andrajos e se dá a conhecer. Com auxílio de Telêmaco, do porcariço Eumeu e do boieiro Filécio, os dois serviçais que lhe tinham ficado fiéis, massacram todos os pretendentes e maus servidores. Apenas são poupados o aedo e o arauto.

XXIII – Penélope, após longa hesitação, reconhece finalmente Ulisses, quando este provou conhecer o segredo da construção do leito conjugal.

XXIV – Ulisses e seu pai Laerte se reencontram. As almas dos pretendentes são arrastadas por Hermes para o Hades. Revolta das famílias dos pretendentes. Laerte, Ulisses e Telêmaco lutam contra os parentes dos mortos. Atená, no entanto, intervém e restabelece a paz entre os beligerantes.

5

Dada esta visão de conjunto, não é muito difícil caracterizar a cada um dos deuses *antropomorfizados* que agem nos poemas homéricos: deuses que amam, odeiam, protegem, perseguem, discutem, lutam, ferem e são feridos, aconselham, traem e mentem... Já se disse, com certa ironia, que em Homero há três classes de *homens*: povo, heróis e deuses. O que estaria bem próximo da verdade, se os deuses não fossem imortais.

É bom repetir que se os olhos do poeta estão voltados tão somente para os grandes príncipes e heróis, é à imagem deles que o vate concebe o mundo dos deuses. Claro está que a religião dos poemas homéricos não é original do cantor de Aquiles. As afirmativas do poeta e filósofo Xenófanes (século VI a.C.) e do historiador Heródoto (484-408 a.C.) de que os deuses são uma invenção de Homero e Hesíodo carecem inteiramente de fundamento. A religião homérica resulta de um vasto sincretismo e de influências várias, no tempo e no espaço.

De outro lado, se as histórias que Homero atribui a esses deuses são antigas ou representam um compromisso entre o passado e o presente é um assunto, por enquanto, difícil de ser resolvido. Talvez "o compromisso" fosse mais lógico.

Seja como for, os deuses homéricos antropomorfizados, se bem que por vezes se nivelem até por baixo com os seres humanos, constituem um grande progresso para os séculos IX e VIII a.C. Tomando-se por base as epopeias homéricas, o que de saída se pode assegurar é que o poeta criou o "Estado dos deuses" subordinado à soberania de um deus maior, Zeus, já possuindo tanto aqueles quanto este algumas funções mais ou menos definidas. Zeus é o rei, os demais deuses são seus vassalos, eventualmente convocados para uma assembleia que se reúne numa utópica fortaleza real, o Olimpo. Os seus subordinados não raro são recalcitrantes, obstinados e procuram fazer prevalecer seus interesses pessoais, mas o pai dos deuses e dos homens os reduz à obediência com frases duras e ameaças terríveis, que, na realidade, quase nunca se cumprem.

"A concepção de um Estado divino sob o governo de Zeus foi tão profundamente gravada pela autoridade de Homero, que pôde atravessar incólume a transformação política que em época antiga eliminou a realeza, substituindo-a pela aristocracia ou pela democracia: na terra vigorava a república, no céu, a monarquia"[17]. A primeira grande característica dessas divindades "reais" é "serem luminosas e antropomórficas". Em vez de potências ctônias, assustadoras e terríveis, os deuses homéricos se apresentam inundados de luz (estamos numa religião tipicamente patrilinear), os quais agem e se comportam como seres humanos, superlativados nas qualidades e nos defeitos.

---

17. NILSSON, Martin P. *Greek Piety*. London: Oxford P., 1948, p. 11.

O teratomorfismo (concepção de um deus com forma animal) que, por vezes, aparece em Homero, certamente reminiscência de um antigo totem ou "influência oriental", parece residir apenas em alguns epítetos, sem que esse zoomorfismo tenha outras consequências práticas. *Atená* é denominada *glaukôpis*, de "olhos de coruja", que normalmente se traduz por "olhos garços" e é ainda a mesma deusa que aparece sob forma de pássaro, ave do mar, andorinha, águia marinha, e abutre; a deusa *Hera* é chamada *boôpis*, de "olhos de vaca", que se pode interpretar como "olhos grandes"; Apolo *Esminteu* é o "destruidor de ratos" e o mesmo deus se metamorfoseia em "abutre".

Mas nem todos os deuses homéricos revestiram-se das formas humanas: há os que permaneceram como forças da natureza. Na *Ilíada*, o deus-rio *Escamandro* ou *Xanto* participa da grande batalha do canto XX e, irritado com os inúmeros cadáveres lançados por Aquiles em suas correntes, o deus-rio transborda e ameaça no canto XXI submergir o herói. Foi necessário o sopro ígneo de Hefesto (luta da água contra o fogo) para fazê-lo voltar a seu leito. Para que a pira, que deveria consumir o corpo de Pátroclo, se inflamasse, foi preciso que Aquiles, no canto XXIII do mesmo poema, prometesse aos deuses-ventos Bóreas e Zéfiro ricas oferendas... Outros exemplos poderiam ser aduzidos, mas bastam estes para mostrar que nem todos os deuses homéricos se cobriram com a grandeza e com as misérias humanas.

Em geral, as divindades homéricas "distinguem-se por uma superlativação das qualidades humanas": são majestosas, brilhantes, muito altas e fortes. Possuem *areté* (excelência) e *timé* (honra), sem temor de ir além dos limites, como os heróis que não podem ultrapassar o *métron*. Tendo *princípio*, mas não tendo *fim*, são imortais, mas não eternos. Ao que parece, a noção de *eternidade* só aparecerá bem depois na Grécia com Platão e Aristóteles. Digamos que os deuses gregos tenham eveternidade.

A todo instante estão imiscuídos, sobretudo na *Ilíada*, com os heróis: combatem, protegem, aconselham, mas suas *teofanias*, suas manifestações divinas, se fazem sob forma *hierofânica*, sob disfarce, e não *epifânica*, isto é, como realmente são. No canto XX, 131, diz taxativamente a deusa Hera, temendo que Aquiles, ao ver Apolo, se assuste: *É difícil suportar a vista de deuses que se manifestam em plena luz.*

Na *Odisseia*, embora os deuses sejam os mesmos, com as excelências e torpezas inerentes à sua concepção antropomórfica, tem-se a nítida impressão de que eles subiram alguns degraus em sua escala divina. Mantêm-se, com efeito, mais afastados dos homens e atuam mais à distância, sobretudo por meio de sonhos não enganadores, não mentirosos, como o "Sonho funesto:" de Agamêmnon, enviado por Zeus no canto II da *Ilíada*, mas como aquele em que Atená manifesta realmente seu desejo a Nausícaa, no canto VI da *Odisseia*.

Mais ainda: a forma hierofânica na *Odisseia* está bem mais acentuada: Atená, sob a forma de Mentes no canto I ou de Mentor nos cantos II, III e em vários outros da *Odisseia*, torna-se realmente, no decorrer de todo o poema, a deusa tutelar, a bússola de Ulisses e Telêmaco. As assembleias dos deuses tornaram-se mais serenas e ordeiras. Talvez os deuses da *Odisseia* tenham envelhecido com o poeta: são mais calmos e tranquilos. O grande ódio de Posídon e a ira de Hélio Hiperíon parecem terminar, com certa surpresa para o leitor, no canto XIII, tão logo o herói toca o solo pátrio.

A novidade maior da *Odisseia*, todavia, está no embrião da ideia de culpa e castigo, em que *a hýbris*, a violência, a insolência, a ultrapassagem do *métron*, que será a mola mestra da tragédia, começa a despontar.

Na proposição do poema, I, 6-9, se diz logo que "os insensatos companheiros de Ulisses pereceram por *seu próprio desatino*, porque devoraram as vacas do deus Hélio: este, por isso mesmo, não os deixou ver o dia do regresso".

Mais claro ainda é uma fala de Zeus, embora muito discutida, no canto I da *Odisseia*, 26-43, em que o pai dos deuses e dos homens afirma que "os mortais culpam os deuses dos males que lhes sucedem, quando somente eles, os homens, por loucura própria e contra a vontade do destino, são os seus autores". Eis aí a ponta do véu da *díke*, da justiça, que se levanta.

Feitas estas ligeiras observações acerca dos deuses homéricos, tomados em bloco, vamos observar agora cada um deles separadamente, mas sem perder de vista o conjunto de que cada um faz parte.

Zeus, sempre se começa por ele, é o deus indo-europeu, olímpico, patrilinear por excelência. Age ou deveria agir como árbitro sobretudo na *Ilíada*, mas sua atuação é um pêndulo: oscila entre o estatuído pela *Moîra*, com a qual, por vezes, parece confundir-se, e suas preferências pessoais. Os aqueus destruirão Troia, ele o sabe, mas retarda quanto pode a ruína da cidadela de Príamo, porque prometera a Tétis "a vitória" dos troianos, até que se dessem cabais satisfações à *timé* ofendida de Aquiles. Para cumprir seu desígnio é capaz de tudo: da mentira às ameaças mais contundentes. Na prova de força que dá no canto VIII, 11-27, quando proíbe os deuses de ajudarem no combate a gregos e troianos, ameaça lançar os recalcitrantes nas trevas eternas do Tártaro e afirma categoricamente que seu poder e força são maiores que a soma da força e do poder de todos os imortais reunidos! E desafia-os para uma competição... Todos se calam, porque perderam a voz, tal a violência do discurso de Zeus. Somente Atená, a filha do coração, após concordar com o poderio paterno e prestar-lhe total submissão (excelente psicóloga!), ousa pedir que os aqueus ao menos não pereçam em massa. E Zeus sorriu e disse-lhe que fosse em paz, sem temor: com "a filha querida" ele desejava ser indulgente!

A personalidade de Zeus parece desenvolver-se em dois planos: como "preposto" da *Moîra*, na *Ilíada*, age como déspota; como chefe incontestável da família olímpica, busca quanto possível a conciliação.

Hera é a esposa rabugenta de Zeus. A deusa que nunca sorriu! Penetrando nos desígnios do marido, vive a fazer-lhe exigências e irrita-se profundamente quando não atendida com presteza. Para ela os fins sempre justificam os meios. Para atingi-los usa de todos os estratagemas a seu alcance: alia-se a outros deuses, bajula, ameaça, mente. Chegou mesmo a arquitetar uma comédia de amor, para poder fugir à severa proibição do esposo e ajudar os helenos.

Atraiu femininamente Zeus para os píncaros tranquilos do monte Ida e lá, num ato de amor mais violento e quente que as batalhas que se travavam nas planícies de Troia, prostrou o poderoso pai dos deuses e dos homens num sono profundo! É verdade que não raro Zeus manifesta por ela um profundo desprezo e surgem então as ameaças e afirmativas de domínio masculino, o que mais acentua a fraqueza e a insegurança do grande deus olímpico, porque tais ameaças nunca se cumprem. Conhecedor profundo do rancor, da irritabilidade e da insolência da esposa, Zeus procura evitar, quanto possível, as cenas de insubordinação e a linguagem crua e desabrida da filha de Crono. Esquiva-se ou busca harmonizar as coisas, dando a falsa impressão de que o destino dos mortais depende mais do humor de Hera do que da onipotência do esposo. Em relação aos demais deuses e aos heróis, a deusa não tem meios-termos: ama ou odeia e na consecução destes dois sentimentos vai até o fim. Tem-se visto no comportamento de Hera, a deusa dos amores legítimos, sobretudo na influência exercida sobre Zeus, o reflexo da poderosa *deusa da fecundidade* (e ela realmente o foi em Creta), a cujo lado o esposo divino desempenharia um papel muito secundário: apenas o de deus masculino fecundador. A cena de amor no monte Ida simbolizaria tão-somente uma *hierogamia*, isto é, uma união, um casamento sagrado, visando à fertilidade.

Atená é o outro lado de Hera no coração de Zeus. Nascida sem mãe, das meninges do deus, é, já se mostrou, a filha querida, cujos desejos e rogos, mais cedo ou mais tarde, são sempre atendidos e cujas rebeldias sempre entristecem, "pois estas lhe são tanto mais penosas quanto mais querida é a filha". O canto VIII da *Ilíada* está aí para mostrar quanto Atená, a deusa da inteligência, é a preferida e mimada pelo senhor do Olimpo.

Ares, ferido no canto V, 856-861, pela lança de Diomedes, guiada por Atená, sobe ensanguentado ao Olimpo e vitupera duramente a proteção de Zeus à filha de olhos garços:

> *Todos nós estamos revoltados contra ti. Geraste uma louca*
> *execrável, que só medita atrocidades. Todos os demais deuses*
> *que habitam o Olimpo te ouvem e cada um de nós te é*
> *submisso. A ela, todavia, jamais diriges uma palavra, um gesto*
> *de censura. Tu lhe soltas as rédeas, porque sozinho*
> *deste à luz esta filha destruidora.*
>
> (*Il.*, V, 875-880)

Apolo homérico é uma personagem divina em evolução. Ainda se está longe do deus da luz, do equilíbrio, do *gnôthi s'autón*, do conhece-te a ti mesmo, daquele que Platão denominou *pátrios eksegetés*, quer dizer, o exegeta nacional. O Apolo da *Ilíada* é um deus mais caseiro, um deus de santuário, uma divindade provinciana. Preso à sua cidade, comporta-se como um deus tipicamente asiático: é o deus de Troia e lá permanece. Raramente lhe ultrapassa os limites e é, por isso mesmo, pouco frequentador do Olimpo.

A seus fiéis protege-os até o fim e, por isso mesmo, protesta com veemência na assembleia dos deuses contra os ultrajes de Aquiles ao cadáver de Heitor, seu favorito:

> *Sois cruéis e malfeitores, deuses. Porventura,*
> *Heitor não queimou nunca em vossa honra gordas coxas*
> *de boi ou cabras sem mancha?*
> *Agora, que nada mais é que um cadáver, não tendes*
> *coragem de protegê-lo, a fim de que possam ainda vê-lo*
> *sua mãe, seu filho, seu pai Príamo e seu povo. Eles já o teriam*
> *há muito tempo incinerado e há muito lhe teriam*
> *prestado as honras fúnebres!*

(Il., XXIV, 33-38)

Posídon é um deus amadurecido pelas lutas que travou, e sempre as perdeu, com seus irmãos imortais e com o próprio Zeus. O deus do mar, na *Ilíada*, tem como característica fundamental a prudência. Sempre que discorda, comunica-se primeiro com o irmão todo-poderoso e acata-lhe de imediato a decisão. Quando Hera planejou uma conjuração contra o esposo e convidou o deus do mar, este se irrita e responde-lhe que "Zeus é cem vezes mais forte do que todos os imortais". Mas, numa ausência prolongada do Olímpico, Posídon aproxima-se, observa e, vendo-se em segurança, admoesta e encoraja os aqueus. Por fim, quando Hera adormece no Ida ao esposo, o deus entra diretamente na luta e se empenha tanto nos combates, que não percebe o despertar de Zeus. Foi necessário o envio de Íris para admoestá-lo. Posídon obedece *in continenti* e o Olímpico se felicita pela submissão do deus do tridente. Apesar de prudente e submisso a Zeus, é incrivelmente rancoroso com os mortais. Perseguiu Ulisses de modo implacável até a ilha de Ogígia, e se de lá o herói pôde partir, por decisão dos deuses, reunidos em assembleia, foi porque Posídon estava ausente, na Etiópia, e daquela não participou. Curioso é que até a ilha dos Feaces Atená pouco fez para ajudar seu protegido, contentando-se em agir indiretamente junto a Zeus. A partir da corte de Alcínoo é que a "filha predileta" intervém diretamente e assegura a salvação de Ulisses. Há, segundo se crê, uma divisão de zonas de influência de cada um dos deuses: um não interfere nos domínios do outro. A própria Atená, respondendo à reclamação de Ulisses de que fora por ela abandonado no vasto mar, afirma que não interveio antes para não entrar em litígio com o tio (*Odiss.*, XIII, 341-343).

Tétis é uma poderosa deusa marinha. Sua residência é uma gruta submarina, mas com todas as prerrogativas devidas a uma imortal tão importante. Seu poder é tão grande junto a Zeus, que, para vingar a *timé* de Aquiles, os aqueus serão derrotados até o canto XVII da *Ilíada*! Mãe acima de tudo, procurou evitar por todos os meios que o filho participasse da Guerra de Troia, porque lhe conhecia o destino. Com a morte de Pátroclo, após tentar maternalmente consolar o inconsolável Aquiles, dirige-se à forja divina de Hefesto e de sua esposa Cáris. Com que dignidade e humildade, aos pés do deus, segurando-lhe os joelhos, pede, a quem tanto lhe deve, que fabrique novas armas para o Pelida (*Il.*, XVIII, 429-461). Talvez Tétis seja a mais humana das figuras divinas de Homero.

Hefesto é o deus coxo. Por tentar socorrer sua mãe Hera, que brigava com Zeus, foi por este lançado do Olimpo no espaço vazio. O deus caiu na ilha de Lemnos e ficou aleijado. Foi Tétis quem o recolheu e levou para sua gruta submarina. Hefesto sofre as limitações de seu próprio físico e serve comumente de alvo e de chacota para seus irmãos imortais. Já o vimos, em meio às gargalhadas de seus pares, claudicando atarefado pelos salões do Olimpo. Infeliz no casamento com Afrodite, que o traía com Ares, soube vingar-se dos adúlteros, estendendo uma rede invisível em torno de seu próprio leito e apanhando de surpresa o casal.

Os deuses, convidados a contemplar a cena, comemoram a artimanha do marido traído com seu eterno sorriso inextinguível. Sumamente elucidativa, porém, é a explicação dada por Hefesto para a infidelidade de Afrodite:

> *Pai Zeus e todos os demais bem-aventurados deuses sempiternos!*
> *Vinde contemplar uma cena ridícula e intolerável.*
> *Afrodite, filha de Zeus, por ser eu coxo, me desonra*
> *continuamente prefere o pernicioso Ares, que é belo*
> *e tem membros sãos. Eu, porém, sou aleijado. A culpa,*
> *todavia, não é minha, mas de meus pais,*
> *que nunca me deveriam ter gerado.*
>
> (*Odiss.*, VIII, 306-312)

Aí está o grande problema pessoal de Hefesto, que procura compensar sua deficiência física e infelicidade conjugal com excessiva serventia. É o mais prestativo e humilde dos Olímpicos, ao menos em Homero.

Ares é o menos estimado dos deuses: pelos homens e pelos imortais. De deus da guerra, o amante de Afrodite torna-se nos poemas homéricos uma personagem de comédia. Falta-lhe ainda muito para ser o flagelo dos homens.

Se na *Odisseia* fez o papel ridículo de sedutor punido, na *Ilíada*, após ser ferido por Diomedes, corre ao Olimpo, segundo se mostrou, para queixar-se a Zeus, de quem recebe ironias e insultos.

> *Não me venhas, ó pateta, gemer a meus pés!*
> *És o mais odioso de todos os imortais que habitam o Olimpo.*
> *Teu único prazer são a rixa, a guerra, os combates.*
> *Herdaste a violência intolerável e a insensibilidade de tua mãe,*
> *Desta Hera que, a custo, consigo dominar com palavras.*
>
> (*Il.*, V, 889-893)

Até mesmo Atená o derruba e zomba do deus da guerra!

Afrodite é o amor. Apenas amor. Seu protegido é Páris. Para ele quer Helena sempre pronta e de braços abertos para recebê-lo, mesmo quando o poltrão, que não resistiu ao primeiro ataque de Menelau, no combate singular do canto III da *Ilíada*, é envolto numa nuvem e transportado para "o quarto perfumado" de Helena... A esposa de Menelau mostra muito mais dignidade que a deusa e seu protegido. Convidada por Afrodite a dirigir-se ao "quarto perfumado" onde o "herói" repousa e a espera, Helena a princípio se recusa e aconselha a deusa do amor a ir deitar-se com ele... Só mediante ameaças, sobretudo a de deixá-la entregue à própria sorte e à morte certa, é que a rainha de Esparta, embora com repugnância, foi para junto do amante, a quem não poupou injúrias e escárnios (*Il.*, III, 383-436). V. *Helena, o eterno feminino*.

Ingloriamente ferida no canto V por Diomedes, que a denomina "uma deusa sem forças", sai dando gritos e deixa seu filho Eneias, que recebera uma pedrada do mesmo Diomedes, cair de seus braços... Na carruagem de Ares dirige-se gemendo para o Olimpo, onde Hera e Atená mordazmente inventam para Zeus uma história deveras hilariante. Atená diz ao pai que Afrodite deve ter passado a cortejar os aqueus e, acariciando um deles, rasgou a mão delicada em algum grampo de ouro... Riu-se muito o pai dos deuses e dos homens. Chamou Afrodite e deu-lhe um conselho salutar:

> *Não foste feita, minha filha, para os trabalhos da guerra:*
> *consagra-te somente aos doces trabalhos do himeneu...*
>
> (*Il.*, V, 428-429)

Aí estão sumariamente retratados por Homero os principais deuses da *Ilíada* e da *Odisseia*. Tragédia e comédia se entrelaçam: até nisto Homero é gênio. A ação e a reação dos deuses homéricos, sua conduta enfim, têm levado alguns a afirmar que *a Ilíada* é o mais irreligioso dos poemas[18]. Vai nisto um exagero. É preciso estabelecer em Homero uma dicotomia entre ética e religião. E na *Ilíada* ambas estão inteiramente desvinculadas. Dentro dos padrões da época, o poema de Aquiles é o primeiro grande esboço da religião helênica. De outro lado, é necessário levar em conta que os poetas, e Homero é o maior deles, são cantores, são "poetas" e não reformadores religiosos!

6

O estudo da escatologia (destino definitivo do indivíduo), que se encontra nos poemas homéricos, oferece dificuldades mais ou menos sérias. É que o poeta usa uma terminologia não muito precisa e, não raro, cambiante. Vamos, assim, fazer primeiro um levantamento dos termos, observando a maior incidência dos mesmos no seu respectivo campo semântico, depois se procurará estabelecer a *doutrina*, explicitando antes, se não o apego, ao menos a dignidade que os heróis atribuíam *a esta vida*.

Mas, tanto os termos quanto a doutrina terão por limite a Homero, pois que, um pouco mais tarde, ambos sofrerão alterações profundas. De início, vamos nos defrontar com *Moîra* ou *Aîsa*, a grande condicionadora da vida. A palavra grega *Moîra* provém do verbo *meíresthai*, obter ou ter em partilha, obter por sor-

---

18. MAZCN, Paul. *Introduction à l'Iliade*. Paris: Les Belles Lettres, 1948, p. 294.

te, repartir, donde *Moîra* é *parte, lote, quinhão*, aquilo que a cada um coube por sorte, o *destino*. Associada a *Moîra* tem-se, como seu sinônimo, nos poemas homéricos, a voz árcado-cipriota, um dos dialetos usados pela poeta, *Aîsa*. Note-se logo o gênero feminino de ambos os termos, o que remete à ideia de *fiar*, ocupação própria da mulher: o destino simbolicamente é "fiado" para cada um. De outro lado, *Moîra* e *Aîsa* aparecem no singular e só uma vez na *Ilíada*, XXIV, 49, a primeira surge no plural. O *destino* jamais foi personificado e, em consequência, *Moîra* e *Aîsa* não foram antropomorfizadas: pairam soberanas acima dos deuses e dos homens, sem terem sido elevadas à categoria de divindades distintas. A *Moîra*, o destino, em tese, é fixo, imutável, não podendo ser alterado nem pelos próprios deuses. Há, no entanto, os que fazem sérias restrições a esta afirmação e caem no extremo oposto: "Aos olhos de Homero, *Moîra* confunde-se com a vontade dos deuses, sobretudo de Zeus"[19]. É bem verdade que em alguns passos dos poemas homéricos parece existir realmente uma interdependência, uma identificação da Moîra com Zeus, como nesta fala de Licáon a Aquiles:

> *E a MOÎRA fatídica, mais uma vez, me colocou em tuas mãos:*
> *parece que sou odiado por ZEUS pai, que novamente me entregou a ti.*
>
> (*Il.*, XXI, 82-83)

Zeus e *Moîra* nestes versos representam, sem dúvida, para o troiano Licáon o mesmo flagelo que o entregou nas mãos sanguinárias de Aquiles.

Em outra passagem Zeus dá a impressão de que, se quisesse, poderia modificar a *Moîra*. Ao ver que seu filho Sarpédon corria grande perigo no combate e estava prestes a ser morto por Pátroclo, o Olímpico pergunta a Hera se não seria mais prudente retirá-lo da refrega. A deusa responde-lhe indignada em nome da *Moîra*:

> *Crônida terrível, que palavras disseste? Um homem mortal,*
> *há muito tempo marcado pela AÎSA e queres livrá-lo da morte*
> *nefasta? Podes fazê-lo, mas nós, os outros deuses*
> *todos, não te aprovamos.*
>
> (*Il.*, XVI, 440-443)

---

19. FREIRE, Antônio, S.J. *Conceito de Moîra na tragédia grega*. Braga: Livraria Cruz, 1969, p. 91.

A inalterabilidade da *Moîra*, porém, está bem clara nestas palavras de Hera a respeito do destino de Aquiles:

Todos nós descemos do Olimpo para participar desta batalha,
a fim de que nada aconteça a Aquiles por parte dos troianos,
hoje, ao menos: mais tarde, todavia, ele deverá sofrer
tudo quanto Aîsa fiou para ele, desde o dia
em que sua mãe o deu à luz.

(Il., XX, 125-128)

Os exemplos poderiam multiplicar-se tanto em defesa da identidade de Zeus com *a Moîra* quanto, e eles são em número muitíssimo mais elevado, da total independência de *Aîsa* face a todos os imortais.

O que se pode concluir, salvo engano, é que, por vezes, Zeus se transforma em executor das decisões da *Moîra*, parecendo confundir-se com a mesma.

Ainda como fator externo que, por vontade de Zeus, atua sobre o homem e lhe transtorna o juízo, encontramos em Homero a palavra *Áte*, que se poderia traduzir por *cegueira da razão*, "desvario involuntário", de cujas consequências o herói depois se arrepende. O texto mais citado e que mereceu um excelente comentário de R.E. Dodds é a fala de Agamêmnon no canto XIX da *Ilíada*, em que o herói procura se desculpar, culpando *Áte*, das ofensas feitas a Aquiles na assembleia do canto I, 172ss:

É ao filho de Peleu que desejo expressar o que penso.
Examinai-o bem, argivos, e procurai compreender a minha
intenção. Muitas vezes os aqueus me falaram a esse respeito
e me censuraram. Eu não sou culpado, mas Zeus,
a Moîra e a Erínia que caminha na sombra, quando
na assembleia repentinamente me lançaram no espírito
uma ÁTE louca, naquele dia em que eu próprio arrebatei
o presente de honra de Aquiles.

(Il., XIX, 83-89)

Este comentário sobre *Moîra*, *Aîsa* e *Áte* é importante para que se possa avaliar depois a responsabilidade do homem face à "outra vida".

Em contraste com os dois conceitos anteriores, mas que concorrem para elucidar também o porquê da importância atribuída pelo herói a "esta vida", estão a *areté* e sua natural dedução, a *timé*.

Agathós em grego significa bom, notável, "hábil para qualquer fim superior"; o superlativo de *agathós* é *áristos*, o mais notável, o mais valente e o verbo daí formado é *aristeúein*, "comportar-se como o primeiro". Pois bem, *areté* pertence à mesma família etimológica de *áristos* e *aristeúein* e significa, por conseguinte, a "excelência", a "superioridade", que se revelam particularmente no campo de batalha e nas assembleias, através da arte da palavra. A *areté*, no entanto, é uma outorga de Zeus: é diminuída, quando se cai na escravatura, ou é severamente castigada, quando o herói comete uma *hýbris*, uma violência, um excesso, ultrapassando sua medida, o *métron*, e desejando igualar-se aos deuses. Uma coisa é o mundo dos homens, outra, o mundo dos deuses, são palavras de Apolo ao fogoso Diomedes (*Il.*, V, 440-442).

Consequência lógica da *areté* é a *timé*, a honra que se presta ao valor do herói, e que se constitui na mais alta compensação do guerreiro. Aquiles se afasta do combate no canto I exatamente porque Agamêmnon o despojou do público reconhecimento de sua superioridade, tomando-lhe Briseida. Tétis implora a Zeus que a *timé* de Aquiles lhe seja restituída (*Il.*, I, 503-510).

Neste sentido, como afirma P. Mazon, a *Ilíada* é "o primeiro ensaio de uma moral de honra".

Apesar das palavras terríveis de Zeus acerca do ser humano:

> *Nada mais desgraçado que o homem entre todos os seres*
> *que respiram e se movem sobre a terra,*

> (*Il.*, XVII, 446-447)

os gregos homéricos, sabedores de que o além que se lhes propunha eram as trevas e o nada, fizeram desta vida miserável *a sua vida*, buscando prolongá-la através da glória que a seguiria. "O amor à vida torna-se, por isso mesmo, o princípio e a razão do heroísmo: aprende-se a colocar a vida num plano muito alto para sacrificá-la à glória, que há de perpetuá-la. Aquiles é a imagem de uma humanidade condenada à morte e que apressa esta morte para engrandecer sua vida no presente e perpetuar-lhe a memória no futuro"[20].

Depois de discutirmos a noção e a ação da *Moîra*, de *Áte* e a dignidade da *areté* e da *timé*, vamos, finalmente, seguir com o herói para a *outra vida*. Teremos, novamente, que nos defrontar com uma terminologia assaz complicada. Tomaremos, por isso, por guia as obras formidáveis de Dodds[21] e Snell[22].

A primeira peculiaridade na conceituação do homem nos poemas homéricos, consoante Dodds, é a carência de uma concepção unitária da personalidade. Falta a noção de vontade e, por isso, não existe obviamente livre-arbítrio, uma vez que este se origina daquela. Não se encontra ainda em Homero a distinção entre psíquico e somático, mas uma interpretação de ambos e, assim, "qualquer função intelectual é considerada um *órgão*". Daí decorrem certos vocábulos que "tentam" explicar as ações e reações do ser humano e sobretudo seu destino após a morte. O primeiro deles é *thymós*, que designa o *instinto*, o *apetite*, o *alento* e poderia ser definido "grosseira e genericamente", consoante Dodds, como o "órgão do sentir" (*feeling*). Goza de uma independência que a palavra " órgão" não nos pode sugerir, "já que estamos habituados ao conceito de organismo e unidade orgânica". O *thymós* pode levar o herói tanto à prática de façanhas gloriosas quanto a atos muito simples, como os de comer e beber. O guerreiro pode conversar com seu *thymós*, com "seu coração", com "seu ventre": tudo isto é *thymós*. Em síntese, para o homem homérico o *thymós* não é sentido como uma parte do "self": trata-se de uma espécie de voz interna independente.

Já o vocábulo *nóos* é mais preciso: designa o *espírito*, o *entendimento*. Quando Circe transformou em animais semelhantes a porcos os companheiros de Ulisses, eles, não obstante, conservaram o seu *nóos*:

---

20. MAZON, Paul. Op. cit., 299.

21. DODDS, E.R. *The Greeks and the Irrational*. Los Angeles: University of California Press, 1963, p. 15ss.

22. SNELL, Bruno. *The Discovery of the Mind*. New York: Harper Torchbooks, 1960, sobretudo o cap. I, "Homer's View of man", p. 8ss.

> *Eles verdadeiramente tinham as cabeças, a voz,*
> *corpo e pelos de porcos, mas conservavam como antes*
> *o "espírito" (NÓOS) perfeito.*
>
> (Odiss., X, 239-240)

Muito vizinho do campo semântico de *nóos* está o termo *phrén*, mais comumente no plural, *phrénes*, que se pode traduzir, ao menos as mais das vezes, por *entendimento*.

Psykhé, psiqué, que se perpetuou com o sentido de *alma* nas línguas cultas e em tantos compostos, provém do verbo *2-psýkhein*, soprar, respirar, donde *psiqué*, do ponto de vista etimológico, significa *respiração, sopro vital, vida*. Fato curioso é o que observa Dodds: "É sabido que Homero parece atribuir uma *psykhé* ao homem somente após sua morte ou quando está sendo ameaçado de morte, ou ao morrer ou ainda quando desmaia. A única função da *psykhé* mencionada em relação ao homem vivo é a de abandoná-lo"[23] (V. *Dicionário mítico-etimológico*, verbete Psiqué).

É o caso entre muitos outros de Sarpédon, cuja *psykhé* o abandona sob a violência do golpe[24] ou como Andrômaca que exala sua *psykhé*, que "desmaia", ao ver o cadáver de Heitor[25]. Mas, em ambos os casos, a psiqué retorna através das vias respiratórias.

Quando sobrevém a morte, a psiqué então se afasta em definitivo, como na morte de Pátroclo:

> *Ele diz: a morte, que tudo termina, o envolve.*
> *A psiqué deixa-lhe os membros e sai voando para o Hades,*
> *lamentando seu destino, ao deixar o vigor da juventude.*
>
> (Il., XVI, 855-857)

Com a morte do corpo, a *psiqué* torna-se um *eídolon*, uma imagem, um simulacro que reproduz, "como um corpo astral", um corpo insubstancial, os tra-

---

23. DODDS, E.R. Op. cit., p. 15.

24. HOMERO. *Ilíada*, V, 696.

25. HOMERO. *Ilíada*, XXII, 467.

ços exatos do falecido em seus derradeiros momentos. Eis aí o *eídolon* de Pátroclo, que aparece em sonhos a Aquiles:

> *E eis que aparece a psiqué do infortunado Pátroclo,*
> *em tudo semelhante a ele: pela estatura, pelos belos olhos,*
> *pela voz; o corpo está coberto com a mesma indumentária.*
>
> (*Il.*, XXIII, 65-67)

E o *eídolon* do herói pede a Aquiles que lhe sepulte o corpo, ou melhor, "as cinzas", sem o que não poderá sua psiqué penetrar no Hades:

> *Sepulta-me o mais rapidamente possível,*
> *para que eu cruze as portas do Hades.*
>
> (*Il.*, XXIII, 71)

Mas, quando as chamas lhe consumirem o cadáver, sua psiqué jamais sairá lá debaixo. A reencarnação na Grécia viria bem mais tarde:

> *Jamais sairei do Hades,*
> *quando as chamas me consumirem.*
>
> (*Il.*, XXIII, 75-76)

Aquiles tenta abraçá-lo, mas o *eídolon* do amigo esvai-se como vapor e, com um pequeno grito, desaparece nas sombras.

> *Ah! Sem dúvida existe nas mansões do Hades*
> *uma Psykhé, um EÍDOLON, que não tem, contudo, PHRÉN algum.*
>
> (*Il.*, XXIII, 103-104)

Quer dizer, no Hades, a psiqué, o *eídolon*, é uma sombra, uma imagem pálida e inconsistente, abúlica, destituída de entendimento, sem prêmio nem castigo. É que com o corpo morreram o *thymós* e o *phrén*.

Essa sombra abúlica e apática pode, no entanto, recuperar *por instantes* a razão, mediante aquele complicado ritual que se descreveu na síntese do canto XI da *Odisseia*. Neste mesmo canto, o *eídolon* de Aquiles, tendo recuperado "o entendimento", pôde dialogar com Ulisses e transmitir-lhe uma opinião melancólica acerca da *outra vida*: o grande herói preferia ser agricultor na terra, que era uma das mais humildes funções, a ser rei no Hades. Aqui está o diálogo entre Ulisses e Aquiles:

Mas tu, Aquiles, és o mais feliz dos homens do passado
e do futuro, pois, enquanto vivias, nós, os argivos,
te honrávamos como aos deuses, e agora, estando aqui,
tens pleno poder sobre os mortos;
desse modo não deves te afligir por ter morrido.
Assim disse e ele prontamente me respondeu:
Ilustre Ulisses, não tentes consolar-me a respeito da morte!
Eu preferia cultivar os campos a serviço de outro,
de um homem pobre e de poucos recursos,
a dominar sobre todos os mortos.

(*Odiss.*, XI, 482-491)

É assim que se nos apresenta a religião homérica. Embora encurralado pela *Moîra* e ameaçado constantemente por *Áte*, o herói, nesta vida, de que ele fez *a sua vida*, tem a dignidade de defender, quanto lhe é possível, a sua *timé*. Carente de uma concepção unitária de personalidade, com o *thymós*, o *phrén* e o *nóos* morrendo com o corpo, que lhe sobra para *a outra vida*? Apenas a *psykhé*, uma sombra pálida e inconsciente, um *eídolon* trôpego e abúlico.

Ignorando as noções de dever, de consciência, de mérito ou de falta, a outra vida ignora, *ipso facto*, prêmio ou punição para o homem. Aliás, como julgar, punir ou premiar um *eídolon*?

Quando se levantar a cortina das trevas dórias que, durante três séculos, nos ocultaram, em parte, a face da Hélade, não mais estaremos com Homero na Ásia Menor, mas com Hesíodo na Grécia continental.

O poeta da Beócia será o assunto do próximo capítulo.

Capítulo VIII
Hesíodo, trabalho e justiça: Teogonia, Trabalhos e Dias

1

Hesíodo é um poeta dos fins do século VIII a.C. Em seu poema *Trabalhos e Dias* lê-se que seu pai, originário de Cime, na Eólida, premido pela pobreza, emigrou da Ásia Menor para a Beócia. Aí teria nascido Hesíodo, na povoação de Ascra, junto ao monte Hélicon, consagrado a Apolo e às Musas. Aí viveu a vida árdua e difícil de um camponês pobre em país pobre. Na divisão da herança paterna, entrou em litígio com o irmão Perses, que subornou os juízes, "os reis comedores de presentes", e obteve a maior parte. Caído na miséria por causa de sua preguiça e inércia, teria recorrido a Hesíodo que, ameaçado pelo irmão de novo processo, o teria ajudado, oferecendo-lhe ainda como auxílio maior sua segunda obra, o poema *Trabalhos e Dias*, em que, como se verá, conjuga-se o *trabalho* com a *justiça*. Cronologicamente, a primeira produção do poeta-camponês denomina-se *Teogonia*.

Antes de se apresentar uma análise e comentário de ambos, vamos ver como estava a Grécia no século VIII a.C. e o que lhe aconteceu até o século VI a.C.

2

Passada a fase negra das invasões dórias, quando novamente a cortina se levanta, tem-se a visão de uma Hélade bem diferente do ponto de vista político, social, religioso e econômico. Os *reis* haviam desaparecido em quase todas as partes e em lugar deles imperava uma sociedade aristocrática, caminhando também ela para sua própria decomposição. Em lugar do grande número de reinos, como vimos, de certa forma vassalos de Micenas, havia surgido um sem-número de unidades políticas independentes, fechadas em si mesmas, sem vassalagem e sem dever fidelidade a ninguém: na realidade, uma cidade-Estado, a *pólis*, unidade política típica da Grécia clássica. É claro que, como acentua A. Andrews[1], permaneceram em várias cidades gregas traços da velha monarquia, como o título de *rei* outorgado em plena democracia ateniense a um magistrado eleito anualmente, o Arconte-Rei, mas cuja função não era mais política e sim religiosa.

Segundo parece, a transição da monarquia para a aristocracia se fez em geral naturalmente, sem grandes violências, o que não irá acontecer na passagem da aristocracia para a tirania.

A transição da monarquia para a aristocracia, e mais precisamente para a oligarquia, teve também como ponto de apoio a *religião*. A explicação não é difícil. Cada clã, cada *génos*, cada família era um pequeno mundo com sua religião, seu patrimônio, seu chefe e mais ainda com sua árvore genealógica, pois que o *génos* remontava, em última análise, a um *herói* ou a um *deus*. A soma dos *géne*, dos clãs, vai gerar a *phratría*, a "irmandade", e da junção das fratrias nascerá a *phylé*, isto é, a tribo. Tais associações não feriam a soberania de cada uma delas separadamente. A reunião dos *géne*, *phratríai* e *phylaí* (clãs, fratrias e tribos) resultaria na criação da *pólis*, que, na expressão de Glotz, se pode definir como um "agrupamento político, econômico e militar que tem por centro um altar"[2]. Desse modo, os gregos evoluíram de um regime patrilinear para um forte regime oligárquico, sintetizado na *pólis* aristocrática, que passa a ter também o seu herói, o *herói epônimo*, isto é, o que dá seu nome à cidade e a protege, em consequência.

Ora, como as funções religiosas eram hereditárias em cada família e se partia do princípio de que as mesmas conferiam poderes políticos, a disputa pelo poder foi muitas vezes violenta e acirrada entre as famílias de maior tradição e

---

1. LLOYD-JONES, Hugh et al. Op. cit., p. 27ss.

2. GLOTZ, Gustave. *Histoire grecque*. Paris: Presses Universitaires de France, 1948, t. I, p. 126.

prestígio dentro da *pólis*. De qualquer forma, sempre se salvavam as aparências: os magistrados eram escolhidos por um determinado período, mas sempre e apenas entre os *Eupátridas*, os nobres; às vezes se elegia um único magistrado por um longo mandato ou um colegiado por um ano somente. Tudo se fazia numa *ekklesía*, numa assembleia, a que o povo comparecia para "aceitar e aplaudir", porque só os nobres tinham vez, voz e voto...

Do ponto de vista religioso, foi pelos fins do século VIII a.C. que os santuários de Olímpia e Delfos começaram a projetar-se: no primeiro, sob a égide de Zeus, os nobres disputavam as competições atléticas e, no segundo, reinava Apolo, o guardião da aristocracia. Em síntese: como os deuses eram os donos do Olimpo, os Eupátridas eram os senhores da *pólis*. É que sendo a posse das terras uma das principais formas de riqueza e a tática militar predominante na época era o combate singular, o que exigia que o guerreiro fosse suficientemente rico para adquirir cavalos, carros de guerra e armamento, só os aristocratas podiam defender a cidade, tornando-se, por isso mesmo, seus únicos proprietários e senhores. Donos da *pólis*, o eram igualmente das melhores terras, bem como do sacerdócio (que inclusive era hereditário em algumas famílias) e da justiça.

Vamos passar em revista, se bem que sumariamente, os tópicos principais acima mencionados, para que se possa acompanhar-lhes a evolução até o século VI a.C. e as graves consequências que hão de culminar numa profunda metamorfose política, social, econômica e religiosa de algumas cidades gregas, principalmente Atenas.

Nos inícios do século VII a.C. ocorreram no mundo grego sérias transformações que muito contribuíram para enfraquecer os Eupátridas. Com a criação do sistema monetário (foi certamente do Oriente que os gregos trouxeram o sistema de pesos e medidas e o uso das moedas de ferro e prata) e o consequente desenvolvimento do comércio, surgiu na Hélade uma nova classe social: a classe dos mercadores e dos artesãos, que rapidamente se enriqueceu, tornando-se rival dos Eupátridas. A posse de terras deixa, assim, de ser a única forma de riquezas. O próprio Sólon, que, apesar de nobre, se dedicara ao comércio, coloca o ouro e a prata no mesmo nível da terra. As mudanças operadas na tática militar tiveram outrossim papel importante nas transformações sociais. As armas de guerra, espada, lança, escudo, diminuem de tamanho, tornando-se acessíveis à nova classe média. Surge, nessa época, o guerreiro típico da Grécia: o *hoplita* (soldado de infantaria pesadamente armado), que, pelas próprias condições de seu armamento, não podia lutar sozinho. Aparecem então as falanges. Os navios de guerra, uma vez que o comércio marítimo aperfeiçoara a construção das naus, adquirem grande importância, crescendo, com isso, o número de remeiros. Dependendo destes e dos hoplitas para proteger a *pólis*, os Eupátridas, pouco a pouco, perderam o monopólio de defendê-la. E como a defesa da cidade implicava no direito de dirigi-la, a "nova classe" passou a fazer reivindicações políticas.

Não seria, talvez, fora de propósito acentuar a importância que teve nas origens da *pólis* o desaparecimento do *herói*, do guerreiro, como categoria social particular e como um homem dotado de uma *areté* e de uma *timé* específicas. "A transformação do guerreiro da epopeia em hoplita, combatente em formação cerrada, assinala não apenas uma revolução na técnica militar, mas traduz também no plano social, religioso e psicológico uma mutação decisiva"[3].

De outro lado estavam os camponeses endividados, cuja situação era degradante. Vigorava desde a época dos Eupátridas a *hipoteca somática* (hipoteca do próprio *corpo*, bem como dos membros da família), o que fatalmente conduzia à escravidão.

É conveniente deixar claro que o problema da posse da terra e do direito grego não parece de todo resolvido. Levando-se em conta algumas metáforas elásticas da poesia de Sólon, é possível fazer uma ideia aproximada do que realmente se passava à época de Hesíodo até as reformas soloninas. Tudo indica que o pequeno proprietário tinha sua terra onerada de dívidas, seja porque o camponês, desde os tempos da insegurança geral do domínio dório, fosse obrigado ou forçado a pagar aos nobres um preço pela proteção que estes lhes davam à terra, seja porque os produtos da mesma eram taxados pelos Eupátridas. De qualquer forma, a inadimplência levava o trabalhador e sua família à escravidão. Qualquer que fosse a conjuntura e, embora não se tenham condições de ser muito

---

3. LLOYD-JONES, Hugh et al. Op. cit., p. 42.

preciso sobre a mesma, o fato é que a revolução era iminente, quando entrou em cena o grande reformador ateniense Sólon. Este afirma categoricamente em seus versos[4] que "libertou a terra e que trouxe de volta a Atenas muitos de seus filhos que haviam sido vendidos como escravos". Vale a pena transcrever o *fragmento 36* de um de seus *Iambos*, para se fazer um balanço do que se passava em Atenas e certamente em muitas cidades gregas e das providências corajosas tomadas por Sólon:

> *Minha testemunha perante o tribunal da justiça*
> *há de ser a grande Mãe dos deuses olímpicos,*
> *a Terra negra. Dela arranquei os marcos plantados*
> *em todas as direções. Outrora escrava, agora é livre!*
> *Trouxe de volta a Atenas, a pátria fundada pelos deuses,*
> *muitos atenienses que haviam sido vendidos como escravos.*
> *Uns o foram ilegalmente, outros, consoante o direito vigente.*
> *De tanto errarem pelo mundo, arrastados pela miséria,*
> *alguns nem mais falavam a língua grega!*
> *Outros vegetavam em torpe escravidão,*
> *trêmulos diante de seus senhores.*
> *A todos eu os tornei livres. Eis o que realizei com minha*
> *autoridade, apoiando a força na justiça. [...]*

O poeta-legislador refere-se evidentemente à sua famosa *seisákhtheia* que significa, etimologicamente, "retirar o peso, tirar o fardo de..." Em termos político-sociais, foi o cancelamento efetuado pela reforma de Sólon das dívidas públicas e privadas e a proibição, para o futuro, de qualquer empréstimo com garantia da pessoa. Aboliu ainda todas as leis de Drácon, exceto as relativas ao homicídio, e fez a revisão da Constituição Ateniense, de tal sorte que ainda o mais pobre dos cidadãos tivesse alguma participação na administração pública. A reforma solonina pode denominar-se uma *timocracia* ou uma hierarquização de direito, segundo a riqueza de cada um. O direito de voto dos *Tetes* (cidadãos de baixa renda) na Assembleia (*Ekklesía*), no entanto, justifica que Sólon seja consi-

---

4. O ateniense Sólon (séc. VII a.C.) foi um dos primeiros poetas líricos da Hélade. Ficaram-nos dele fragmentos importantes de *Elegias* e *Iambos*, que se constituem num verdadeiro manifesto de suas ideias políticas, sociais e religiosas.

derado como o iniciador da democracia ateniense. Deu-lhe, ao menos, uma moldura.

Outro problema sério para o povo era o direito grego. Se pelo que se sabe, até o momento, da Linear B, não havia código algum escrito de direito no período micênico, durante toda a época dória os helenos se tornaram ainda mais ignorantes. Só entre os séculos IX e VIII a.C. é que apareceram no mundo grego vários alfabetos, que paulatinamente se unificaram, mas cuja origem é uma só: o alfabeto fenício. Pois bem, o direito grego oral, consuetudinário, estava nas mãos dos nobres, dos Eupátridas, que, por "conhecimento hereditário", pretendiam interpretá-lo e aplicá-lo. Era o direito baseado na *thémis*, "*têmis*" (Thémis, "Têmis", é a deusa da justiça), isto é, na justiça de caráter divino, uma espécie de ordálio, cujo depositário é o rei, o eupátrida, que decide *em nome dos deuses*. Não foi apenas Hesíodo que se queixou dos "reis comedores de presentes", que não raro julgavam em seu próprio proveito... Foi exatamente com isto inclusive que Sólon tentou romper, substituindo a *têmis* pela *díke*, "dique", isto é, pela justiça dos homens, baseada em leis escritas. Lamentavelmente, porém, enquanto as aristocracias não foram eliminadas, a administração da justiça continuou a ser manipulada por magistrados e conselhos aristocráticos. E a violência, que Sólon tanto se esforçou por evitar, foi inevitável. Suas reformas acabaram por desagradar a todos: aos Eupátridas, porque perderam seus privilégios e ao povo que preferia transformações radicais... Incapazes, portanto, de satisfazer sobretudo às aspirações populares, os legisladores foram substituídos pelos tiranos.

Týrannos, tirano, palavra não grega, talvez provinda da Ásia Menor, significou, em princípio, "soberano, rei", sem nenhuma conotação pejorativa, como no título da célebre tragédia de Sófocles, *Oidípus Týrannos*, *Édipo Rei*. O tirano é, as mais das vezes, um líder proveniente da aristocracia, que se une à classe média e ao povo para defendê-los contra os nobres. Os séculos VII e VI a.C. na Grécia são dominados pelos tiranos: Pisístrato, em Atenas; Cípselo, em Corinto; Polícrates, em Samos; Fálaris, em Agrigento; Gelão, em Siracusa... A julgar por Atenas, Corinto, Siracusa e Samos, a tirania incentivou a agricultura; despendeu grandes somas em construções públicas; apoiou os concursos competitivos e incentivou a formação musical e atlética do povo grego... Mas, exatamente por sua ilegitimidade e por não reconhecer limites constitucionais a seu poder, o *Týrannos* acabou por tornar-se "tirano", um verdadeiro déspota esclarecido! Em Atenas, a bem da verdade, as coisas foram mais tranquilas: Pisístrato procurou manter as leis de Sólon e reinou a paz na Acrópole, pelo menos nos últimos dezenove anos de seu governo. "Governou, diz Aristóteles, com moderação e mais como bom cidadão do que como tirano". Substituído pelos filhos, Hiparco e Hípias, a tirania, no entanto, não durou muito em Atenas. Mas quando, em 510 a.C., a mesma foi derrubada, o povo ateniense já estava bastante amadurecido para tomar o governo em suas mãos. Ia começar realmente a democracia com Clístenes...

Eis aí, em linhas muito gerais, o mundo em que viveram os gregos, do século VII ao VI a.C. Se Hesíodo viveu e escreveu nos fins do século VIII a.C., também ele participou de uma parcela desse tumultuado período de transição por que passaram tantas cidades da Hélade.

Vamos ver agora, através de seus dois poemas, o *antídoto religioso* que ele nos apresenta para os males de seu século, bem como seus sonhos e conselhos para os séculos futuros. Poder-se-ia pensar que o poeta de Ascra tem pouco a ver com os fatos que procuramos resumir. Não é assim. Quem procurou, na *Teogonia*, partir do *Caos* para a *Justiça*, cifrada em Zeus, e nos *Trabalhos e Dias* conjugar o *trabalho* com a *justiça,* está inteiro em seu século e nos séculos vindouros!

3

Far-se-á, primeiro, em esquema, uma divisão dos dois poemas e, em seguida, um comentário sobre ambos[5].

Teogonia, de *theós*, deus, e *gígnesthai*, nascer, significa nascimento ou origem dos deuses. Trata-se, portanto, de um poema de cunho didático, em que se procura estabelecer a genealogia dos *Imortais*. Hesíodo, todavia, vai além e, an-

---

5. Não se tratará, neste capítulo, do mito dos deuses e demais divindades que povoam a *Teogonia*. Os principais dentre eles serão estudados nos capítulos a seguir, mesmo porque Hesíodo servirá de base a nosso livro. Para uma visão mais completa v. os Vol. II e III de *Mitologia grega*.

tes da *teogonia*, coloca os fundamentos da *cosmogonia*, quer dizer, as origens do mundo.

Esquematicamente, o primeiro estágio da *Teogonia* pode apresentar-se assim:

a) *Invocação às Musas* (versos 1-115), dividida em duas partes: uma narrativa (versos 1-34) e um hino (versos 35-115), em que o poeta celebra as Musas, deusas que deleitam o coração de Zeus e inspiram os poetas.

b) *Nascimento do Universo* (versos: 116-132). É o estágio primordial (era panteística). No princípio era o *Caos* (vazio primordial, vale profundo, espaço incomensurável), matéria eterna, informe, rudimentar, mas dotada de energia prolífica; depois veio *Geia* (Terra), *Tártaro* (habitação profunda) e *Eros* (Amor), a força do desejo. O *Caos* deu origem a *Érebo* (escuridão profunda) e a *Nix* (Noite). Nix gerou *Éter* e *Hemera* (Dia). De *Geia* nasceram *Úrano* (Céu), *Montes* e *Pontos* (Mar).

Resumindo (Primeira Fase do Universo)

Como se observa, na primeira fase há nítido predomínio do mundo ctônio, já que a cosmogonia hesiódica se desenvolve ciclicamente de baixo para cima, das *trevas* para a *luz*.

c) *Reinado de Úrano* (versos 133-452). À fase da energia prolífica segue-se a primeira geração divina, em que Úrano (Céu) se une a Geia (Terra), donde numerosa descendência. Nasceram primeiro os Titãs e depois as Titânidas, sendo Crono o caçula, embora aqui figure apenas como o caçula dos irmãos.

Titãs: Oceano, Ceos, Crio, Hiperíon, Jápeto, Crono.

Titânidas: Teia, Reia, Mnemósina, Febe, Tétis.

Após os Titãs e Titânidas, Úrano e Geia geraram os Ciclopes e os Hecatonquiros (Monstros de *cem braços* e de cinquenta cabeças).

Por solicitação de Geia, Crono mutila a Úrano, cortando-lhe os testículos. Do sangue de Úrano que caiu sobre Geia nasceram, "no decurso dos anos", as Erínias, os Gigantes e as Ninfas dos Freixos, chamadas Mélias ou Melíades; da parte que caiu no mar e formou uma espumarada nasceu Afrodite.

Sintetizando esta parte da Primeira Geração Divina

Úrano   *Geia*

Oceano, Ceos, Crio, Hiperíon, Jápeto, Crono, Teia, Reia, Têmis, Mnemósina, Febe, Tétis, Ciclopes (Arges, Estérope, Brontes), Hecatonquiros (Coto, Briaréu, Gias).

Do sangue de Úrano nasceram: as Erínias (Aleto, Tisífone e Megera), Gigantes (Alcioneu, Efialtes, Porfírio, Encélado...), ninfas Mélias ou Melíades, Afrodite.

Em seguida, *Nix* (Noite), ainda sozinha, deu à luz entre outros: Moro (Destino), Tânatos (Morte), Hipno (Sono), Momo (Sarcasmo), Hespérides, *Moîras*, Queres, Nêmesis, Gueras (Velhice), Éris (Discórdia)...

Pontos (Mar) gerou sozinho a Nereu, o "velho do mar", e, depois, unindo-se a Geia, teve como filhos: Taumas, Fórcis, Ceto e Euríbia.

Nereu uniu-se a Dóris e nasceram as cinquenta Nereidas, de que destacamos as seguintes: Anfitrite, Tétis, Eunice, Galateia, Dinâmene, Psâmate...

Taumas com Electra, filha de Oceano, teve Íris e as Harpias (Aelo, Ocípete, às quais mais tarde se acrescentou Celeno).

Fórcis e Ceto tiveram as Greias, "as velhas" (Enio, Pefredo, Dino), bem como as Górgonas (Ésteno, Euríale e Medusa).

Medusa foi decapitada por Perseu e do sangue do monstro nasceram Crisaor e Pégaso.

Crisaor e Calírroe, filha de Oceano, geraram o gigante Gerião, de três cabeças, e o monstro metade mulher, metade serpente, Équidna.

Équidna juntou-se a Tifão e dele gerou Ortro, o cão de Gerião, Cérbero, a Hidra de Lerna, Quimera, Fix (Esfinge) e o Leão de Nemeia.

Resumindo esta descendência ainda da Primeira Geração Divina

Nix (Noite)

Moro, Tânatos, Hipno, Momo, Hespérides, Moîras, Queres, Nêmesis, Gueras, Éris

Pontos (Mar)

Nereu, "o velho do mar"

Ponto   Geia

Taumas, Fórcis, Ceto, Euríbia

Nereu   Dóris

Cinquenta Nereidas: Anfitrite, Tétis, Eunice, Galateia, Dinâmene, Psâmate...

Taumas   Electra

Íris, Harpias (Aelo, Ocípete e depois Celeno)

Fórcis   *Ceto*

Greias (Enio, Pefredo, Dino), Górgonas (Ésteno, Euríale, Medusa)

Medusa, decapitada por Perseu: de seu sangue – Crisaor e Pégaso

Crisaor   Calírroe

Gerião, Équidna

Tifão   Équidna

Ortro, Cérbero, Hidra de Lerna, Quimera, Fix, Leão de Nemeia

Oceano uniu-se a Tétis e esta deu à luz primeiramente os rios, entre estes: Nilo, Alfeu, Erídano, Estrímon, Istro, Fásis, Aqueloo, Símois, Escamandro...

A seguir pôs no mundo as três mil Oceânidas, entre as quais Electra, Dóris, Clímene, Calírroe, Dione, Plutó, Europa, Métis, Eurínome, Calipso, Perseida, Ideia, Estige...[6]

Hiperíon amou Teia e deles nasceram Hélio (Sol), Selene (Lua), Eos (Aurora).

---

6. *Estige* é uma Oceânida, uma divindade unida à água. Com os filhos ajudara Zeus na luta contra os Titãs e recebeu como privilégio que em seu nome jurassem solenemente os deuses. Como havia uma fonte na Arcádia com o mesmo nome e cujas águas tinham a propriedade de envenenar, o rio do Hades, que também se chamava Estige, e que por ela era formado, passou a ser aquele por cujas águas mágicas se faziam terríveis juramentos.

Crio uniu-se a Euríbia e tiveram Astreu, Palante e Perses.

Astreu e *Eos* tiveram como filhos os ventos Zéfiro, Bóreas e Noto.

Palante uniu-se a Estige e geraram Zelo (Emulação, Ciume), Nique (Vitória), Bia (Força), Crato (Poder).

Ceos conquistou Febe e nasceram Leto e Astéria.

Perses com Astéria teve a poderosa Hécate, a quem Zeus concedeu grandes poderes.

Em síntese:

Oceano — *Tétis*

Nilo, Alfeu, Erídano, Estrímon, Istro, Fásis, Aqueloo, Símois, Escamandro... Oceânidas: Electra, Dóris, Clímene, Calírroe, Dione, Plutó, Europa, Métis, Calipso, Estige...

Hiperíon — Teia

Hélio, Selene, Eos

Crio — Euríbia

Astreu, Palante, Perses

Astreu — *Eos*

Zéfiro, Bóreas, Noto

Palante — *Estige*

Zelo, Nique, Bia, Crato

Ceos — *Febe*

Leto, Astéria

Perses — *Astéria*

Hécate

d) Com a castração de Úrano, Crono assume o cetro, mas é destronado por Zeus: é a *Segunda Geração Divina* (versos 453-885), que marca a luta de Zeus pelo poder. Crono se casa com sua irmã Reia e nasceram Héstia, Deméter, Hera, Hades, Posídon e Zeus.

Crono		Reia

Héstia, Deméter, Hera, Hades, Posídon, Zeus

Graças a um estratagema de Reia, Crono engoliu uma pedra em vez de devorar o caçula Zeus, como fizera com todos os filhos anteriores. Zeus liberta os Ciclopes e destrona Crono, que vomita os filhos que havia engolido.

Dentro da *Segunda Geração Divina*, o poeta intercala o casamento de Jápeto e Clímene e o mito de Prometeu, que é, de certa forma, repetido e completado na segunda obra do poeta, *Trabalhos e Dias*.

Jápeto se uniu a Clímene e nasceram Atlas, Menécio, Prometeu e Epimeteu.

Jápeto		*Clímene*

Atlas, Menécio, Prometeu e Epimeteu

Epimeteu se une a Pandora, a mulher fatal, modelada por Hefesto. A partir de então se iniciam as lutas de Zeus pelo poder. Após arrancar do Tártaro os Ciclopes, que lhe deram o trovão, o raio e o relâmpago, Zeus libertou também os Hecatonquiros, pois todos eles haviam sido lançados nas trevas por Crono. Foram dez anos de combate, sem nenhum desfecho. Os Hecatonquiros, tendo recebido o néctar e a ambrosia, foram tomados de grande furor bélico. Então Zeus com eles, seus demais irmãos e aliados acabou levando de vencida os terríveis Titãs, que foram enclausurados nas profundezas do Tártaro, local tenebroso, aonde só vai, e assim mesmo raramente, a mensageira Íris, buscar o *Horco*, ou seja, a água do Estige para juramento dos deuses.

Geia, unida a Tártaro, gerou o mais terrível dos monstros, Tifão ou Tifeu, que tem nas espáduas cem cabeças de serpente. Tifão investiu contra Zeus e, após terríveis combates, este o fulminou e lançou no Tártaro. Foi a última batalha.

e) Terminada a longa refrega, Zeus *consolidou seu poder*, tornando-se o pai dos deuses e dos homens. Repartiu suas honras com os outros Imortais e iniciou seu reinado para sempre. Seus múltiplos casamentos refletem-lhe o poder de fecundação. Nova era se abre para Hesíodo: com Zeus está a *Dique*, a nova *Justiça*. É a *Terceira* e última *Geração Divina*: o estágio olímpico de Zeus (versos 886-964).

Zeus tomou como primeira esposa a *Métis* (Sabedoria, Prudência), mas, grávida de Atená, o deus a engoliu, para que ela não tivesse um filho mais poderoso que o pai. Atená acabou nascendo da cabeça de Zeus.

Zeus uniu-se a Têmis (Lei divina, Equidade) e nasceram as Horas: Eunômia, Dique e Irene, bem como as *Moîras* (Cloto, Láquesis e Átropos)[7].

Zeus com Eurínome gerou as Cárites (Graças): Aglaia, Eufrósina e Talia.

Zeus e Deméter tiveram por filha a Perséfone.

Zeus e Mnemósina foram pais das nove Musas.

Zeus e Leto geraram Apolo e Ártemis.

Zeus com sua "legítima" esposa Hera foi pai de Hebe, Ares e Ilítia.

Zeus amou a filha de Atlas, Maia, e dela teve Hermes.

Zeus com a mortal Sêmele foi pai de Dioniso.

Zeus uniu-se por fim a Alcmena, que se tornou mãe de Héracles.

Hera, "por cólera e desafio ao esposo", gerou sozinha a Hefesto.

Posídon e sua esposa Anfitrite foram pais de Tritão.

Ares foi amante de Afrodite e tiveram Fobos (Medo), Deimos (Pavor) e Harmonia.

Hefesto teve por esposa Aglaia, uma das Cárites.

Dioniso amou a loura Ariadne, filha de Minos.

Héracles, após tantos e sofridos trabalhos, desposou no Olimpo a Hebe.

Hélio uniu-se a Perseida e dela teve Circe e o rei Eetes.

Eetes casou-se com Idíia e teve Medeia.

O poema se encerra (versos 965-1.022) com o *Catálogo dos Heróis* e o anúncio de um *Catálogo de Mulheres*, o qual não existe nos manuscritos.

Vejamos então a *heroogonia*, a genealogia dos heróis, consoante Hesíodo.

---

7. Quando Hesíodo enumera os filhos de Nix (Noite), v. 211-232, fala das *Moîras*; aqui o poeta as repete, mas de modo diferente, personificando-as.

Iásion e Deméter foram pais de Pluto.

Cadmo e Harmonia tiveram Ino, Sêmele, Agave, Autônoe e Polidoro.

Crisaor e Calírroe geraram o cruel Gerião.

Titono e Eos foram pais de Mêmnon e Emátion.

Céfalo e a mesma Eos geraram Faetonte.

Jasão e Medeia tiveram um filho, Medeio.

Éaco uniu-se à nereida Psâmate, de que nasceu Foco.

Peleu e Tétis geraram o grande Aquiles.

Anquises e Afrodite foram os pais de Eneias.

Ulisses e Circe geraram Ágrio, Latino e Telégono.

Ulisses e Calipso tiveram Nausítoo e Nausínoo.

"Estas", diz o poeta, "são as imortais que entraram no leito de mortais e geraram filhos semelhantes aos deuses" (1019-1020).

Aí estão, em sua quase totalidade, a *cosmogonia*, a *teogonia* e a *heroogonia* do poeta de Ascra. Este levantamento é de importância capital para nós, primeiro porque Homero, e sobretudo *Hesíodo*, serão o ponto de partida, já se disse, na elaboração do mito nos três volumes de *Mitologia grega*; segundo, porque nos pareceu necessário apresentar de uma vez por todas os nomes dos deuses e personagens míticas o mais possível *corretamente* transcritos ou adaptados em nossa língua. O leitor terá, agora, acreditamos, onde buscar os "nomes divinos" e sua genealogia *nas fontes mais antigas*, antes que os mesmos se tenham "enriquecido" com tantas variantes.

4

O escritor latino Marco Fábio Quintiliano (35-110 a.C.) fez um juízo severo acerca da *Teogonia*: *raro assurgit Hesiodus magnaque pars eius in nominibus est occupata* (*Inst.*, 10,1,52): "raramente se nota em Hesíodo inspiração poética e grande parte de sua obra é uma catalogação de nomes". A crítica, em parte, é injusta, porque, para os gregos, a obra do poeta da Beócia se constituía num verdadeiro encanto, por lhes recordar os tradicionais e sagrados mitos pátrios. E muito mais que tudo isso, Hesíodo, num trabalho ingente, enfeixou e ordenou em genealogias, de maneira impressionante, a desordem caótica em que vegetavam os velhos mitologemas nacionais. Fixando as gerações divinas e os mitos cosmogônicos, o poeta fincou as estacas da organização do cosmo e explicou-lhe a divisão em três níveis: celeste, ctônio e telúrico. A *Teogonia* é, sem dúvida, um dos principais, se não o mais importante documento para a história da religião grega e a obra mais antiga que expôs em conjunto o mito helênico.

Além do mais, a *Teogonia* não é apenas uma listagem fria de deuses. O poeta grego, intencionalmente, extrapola. Vai muito além do que poderia parecer, aos olhos dos desavisados, de uma enumeração gélida de divindades.

Em primeiro lugar, para Hesíodo, o poeta tem uma missão a cumprir, já que, como *poeta*, o *poietés* em grego (donde nos veio, através do latim *poeta(m)*, o vocábulo *poeta*) não é tão somente um "fazedor", um *criador*, mas antes um *legislador* em nome das *Musas*, as detentoras de todas as artes e é este o verdadeiro sentido de *poietés*, como atesta Platão.

Como legislador, em nome das Musas, o poeta, o *poietés*, é um vidente, um *mántis*, um adivinho. Não é este, porventura, o significado em latim de *uates*, "poeta", cujo sentido primeiro é *profeta*, *adivinho*, donde o latim *uaticinium*, "vaticínio", previsão?

Se o poeta sabe ser "fingidor", sabe igualmente dizer a *verdade*, como ele próprio afirma, pelos lábios das Musas:

> *Pastores que habitais os campos [...]*
> *sabemos relatar ficções muito semelhantes à realidade,*
> *mas, quando o queremos, sabemos também proclamar verdades.*
>
> (*Teog.*, 26-27)

Em segundo lugar, já o mostramos, o século VIII a.C. é marcado pelo pesado fardo dos Eupátridas, que manipulavam, além de outros poderes, a *justiça*, concebida sob forma *temística*. Ora, não é precisamente a *díke*, "a justiça dos homens", a projeção de todo o ideal de Hesíodo? Seu desejo é que a *justiça*, a *paz* e a *disciplina* reinem para sempre e que a *Moîra* não seja mais uma consequência do acaso, mas a vontade de Zeus.

No plano estritamente religioso, o poema em apreço não é também um mero catálogo de deuses. Projetando o social no divino ou tentando modelar o social pelo divino, o poeta faz o deslocamento do *Kháos* (Caos), da *rudis indigestaque moles*, da massa informe e confusa, como diz Ovídio (*Met.*, 1,7), para *Zeus*, isto é, das trevas para a luz. Trata-se, na realidade, consoante a tese brilhante de Bachofen[8], da substituição de um tipo de religião por outro, em que o Caos é suplantado por Zeus, o teratomorfismo é substituído pelo antropomorfismo; as trevas são vencidas pela luz; os deuses ctônios pelos olímpicos; a matrilinhagem pela patrilinhagem; *Eros*, símbolo da promiscuidade sexual, é dominado pelo *lógos*, pela razão e pela ordem. E se a *Teogonia* foi denominada a "gesta de Zeus" é exatamente porque o grande deus olímpico não se apresenta, e nem poderia fazê-lo, como criador, mas como *conquistador* e *ordenador*. Observando-se com atenção as *hierogamias*, quer dizer, os casamentos sagrados de Zeus, nota-se que o grande deus "antropomorfizado", após estabelecer com suas lutas e vitórias a justiça e a paz, tornou-se a síntese das qualidades divinas e humanas de um governante todo-poderoso, mas justo e civilizado.

Engolindo a *Métis*, tornou-se o detentor da *sabedoria* e da *prudência*: o arquétipo é Atená, que lhe saiu das meninges. Com *Têmis* adquiriu não só a *equidade*, traduzida nas Horas, a *disciplina*, a *justiça* e a *paz*, mas também o poder sobre a vida e a morte, cifradas nas *Moîras*. Eurínome deu-lhe, com as *Graças*, o sentido da beleza e da alegria de viver. *Deméter*, a nutridora, assegurou-lhe a vida material e espiritual do império do mundo dos mortais. *Mnemósina*, com as nove *Musas*, abriu-lhe as portas para o *domínio de todas as artes*. *Leto* com Apolo e Ártemis, *o sol e a lua*, iluminou-lhe o percurso dia e noite. Com *Hera* celebrou a grande *hierogamia*, símbolo da perpetuidade da espécie. *Maia* deu-lhe Hermes, o conhecimento do *visível* e do *invisível*. A "mortal" Sêmele transmitiu-lhe com Dioniso o outro lado do "homem": a *explosão dos instintos*. Finalmente, outra mortal, *Alcmena*, comunicou-lhe, com Héracles, a *força* e o *destemor*.

Pode-se observar, assim, que o início com *Métis*, a sabedoria e a prudência, estampando o lado *psíquico*, se conjuga, no fim, com a força, projetando o físico: é a perfeita sizígia antropomórfica de Zeus.

---

8. BACHOFEN, Johann Jakob. Op. cit., p. 18ss.

Uma observação importante se impõe, antes de encerrarmos este comentário ao primeiro poema hesiódico. Quando dividimos o poema em *três gerações divinas* visamos tão somente a dispor didaticamente "a bela desordem didático-poética" da *Teogonia*. Além do mais, concluímos que, realmente, estas em Hesíodo são três, representada cada uma pelo pai, que é o soberano no seio da família: *Úrano, Crono* e *Zeus*. Este último e os demais deuses da última geração são os imortais do Olimpo, que consagraram a vitória final da ordem olímpica sobre a pletora de divindades locais, representadas pelas duas primeiras gerações. Não se trata apenas, como afirma categoricamente Pettazzoni, de "uma insurreição contra formas tradicionais, em nome de um princípio novo promulgado por uma palavra de revelação"[9], mas sobretudo da vitória da luz sobre as trevas.

Pode-se, isto sim, afirmar que a vitória coube a uma religião mais plástica e mais bela, mas bem menos profunda que a anterior, ligada a potências essencialmente ctônias. Se em Homero e depois em Hesíodo houve nítida vitória da patrilinhagem sobre a matrilinhagem, a religião da época clássica buscará um consenso, um equilíbrio entre os dois princípios. O que Hesíodo deseja ressaltar, e isto é óbvio, é a "progressão do divino", na busca da *díke*, da justiça. E na expressão abalizada de Lesky, na *Teogonia* "não se trata apenas de uma sucessão violenta de vários reis e soberanos dos céus, mas existe um caminho ascendente para a ordem estabelecida por Zeus, que é o triunfo da justiça"[10].

Seja como for, na *Teogonia*, Hesíodo simplesmente prolonga, completa e ordena os deuses homéricos. "Homero é o gérmen fecundo miraculosamente amadurecido no outro lado do Egeu, Hesíodo é a messe que germinou dessa mesma semente transplantada para a Grécia continental".

5

O segundo poema de Hesíodo denomina-se *Trabalhos e Dias*. Nesta obra, como já se assinalou, o poeta tenta reconduzir ao bom caminho, com conselhos

---

9. PETTAZZONI, Raffaele. Op. cit., p. 57.

10. LESKY, Albin. *Geschichte der Griechischen Literatur* (História da literatura grega). Berna: Francke Verlag, 1963, p. 116.

salutares sobre o trabalho e a justiça, a seu irmão Perses. Este, na divisão da herança paterna, subornou os "reis", os juízes, e, ao que parece, obteve a maior parte da mesma. Caído, porém, na miséria, devido à sua desídia, recorreu ao irmão, que, vendo-se coagido e ameaçado, procurou orientá-lo através dos ensinamentos ministrados no poema.

O próprio título da obra é indício de que se trata de um poema *didático*, cujo objetivo é ensinar os trabalhos da terra e determinar as épocas propícias em que se devem empreendê-los. Os conselhos que o poeta prodigaliza ao agricultor e, em parte, ao navegante, poderiam, todavia, dar uma ideia falsa de que Hesíodo visaria tão somente ao aspecto didático, mas, como na *Teogonia*, o autor vai muito além, introduzindo na obra um cunho nitidamente ético. Duas leis, neste poema, estão intimamente ligadas: a necessidade do trabalho e o dever de ser justo. *Trabalho* e *justiça* jamais poderão separar-se, porque a carência do primeiro gera a *violência*, isto é, a *injustiça*. A lei do trabalho é fundamentada numa razão metafísica, quer dizer, num mito: o mito de Pandora. Isto, porém, é uma longa história que se inicia com o castigo de Prometeu... Vamos esquematizar primeiramente o poema e, em seguida, após um breve comentário sobre o mesmo, entraremos diretamente no mito de *Prometeu* e *Pandora* e no mitologema das *Cinco Idades*.

A *Introdução* do poema (versos 1-10) se compõe de uma invocação às Musas da Piéria e a Zeus, guardião da justiça, concluindo com a finalidade da obra: dizer a seu irmão Perses a verdade.

a) *Primeira parte* (versos 11-382): Elogio do trabalho e da justiça.

Existe uma força moral que empurra o homem para o trabalho: é a emulação; mas há uma outra, que o afasta do mesmo: é a inveja. Hesíodo apresenta estas duas tendências inevitáveis sob a forma alegórica de duas *Lutas*, cifradas na *Éris*, a Emulação, a Discórdia (versos 11-41).

Ora, o trabalho é um preceito imposto pela vingança de Zeus. O mito de Prometeu e Pandora explica a origem dessa lei, assim como todas as desgraças que atormentam o homem (versos 42-105). A experiência histórica atesta que é "inteiramente impossível escapar aos desígnios de Zeus". A necessidade da justiça é demonstrada pelo mito das *Cinco Idades*: a dedicação ao trabalho e à justiça assegura a prosperidade nesta vida e a recompensa na outra. Ao revés, os que se deixam dominar pela *hýbris*, pela "démesure", pelo descomedimento, serão implacavelmente castigados nesta e no além. Pertencemos todos à Idade do Ferro, da *hýbris* (versos 106-201). A lei do descomedimento reina em Téspias onde reside o poeta, como patenteia o apólogo do gavião e do rouxinol. Elevando o tom, o autor traça um quadro das desgraças reservadas aos injustos e perjuros (versos 202-273). É necessário, pois, que Perses adquira riquezas e considerações, mas não pela violência e sim pelo trabalho e pela justiça. Numa série de preceitos exorta o irmão a conduzir-se com moderação e sabedoria perante os vizinhos, amigos e parentes (versos 274-382).

b) *Segunda parte* (versos 383-694): Trabalhos, agricultura e navegação.

O poeta expõe como a riqueza pode ser adquirida por meio da agricultura. Faz um painel dos diversos trabalhos agrícolas, com as datas e duração dos ciclos, indicações sobre o pessoal, utensílios usados na lavoura e conselhos técnicos (versos 383-447). Seguem-se as épocas do plantio e da colheita; as precauções no inverno; a vinha; a seara; o verão; a debulha e a vindima (versos 448-617). Filho de navegante, Hesíodo não se esquece de que existe para o camponês grego, tão próximo do mar, um meio de aumentar seus recursos: a perigosa arte da navegação e as estações mais propícias para sua prática (versos 618-694).

c) *Terceira parte* (versos 695-828): Conselhos morais e religiosos.

A justiça e o trabalho, desde que se sigam os conselhos apontados pelo poeta, são a alavanca da prosperidade, mas a primeira grande providência recai na escolha cuidadosa de uma boa esposa. A segunda condição é a observância das normas da justiça para com os deuses, consoante a prática transmitida pela tradição, enunciada sob a forma de uma série de máximas (versos 695-764). O poema finaliza com uma espécie de calendário, que indica os dias propícios e nefastos ao trabalho. Esse calendário teve uma ampla vigência astrológica que se lhe atribuiu posteriormente (versos 765-828).

6

Estamos agora num mundo inteiramente diferente da época dos heróis de Troia. Se em Homero o homem é metrado pelo *ver*, em Hesíodo o *métron*, a medida, é o *ser*, isto é, o homem dimensionado pelo trabalho e pela necessidade de ser justo. É aqui precisamente o abismo que separa Homero de Hesíodo. No primeiro, o *anér*, o *uir*, o "herói", que vive à sombra do *deus ex machina*, com sua multiplicidade de epítetos (garantia de sua nobreza), o que o afasta do *ser*. Em Hesíodo, o *ánthropos*, o *homo*, isto é, o *humus*, o barro, a argila, o "descendente" de Epimeteu e Pandora, o que ganha a vida duramente com o suor de seu rosto. No primeiro, a hipertrofia do *kállos*, da beleza, do *kósmos*, da ordem, da *areté*, da excelência, da *timé*, da honra pessoal; no segundo, *gué*, a terra, *érgon*, o trabalho, sua dignidade e suas misérias. Em Homero, o herói se mede por sua *areté*, excelência, e *timé*, honra pessoal; em Hesíodo a *areté* e a *timé* se traduzem pelo trabalho e pela sede de justiça.

O cenário agora é a natureza, a terra de Téspias, dura e cruel. É esse o teatro da luta diária e incessante do poeta. Natureza e terra que ele imortalizou, sonhando com a dignidade do trabalho, respaldado na justiça.

Vamos tentar seguir-lhe os passos e as intenções através de *Trabalhos e Dias*. Não importa que o litígio de Hesíodo com seu irmão Perses tenha sido real, ou mero artifício literário, como alguns pensam. Importa sim que o poeta coloque como tema central de sua obra o valor e a dignidade do Trabalho e da Justiça:

> *Trabalhar não é vileza, vergonhoso é não trabalhar.*

(Trab., 311)

Poeta sumamente religioso, coloca a felicidade e a prosperidade no trabalho, porque assim o quer a lei divina e, por isso mesmo, é preciso não se deixar arrastar pelo comodismo e pela inércia, que levam à miséria:

> *A miséria pode ser alcançada, tanto quanto se quer,*
> *e sem fadiga: a estrada é plana e ela se aloja muito perto de nós.*
> *Os deuses imortais, todavia, exigiram o suor para se conquistar o mérito.*
> *Longo, árduo e principalmente escarpado é o caminho*
> *para se chegar até lá, mas, quando se atinge o cume,*
> *ele se torna fácil, por mais penoso que tenha sido.*

(Trab., 287-292)

A necessidade do trabalho é uma punição imposta ao homem por Zeus: o mito de Prometeu e o de Pandora explicam a origem do "desígnio do pai dos deuses e dos homens a que ninguém escapa" e a punição dos mortais. Prometeu, que, segundo a etimologia mais provável, provém de πρό (pró), "antes de" e *μῆθος (*mêthos), saber, "ver", significa exatamente o que o latim denomina *prudens*, de *prouidens*, o prudente, o "pre-vidente", o que percebe de antemão. Filho do *Titã* Jápeto e da *Oceânida* Clímene, era irmão de *Epimeteu*, *Atlas* e *Menécio*.

Prometeu passa por haver criado os homens do limo da terra, mas semelhante versão não é atestada em Hesíodo. O filho de Jápeto, bem antes da vitória final de Zeus, já era um benfeitor da humanidade. Essa filantropia, aliás, lhe custou muito caro. Foi pelos homens que Prometeu enganou a seu primo Zeus por duas vezes. Numa primeira, em Mecone (nome antigo de Sicione, cidade da Acaia), quando lá "se resolvia a querela dos deuses e dos homens mortais" (*Teog.*, 535-536). Essa disputa certamente se devia à desconfiança dos deuses em relação aos homens, protegidos pelo filho de um dos *Titãs*, que acabavam de ser vencidos por Zeus. Pois bem, foi em Mecone que Prometeu, desejando enganar a Zeus em benefício dos mortais, dividiu um boi enorme em duas porções: a primeira continha as carnes e as entranhas, cobertas pelo couro do animal; a segunda, apenas os ossos, cobertos com a gordura branca do mesmo[11]. Zeus escolheria uma delas e a outra seria ofertada aos homens. O deus escolheu a segunda e, vendo-se enganado, "a cólera encheu sua alma, enquanto o ódio lhe subia ao coração". O terrível castigo de Zeus não se fez esperar: privou o homem do *fogo*, quer dizer, simbolicamente dos *nûs*, da inteligência, tornando a humanidade *anóetos*, isto é, imbecilizou-a:

> *Zeus te ocultou a vida no dia em que, com a alma em fúria,*
> *se viu ludibriado por Prometeu de pensamentos velhacos.*
> *Desde então ele preparou para os homens tristes cuidados,*
> *privando-os do fogo.*
>
> (*Trab.*, 47-50)

Novamente o filho de Jápeto entrou em ação: roubou uma centelha do fogo celeste, privilégio de Zeus, ocultou-a na haste de uma fécula e a trouxe à terra,

---

11. O hábito de se oferecerem aos deuses os ossos de animais sacrificados, recobertos de gordura, é atestado em muitas culturas. Esses ossos eram queimados sobre os altares, a fim de que o animal pudesse chegar aos céus e ser recomposto.

"reanimando" os homens. O Olímpico resolveu punir exemplarmente os homens e a seu benfeitor.

Contra os primeiros imaginou perdê-los para sempre por meio de uma mulher, a irresistível *Pandora*, de que se falará mais abaixo, e contra o segundo a punição foi tremenda. Consoante a *Teogonia* (521-534), Prometeu foi acorrentado com grilhões inextricáveis no meio de uma coluna. Uma águia enviada por Zeus lhe devorava durante o dia o fígado[12], que voltava a crescer à noite. Héracles, no entanto, matou a águia e libertou Prometeu[13], com a anuência do próprio Zeus, que desejava se ampliasse por toda a terra a glória de seu filho, e, *a despeito de seu ódio, Zeus renunciou ao ressentimento contra Prometeu, / que entrara em luta contra os desígnios do impetuoso filho de Crono* (*Teog.*, 533-534).

Para perder o homem, Zeus ordenou a seu filho Hefesto que modelasse uma mulher ideal, fascinante, semelhante às deusas imortais. *Pandora* é, no mito hesiódico, a primeira mulher modelada em argila e animada por Hefesto, que, para torná-la irresistível, teve a cooperação preciosa de todos os imortais. Atená ensinou-lhe a arte da tecelagem, adornou-a com a mais bela indumentária e ofereceu-lhe seu próprio cinto; Afrodite deu-lhe a beleza e insuflou-lhe o desejo indomável que atormenta os membros e os sentidos; Hermes, o mensageiro, encheu-lhe o coração de artimanhas, impudência, astúcia, ardis, fingimento e cinismo; as Graças divinas e a augusta Persuasão embelezaram-na com lindíssimos colares de ouro e as Horas coroaram-na de flores primaveris... Por fim, o mensageiro dos deuses concedeu-lhe o dom da palavra e chamou-a *Pandora*[14], porque são *todos* os habitantes do Olimpo que, com este *presente*, "presenteiam"

---

12. O fígado era considerado em quase todas as culturas como sede da vida, conforme Pr 7,23, e como órgão especial para indicar a vontade dos deuses, conforme Ez 21,26.

13. Eis aí, com todos os "pormenores", o *mito canônico de Prometeu* na apresentação de Hesíodo. Para se ter uma ideia concreta de como a *arte* enriquece, amplia, transfigura e, não raro, "desfigura" o mito, seria necessário a leitura da gigantesca tragédia esquiliana, *Prometeu Acorrentado*, em que o mitologema é apresentado de maneira bem mais ampla e poética.

14. Pandora provém, em grego, de *pân*, todo, e *dóron*, dom, presente, e significa "a detentora de todos os dons", um presente de todos os deuses. Do ponto de vista religioso, Pandora é uma divindade da terra e da fecundidade. Como *Anesidora*, a que faz germinar, sair de baixo para cima, antigo epíteto de Deméter, é representada na arte figurativa "saindo da terra", conforme o tema do *ánodos*, ação de sair de, própria das divindades ctônias e agrárias.

os homens com a desgraça! Satisfeito com a cilada que armara contra os mortais, o pai dos deuses enviou Hermes com o "presente" a Epimeteu. Este se esquecera da recomendação de Prometeu de jamais receber um *presente* de Zeus, se desejasse livrar os homens de uma catástrofe. Epimeteu[15], porém, aceitou-a, e, quando o infortúnio o atingiu, foi que ele compreendeu... (*Trab.*, 60-89).

A raça humana vivia tranquila, ao abrigo do mal, da fadiga e das doenças, mas quando Pandora, por curiosidade feminina, abriu a jarra de larga tampa, que trouxera do Olimpo, como presente de núpcias a Epimeteu, dela evolaram todas as calamidades e desgraças que até hoje atormentam os homens. Só a *esperança* permaneceu presa junto às bordas da jarra, porque Pandora recolocara rapidamente a tampa, *por desígnio de Zeus, detentor da égide, que amontoa as nuvens*. É assim, que, silenciosamente, porque Zeus lhes negou o dom da palavra, as calamidades, dia e noite, visitam os mortais...

Foi, pois, com Pandora[16] que se iniciou a degradação da humanidade. Para explicá-la, Hesíodo introduz o mito das *Cinco Idades*. Deste o poeta extraiu uma dupla lição: mostra a Perses, mais uma vez, a necessidade do trabalho e aos "reis", aos juízes, como e por que suas sentenças deveriam estar em consonância com a justiça. Daí a fórmula hesiódica:

> *Ouve a "díke", a justiça, e não deixes crescer*
> *a "hýbris", o descomedimento.*
>
> (*Trab.*, 213)

No mito das Idades, as raças parecem suceder-se segundo uma ordem de decadência progressiva e regular. De início, a humanidade gozava de uma vida paradisíaca, muito próxima da dos deuses, mas se foi degenerando e decaindo até

---

15. Epimeteu, de *epí*, sobre, depois, e μη-θεύς (me-theús), ver, saber. Por oposição a Prometeu, que vê antes, Epimeteu vê depois. E viu!

16. É verdade que Hesíodo em algumas passagens de seus poemas não tem muita consideração pela mulher, mas não se pode objetivamente, como se tem feito, tachá-lo de *misógino*, isto é, de "odiar a mulher". O que o poeta recomenda é o cuidado na escolha de uma boa esposa. Pandora, simbolizando todas as mulheres, é um *mal tão belo*, reverso de um bem. Flagelo terrível instalado no meio dos mortais, mas *algo maravilhoso*, revestido pelos deuses de atrativos e de graça. Raça maldita, mas imprescindível ao homem... (*Teog.*, 585-591).

atingir a Idade do Ferro, em que o poeta lamenta viver, pois nesta tudo é maldade: até a Vergonha e a Justiça abandonaram a terra.

Cada uma das Idades está "aparentada" com um metal, cujo nome toma e cuja hierarquia se ordena do mais ao menos precioso, do superior ao inferior: *ouro*, *prata*, *bronze*, *ferro*. O que surpreende é que em lugar das quatro Idades, cujo valor se afere pelos metais que lhe emprestam o nome, Hesíodo tenha intercalado entre as duas últimas mais uma: a *Idade dos heróis*, que não possui correspondente metálico algum. Há os que procuram explicar o fato por uma preocupação historicista, já que o poeta sabia que antes dele tinham vivido homens e heróis notáveis, que se imortalizaram em Troia e em Tebas. "Para os inserir nesta progressão, foi necessário interromper a linha de decadência. E o seu destino último, habitar a Ilha dos Bem-Aventurados, tem muito de semelhante ao que premiou os seres da primeira Idade. Sendo fundamentalmente uma etiologia, o mito contém uma parte de reminiscências históricas que lhe conferem o especial interesse de ser o mais antigo texto em que elas surgem"[17]. Victor Goldschmidt vai bem mais longe e propõe para a intercalação da Idade dos Heróis uma explicação de ordem religiosa: "O destino das raças metálicas, após seu desaparecimento da vida terrestre, consiste numa promoção à categoria de potências divinas. Os homens da idade de ouro e prata se convertem, depois da morte, em *daímones*, 'demônios' (potências benéficas, intermediárias entre os deuses e os homens), e os da Idade de Bronze vão formar o mundo dos mortos, no Hades. Só os heróis podem beneficiar-se com uma transformação que não poderia dar-lhes o que eles já possuem: são heróis e continuam sendo heróis. Sua inserção no relato das Idades se explica, quando se observa que sua presença é indispensável para completar o quadro dos seres divinos que distingue, segundo a classificação tradicional, os *theoí*, os deuses propriamente ditos, dos quais não se fala no relato, das seguintes categorias: os 'demônios', os heróis e os mortos. Hesíodo havia, pois, elaborado seu relato mítico, unificando, adaptando duas tradições diversas, sem dúvida independentes em sua origem: de um lado, um mito genealógico das Idades em relação com o simbolismo dos metais, em que se descreve

---

17. PEREIRA, Maria Helena da Rocha. Op. cit., p. 109s.

a decadência da humanidade; de outro, uma divisão estrutural do mundo divino, cuja explicação se procurava através da remodelação do esquema mítico primitivo, para que fosse possível o encaixe dos heróis"[18].

De cunho histórico ou religioso, o fato é que as *Cinco Idades* não traduzem apenas a decadência do homem, mercê do "crime" de Prometeu e do envio de Pandora, mas acima de tudo a necessidade do trabalho e o dever de ser justo.

Jean-Pierre Vernant, numa exposição feita em Cerisy, em 1960, nos legou um estudo muito sério e profundo acerca das *Cinco Idades*[19].

Embora não se possa concordar *in totum* com o "forçado estruturalismo" do grande mestre francês, vale a pena sintetizar-lhe o longo artigo sobre a matéria em pauta, para que, antes da análise de cada uma das Idades, se possa ter uma ideia do conjunto.

Na estrutura das quatro primeiras raças distinguem-se dois níveis diferentes: *ouro* e *prata* de um lado, *bronze* e *heróis* de outro. Cada um deles se divide em dois aspectos antitéticos, um positivo, outro negativo: são duas raças associadas, mas que se opõem, como a *Díke* (Justiça) contrasta com a *Hýbris* (Violência). O que diferencia o nível das duas primeiras raças do plano das duas seguintes é que ambos se relacionam com funções distintas, que representam tipos de agentes humanos, formas de ação, hierarquias sociais e psicológicas opostas. Há, de saída, uma primeira dissimetria: no primeiro plano (ouro e prata), a *Díke* (Justiça) é o valor dominante e a *Hýbris* (Violência) tem valor secundário; no segundo (bronze e heróis), sucede o contrário, a *Hýbris* predomina. Isto explica, aliás, o destino diferente que aguarda, após a morte, as almas das duas primeiras raças daquelas pertencentes às duas seguintes. Os que nasceram sob a égide do ouro e da prata têm realmente uma promoção *post mortem*: convertem-se em *daímones*, "demônios" (intermediários benéficos entre os deuses e os homens). Esses *daímones*, todavia, agem diferentemente sobre os mortais, tanto quanto se

---

18. GOLDSCHMIDT, Victor. Theologia. In: *Revue des études grecques*. Paris: Les Belles Lettres, 1950, t. LXIII, p. 33ss.

19. VERNANT, Jean-Pierre. Génesis y estructura en el mito hesiódico de las razas. In: *Revue de l'histoire des religions*. Paris: Les Belles Lettres, 1960, t. CLVII, p. 21ss.

diferenciaram na vida terrestre: os primeiros (da Idade de Ouro) são os *daímones epictônios*, quer dizer, *continuam a viver e a agir na terra*; os segundos (da Idade de Prata) são os *daímones hipoctônios*, isto é, *vivem e agem sob a terra*, na outra vida[20]. Ambos são objetos das "honras" que lhes tributam os mortais: "honras" maiores para os primeiros e inferiores para os segundos. Muito diferente é o destino póstumo daqueles que viveram as idades do Bronze e dos heróis. Como raça, nenhum deles tem direito a uma promoção. Os da Idade de Bronze, após perecerem na guerra, convertem-se no Hades em "mortos anônimos", *nónymoi*. Somente alguns heróis privilegiados conservam, por desígnio de Zeus, um nome e uma existência individual no além: levados para a Ilha dos Bem-Aventurados, têm uma vida isenta de preocupações. Apesar desse prêmio, porém, esses heróis privilegiados não são objeto de veneração alguma, nem de culto, por parte dos homens. Contrariamente aos *daímones*, os heróis carecem de qualquer poder ou influência sobre os vivos, a não ser que tenham sido divinizados.

A quinta e última, a *Idade de Ferro*, a época de Hesíodo, poderia dar a falsa impressão de, contrariamente às anteriores, não se poder desdobrar em dois aspectos antitéticos, mas de formar uma raça única. A leitura atenta do poema nos conduz, porém, a uma outra realidade. Dentro da Idade de Ferro, com efeito, existem dois tipos, rigorosamente opostos: um, voltado para a *Díke* (Justiça), e outro só conhece a *Hýbris* (Violência). Com efeito, Hesíodo vive num mundo, numa "Idade", em que o homem nasce jovem e, normalmente, morre velho; numa "Idade", em que há leis naturais (o filho se parece com o pai) e morais (deve-se respeito ao hóspede, aos pais, aos juramentos); num mundo em que o bem e o mal, intimamente mesclados, se equilibram. Mas o poeta anuncia o advento de uma outra situação, de um outro aspecto de vida dentro da Idade de Ferro, inteiramente oposto à época em que vive Hesíodo: os homens nascerão velhos, com as têmporas já encanecidas; os filhos não mais se assemelharão a seus pais; não se conhecerão amigos, nem irmãos, nem parentes, nem juramentos. O único direito será a força. Nesse "período" entregue à desordem, à anarquia e à

---

20. O poeta emprega exatamente os dois qualificativos dos *daímones*: *epikhthónioi* (*Trab.*, 123) e *hypokhthónioi* (*Trab.*, 141).

Hýbris, nenhum bem compensará o homem por seus sofrimentos. Vê-se, pois, que a Idade de Ferro também se dicotomiza e pode, assim, articular-se com as Idades precedentes, igualmente bipartidas, para formar e completar a estrutura de conjunto do mitologema.

Resumindo, pode-se dizer que Hesíodo apresentou o mitologema das *Cinco Idades* dentro de um esquema trifuncional:

– no primeiro plano (ouro e prata) há nítido predomínio da *Díke* (Justiça);

– no segundo (bronze e heróis) reina a *Hýbris* (a Violência);

– o terceiro (ferro) está vinculado a um mundo ambíguo, definido pela coexistência dos contrários: o bem se contrapõe ao mal; o homem opõe-se à mulher; o nascimento à morte; a abundância à penúria; a felicidade à desgraça. *Díke* e *Hýbris*, Justiça e Violência, uma ao lado da outra, oferecem ao homem duas opções igualmente possíveis entre as quais compete a ele escolher[21]. A esse mundo tão contrário o poeta acena com a perspectiva aterradora de uma vida humana em que triunfará a *Hýbris*, restando ao homem tão somente a anarquia, a desordem e a infelicidade. Da Idade do Ouro, em que reinou a *Díke*, chegou-se, com degeneração da humanidade, à Idade do Ferro em que triunfou por fim a *Hýbris*.

Dada essa ideia de conjunto, tomando ainda por guias o supracitado estudo de Jean-Pierre Vernant, Paul Mazon[22] e, principalmente, os textos do próprio Hesíodo, tentaremos apresentar um ligeiro comentário a cada uma das *Cinco Idades*.

a) *Idade de Ouro*. Os homens mortais da Idade de Ouro foram criados pelos próprios Imortais do Olimpo, durante o reinado de Crono. Viviam como deuses e como reis, tranquilos e em paz. O trabalho não existia, porque a terra *espontaneamente* produzia tudo para eles. Sua raça denomina-se de *ouro*, porque o *ouro* é o símbolo da realeza. Jamais envelheciam e sua morte assemelhava-se a um sono profundo. Após deixarem esta vida, recebiam o *basíleion guéras*, quer di-

---

21. Religiosamente, já estamos bem distantes de Homero. Em Hesíodo, embora Zeus cumpra seus desígnios, o homem tem possibilidade de escolher entre o *bem* (o trabalho, a *Díke*) e o *mal* (a inércia, a violência, a "Hýbris").

22. MAZON, Paul. *Hésiode*. Paris: Les Belles Lettres, 1947, passim.

zer, o privilégio real, tornando-se *daímones epikhthónioi*, intermediários aqui mesmo na terra entre os deuses e seus irmãos viventes. Esse *basíleion guéras* tem uma conotação toda especial, quando se leva em conta que os *daímones epikhthónioi*, esses grandes intermediários, assumem em "outra vida" as duas funções que, segundo a concepção mágico-religiosa da realeza, definem a virtude benéfica de um bom rei: como *phýlakes*, como guardiães dos homens, velam pela observância da justiça e, como *plutodótai*, como dispensadores de riquezas, favorecem a fecundidade do solo e dos rebanhos. Curioso é que Hesíodo emprega as mesmas expressões, que definem os "reis" da *Idade de Ouro*, para qualificar os "reis" justos do seu século. Os homens da Idade de Ouro vivem *hós theoí*, como deuses; os reis justos do tempo do poeta, quando avançam pela assembleia e, por meio de suas palavras mansas e sábias, fazem cessar a *hýbris*, o descomedimento, são saudados como *theòs hós*, como um deus. E assim como a terra, à época da *Idade de Ouro*, era fecunda e generosa, igualmente a cidade, sob o governo de um rei justo, floresce em prosperidade sem limites. Ao contrário, o rei que não respeita o que simboliza seu *sképtron*, o seu cetro, afastando-se pela *Hýbris* do caminho que conduz à *Díke*, transforma a cidade em destruição, calamidade e fome. É que, por ordem de Zeus, *trinta mil imortais invisíveis* (que são os próprios *daímones epikhthónioi*) vigiam a piedade e a justiça dos reis. Nenhum deles, que se tenha desviado da *Díke*, deixará de ser castigado mais cedo ou mais tarde pela própria *Díke*.

b) *Idade de Prata*. Foram mais uma vez os deuses os criadores da raça de prata[23], que é também um metal precioso, mas inferior ao ouro. À soberania piedosa do rei da Idade de Ouro fundamentada na *Díke* opõe-se uma "Hýbris louca". Tal *Hýbris*, porém, nada tem a ver com a *Hýbris* guerreira: os homens da Idade de Prata mantêm-se afastados tanto da guerra quanto dos labores campestres. Essa *Hýbris*, esse descomedimento, é uma *asébeia*, uma impiedade, uma *adikía*, uma injustiça de caráter puramente religioso e teológico, uma vez que os "reis" da raça

---

23. Apesar de criados pelos Imortais do Olimpo, os homens da *Idade de Prata* são bem inferiores a seus predecessores. Durante *cem anos* permaneciam como crianças ao lado da mãe. Tão logo atingiam a adolescência, tinham *poucos anos* de vida e sofriam, por causa de seu descomedimento, "mil castigos" (*Trab.*, 130-134).

de prata se negam a oferecer sacrifícios aos deuses e a reconhecer a soberania de Zeus, senhor da *Díke*. Exterminados por Zeus, os homens da raça de prata recebem, no entanto, após o castigo, honras menores é verdade, mas análogas às tributadas aos homens da Idade de Ouro: tornam-se *daímones hypokhthónioi*, intermediários entre os deuses e os homens, mas agindo *de baixo para cima*, na outra vida. Além do mais, os mortais da raça argêntea apresentam fortes analogias com os Titãs: o mesmo caráter, a mesma função, o mesmo destino. Orgulhosos e prepotentes, mutilam a seu pai Úrano e disputam com Zeus o poder sobre o universo. *Reis*, pois que *Titán* em grego, em etimologia popular, aproxima-se de *Títaks*, rei, e *Titéne*, rainha, os Titãs têm por vocação o poder. Face a Zeus, todavia, que representa para Hesíodo a soberania da ordem, da *Díke*, aqueles simbolizam o mando e a arrogância da desordem e da *Hýbris*. De um lado, portanto, estão Zeus e os homens da Idade de Ouro, projeções do *rei justo*; de outro, os Titãs e os homens da Idade de Prata, símbolos de seu contrário. Na realidade, o que se encontra no relato das duas primeiras Idades é a estrutura mesma dos mitos hesiódicos da soberania.

c) *Idade de Bronze*. Os homens da raça de bronze, consoante Hesíodo, foram criados por Zeus, mas sua matriz são os *freixos*, símbolo da guerra, como diz o poeta:

> *Filha dos freixos, era terrível e poderosa,*
> *bem diferente da raça de prata:*
> *aspirava tão-só aos trabalhos de Ares,*
> *fontes de dor, e ao descomedimento.*

(*Trab.*, 145-146)

Trata-se aqui da *Hýbris* militar, da violência bélica, que caracteriza o comportamento do homem na guerra. Assim, do plano religioso e jurídico se passou às manifestações da força bruta e do terror. Já não mais se cogita de justiça, do justo ou do injusto, ou de culto aos deuses. Os homens da Idade de Bronze pertencem a uma raça que não come pão, quer dizer, são de uma Idade que não se ocupa com o trabalho da terra. Não são aniquilados por Zeus, mas sucumbem na guerra, uns sob os golpes dos outros, domados "por seus próprios braços", isto é, por sua própria força física. O próprio epíteto da Idade a que pertencem esses homens violentos tem um sentido simbólico. Ares, o deus da guerra, é chamado por Homero na

Ilíada (VII, 146) de *khálkeos*, isto é, "de bronze". No pensamento grego, o *bronze*, pelas virtudes que lhe são atribuídas, sobretudo por sua eficácia *apotropaica*, está vinculado ao poder que ocultam as armas defensivas: couraça, escudo e capacete. Se o brilho metálico do bronze reluzente infunde terror ao inimigo, o som do bronze entrechocado, essa *phoné*, essa voz, que revela a natureza de um metal animado e vivente, rechaça os sortilégios dos adversários. A par das armas defensivas, existe uma ofensiva também estreitamente ligada à índole e à origem dos guerreiros da Idade de Bronze. Trata-se da *lança* ou *dardo* confeccionado de madeira especial, a *melía*, isto é, o "freixo". E não foi do *freixo* que nasceram, segundo Hesíodo, os homens da Idade de Bronze? As ninfas *Mélias* ou *Melíades*, nascidas do sangue de Úrano, estão intimamente unidas a essas árvores "de guerra" que se erguem até o céu como lanças, além de se associarem no mito a seres sobrenaturais que encarnam a figura do guerreiro. Jean-Pierre Vernant[24] faz uma aproximação muito feliz do gigante Talos com os homens da raça de bronze. Esse *Talos*, guardião incansável da ilha de Creta, nascera de um *freixo* (*melía*) e tinha o corpo todo de *bronze*. Como Aquiles, era o gigante cretense dotado de uma invulnerabilidade condicional, que somente a magia de Medeia foi capaz de destruir[25]. Os Gigantes, "a cuja família" pertence Talos, representam uma confraria militar, dotada de uma invulnerabilidade condicional e em estreita relação com as ninfas Mélias ou Melíades. Na *Teogonia* (184-187) o poeta relata como Geia, recebendo o sangue de Úrano, castrado por Crono, "gerou os grandes Gigantes de armas faiscantes (porque eram de bronze), que têm em suas mãos compridas lanças (de *freixo*) e as ninfas que se chamam Mélias".

Assim, entre a *lança*, atributo militar, e o *cetro*, atributo real da justiça e da paz, há uma diferença grande de valor e de nível. A lança há que submeter-se ao cetro. Quando isto não acontece, quando essa hierarquia é quebrada, a lança confunde-se com *a Hýbris*. Normalmente para o guerreiro, tributário da violên-

---

24. VERNANT, Jean-Pierre. Op. cit., p. 32s.

25. *Talos* é uma personagem do mito egeu, uma espécie de robô de bronze, encarregado por Minos ou Zeus de vigiar dia e noite a ilha de Creta. Era invulnerável, exceto na parte inferior da perna, onde se encontrava uma pequena veia, fechada por uma cavilha. Medeia, com seus sortilégios, conseguiu dilacerar a veia e Talos morreu.

cia, a *Hýbris* dele se apodera, por estar voltado inteiramente para a lança. É o caso típico, entre outros, de Ceneu[26], o "lápita da lança", dotado como Talos, Aquiles e os Gigantes[27] de uma invulnerabilidade condicional como todos os que passaram pela iniciação guerreira. Ceneu fincava sua lança sobre a praça pública, rendia-lhe um culto e obrigava a todos que por ali passassem a tributar-lhe honras divinas. Filhos da lança, indiferentes à *Díke* e aos deuses, os homens da raça de bronze, como os Gigantes, após a morte, foram lançados no Hades por Zeus, onde se dissiparam no anonimato da morte.

d) *Idade dos Heróis.* A quarta Idade é a dos heróis, criados por Zeus, uma "raça mais justa e mais brava, raça divina dos heróis, que se denominam semideuses" (*Trab.*, 158-160). Lendo-se, com atenção o que diz Hesíodo acerca dos heróis, nota-se logo que os mesmos formam dois escalões: os que, como os homens da Idade de Bronze, se deixaram embriagar pela *Hýbris*, pela violência e pelo desprezo pelos deuses e os que, como guerreiros justos, reconhecendo seus limites, aceitaram submeter-se *à* ordem superior da *Díke*. Um exemplo bem claro desses dois escalões antitéticos é a tragédia de Ésquilo *Os Sete contra Tebas*: em cada uma das sete portas ergue-se um *herói* mordido pela *Hýbris*, que, como um Gigante, profere contra os imortais e contra Zeus terríveis impropérios; a este se opõe outro herói, "mais justo e mais bravo", que temperado pela *sophrosýne*, pela prudência, respeita tudo quanto representa um valor sagrado. O primeiro escalão, os heróis da *Hýbris*, após a morte, são como os da Idade de Bronze, lançados no Hades, onde se tornam *nónymoi*, mortos anônimos; o segundo, os heróis da *Díke*, recebem como prêmio, já se frisou, a Ilha dos Bem-Aventurados, onde viverão para sempre como deuses imortais.

---

26. *Ceneu*, o lápita da lança, primeiro foi mulher com o nome de Cênis e amada por Posídon, a quem pediu fosse transformada num homem invulnerável. O deus atendeu-lhe a ambos os pedidos, mas a invulnerabilidade era condicional. Sob sua nova forma, lutou contra os Centauros, que lhe descobriram o ponto vulnerável: esmagaram-no sob um monte de pedras. Acrescente-se que a iniciação guerreira implica real ou aparentemente em mudança de sexo, como aconteceu com Aquiles, Ceneu e igualmente Héracles, quando foi comprado pela rainha da Lídia, Ônfale.

27. Os *Gigantes* só eram invulneráveis quando não atacados simultaneamente por um deus e um mortal. Com a ajuda de Héracles e suas flechas, Zeus e outros imortais os liquidaram. Diga-se, de passagem, que entre os mortais e os imortais há o escalão dos *makróbioi*, dos que têm uma longa vida, como os Gigantes e as Ninfas, mas não são imortais.

Acontece, todavia, que no mito da soberania, com a implantação, após uma luta árdua e difícil, do reino de Zeus, existe uma categoria de seres sobrenaturais que muito se assemelham aos heróis bravos, mas justos: trata-se dos *Hecatonquiros*, que, num momento em que a vitória era incerta, ajudaram Zeus a derrotar os Titãs. O pai dos deuses e dos homens, aliás, antes do combate decisivo, os recompensou com a imortalidade, dando-lhes o néctar e a ambrosia, como premiara a *sophrosýne* e a *Díke*, a prudência e o respeito à justiça de um grupo de heróis, com a Ilha dos Bem-Aventurados. Claro que o gesto de Zeus para com os Hecatonquiros não deixa de ter uma intenção política, mas, a partir daí, recorrendo aos guerreiros, aos militares, o deus da *Díke* associa para sempre a função guerreira à soberania. A partir de então, o cetro terá que apoiar-se na lança.

Sólon, no fragmento que transcrevemos na p. 159, deixa claro que realizou sua reforma "apoiando a força na justiça". Mas, como Hesíodo é bem mais *poietés*, é *uates*, é adivinho, antecipou-se a Sólon de mais de um século!

e) *Idade de Ferro*. Comecemos pelas próprias palavras do poeta:

> *Oxalá não tivesse eu que viver entre os homens da quinta Idade:*
> *melhor teria sido morrer mais cedo ou ter nascido mais tarde,*
> *porque agora é a Idade de Ferro...*

(*Trab.*, 174-176)

Logo na introdução com a narrativa das duas *lutas*, a partir do verso 11, e no fecho do mito de *Prometeu* e *Pandora*, verso 106, Hesíodo nos dá um panorama da Idade de Ferro: doenças, a velhice e a morte; a ignorância do amanhã e as incertezas do futuro; a existência de Pandora, a mulher fatal, e a necessidade premente do trabalho. Uma junção de elementos tão díspares, mas que o poeta de Ascra distribui num quadro único. As duas *Érides*, as duas *lutas*, se constituem na essência da Idade de Ferro:

> *Na verdade, não existe apenas uma espécie de luta:*
> *na terra existem duas.*
> *Uma será exaltada por quem a compreender,*
> *a outra é condenável. É que elas são contrárias entre si:*
> *uma, cruel, é causa de que se multipliquem*
> *as guerras e as discórdias funestas.*

Nenhum mortal a estima, mas, forçados pela vontade
dos Imortais, os homens prestam um culto a esta luta perversa.
A outra, mais velha, nasceu da Noite tenebrosa,
e Zeus, em seu elevado trono no éter, colocou-a
nas raízes do mundo e fê-la bem mais proveitosa para os homens.
Esta arrasta para o trabalho até mesmo os indolentes,
porque o ocioso, quando olha para um outro, que se tornou rico,
rapidamente busca o trabalho, procura plantar
e fazer prosperar seu patrimônio:
o vizinho inveja o vizinho que se apressa em enriquecer.
Esta luta é salutar aos mortais: o oleiro inveja
ao oleiro, o carpinteiro ao carpinteiro;
o pobre tem ciumes do pobre e o aedo do aedo.

(*Trab.*, 11-26)

A causa de tudo foi, já se disse, o desafio a Zeus por parte de Prometeu e o envio de Pandora. Desse modo, o mito de Prometeu e Pandora forma as duas faces de uma só moeda: a miséria humana na Idade de Ferro. A necessidade de sofrer e batalhar na terra para obter o alimento é igualmente para o homem a necessidade de gerar através da mulher, nascer e morrer, suportar diariamente a angústia e a esperança de um amanhã incerto. É que a Idade de Ferro tem uma existência ambivalente e ambígua, em que o bem e o mal não estão somente amalgamados, mas ainda são solidários e indissolúveis. Eis aí por que o homem, rico de misérias nesta vida, não obstante se agarra a Pandora, "o mal amável", que os deuses ironicamente lhe enviaram. Se este "mal tão belo" não houvesse retirado a tampa da jarra, em que estavam encerrados todos os males, os homens continuariam a viver como antes, "livres de sofrimento, do trabalho penoso e das enfermidades dolorosas que trazem a morte" (*Trab.*, 90-92). As desgraças, porém, despejaram-se pelo mundo; resta, todavia, a Esperança, pois afinal a vida não é apenas infortúnio: compete ao homem escolher entre o bem e o mal. Pandora é, pois, o símbolo dessa ambiguidade em que vivemos. Em seu duplo aspecto de *mulher* e de *terra*, Pandora expressa a função da fecundidade, tal qual se manifesta na Idade de Ferro na produção de alimentos e na reprodução da vida, já não existe mais a abundância espontânea da Idade de Ouro; de agora em diante é o homem quem deposita a sua semente (*spérma*) no seio da mulher, como o agricultor a introduz penosamente nas entranhas da terra. Toda riqueza adquirida tem, em contrapartida, o seu preço. Para a Idade de Ferro a *terra* e a *mulher* são simultaneamente princípios de fecundidade e potências de destruição: consomem a energia do homem, destruindo-lhe, em consequência, os esforços; "esgotam-no, por mais vigoroso que seja" (*Trab.*, 704-705), entregando-o à velhice e à morte, "ao depositar no ventre de ambas" (*Teog.*, 599) o fruto de sua fadiga.

Mergulhado nesse universo ambíguo, o agricultor do século de Hesíodo terá fatalmente que escolher entre as duas *Érides*, as duas lutas: uma, que o incita ao trabalho e à *Díke*, fonte de muito esforço e fadiga, mas também de justiça e prosperidade; a outra, que o arrasta para a ociosidade e a *Hýbris*, origem da pobreza, da violência, da mentira e da injustiça.

A conclusão a que se pode chegar, após o estudo evolutivo das Cinco Idades, é a de que o poeta modelou a evolução humana de modo inverso daquele que presidiu à evolução divina. Se da *Idade de Ouro* a humanidade se degenerou até atingir o extremo quase insuportável da *Idade de Ferro*, em que reina a *Hýbris*, a sociedade divina, ao revés, como veremos nos capítulos seguintes, partindo do *Caos*, elevou-se até *Zeus*, que para Hesíodo personifica a *Díke*, a Justiça.

7

Para concluir este capítulo sobre Hesíodo, vamos dizer uma palavra sobre a *escatologia* e a *Díke* nos *Trabalhos e Dias*.

A escatologia, parece, já está definida no próprio estudo que se fez de cada uma das *Cinco Idades*. Vamos apenas recapitular e esquematizar os fatos.

Nas Idades de Ouro e Prata, o destino final do homem é tornar-se respectivamente *daímon epikhthónios* ou *hypokhthónios*, isto é, a psiqué, *sobre* ou *sob* a terra, passa a funcionar como espírito intermediário entre os deuses e os homens. Trata-se, por conseguinte, de uma promoção.

Exatamente o contrário sucede com os homens da Idade de Bronze e a maioria dos heróis da Idade que tem seu nome: após a morte, são lançados no Hades, onde, semelhantes à fumaça, se convertem em *mortos anônimos*, sem direito a honras ou a culto, por parte dos vivos. Hesíodo não fala em penas, em tormentos, mas só pelo fato de se transformarem em mortos anônimos, sem nenhum direito a culto, fica subentendido que "essas sombras" nada mais são que uma fumaça esquiva, o que se constitui, para o pensamento grego, no maior dos castigos, o *deixar de ser*. Os heróis, porém, amantes da *Díke*, terão como recompensa eterna a Ilha dos Bem-Aventurados.

A respeito da quinta Idade, a de ferro, o poeta se cala a respeito do além. Tem-se a impressão, salvo engano, de que o paraíso e o inferno da *Idade de Ferro*, que será, além do mais, prolongada por criaturas ainda piores, estão aqui mesmo: os que se dedicam ao trabalho, à justiça e ao respeito aos deuses, terão seus celeiros cheios e uma vida farta e tranquila. Seu paraíso, sua Ilha dos Bem-Aventurados, é uma tríplice colheita anual. Os que se embriagarem da *Hýbris*, do descomedimento, da injustiça e da ociosidade serão escravos da fome e da miséria[28].

Quanto à justiça, o assunto é bem mais sério. A *Díke* em Hesíodo e em seu universo religioso ocupa um lugar de destaque. Transformada em divindade poderosa, como filha de Zeus, é respeitada e venerada por todos os Imortais. A razão central dessa verdadeira entronização da justiça deve ser buscada nos graves fatos sociais, já sintetizados páginas atrás, que agitaram os séculos VIII e VII a.C., quando os "reis", os Eupátridas, donos da *pólis* e das melhores glebas, porque só eles tinham meios de defendê-las, apossaram-se de todo o resto: religião, leis, sacerdócio... É contra esse estado de coisas que se levanta também a voz de Hesíodo, em nome da *Díke*, que é a vontade de Zeus. Desejando instruir e orientar seu irmão Perses, dominado pela *Hýbris*, pelo descomedimento, pela violência e pela inércia, o poeta se volta ainda para admoestar os "reis": deles não se exige trabalho, mas que solucionem com justiça as querelas e arbitrem corretamente os processos. E parece que essa justiça era tão rara, que, ao entrar na assembleia um "rei" justo, era saudado, segundo se mostrou, *theòs hós*, como um

---

28. Pode-se claramente observar a diferença entre a escatologia homérica e a hesiódica, mas ambas estão ainda muito distantes da verdadeira escatologia grega, que se iniciará com os *Órficos* (V. *Dicionário mítico-etimológico*, verbete Escatologia).

deus... Não foi em vão que, à época de Hesíodo, a Vergonha e a Justiça fugiram para o céu!

Logo na *Invocação* do poema, como desejando mostrar a força de Zeus, senhor da *Díke*, canta o poeta, exaltando a justiça divina:

> *Facilmente Zeus concede a força e facilmente destrói o forte,*
> *facilmente humilha o soberbo e exalta o humilde,*
> *facilmente corrige as almas torcidas e esmaga o orgulhoso,*
> *Zeus que troveja nas alturas e habita as sublimes mansões.*
> *Ouve minha voz, olha, escuta, que a justiça guie tuas decisões.*
> *De minha parte, quero dizer a Perses palavras verdadeiras.*
>
> (*Trab.*, 5-10)

E, se Hesíodo quer dizer ao irmão a verdade, o melhor é começar pelo apelo à justiça e à prudência:

> *Mas tu, Perses, ouve a justiça, não deixes crescer*
> *o descomedimento. O descomedimento é funesto para*
> *os pobres e até o poderoso tem dificuldade em suportá-lo*
> *e seu peso o esmaga, quando a desgraça se encontra*
> *em seu caminho. É preferível seguir outro rumo, que,*
> *passando do outro lado, conduz às obras da justiça.*
> *A justiça triunfa do descomedimento, quando*
> *é chegada sua hora: o tolo aprende, sofrendo.*
>
> (*Trab.*, 213-218)

Mas Hesíodo não deseja que a justiça seja praticada apenas por Perses, mas também e sobretudo por aqueles que têm a função de aplicá-la. Estes, infelizmente, se deixam, não raro, subornar, a ponto de provocar a presença do *Horco*, o juramento, e de se ouvirem os clamores e os soluços da própria justiça:

> *De imediato o juramento se apresenta em perseguição*
> *às sentenças torcidas, elevam-se os clamores da Justiça*
> *sobre o caminho por onde a arrastam os reis comedores*
> *de presentes, que fazem justiça à força de sentenças torcidas.*
> *Ela os segue chorando sobre a cidade e ás habitações*
> *dos homens, que a expulsaram e aplicaram sem critério.*
>
> (*Trab.*, 219-224)

Ao contrário de Homero, em que uma personagem humilde e deformada como Tersites, pelo fato de ter criticado os grandes, foi surrado por Ulisses e ridicularizado pelo poeta, Hesíodo levanta corajosamente sua voz contra os prepotentes e corruptos do século VIII a.C., ameaçando-os em nome de Zeus:

> *Reis, meditai também acerca desta justiça, porque Imortais*
> *estão aqui, perto de vós, misturados aos homens.*
> *Eles observam todos aqueles que, por suas sentenças*
> *torcidas, prejudicam ora um, ora outro, sem se preocupar*
> *com o temor dos deuses. São trinta mil Imortais, que sobre*
> *a terra nutridora, em nome de Zeus, guardam os mortais,*
> *vestidos de bruma, percorrendo a terra inteira,*
> *observando-lhes as sentenças e as más ações.*
>
> (*Trab.*, 248-255)

E oito versos mais abaixo, Hesíodo, "o profeta do trabalho e da justiça"[29], como apropriadamente lhe chamou Nilsson, apela aos "reis", já agora em nome do povo injustiçado:

> *Meditai sobre isto, reis comedores de presentes,*
> *sede justos em vossos julgamentos e renunciai*
> *para sempre às sentenças torcidas.*
>
> (*Trab.*, 263-264)

> *É preciso que o povo pague pela loucura desses reis*
> *que, com tristes desígnios, falsificam seus decretos*
> *com fórmulas torcidas.*
>
> (*Trab.*, 260-262)

No século do poeta, no entanto, o que lamentavelmente vigorava era a *lei do mais forte*. Para elucidá-la, Hesíodo conta o apólogo do "gavião" e do "rouxinol". Não faz comentários sobre o mesmo e nem era necessário: o "rouxinol-cantor" é o próprio poeta e o "gavião", ave de rapina, são os "reis comedores de presentes":

> *Agora, aos reis, embora sábios, contarei uma história.*
> *Eis o que o gavião disse ao rouxinol de pescoço pintado,*

---

29. NILSSON, Martin P. Op. cit., p. 47.

enquanto o transportava lá no alto, no meio das nuvens,
preso em suas garras. O rouxinol, traspassado lastimavelmente
pelas garras aduncas, gemia, mas o gavião brutalmente lhe diz:
"Miserável, por que gritas? Pertences ao mais forte que tu.
Irás para onde eu te conduzir, por melhor cantor que sejas:
de ti farei meu jantar, se assim o quiser,
ou te deixarei em liberdade" [...]

(*Trab.*, 202-209)

Face à opressão dos ricos contra os pobres, Hesíodo defende a dignidade da pessoa humana:

Jamais injuries um homem amaldiçoado pela pobreza,
que corrói a alma: a pobreza é um dom dos deuses imortais.

(*Trab.*, 717-718)

Pacifista, o poeta é um verdadeiro arauto da não-violência:

Ouve agora a justiça, esquece a violência para sempre.

(*Trab.*, 275)

Os exemplos poderiam multiplicar-se, mas o que se desejou ratificar e comprovar foi o estado lamentável da sociedade grega do século VIII a.C., em que a opressão dos Eupátridas, os "reis comedores de presentes", transformara o povo em "rouxinóis". De outro lado, o poeta-camponês quis mostrar o verdadeiro conceito da *Díke*, que, tanto para os "reis", como para o agricultor, deve sempre se exercer em função da *Éris*, isto é, da emulação, que é boa ou má. A *Díke* real consiste em apaziguar com justiça as querelas, em arbitrar os conflitos provocados pela *Éris* má. A *Díke* do agricultor consiste em fazer da *Éris* virtude, deslocando a luta e a emulação da guerra para o trabalho do campo. Assim compreendida, a *Éris*, em lugar de destruir, constrói, em vez de semear ruínas, é portadora de fecunda abundância.

É provável que, como "poeta e profeta", Hesíodo tenha se antecipado a seu século. Seu sonho teria ou terá que esperar por muito tempo. Não importa. Hesíodo, como bem mais tarde Eurípides, talvez tenha sonhado com um mundo onde as injustiças, a opressão e a dor não se justificam mais. Sonho? Certamente, mas com certa confiança. Afinal, na jarra, bem junto à tampa, ficaram presos os dois olhinhos verdes de Pandora: a *Esperança*.

Capítulo IX
A primeira fase do Universo: do Caos a Pontos

1

Sem deixar de lado o épico com Homero e, bem mais tarde, com Apolônio de Rodes (século III a.C.) e seu importante poema de cunho mitológico, *Argonáuticas*; sem esquecer o lírico, sobretudo com Píndaro (século VI-V a.C.); sem omitir o dramático, com Ésquilo (século VI-V a.C.), Sófocles e Eurípides (século V a.C.); sem menosprezar a arte figurada e a obra importante de Pausânias (século II d.C.), *Descrição da Grécia*, com suas inúmeras digressões míticas; sem preterir o poeta latino Ovídio (século I a.C.-I d.C.) e suas *Metamorfoses*, porque todos nos servirão de referencial, mercê da importância dos mesmos para um estudo do mito grego, vamos, no entanto, tomar como base e ponto de partida as duas obras didáticas de Hesíodo, *Teogonia* e *Trabalhos e Dias*.

Se também desejamos ser didático e o mais claro possível (se é que se pode ser claro, escrevendo sobre *mito*!), tínhamos fatalmente, nessa tentativa de "ordenar" a mitografia grega, que começar por Hesíodo. Afinal, foi ele o primeiro a enfeixar e ordenar em genealogias a desordem caótica em que viviam os mitologemas da Hélade.

Empreenderemos, pois, uma longa viagem com o poeta de Ascra. Iniciando com ele pelo *Caos* e pela *Têmis*, a justiça divina, tentaremos chegar, se não à Idade de Ouro, ao menos a *Zeus*, à *Dique*, à justiça dos homens. Do Caos à luz, da Têmis à Dique, eis o espaço que pretendemos preencher.

A obra de Hesíodo, em seu conjunto, é, a nosso ver, um sonho também político: partindo da aristocracia opressora de seu tempo, desejou ver o triunfo de Zeus, símbolo da justiça dos homens. O ideal político do grande poeta beócio, que ele simbolizou com a evolução religiosa, foi uma aspiração por longo tempo adiada. Sólon, Efialtes, Clístenes e Péricles viriam bem depois, mas a luz da democracia deve pelo menos ao poeta o ter sonhado e lutado por ela.

Comecemos, pois, pelo *Caos*.

2

CAOS – No princípio era o *Caos*. Caos, em grego Χάος (Kháos), do verbo χαιείν (khaíein), abrir-se, entreabrir-se, significa abismo insondável[1]. Ovídio chamou-o *rudis indigestaque moles* (*Met.*, 1,7), massa informe e confusa. Consoante Jean Chevalier e Alain Gheerbrant, o *Caos* é "a personificação do vazio primordial, anterior à criação, quando a ordem ainda não havia sido imposta aos elementos do mundo"[2]. No Gênesis 1,2, diz o texto sagrado:

A terra, porém, estava informe e vazia, e as trevas cobriam a face do abismo, e o Espírito de Deus movia-se sobre as águas. Trata-se do Caos primordial, antes da criação do mundo, realizada por Javé, a partir do nada. Na cosmogonia egípcia, o Caos é uma energia poderosa do mundo informe, que cinge a criação ordenada, como o oceano circula a terra. Existia antes da criação e coexiste com o mundo formal, envolvendo-o como uma imensa e inexaurível reserva de energias, nas quais se dissolverão as formas nos fins dos tempos. Na tradição chinesa, o Caos é o espaço homogêneo, anterior à divisão em quatro horizontes, que ·equivale à criação do mundo. Esta divisão marca a passagem ao diferenciado e a possibilidade de orientação, constituindo-se na base de toda a organização do cosmo. Estar desorientado é *entrar no Caos*, de onde não se pode sair, a não ser pela intervenção de um *pensamento ativo*, que atua energeticamente no elemento primordial.

---

1. FRISK, Hjalmar. Op. cit., verbete.

2. CHEVALIER, Jean & GHEERBRANT, Alain. Op. cit., p. 206s.

Do *Caos* grego, dotado de grande energia prolífica, saíram Geia, Tártaro e Eros.

GEIA, em grego Γαῖα (Gaîa), cuja etimologia ainda se desconhece, é a Terra, concebida como elemento primordial e deusa cósmica, diferenciando-se assim, teoricamente, de Deméter, a terra cultivada. Geia se opõe, simbolicamente, como *princípio passivo* ao *princípio ativo*; como *aspecto feminino* ao *masculino* da manifestação; como obscuridade à luz; como *Yin* ao *Yang*; como *anima* ao *animus*; como densidade, fixação e condensação à natureza sutil e volátil, isto é, à dissolução. Geia *suporta*, enquanto Úrano, o Céu, a *cobre*. Dela nascem todos os seres, porque Geia é mulher e mãe. Suas virtudes básicas são a doçura, a submissão, a firmeza cordata e duradoura, não se podendo omitir a *humildade*, que, etimologicamente, prende-se a *humus*, "terra", de que o *homo*, "homem", que igualmente provém de *humus*, foi modelado. Ela é a fêmea penetrada pela charrua e pelo arado, fecundada pela chuva ou pelo sangue, que são o *spérma*, a semente do Céu. Como *matriz*, concebe todos os seres, as fontes, os minerais e os vegetais. Geia simboliza a função materna: é a *Tellus Mater*, a Mãe-Terra. Concede e retoma a vida. Prostrando-se ao solo, exclama Jó 1,21: *Nu saí do ventre de minha mãe; nu para lá retornarei.* *Revertere ad locum tuum*, volta a teu lugar, é um lembrete que alguns cemitérios gostam de estampar. "Rasteja para a terra, tua mãe" (*Rig Veda*, X, 18,10), diz o poeta védico ao morto. Assimilada à mãe, a Terra é símbolo de fecundidade e de regeneração, como escreveu Ésquilo nas *Coéforas*, 127-128:

> *A própria Terra que, sozinha, gera todos os seres,*
> *alimenta-os e depois recebe deles novamente o gérmen fecundo.*

Consoante a Teogonia, 126s, a própria Geia gerou a Úrano, que a cobriu e deu nascimento aos deuses. Esta primeira hierogamia, quer dizer, casamento sagrado, foi imitada pelos deuses, pelos homens e pelos animais. Como origem e matriz da vida, Geia recebeu o nome de *Magna Mater*, a Grande Mãe. Guardiã da semente e da vida, em todas as culturas sempre houve "enterros" simbólicos, análogos às imersões batismais, seja com a finalidade de fortalecer as energias ou curar, seja como rito de iniciação. De toda forma, esse *regressus ad uterum*, essa descida ao útero da terra, tem sempre o mesmo significado religioso: a regeneração pelo contato com as energias telúricas; morrer para uma forma de vida, a fim de renascer para uma vida nova e fecunda. É por isso que nos Mistérios de

Elêusis se efetuava uma κατάβασις εἰς ἄντρον (katábasis eis ántron), uma descida à caverna, onde se dava um novo nascimento. Para vencer o gigante Anteu, Héracles teve que segurá-lo no ar e sufocá-lo, já que o monstro readquiria todas as suas forças e energias, cada vez que tocava a Terra, sua mãe. *Mater*, mãe, tem a mesma raiz que *materia*, "madeira": pois bem, quando se quer atrair a sorte ou afastar o azar, bate-se três vezes na *materia*, na madeira, isto é, na *mater*, na mãe, detentora das grandes energias e de um *mana* poderoso.

TÁRTARO, em grego Τάρταρος (Tártaros), de etimologia desconhecida, até o momento, é o local mais profundo das entranhas da terra, localizado muito abaixo do próprio Hades. A distância que separa o Hades do Tártaro é a mesma que existe entre Geia, a Terra, e Úrano, o Céu. Um pouco mais tarde, quando o Hades foi dividido em três compartimentos, *Campos Elísios*, local onde ficavam por algum tempo os que pouco tinham a purgar, *Érebo*, residência também temporária dos que muito tinham a sofrer, o *Tártaro* se tornou o local de suplício permanente dos grandes criminosos, mortais e imortais. Na *Ilíada*, VIII, 13ss, porém, quando Zeus proíbe os Imortais de se imiscuírem nas batalhas entre aqueus e troianos, e ameaça lançar os recalcitrantes nas profundezas do Tártaro, observa-se que este é perfeito sinônimo de Hades, aonde iam ter, para todo o sempre, sem prêmio nem castigo, todas as almas. A divisão do Hades em compartimentos é pós-homérica.

Em Hesíodo a ideia de permanência eterna na outra vida já parece também existir, pelo menos para alguns deuses e mortais: lá foram lançados os Titãs e as almas dos homens da Idade de Bronze. Os Ciclopes tiveram mais sorte: duas vezes lançados no Tártaro, duas vezes de lá foram libertados, o que demonstra que para algumas divindades o Tártaro podia funcionar apenas como prisão temporária, ao menos até Hesíodo. Seja como for, é no Tártaro que as diferentes gerações divinas lançam sucessivamente seus inimigos, como os Ciclopes e depois os Titãs.

EROS, em grego Ἔρως (Éros), significa desejo incoercível dos sentidos. Personificado, é o deus do amor. O mais belo entre os deuses imortais, segundo Hesíodo, Eros dilacera os membros e transtorna o juízo dos deuses e dos homens. Dotado, como não poderia deixar de ser, de uma natureza vária e mutável, o mito do deus do amor evoluiu muito, desde a era arcáica até a época alexandrina e romana, isto é, do século IX a.C. ao século VI d.C. Nas mais antigas teogonias, como se viu em Hesíodo, Eros nasceu do Caos, ao mesmo tempo em que Geia e Tártaro. Numa variante da cosmogonia órfica, o Caos e Nix (a Noite) estão na origem do mundo: Nix põe um *ovo*, de que nasce Eros, enquanto Úrano e Geia se formam das duas metades da casca partida. Eros, no entanto, apesar de suas múltiplas genealogias, permanecerá sempre, mesmo à época de seus disfarces e novas indumentárias da época alexandrina, a força fundamental do mundo. Garante não apenas a continuidade das espécies, mas a coesão interna do cosmo. Foi exatamente sobre este tema que se desenvolveram inúmeras especulações de poetas, filósofos e mitólogos. Para Platão, no *Banquete*, pelos lábios da sacerdotisa Diotima, Eros é um *demônio*[3], quer dizer, um intermediário entre os deuses e os homens e, como o deus do Amor está a meia distância entre uns e outros, ele preenche o vazio, tornando-se, assim, o elo que une o Todo a si mesmo. Foi contra a tendência generalizada de considerar Eros como um grande deus que o filósofo da Academia lhe atribuiu nova genealogia. Consoante Diotima, Eros foi concebido da união de *Póros* (Expediente) e de *Penía* (Pobreza), no Jardim dos Deuses, após um grande banquete, em que se celebrava o nascimento de Afrodite. Em face desse parentesco tão díspar, Eros tem caracteres bem definidos e significativos: sempre em busca de seu *objeto*, como *Pobreza* e "carência", sabe, todavia, arquitetar um plano, como *Expediente*, para atingir o objetivo, "a plenitude". Assim, longe de ser um deus todo-poderoso, Eros é uma força, uma ἐνέργεια (enérgueia), uma "energia", perpetuamente insatisfeito e inquieto: uma *carência* sempre em busca de uma *plenitude*. Um *sujeito* em busca do *objeto*.

Com o tempo, surgiram várias outras genealogias: umas afirmam ser o deus do Amor filho de Hermes e Ártemis ctônia ou de Hermes e Afrodite urânia, a Afrodite dos amores etéreos; outras dão-lhe como pais Ares e Afrodite, enquan-

---

3. *Demônio*, em grego δαιμόνιον (daimónion), significa deus, divindade, deus de categoria inferior, destino, como por vezes aparece em Homero; gênio tutelar, intermediário entre os deuses e os mortais, como as almas dos homens da Idade de Ouro; voz interior que fala ao homem, guia-o, aconselha-o, como o *demônio* que inspirava Sócrates. Em princípio, portanto, *demônio* não tem conotação alguma pejorativa, como o "diabo". Com o sentido de Satanás, demônio não é documentado no *Antigo Testamento*. Ao que parece, com a acepção que hodiernamente se lhe atribui, o "demônio" surgiu a partir dos *Septuaginta* (séc. III e II a.C.), generalizando-se depois no *Novo Testamento*.

to filha de Zeus e Dione e, nesse caso, Eros se chamaria *Ânteros*, quer dizer, o *Amor Contrário* ou *Recíproco*. As duas genealogias, porém, que mais se impuseram, fazem de Eros ora filho de Afrodite Pandêmia, isto é, da Afrodite popular, a Afrodite dos desejos incontroláveis, e de Hermes, ora filho de Ártemis, enquanto filha de Zeus e Perséfone, e de Hermes. Este último Eros, que era alado, foi o preferido dos poetas e escultores.

Aos poucos, todavia, sob a influência da poesia, Eros se fixou e tomou sua fisionomia tradicional. Passou a ser apresentado como um garotinho louro, normalmente com asas. Sob a máscara de um menino inocente e travesso, que jamais cresceu (afinal a idade da razão, o *lógos*, é incompatível com o amor), esconde-se um deus perigoso, sempre pronto a traspassar com suas flechas certeiras, envenenadas de amor e paixão, o fígado e o coração de suas vítimas...

Uma das Odes atribuídas ao grande poeta lírico grego do século VI a.C., Anacreonte, nos dá um retrato de corpo inteiro desse incendiário de corações[4]. Vamos transcrevê-la, para que se tenha uma ideia da concepção tardia de Eros:

> *Um dia, lá pela meia-noite,*
> *Quando a Ursa se deita nos braços do Boieiro,*
> *E a raça dos mortais, toda ela, jaz, domada pelo sono,*
> *Foi que Eros apareceu e bateu à minha porta.*
> *"Quem bate à minha porta,*
> *E rasga meus sonhos?"*
> *Respondeu Eros: "Abre", ordenou ele;*
> *"Eu sou uma criancinha, não tenhas medo.*
> *Estou encharcado, errante*
> *Numa noite sem lua".*
> *Ouvindo-o, tive pena.*
> *De imediato, acendendo o candeeiro,*
> *Abri a porta e vi um garotinho:*
> *Tinha um arco, asas e uma aljava.*

---

4. Das *Odes*, *Elegias* e *Iambos* de Anacreonte só nos chegaram fragmentos. As chamadas *Anacreônticas*, sessenta pequenos poemas conservados na *Antologia Palatina*, e atribuídos ao poeta, foram, na realidade, compostos em época bem posterior. É quase certo que nenhum deles pertence ao poeta do amor, do vinho e da mulher.

Coloquei-o junto ao fogo
E suas mãos nas minhas aqueci-o,
Espremendo a água úmida que lhe escorria dos cabelos.
Eros, depois que se libertou do frio,
"Vamos", disse ele, "experimentemos este arco,
Vejamos se a corda molhada não sofreu prejuízo".
Retesa o arco e fere-me no fígado,
Bem no meio, como se fora um aguilhão.
Depois, começa a saltar, às gargalhadas:
"Hospedeiro", acrescentou, "alegra-te,
Meu arco está inteiro, teu coração, porém, ficará partido".

O fato de Eros ser uma criança simboliza, sem dúvida, a eterna juventude de um amor profundo, mas também uma certa irresponsabilidade. Em todas as culturas, a aljava, o arco, as flechas, a tocha, os olhos vendados significam que o Amor se diverte com as pessoas de que se apossa e domina, mesmo sem vê-las (o amor, não raro, é cego), ferindo-as e inflamando-lhes o coração. O globo que ele, por vezes, tem nas mãos, exprime sua universalidade e seu poder.

Eros, de outro lado, traduz ainda a *complexio oppositorum*, a união dos opostos. O Amor é a pulsão fundamental do ser, a *libido*, que impele toda existência a se realizar na ação. É ele que atualiza as virtualidades do ser, mas essa passagem ao ato só se concretiza mediante o contato com o *outro*, através de uma série de trocas materiais, espirituais, sensíveis, o que fatalmente provoca choques e comoções. Eros procura superar esses antagonismos, assimilando forças diferentes e contrárias, integrando-as numa só e mesma unidade. Nessa acepção, ele é simbolizado pela cruz, síntese de correntes horizontais e verticais e pelos binômios *animus-anima* e *Yang-Yin*. Do ponto de vista cósmico, após a explosão do ser em múltiplos seres, o Amor é a δύναμις (dýnamis), a força, a alavanca que canaliza o retorno à unidade; é a reintegração do universo, marcada pela passagem da unidade inconsciente do Caos primitivo à unidade consciente da ordem definitiva. A libido então se ilumina na consciência, onde poderá tornar-se uma força espiritual de progresso moral e místico. O *ego* segue uma evolução análoga à do universo: o amor é a busca de um centro unificador, que permite a realização da síntese dinâmica de suas potencialidades. Dois seres que se dão e reciprocamente se entregam, encontram-se um no outro, desde que tenha havido uma elevação ao nível de ser superior e o dom tenha sido total, sem as costumeiras limitações ao nível de cada um, normalmente apenas sexual. O amor é uma fonte de progresso, na medida em que ele é efetivamente união e não apropriação. *Pervertido*, Eros, em vez de se tornar o centro unificador, converte-se em princípio de divisão e morte. Essa *perversão* consiste sobretudo em destruir o *valor do outro*, na tentativa de servir-se do mesmo egoisticamente, ao invés de enriquecer-se a si próprio e ao outro com uma entrega total, um dom recíproco e generoso, que fará com que cada um seja *mais*, ao mesmo tempo em que ambos se tornam *eles mesmos*[5]. O erro capital do amor se consuma quando uma das partes se considera o todo.

O conflito entre a alma e o amor é simbolizado pelo mito de *Eros e Psiqué*, que analisamos no segundo volume desta obra.

3

ÉREBO, NIX; ÉTER, HEMERA. Caos gerou sozinho as *trevas profundas*, Érebo e Nix, enquanto de Nix nasceu a *luz radiante*, Éter e Hemera.

Assim, a matéria informe, confusa e opaca, o Caos, gera primeiramente as trevas. É que para Hesíodo o cosmo se desenvolve ciclicamente, de baixo para cima, passando das trevas à luz. É natural, por isso mesmo, que a luz, Éter e Hemera, tenha sido gerada pelas trevas, Nix, a Noite. Observe-se ainda a *conjugação dos opostos*: Érebo e Nix, as *trevas*, se opõem à luz, mas é das *trevas*, Nix, que nascerá a *luz*, Éter e Hemera. Esses pares antitéticos unem-se e interferem, cada um triunfando sobre o outro, numa eterna transformação cíclica.

Também em Gênesis 1,2-3 a *luz* existiu depois das *trevas*:

A terra, porém, estava informe e vazia, e as trevas cobriam a face do abismo, e o Espírito de Deus movia-se sobre as águas. E Deus disse: "Exista a luz". E a luz existiu.

---

5. CHEVALIER, Jean & GHEERBRANT, Alain. Op. cit., p. 35s.

ÉREBO, em grego Ἔρεβος (Érebos), designa as trevas infernais. Trata-se de uma concepção indo-europeia, cuja raiz é *regwos*, que aparece em sânscrito como *rájas*, espaço obscuro, no gótico *riqiz*, obscuridade, e no armênio *erek*, crepúsculo. Bem mais tarde, como já se disse, quando o Hades, o mundo infernal, foi "geograficamente" dividido em três compartimentos, Érebo ocupou o centro, à igual distância entre os Campos Elísios e o Tártaro.

NIX, em grego Νύξ (Nýks), é a personificação e a deusa da noite, cuja raiz é o indo-europeu *nokwt* – "escuridão". Habita o extremo Oeste, além do país de Atlas. Enquanto Érebo personifica as trevas subterrâneas, inferiores, Nix personifica as trevas superiores, de cima.

Percorre o céu, coberta por um manto sombrio, sobre um carro puxado por quatro cavalos negros e sempre acompanhada das Queres. À Noite só se podem imolar ovelhas negras. Nix simboliza o tempo das gestações, das germinações e das conspirações, que vão surgir à luz do dia em manifestações de vida. É muito rica em todas as potencialidades de existência, mas entrar na noite é regressar ao indeterminado, onde se misturam pesadelos, íncubos, súcubos e monstros. Símbolo do inconsciente, é no sono da noite que aquele se libera.

ÉTER, em grego Αἰθήρ (Aithér), do verbo αἴθειν (aíthein), brilhar, iluminar, donde "o brilhante". Éter é a camada superior do cosmo, posicionado entre Úrano (Céu) e o Ar e, por isso mesmo, personifica o céu superior, onde a luz é mais pura que na camada mais próxima da terra, dominada pelo Ar, que nada tem a ver com Éter.

HEMERA, em grego Ἡμέρα (Heméra), cuja base é o indo-europeu *âmôr*, "claridade". Hemera é a personificação do Dia, concebido como divindade feminina, formando com Éter um par, enquanto Érebo e Nix formam o outro.

ÚRANO, MONTES, PONTOS. GEIA, sem concurso de nenhum deus, gerou Úrano (Céu), Montes e Pontos (Mar). Aliás, como Grande Mãe, uma das características de Geia é a partenogênese.

ÚRANO, em grego Οὐρανός (Uranós). Não mais se aceitando a aproximação com *Varuna*, talvez se pudesse cotejar o vocábulo grego com *Ϝορσανός (*worsanós), sânscrito *varsa-*, "chuva", donde Úrano seria "o que chove", fecundando

Geia. É a personificação do Céu, enquanto elemento fecundador de Geia. Úrano (Céu) era concebido como um hemisfério, a abóbada celeste, que cobria a Terra, concebida como esférica, mas achatada: entre ambos se interpunham o Éter e o Ar e, nas profundezas de Geia, localizava-se o Tártaro, bem abaixo do próprio Hades, como já se mencionou. Mais adiante se falará da mutilação de Úrano por Crono. Do ponto de vista simbólico, o deus do Céu traduz uma proliferação criadora desmedida e indiferenciada, cuja abundância acaba por destruir o que foi gerado. Úrano caracteriza assim a fase inicial de qualquer ação, com alternância de exaltação e depressão, de impulso e queda, de vida e morte dos projetos.

Deus celeste indo-europeu, símbolo da abundância, o deus do Céu é representado pelo touro. Sua fertilidade, todavia, é perigosa, além de inútil. A mutilação de Úrano por Crono põe cobro a uma odiosa e estéril fecundidade e faz surgir Afrodite, nascida do esperma ensanguentado do deus, a qual introduz no mundo a ordem e a fixação das espécies, impossibilitando qualquer procriação desordenada e nociva. André Virel, com base na mitologia grega, caracterizou as três fases da evolução criadora: *Úrano* (sem equivalente no mito latino) é a efervescência caótica e indiferenciada, chamada *cosmogenia*; *Crono* (Saturno) é o podador, corta e separa. Com um golpe de foice ceifa os órgãos de seu pai, pondo fim a secreções indefinidas. Ele é o tempo da paralisação. É o regulador que bloqueia qualquer criação no universo. É o tempo simétrico, o tempo da identidade. Sua fase denomina-se *esquizogenia*. O reino de Zeus (Júpiter) se caracteriza por uma nova partida, organizada e ordenada e não mais caótica e anárquica: a esta fase A. Virel chama *autogenia*[6]. Após a descontinuidade, a criação e a evolução retomam seu caminho.

MONTES, MONTANHAS, no grego hesiódico Οὔρεα (Úrea), do verbo ὄρεσθαι (óresthai), "elevar-se", personificados como filhos de Geia, são em Hesíodo a "agradável habitação das Ninfas". Por sua *altura* e por ser um centro, a montanha tem um simbolismo preciso. Na medida em que ela é alta, vertical, aproximando-se do céu, é símbolo de transcendência; enquanto centro de *hierofanias* (manifestações do sagrado) e de *teofanias* (manifestações dos deuses), participa

---

6. VIREL, André. Citado por CHEVALIER, Jean & GHEERBRANT, Alain. Op. cit., p. 715s.

do simbolismo da manifestação. Como ponto de encontro entre o céu e a terra, é a residência dos deuses e o termo da ascensão humana. Expressão da estabilidade e da imutabilidade, a montanha, segundo os sumérios, é a massa primordial não diferenciada, o Ovo do mundo. Residência dos deuses, escalar a montanha sagrada é caminhar em direção ao Céu, como meio de se entrar em contato com o divino, e uma espécie de retorno ao Princípio.

Todas as culturas têm sua montanha sagrada. Moisés recebeu as Tábuas da Lei no Monte Sinai; Garizim foi e continua a ser um cume sagrado nas montanhas de Efraim; o sacrifício de Isaac foi sobre a montanha; Elias obtém o milagre da chuva nos píncaros do monte Carmelo (1Rs 18,45); uma das mais belas pregações de Cristo foi o Sermão da Montanha (Mt 5,lss); a transfiguração de Jesus foi sobre uma *alta montanha* (Mc 9,2) e sua ascensão, sobre o monte das Oliveiras (Lc 24,50; At 1,12)...

Os exemplos poderiam multiplicar-se. Acrescentemos, apenas, que o monte *Olimpo* era a morada dos deuses gregos; Dioniso foi criado no monte Nisa e Zeus o foi no monte Ida. Montesalvat do Graal está situado no meio de ilhas inacessíveis.

Na realidade, Deus está sempre mais perto, quando se escala a montanha.

PONTOS, em grego Πόντος (Póntos), talvez da raiz *pent*, ação de caminhar, o sânscrito tem *pánthāḥ*, caminho, e o latim *pons*, ponte, passarela. *Pontos* é, pois, a *marcha*, o *caminho*, "os caminhos do mar". Personificado, passou a figurar como representação masculina do mar. Não possuindo um mito próprio, aparece apenas nas genealogias teogônicas e cosmogônicas. O mar simboliza a dinâmica da vida. Tudo sai do mar e a ele retorna, tornando-se o mesmo o lugar de nascimentos, transformações e renascimentos. Águas em movimento, o mar simboliza um estado transitório entre as possíveis realidades ainda informais e as realidades formais, uma situação de ambivalência, que é a da incerteza, da dúvida e da indecisão, que se pode concluir bem ou mal. Daí ser o mar simultaneamente a imagem da vida e da morte. Cretenses, gregos e romanos sacrificavam ao mar cavalos e touros, ambos símbolos de fecundidade. Símbolo também de hostilidade ao divino, o mar acabou por ser vencido e dominado por um deus. Segundo as cosmogonias babilônicas, *Tiamat* (O Mar), após contribuir para dar nascimento aos deuses, foi por um deles vencido. Javé tinha domínio total sobre o mar e seus monstros, como diz Jó 7,12:

> *Acaso sou eu o mar ou baleia, para me teres encerrado como num cárcere?*

Criação de Deus (Gn 1,9-10), o mar tem que lhe estar sujeito (Jr 31,35). Cristo dá ordens aos ventos e ao mar, e as tempestades se transformam em bonança (Mt 8,24-27).

João (Ap 21,1) canta o mundo novo, em que o mar não mais existirá.

Capítulo X
A Primeira Geração Divina: de Úrano a Crono

1

À primeira fase do Cosmo segue-se o que se poderia chamar estágio intermediário, em que *Úrano* (Céu) se une a Geia (Terra), de que procede numerosa descendência: Titãs, Titânidas, Ciclopes, Hecatonquiros, além dos que nasceram do sangue de Úrano e de todos os filhos destes e daqueles, como se pode ver no capítulo VIII, p. 162ss.

A união de Úrano e Geia é o que se denomina uma *hierogamia*, um casamento sagrado, cujo objetivo precípuo é a fertilidade da mulher, dos animais e da terra. É que, na expressão de Mircea Eliade, o ἱερὸς γάμος (hieròs gámos) (hieròs gámos), o casamento sagrado, "atualiza a comunhão entre os deuses e os homens; comunhão, por certo passageira, mas com significativas consequências. Pois a energia divina convergia diretamente sobre a cidade – em outras palavras, sobre a 'Terra' – santificava-a e lhe garantia a prosperidade e a felicidade para o ano que começava"[1]. Essas hierogamías se encontram em quase todas as tradições religiosas. Simbolizam não apenas as possibilidades de união do homem com os deuses, mas também uniões de princípios divinos que provocam certas hipóstases. Uma das mais célebres dessas uniões é a de Zeus (o poder, a autoridade) e Têmis (a justiça, a ordem eterna) que deu nascimento a Eunômia (a disciplina), Irene (a paz) e Dique (a justiça).

---

1. ELIADE, Mircea. *História das crenças e das ideias religiosas*. Rio de Janeiro: Zahar, 1978, t. I, v. 1, p. 83 [Tradução de Roberto Cortes de Lacerda].

Curioso é que o casamento, instituição que preside à transmissão da vida, aparece muitas vezes aureolado de um culto que exalta e exige a virgindade, simbolizando, assim, a origem divina da vida, de que as uniões do homem e da mulher são apenas projeções, receptáculos, instrumentos e canais transitórios. No Egito havia as *esposas de Amon*, deus da fecundidade. Eram normalmente princesas consagradas ao deus e que dedicavam sua virgindade a essa teogamia. Em Roma, as Vestais, sacerdotisas de Vesta, deusa da lareira doméstica, depois deusa da Terra, a Deusa Mãe, se caracterizavam por uma extrema exigência de pureza.

Retornando à primeira geração divina, temos, inicialmente, o seguinte quadro:

Úrano   *Geia*

Titãs: Oceano, Ceos, Crio, Hiperíon, Jápeto, Crono
Titânidas: Teia, Reia, Têmis, Mnemósina, Febe, Tétis
Ciclopes: Arges, Estérope, Brontes
Hecatonquiros: Coto, Briaréu, Gias

2

TITÃ, em grego Τιτάν (Titán), é aproximado, em etimologia popular, de τίταξ (títaks), rei, e τιτήνη (titéne), rainha, termos possivelmente de procedência oriental: nesse caso, Titã significaria "soberano, rei". Carnoy[2] prefere admitir que os Titãs tenham sido primitivamente deuses solares e seu nome se explicaria pelo "pelásgico" *tita*, brilho, luz. A primeira hipótese parece mais clara e adequada às funções dos violentos Titãs no mito grego. Os Titãs simbolizam, consoante Paul Diel, "as forças brutas da Terra e, por conseguinte, os desejos terrestres em atitude de revolta contra o espírito"[3], isto é, contra Zeus. Juntamente com os Ciclopes, os Gigantes e os Hecatonquiros representam eles as manifestações elementares, as forças selvagens e insubmissão da natureza nascente, prefigurando a primeira etapa da gestação evolutiva. Ambiciosos, revoltados e indomáveis, adversários tenazes

---

2. CARNOY, Albert. *Dictionnaire étymologique de la mythologie gréco-romaine*. Louvain: Universitas, 1976, verbete.

3. DIEL, Paul. *Le Symbolisme dans la mythologie grecque*. Paris: Payot, 1952, p. 149ss.

do espírito consciente, patenteado em Zeus, não simbolizam apenas as forças brutas da natureza, mas, lutando contra o espírito, exprimem a oposição à espiritualização harmonizante. Sua meta é a dominação, o despotismo.

OCEANO, em grego Ὠκεανός (Okeanós), sem etimologia ainda bem definida. É possível que se trate de palavra oriental com o sentido de "circular, envolver". Parece que Oceano era concebido, a princípio, como um rio-serpente, que cercava e envolvia a terra. Pelo menos esta é a ideia que do mesmo faziam os sumérios, segundo os quais a Terra estava sentada sobre o Oceano, o rio-serpente. No mito grego, Oceano é a personificação da água que rodeia o mundo: é representado como um rio, o Rio Oceano, que corre em torno da esfera achatada da terra, como diz Ésquilo em *Prometeu Acorrentado*, 138s: Oceano, *cujo curso, sem jamais dormir, gira ao redor da Terra imensa.*

Quando, mais tarde, os conhecimentos geográficos se tornaram mais precisos, Oceano passou a designar o Oceano Atlântico, o limite ocidental do mundo antigo. Representa o poder masculino, assim como Tétis, sua irmã e esposa, simboliza o poder e a fecundidade feminina do mar. Como deus, Oceano é o pai de todos os rios, que, segundo a *Teogonia*, são mais de três mil, bem como das quarenta e uma Oceânidas, que personificam os riachos, as fontes e as nascentes. Unidas a deuses e, por vezes, a simples mortais, são responsáveis por numerosa descendência.

O Oceano, em razão mesmo de sua vastidão, aparentemente sem limites, é a imagem da indistinção e da indeterminação primordial.

De outro lado, o simbolismo do Oceano se une ao da água, considerada como origem da vida. Na mitologia egípcia, o nascimento da Terra e da vida era concebido como uma emergência do Oceano, à imagem e semelhança dos montículos lodosos que cobrem o Nilo, quando de sua baixa. Assim, a criação, inclusive a dos deuses, emergiu das águas primordiais. O deus primevo era chamado *a Terra que emerge*. Afinal, as águas, na expressão de Mircea Eliade, "simbolizam a soma de todas as virtualidades: são a fonte, a origem e o reservatório de todas as possibilidades de existência. Precedem a todas as formas e suportam toda a criação"[4].

---

4. ELIADE, Mircea. *Images et symboles*. Paris: Gallimard, 1952, p. 199.

Oceano e suas filhas, as Oceânidas, surgem na literatura grega como personagens da gigantesca tragédia de Ésquilo *Prometeu Acorrentado*. Oceano, apesar de personagem secundária na peça, um mero tritagonista, é finamente marcado por Ésquilo: tímido, medroso e conciliador, está sempre disposto a ceder diante do poderio e da arrogância de Zeus. Com o caráter fraco de seu pai contrastam as Oceânidas, que formam o Coro da peça: preferem ser sepultadas com Prometeu a sujeitar-se à prepotência do pai dos deuses e dos homens.

Mesmo quando os Titãs, após a mutilação de Úrano, se apossaram do mundo, Oceano resolveu não participar das lutas que se seguiram, permanecendo sempre à parte como observador atento dos fatos...

Dada a pouca ou nenhuma importância dos Titãs Ceos, Crio e Hiperíon no mito grego, a não ser por seus casamentos, filhos e descendentes, vamos diretamente a Crono.

CRONO, em grego Κρόνος (Krónos), sem etimologia certa até o momento. Por um simples jogo de palavras, por uma espécie de homonímia forçada, Crono foi identificado muitas vezes com o *Tempo* personificado, já que, em grego, Χρόνος (Khrónos) é o tempo. Se, na realidade, *Krónos*, Crono, nada tem a ver etimologicamente com *Khrónos*, o Tempo, semanticamente a identificação, de certa forma, é válida: Crono devora, ao mesmo tempo que gera; mutilando a Úrano, estanca as fontes da vida, mas torna-se ele próprio uma fonte, fecundando Reia.

O fato é que Úrano, tão logo nasciam os filhos, devolvia-os ao seio materno, temendo certamente ser destronado por um deles. Geia então resolveu libertá-los e pediu aos filhos que a vingassem e libertassem do esposo. Todos se recusaram, exceto o *caçula*, Crono, que odiava o pai. Entregou-lhe Geia uma *foice* (instrumento sagrado que corta as *sementes*) e quando Úrano, "ávido de amor", se deitou, à noite, sobre a esposa, Crono cortou-lhe os testículos. O sangue do ferimento de Úrano, no entanto, caiu todo sobre Geia, concebendo esta, por isso mesmo, tempos depois, as Erínias, os Gigantes e as Ninfas Mélias ou Melíades. Os testículos, lançados ao mar, formaram, com a espuma, que saía do membro divino, uma "espumarada", de que nasceu Afrodite. Com isto, o caçula dos Titãs vingou a mãe e libertou os irmãos.

Após os Hecatonquiros, falaremos de todos estes filhos do sangue e dos testículos de Úrano.

Com a façanha de Crono, Úrano (Céu) *separou-se* de Geia (Terra). O Titã, após expulsar o pai, tomou seu lugar, casando-se com Reia.

Dois pontos básicos devem ser ressaltados no episódio de Crono e Úrano: a castração do rei e, em consequência, sua separação da rainha.

A castração de Úrano põe fim a uma longa e ininterrupta procriação, de resto inútil, uma vez que o pai devolvia os recém-nascidos ao ventre materno.

É possível que Hesíodo, cuja *Teogonia* está centrada nos conflitos entre gerações divinas e a luta pela soberania universal, tivesse conhecimento de certas teogonias orientais, uma vez que "a mutilação de um deus cosmocrata por seu filho, que se torna assim seu sucessor, constitui o tema dominante das teogonias hurrita, hitita e cananeia"[5]. No mito hurrita-hitita, o deus soberano era Alalu. De sua união com Bruth nasceram Anu e Gê. Estes dois últimos tiveram quatro filhos, sendo El o primogênito. Depois de uma violenta discussão com sua esposa Bruth, Alalu tenta destruir os filhos, mas El forja uma serra ou lança e expulsa o pai, castrando-o trinta e dois anos depois. Por fim, Teshup, que representa a quarta geração e corresponde a Zeus, assume, sem lutas, o poder supremo.

Mas, se a castração leva obviamente à impotência, o soberano terá fatalmente que ser afastado do poder. A função precípua do rei é a de fecundar. Da fecundação da rainha depende a fertilidade de todas as mulheres, da terra e do rebanho. Assim, na medida em que o rei, por força da idade, da doença ou porque se tornou sexualmente impotente, ou perdeu seu poder mágico, é alijado do trono e substituído. Na sociedade matrilinear, seu sucessor é o filho caçula, que, sendo o mais jovem, corre menos risco de interromper a fecundação.

Outro dado importante no mito de Úrano é a sua separação de Geia, com a interposição entre ambos do Éter e do Ar. O tema cosmogônico da separação do Céu e da Terra, após um *hieròs gámos*, casamento sagrado, é muito difundido em diferentes níveis de cultura. No mito sumério, *An* (Céu) e *Ki* (Terra), após seu *hi-*

---

5. ELIADE, Mircea. Op. cit., p. 78.

eròs gámos, estavam profundamente unidos, mas seu filho *En-lil*, deus da atmosfera, separou seus pais, carregou consigo a Terra e se interpôs entre ambos.

Na mitologia egípcia, mais precisamente no sistema heliopolitano, a deusa Céu *Nut* estava estreitamente abraçada a *Geb*, o deus Terra, mas *Shu*, personificação da atmosfera, infiltrou-se entre ambos e os separou.

No mito nagô, *Orun*, o "mundo sobrenatural", aproximadamente o Céu, e *Aiê*, "o mundo físico concreto", o que equivaleria mais ou menos à Terra, estavam, a princípio, unidos, mas algo de grave aconteceu e para sempre os separou. É que um casal de camponeses, que não tinha filhos, conseguiu, afinal, gerar um menino, graças às preces da mulher a Oxalá, o deus da criação dos homens. Havia apenas uma condição: que a criança jamais ultrapassasse os limites da Terra. Crescido o rapaz, enganando o pai, ultrapassou os limites proibidos e ainda aos gritos desafiou os deuses. Oxalá, irritado, jogou seu cajado que, ao cravar-se em Aiê, separou-a para sempre de *Orun*. "O hálito de Olorum, o deus supremo, preencheu o espaço vazio, formando a atmosfera. É portanto o sopro de Deus que une os dois mundos"[6].

Voltemos a Úrano. Mutilado e impotente, o deus do céu caiu na *otiositas,* na ociosidade, o que é, segundo Mircea Eliade, uma tendência dos deuses criadores. Concluída sua obra cosmogônica, retiram-se para o céu e tornam-se *di otiosi*, deuses ociosos.

Quanto a Crono, depois que se apossou do governo do mundo, converteu-se num déspota pior que o pai. Temendo os Ciclopes, que ele havia libertado do Tártaro a pedido de Geia, lançou-os novamente nas trevas, bem como aos Hecatonquiros. Como Úrano e Geia, depositários da *mântica*, quer dizer, do conhecimento do futuro, lhe houvessem predito que seria destronado por um dos filhos, que teria de Reia, passou a engoli-los, à medida em que iam nascendo: Héstia, Deméter, Hera, Hades ou Plutão e Posídon. Escapou tão somente Zeus. Grávida deste último, Reia fugiu para a ilha de Creta e lá, secretamente, no mon-

---

6. AUGRAS, Monique. *O duplo e a metamorfose*. Petrópolis: Vozes, 1983, p. 57.

te Dicta, deu à luz o caçula. Envolvendo em panos de linho uma pedra, deu-a ao marido, como se fosse a criança, e o deus, de imediato, a engoliu.

A respeito das terríveis lutas de Zeus para destronar a seu pai, de seu simbolismo, de suas consequências e do destino de Crono falaremos nos capítulos seguintes.

TEIA, em grego Θεία (Theía), é um adjetivo substantivado, da mesma família etimológica que Θεός (Theós), deus, e significa a *divina*. É a primeira das Titânidas. Não tem um mito próprio, mas a importância de Teia é que, casada com Hiperíon, foi mãe de Hélio (Sol), Eos (Aurora) e Selene (Lua), divindades de muita relevância na mitologia, particularmente Hélio e Selene, como veremos nos capítulos subsequentes.

REIA, em grego ʽΡέα (Rhéa), talvez seu nome seja um epíteto da terra: *ampla*, *larga*, *cheia*, da raiz *wreîa, com o mesmo sentido. Trata-se, em todo caso, de uma divindade minoica, de uma Grande Mãe cretense, que, no sincretismo creto-micênico, decaiu de posto, tornando-se, como já se falou no capítulo IV, p. 61, nota 8, não apenas esposa de Crono, mas sobretudo "atriz de um drama mitológico", cuja encenação já se começou a ver com a fuga da deusa para a ilha de Creta e o estratagema da pedra. Na época romana, Reia, antiga divindade da Terra, acabou fundindo-se com Cibele. Reia simboliza a energia escondida no seio da Terra. Gerou os deuses dos quatro elementos. É a fonte primordial ctônia de toda a fecundidade.

TÊMIS, em grego Θέμις (Thémis), do verbo τιθέναι (tithénaí), "estabelecer como norma", donde o que é estabelecido como a regra, a lei divina ou moral, a justiça, a lei, o direito (em latim *fas*), por oposição a νόμος (nómos), lei humana (em latim *lex* ou *ius*) e a δίκη (díke), maneira de ser ou de agir, donde o hábito, o costume, a regra, a lei, o direito, a justiça (em latim *consuetudo*). Têmis é a deusa das leis eternas, da justiça emanada dos deuses. Deusa da justiça divina, figura como segunda esposa de Zeus, logo após Métis. Com o pai dos deuses e dos homens, Têmis foi mãe das Horas e das *Moîras* personificadas, como veremos no capítulo XI. Uma variante, que se encontra apenas em Ésquilo, faz da deusa da justiça divina mãe de Prometeu. Personificação da justiça ou da Lei Eterna, é tida como conselheira de Zeus. Foi ela quem o aconselhou a cobrir com a pele da Cabra Amalteia o escudo, denominado, por isso mesmo, *Égide*, na luta contra os Gigantes. Atribuía-se também a ela a ideia da Guerra de Troia, para se equilibrar a densidade demográfica da Terra. Apesar de ser uma Titânida, foi admitida entre os Imortais. Era honrada não só por sua ligação com Zeus, mas ainda pelos inestimáveis serviços prestados a todos os deuses, no que se refere a oráculos, ritos e leis. O deus Apolo deve-lhe o conhecimento e os processos da mântica. Consta ainda que foi Têmis quem revelou a Zeus e a Posídon que não se unissem à Nereida Tétis, porque, se isso acontecesse, esta teria um filho mais poderoso que o pai.

Na *Teogonia* (901-905), de Zeus e Têmis nasceram somente as *Horas* e as *Moîras*, mas uma variante bem mais recente, que se encontra, entre outros, em Arato (século III a.C.), Higino (século I a.C.), *Ast. Poet.*, 2,25, e em Ovídio, *Met.*, 1, 150, 159 e 534, faz também de Zeus e Têmis pais da Virgem *Astreia*. Como se trata de personagem mítica de certa importância, vamos fazer a respeito desta última um ligeiro comentário.

ASTREIA, em grego Ἀστραία (Astraía), prende-se etimologicamente a ἀστήρ (astér), astro, estrela. Astreia é o nome da *Virgem* (a constelação) e viveu neste mundo à época da Idade de Ouro, difundindo entre os homens os sentimentos de paz, justiça e bondade. Mas, tendo os mortais se degenerado, Astreia deixou a Terra e subiu ao Céu, onde foi transformada na Constelação da Virgem. Públio Vergílio Marão (70-19 a.C.), na *Écloga* IV, sonha com o retorno da Idade de Ouro, com o regresso de Saturno, cujo reinado na Ausônia (Itália) teria coincidido com essa idade paradisíaca. Pois bem, esse retorno de Saturno seria precedido pela Virgem Astreia:

> *Iam redit et Virgo, redeunt Saturnia regna* (*Ec.*, 4,6).

> – Eis que retorna também a Virgem; está de volta o reino de Saturno.

A Virgem Astreia, a mulher, será a anunciadora dessa idade feliz, uma vez que ela, na sua *fertilidade*, é uma hipóstase da *abundância da Terra*, característica básica da Idade de Ouro, como deixa claro Ovídio:

> *Ipsa quoque immunis rastroque intacta, nec ullis*
> *saucia uomeribus per se dabat omnia tellus* (*Met.*, 1,101-102):

– A própria terra, sem ter sido tocada pela enxada
nem rasgada pelo arado, espontaneamente produzia tudo.

MNEMÓSINA, em grego Μνημοσύνη (Mnemosýne), prende-se ao verbo μιμνήσκειν (mimnéskein), "lembrar-se de", donde Mnemósina é a personificação da Memória. Amada por Zeus, foi mãe das nove Musas.

MUSA, em grego Μοῦσα (Mûsa), talvez se relacione com *men, "fixar o espírito sobre uma ideia, uma arte", e, neste caso, o vocábulo poderia ser cotejado com o verbo μανθάνειν (manthánein), aprender. A mesma família etimológica de *Musa* pertencem *música* (o que concerne às Musas) e *museu* (templo das Musas, local onde elas residem ou onde alguém se adestra nas artes).

Após a derrota dos Titãs, os deuses pediram a Zeus que criasse divindades capazes de cantar condignamente a grande vitória dos Olímpicos. Zeus partilhou o leito de Mnemósina durante nove noites consecutivas e, no tempo devido, nasceram as nove Musas. Há outras tradições e variantes que fazem delas filhas de Harmonia ou de Úrano e Geia, mas essas genealogias remetem direta ou indiretamente a concepções filosóficas sobre a primazia da Música no Universo. As Musas são apenas as cantoras divinas, cujos coros e hinos alegram o coração de Zeus e de todos os Imortais, já que sua função principal era presidir ao Pensamento sob todas as suas formas: sabedoria, eloquência, persuasão, história, matemática, astronomia. Para Hesíodo (*Teog.*, 80-103) são as Musas que acompanham os reis e ditam-lhes palavras de persuasão, capazes de serenar as querelas e restabelecer a paz entre os homens. Do mesmo modo, acrescenta o poeta de Ascra, é suficiente que um cantor, um servidor das Musas celebre as façanhas dos homens do passado ou os deuses felizes, para que se esqueçam as inquietações e ninguém mais se lembre de seus sofrimentos.

Havia dois grupos principais de Musas: as da Trácia e as da Beócia. As primeiras, vizinhas do monte Olimpo, são as Piérides[7]; as segundas, as da Beócia,

---

7. Piérides são as nove filhas de Píero, rei da Emácia. Hábeis cantoras, subiram ao monte Hélicon e desafiaram as Musas. Vencidas, foram transformadas em pássaros, mais precisamente, segundo Ovídio (*Met.*, 5,302), em pegas. Em memória do triunfo sobre as filhas de Píero, as Musas da Trácia passaram a ser chamadas Piérides, sobretudo pelos poetas latinos.

habitam o Hélicon e estão mais ligadas a Apolo, que lhes dirige os cantos em torno da fonte de Hipocrene, cujas águas favoreciam a inspiração poética.

Embora em Hesíodo já apareçam as nove Musas, esse número variava muito, até que na época clássica seu número, nomes e funções se fixaram: *Calíope* preside à poesia épica; *Clio*, à história; *Polímnia*, à retórica; *Euterpe*, à música; *Terpsícore*, à dança; *Érato*, à lírica coral; *Melpômene*, à tragédia; *Talia*, à comédia; *Urânia*, à astronomia.

Já que *Febe*, a Brilhante, mãe de Leto e Ceos, não tem grande importância no mito, vamos abordar a última das Titânidas, *Tétis*. É preciso, de início, todavia, desfazer uma confusão provocada em nossa língua pela simplificação ortográfica: uma coisa é *Tétis*, a "urânia", em grego *Têthýs*, outra é *Tétis*, a "nereida", em grego *Thétis*.

TÉTIS, em grego Τηθύς (Têthýs), talvez relacionada com o indo-europeu *tétî*, "mãe", já que a *água* em geral é concebida como a "mãe universal". Casada com Oceano, Tétis é o símbolo do poder e da fecundidade feminina do mar. Foi mãe, como já se mencionou, de três mil rios, bem como das quarenta e uma Oceânidas, personificação dos riachos, fontes e nascentes. Criou a deusa Hera que lhe havia sido confiada por Reia, quando das lutas entre Zeus e Crono. Em testemunho de gratidão, a esposa de Zeus, mais tarde, reconciliou Oceano e Tétis que se haviam desentendido. A residência de Tétis ficava nas extremidades do Ocidente, além do país das Hespérides, onde, cada tarde, o sol se deita.

CICLOPE, em grego Κύκλωψ (Kýklops), "olho redondo", pois os Ciclopes eram concebidos como seres monstruosos com um olho só no meio da fronte. Demônios das tempestades, os três mais antigos são chamados, por isso mesmo, *Brontes*, o trovão, *Estéropes*, o relâmpago, e *Arges*, o raio.

Os mitógrafos distinguem três espécies de Ciclopes: os *Urânios* (filhos de Úrano e Geia), os *Sicilianos*, companheiros de Polifemo, como aparece na *Odisseia* de Homero, canto IX, 106-542, e os *Construtores*. Os primeiros, Brontes, Estéropes e Arges são os urânios. Encadeados pelo pai, foram, a pedido de Geia, libertados por Crono, mas por pouco tempo. Temendo-os, este os lançou novamente no Tártaro, até que, advertido por um oráculo de Geia de que não poderia vencer os Titãs sem o concurso dos Ciclopes, Zeus os libertou definitivamente. Estes, agradecidos, deram-lhe o trovão, o relâmpago e o raio. A Plutão ou Hades ofereceram um capacete que podia torná-lo invisível e a Posídon, o tridente. Foi assim, como se verá, que os Olímpicos conseguiram derrotar os Titãs.

A partir de então tornaram-se eles os artífices dos raios de Zeus.

Como o médico Asclépio, filho de Apolo, fizesse tais progressos em sua arte, que chegou mesmo a ressuscitar vários mortos, Zeus, temendo que a ordem do mundo fosse transtornada, fulminou-o. Apolo, não podendo vingar-se de Zeus, matou os Ciclopes, fabricantes do raio, que eliminara o deus da medicina.

O segundo grupo de Ciclopes, impropriamente denominados sicilianos, tendem a confundir-se com aqueles de que fala Homero na *Odisseia*. Estes eram selvagens, gigantescos, dotados de uma força descomunal e antropófagos. Viviam perto de Nápoles, nos chamados campos de Flegra. Moravam em cavernas e os únicos bens que possuíam eram seus rebanhos de carneiros. Dentre esses Ciclopes destaca-se *Polifemo*, imortalizado pelo cantor de Ulisses e depois, na época clássica, pelo drama satírico de Eurípides, o *Ciclope*, o único que chegou completo até nós, de que nos ocupamos em longa introdução e tradução, que esperamos reeditar em breve.

Na época alexandrina, os Ciclopes "homéricos" transformaram-se em demônios subalternos, ferreiros e artífices de todas as armas dos deuses, mas sempre sob a direção de Hefesto, o deus por excelência das forjas. Habitavam a Sicília, onde possuíam uma oficina subterrânea. De antropófagos se transmutaram na erudita poesia alexandrina em frágeis seres humanos, mordidos por Eros! Polifemo, no *Idílio* VI de Teócrito, extravasa sua paixão incontida pela branca Galateia. O rude Gigante Adamastor camoneano, perdido de amor por Tétis, é uma volta às raízes...

A terceira leva de Ciclopes proviria da Lícia. A eles era atribuída a construção de grandes monumentos da época pré-histórica, formados de gigantescos blocos de pedra, cujo transporte desafiava as forças humanas. Ciclopes pacíficos, esses Gigantes se colocaram a serviço de heróis lendários, como Preto, na fortificação de Tirinto, e Perseu, na construção da fortaleza de Micenas.

POLIFEMO, por ter sido imortalizado por Homero e Eurípides, merece um comentário à parte. Etimologicamente, Πολύφημος (Polýphemos) quer dizer "o de que se fala muito; o grandemente famoso". Trata-se, ao que parece, de um eufemismo.

Consoante o mito, Polifemo é filho do deus Posídon e da ninfa Toosa. A narrativa homérica apresenta-o como um gigante com um olho só no meio da testa, monstruoso e antropófago. Ulisses, com doze de seus companheiros, quando descansava numa gruta, cheia de cestos de queijo e de ovelhas, e aguardava o morador, para receber as dádivas da hospitalidade, foi aprisionado pelo Ciclope. Este já havia devorado seis de seus marinheiros, quando o herói, usando, como sempre, de astúcia, serviu por três vezes ao monstro um vinho delicioso. Durante a noite, enquanto Polifemo, sob o efeito da bebida, dormia profundamente, Ulisses e seus companheiros incandesceram um pedaço de um tronco de oliveira, já de antemão aguçado, e cravaram-no no olho único do monstro. Sem poder contar com o socorro de seus irmãos, que o consideraram louco, por gritar que *Ninguém* o havia cegado (este foi realmente o nome com que o solerte Ulisses se apresentara ao Ciclope), o gigante, louco de dor e ódio, postou-se à saída da gruta, para que nenhum dos gregos pudesse escapar. Pela manhã, quando o rebanho do Ciclope se dirigia às pastagens, o sagaz Ulisses engendrou novo estratagema: amarrou seus companheiros sob o ventre dos lanosos carneiros e ele próprio escondeu-se embaixo do maior e mais belo deles e assim conseguiu burlar a vigilância de Polifemo e escapar do terrível filho de Posídon. Livre do perigo, o herói lhe revela seu verdadeiro nome e Polifemo se recorda de uma profecia, segundo a qual ele seria cegado por Ulisses. Por duas vezes, o Ciclope arrancando blocos de pedra, lançou-os contra os navios gregos, mas certamente Atená, a deusa de olhos garços, protegeu o filho de Laerte.

Os Ciclopes tinham um só olho no meio da fronte. Eram senhores do relâmpago, do raio e do trovão, semelhantes por sua violência súbita às erupções vulcânicas, símbolos da força brutal a serviço de Zeus.

Tendo provocado a cólera de Apolo, deus da luz, da sabedoria, com a morte de Asclépio, foram eliminados pelo filho de Leto. Dois olhos correspondem para o homem a um estado normal, três a uma clarividência extraordinária, um só revela um estado primitivo e sumário de capacidade intelectual. O olho único no meio da fronte trai uma recessão da inteligência e a carência de certas dimensões. O demônio, na tradição cristã, é muitas vezes representado com um olho só, o que traduz o domínio das forças obscuras, instintivas e passionais, que, entregues a si mesmas e não assimiladas pelo espírito, exercem um papel destruidor no universo e no homem. O Ciclope da tradição grega é uma força primitiva, regressiva, de natureza vulcânica, que somente pode ser vencida por um deus solar, Apolo.

HECATONQUIRO, em grego Ἑκατόγχειρος (Hekatónkheiros), "de cem mãos, de cem braços". Os Hecatonquiros eram gigantes fortíssimos e monstruosos, com cem braços e cinquenta cabeças. Chamavam-se Coto, Briaréu ou Egéon e Gias (Gies) ou Giges. Lançados no Tártaro por Crono, foram, por força de um oráculo de Úrano e Geia, libertados por Zeus, de quem se tornaram aliados na luta contra os Titãs. Imortalizados por este com o néctar e a ambrosia, os Hecatonquiros criaram uma nova *enérgueia*, centuplicaram suas forças e tornaram-se um fator definitivo para a vitória de Zeus.

O sangue de Úrano, como se mostrou, caiu sobre Geia e a fecundou, tendo nascido, no tempo devido, as Erínias, os Gigantes e as Ninfas Mélias ou Melíades; da espumarada do membro divino, lançado ao mar, surgiu Afrodite.

Passaremos, agora, a um estudo dos filhos do sangue do Céu.

ERÍNIA, em grego Ἐρινύς (Erinýs). Já se tentou aproximar Erínia do verbo ὀρίνειν (orínein), "perseguir com furor", arcádico ἐρινύειν (erinýein), "estar furioso", mas tal etimologia é fantasiosa. As Erínias eram deusas violentas, com as quais os Romanos identificavam as Fúrias. Titulares muito antigas do panteão helênico, encarnam forças primitivas, que não reconhecem os deuses da nova geração, como se observa na trilogia de Ésquilo, *Oréstia*, particularmente nas duas últimas tragédias, *Coéforas* e *Eumênides*[8]. A princípio não havia um número certo de Erínias e nem se lhes conheciam os nomes, mas, depois de Hesíodo, fixaram-se em três e cada uma recebeu uma denominação: Aleto, Tisífone e Me-

---

8. Veja-se nossa análise da trilogia em *Teatro grego: Tragédia e comédia*. Petrópolis: Vozes, 1990, p. 22ss.

gera. *Aleto*, em grego 'Αληκτώ (Alektó) significa "a que não para, a incessante, a implacável"; *Tisífone* é o grego Τισιφόνη (Tisiphóne), "a que avalia o homicídio, a vingadora do crime"; *Megera*, do grego Μέγαιρα (Mégaira), "a que inveja, a que tem aversão por", significados todos de cunho popular.

Apresentam-se como verdadeiros monstros alados, com os cabelos entremeados de serpentes, com chicotes e tochas acesas nas mãos.

De início eram as guardiãs das leis da natureza e da ordem das coisas, no sentido físico e moral, o que as levava a punir todos os que ultrapassavam seus direitos em prejuízo dos outros, tanto entre os deuses quanto entre os homens.

Só mais tarde é que elas se tornaram especificamente as vingadoras do crime, particularmente do *sangue parental* derramado.

Para que se possa compreender bem a função das Erínias como vingadoras do sangue derramado, talvez fosse oportuno relembrar, se bem que sumariamente, o conceito de γένος (guénos).

Guénos pode ser definido em termos de religião e de direito grego como *personae sanguine coniunctae*, isto é, pessoas ligadas por laços de sangue. Assim, qualquer crime, qualquer *hamartía* cometidos por um *guénos* contra o outro tem que ser religiosa e obrigatoriamente vingados. Se a falta é dentro do próprio *guénos*, o parente mais próximo está igualmente obrigado a vingar o seu "*sanguine coniunctus*". Afinal, no sangue derramado está uma parcela do sangue e, por conseguinte, da alma do *guénos* inteiro. Foi assim que, historicamente falando, até a reforma jurídica de Drácon ou de Sólon, famílias inteiras se exterminavam na Hélade.

É mister, isto sim, distinguir dois tipos de vingança, quando a falta é cometida dentro de um mesmo *guénos*: a ordinária, que se efetua entre os membros, cujo parentesco é apenas em profano, mas ligados entre si por vínculos de obediência aos γεννῆται, "guennêtai", aos chefes gentílicos, e a extraordinária, quando a falta cometida implica em parentesco sagrado, erínico, de fé – é a falta cometida entre pais, filhos, netos, por linha troncal, e entre irmãos, por linha colateral. Esposos, cunhados, sobrinhos e tios não são parentes "em sagrado", mas "em profano", ou ante os homens. No primeiro caso a vingança é executada pelo parente mais próximo da vítima e no segundo pelas Erínias.

A essa ideia do direito do *guénos* está indissoluvelmente ligada a crença na maldição familiar, a saber: qualquer *hamartía* cometida por um membro do *guénos* recai sobre o *guénos* inteiro, isto é, sobre todos os parentes e seus descendentes "em sagrado" ou "em profano". Esta crença na transmissão da falta, na solidariedade familiar e na hereditariedade do castigo é uma das mais enraizadas no espírito dos homens, pois que a encontramos desde a Antiguidade até os tempos modernos, sob aspectos e nomes diversos, como nos ensina Michel Berveiller[9]. Seria preciso ver nisso a transposição para o plano espiritual e moral dessa lei da hereditariedade, que se pode constatar no mundo físico, dessa transmissão de uma geração para outra das características biológicas e especialmente das doenças, das taras – coisa já por si tão misteriosa e tão própria para nos dar a ideia de uma injustiça metafísica?

De outro lado, é bom lembrar que o que distingue o homem de lá do homem de cá é o viver coletivo do viver individual.

O fato é que já encontramos tal crença no *Rig Veda*, o livro sagrado da Índia antiga, onde se lê esta oração: "Afasta de nós a falta paterna e apaga também aquela que nós próprios cometemos".

A mesma ideia era plenamente aceita pelos judeus, como demonstram várias passagens do *Antigo Testamento*. Êxodo 20,5: "Eu sou o Senhor, teu Deus, um Deus zeloso, que vingo a iniquidade dos pais nos filhos, nos netos e bisnetos daqueles que me odeiam".

Levítico 26,39: "Os que sobreviverem, consumir-se-ão, por causa das suas iniquidades, na terra de seus inimigos e serão também consumidos por causa das iniquidades de seus pais, que levarão sobre si".

Gênesis 9,6: "Todo aquele que derramar o sangue humano terá o seu próprio sangue derramado pelo homem, porque Deus fez o homem à sua imagem".

Protetoras da ordem social, punem todos os crimes suscetíveis de perturbá-la, bem como a ὕβρις (hýbris), a "démesure", o descomedimento, através do

---

9. BERVEILLER, Michel. *A tradição religiosa na tragédia grega*. São Paulo: Companhia Editora Nacional, 1935, p. 95s.

qual o homem se esquece de que *é humus*, terra, argila, um simples mortal. Eis por que as Erínias não permitem que os adivinhos revelem com precisão o futuro, a fim de que o homem, permanecendo na incerteza, não se torne por demais semelhante aos deuses.

A função essencial dessas temíveis divindades, no entanto, é a punição não só do homicídio voluntário, mas do homicídio, porque o assassínio é um μίασμα (míasma), um miasma, uma terrível mancha religiosa que põe em perigo todo o grupo social em cujo seio é praticado. De modo geral, o assassino é banido da *pólis* e erra de cidade em cidade até que alguém se disponha a purificá-lo. Orestes, o assassino da própria mãe, com o voto de Atená, o célebre *voto de Minerva*, foi absolvido da *pena*, mas não da *culpa*. Para se libertar de *suas* Erínias, foi necessário que Apolo o purificasse. De resto, quem derrama o sangue parental é acometido de loucura, como Orestes e Alcméon.

De outro lado, como divindades ctônias, cuja residência se localiza nas trevas do Érebo, e portanto ligadas profundamente à Terra-Mãe, não podem permitir que esta seja impunemente manchada. É que, sendo a Terra a mãe universal, o sangue parental derramado é o sangue da própria Terra-Mãe, que clama por vingança. O Corifeu das *Coéforas*, a segunda tragédia da trilogia esquiliana, é muito explícito a esse respeito:

> *É uma lei que as gotas do sangue derramado na Terra*
> *exigem outro sangue, pois o assassínio clama pela Erínia,*
> *para que, em nome das primeiras vítimas,*
> *ela traga nova vingança sobre a vingança.*
>
> (*Coéf.*, 400-404)

Na sua perseguição implacável aos culpados, as Erínias são comparadas a *cadelas* que não deixam em paz as suas vítimas. Orestes teve uma visão destes monstros, que residem nos *subterrâneos* da Terra e nas profundezas da *psiqué*:

> *Não são fantasmas que me atormentam.*
> *Está claro: são elas, as cadelas furiosas de minha mãe.*
>
> (*Coéf.*, 1053-1054)

Depois que se estabeleceu uma crença mais firme na outra vida e que esta foi dividida em compartimentos, dois impermanentes (*Érebo* e *Campos Elísios*) e um permanente, para os condenados a suplícios eternos (*Tártaro*), as Erínias foram concebidas como divindades da expiação e do remorso, encarregadas de punir, no Tártaro, todos os grandes criminosos. Esta função das filhas do sangue de Úrano já aparece com bastante nitidez a partir de Ésquilo, mas só se firmou, em definitivo, na *Eneida* de Vergílio. No canto 6,625-627, a Sibila de Cumas, em cuja companhia Eneias descera *oniricamente* à outra vida, pinta para o herói troiano um quadro assustador dos tormentos infligidos aos réprobos pelas Erínias. A Sibila, todavia, tem pressa de chegar aos Campos Elísios, e diz ao filho de Afrodite que, se tivesse cem bocas, cem línguas e uma voz de ferro, tudo isto não lhe bastaria para narrar os crimes dos supliciados e as espécies de castigos a que são submetidos:

> Non, mihi si linguae centum sint oraque centum,
> ferrea uox, omnis scelerum comprendere formas,
> omnia poenarum percurrere nomina possim (*En.*, 6,625-627).

> – Se eu tivesse cem bocas, cem línguas
> e voz de ferro, nem assim poderia relatar
> todos os gêneros de culpas e todas as espécies de castigos.

Uma visão mais popular dessas Vingadoras atribuía a cada uma determinada função específica. *Tisífone* açoita os culpados; *Aleto*, bem de acordo com sua *etimologia*, os persegue ininterruptamente com fachos acesos; e *Megera* grita-lhes, dia e noite, no ouvido, as falhas cometidas. Aliás, *Megera* acabou permanecendo entre nós para designar certos tipos de *sogra*, o que certamente é de todo injusto...

As Erínias são os instrumentos da vingança divina em função da *hýbris*, o descomedimento dos homens, que elas punem, semeando o pavor em seu coração. Já na Antiguidade clássica eram identificadas com "a consciência". Interiorizadas, simbolizam o remorso, o sentimento de culpabilidade, a autodestruição de todo aquele que se entrega ao sentimento de uma falta considerada inexpiável. De qualquer forma, podem transformar-se em *Eumênides*, isto é, em *Benevolentes, Benfazejas*, como na terceira tragédia da *Oréstia* de Ésquilo, quando a razão, simbolizada por Atená, reconduz a "consciência mórbida" tranquilizada a uma apreciação mais equilibrada dos atos humanos.

GIGANTE, em grego Γίγας (Guígas), de etimologia desconhecida. Se bem que de origem divina, os Gigantes são mortais, quer dizer, podem ser mortos, desde que sejam atacados simultaneamente por um deus e por um mortal. Existia, além do mais, uma erva mágica, produzida por Geia, que podia curá-los de golpes mortais. Zeus, todavia, proibiu a Hélio, Selene e Eos de brilharem, a fim de que ninguém encontrasse a planta antes que ele próprio dela se apoderasse.

Os Gigantes foram gerados por Geia para vingar os Titãs, que Zeus havia lançado no Tártaro. Eram seres imensos, prodigiosamente fortes, de espessa cabeleira e barba hirsuta, o corpo horrendo, cujas pernas tinham a forma de serpente. Tão logo nasceram, começaram a jogar para o céu árvores inflamadas e rochedos imensos. Os deuses prepararam-se para o combate. A princípio lutavam somente Zeus e Palas Atená, armados com a égide, o raio e a lança. Já que os Gigantes só podiam ser mortos por um deus com o auxílio de um mortal, Héracles passou a tomar parte no combate. Apareceu também Dioniso, armado com um tirso e tochas, e secundado pelos Sátiros. Aos poucos o mito se enriqueceu e surgiram outros deuses que vieram em socorro de Zeus.

Os mitógrafos destacam nessa luta treze Gigantes, embora seu número tenha sido muito maior. *Alcioneu* foi morto por Héracles, auxiliado por Atená, que aconselhou o herói arrastá-lo para longe de Palene, sua cidade natal, porque, cada vez que o Gigante caía, recobrava as forças, por tocar a terra, de onde havia saído.

Porfírio atacou a Héracles e Hera, mas Zeus inspirou-lhe um desejo ardente por esta e enquanto o monstro tentava arrancar-lhe as vestes, Zeus o fulminou com um raio e Héracles acabou com ele a flechadas. *Efialtes* foi morto por uma flecha de Apolo no olho esquerdo e por uma outra de Héracles no direito. *Êurito* foi eliminado por Dioniso, com um golpe de tirso; Hécate acabou com *Clício* a golpes de tocha; *Mimas* foi liquidado por Hefesto, com ferro em brasa. *Encélado* fugiu, mas Atená jogou em cima dele a ilha de Sicília; a mesma Atená escorchou a *Palas* e se serviu da pele do mesmo, como uma couraça, até o fim da luta. *Polibotes* foi perseguido por Posídon através das ondas do mar até a ilha de Cós. O deus, enfurecido, quebrou um pedaço da ilha de Nisiro e lançou-o sobre o Gigante, esmagando-o. Hermes, usando o capacete de Hades, que o tornava invisível, matou *Hipólito*, enquanto Ártemis liquidava *Grátion*. As *Moîras* mataram

Ágrio e *Toas*. Zeus, com seus raios, fulminou os restantes e Héracles acabou de liquidá-los a flechadas.

A *Gigantomaquia*, quer dizer, a luta dos Gigantes, foi travada na Trácia, segundo uns, segundo outros, na Arcádia, às margens do rio Alfeu.

Seres ctônios, os Gigantes simbolizam o predomínio das forças nascidas da Terra, por seu gigantismo material e indigência espiritual. Imagens da *hýbris*, do descomedimento, em proveito dos instintos físicos e brutais, renovam a luta dos Titãs. Não podiam ser vencidos, como se viu, a não ser pela conjugação de forças de um deus e de um mortal. O próprio Zeus necessita de Héracles, ainda não imortalizado, para liquidar Porfírio; Efialtes foi morto por Apolo e Héracles. Todos os Olímpicos, adversários dos Titãs, Atená, Hera, Dioniso, Posídon... deixam sempre ao mortal a tarefa de acabar com o monstro. A ideia parece clara: na luta contra a "bestialidade terrestre", *Deus tem necessidade do homem* tanto quanto este precisa de Deus. A evolução da vida para uma espiritualização crescente e progressiva é o verdadeiro combate dos gigantes. Esta evidência implica, todavia, num esforço próprio do homem, que não pode contar apenas com as forças do alto, para triunfar das tendências involutivas e regressivas que lhe são imanentes. O mito dos Gigantes é, pois, um apelo ao heroísmo humano. O *Gigante* representa tudo quanto o homem terá que vencer para liberar e fazer desabrochar sua personalidade.

NINFA, em grego Νύμφη (Nýmphe), parece significar "a que está coberta com um véu", "noiva", donde *paraninfo*, "o que está ao lado de, o que conduz os nubentes". Em latim, com a mesma raiz, ter-se-ia o verbo *nubere*, "casar", em se tratando da mulher, e sua vasta família: núbil, nubente, núpcias... A origem primeira é o indo-europeu **sneubh*, "cobrir-se", mas trata-se de mera hipótese.

Antes de abordarmos as *Ninfas Mélias* ou *Melíades*, vamos dar uma ideia das *Ninfas* em geral.

Com o nome genérico de Ninfas são chamadas as divindades (já que são cultuadas) femininas secundárias da mitologia, ou seja, divindades que não habitavam o Olimpo. Essencialmente ligadas à *terra* e à *água*, simbolizam a própria força geradora daquela. Levando-se em consideração a teoria de Bachofen, as

Ninfas seriam resquícios da era matrilinear, cuja divindade primordial era a Terra-Mãe e a mulher a figura religiosa central. Nesse caso, essas divindades secundárias poderiam ser consideradas uma extensão da própria energia telúrica, a saber, divindades menores que representam Geia, a grande Terra-Mãe em sua união com a água, elemento úmido e fecundante. Tudo leva a crer que sim, pois, da união desses dois elementos, *terra* e *água*, surge a força geradora que preside à reprodução e à fecundidade da natureza tanto animal quanto vegetal.

Assim concebidas, as Ninfas são a própria Geia em suas múltiplas facetas, enquanto origem de todos os seres e coisas, enquanto *grande deusa*, cujas energias nunca se esgotam. Por tudo isso só podiam ser divindades femininas de eterna juventude. E se é verdade que as Ninfas não são imortais, vivem contudo tanto quanto uma *palmeira*, ou seja, cerca de dez mil anos e jamais envelhecem! Decodificando, teremos a própria natureza, que não é imortal, uma vez que perece e renasce, num eterno ressurgir, portanto uma força canalizada para uma perpétua renovação. A eterna juventude das Ninfas traduz, assim, a perenidade de Geia, a Terra-Mãe. Enquanto hipóstases desta, as Ninfas eram divindades benfazejas e tudo propiciavam aos homens e à natureza em si. Tinham o dom de profetizar, de curar e de nutrir. Como representantes da Terra-Mãe, não se limitavam apenas aos mares e rios, mas abrangiam a terra como um todo, com seus vales, montanhas e grutas.

Todas, em última análise, descendem de Geia, conforme os quadros genealógicos que já estampamos e os demais que ainda apresentaremos.

Da união de Oceano e Tétis nasceram as *Oceânidas*, ninfas dos mares; Nereu (o velho do mar) uniu-se a Dóris e nasceram as *Nereidas*, também ninfas marítimas; os *Rios*, unidos a elementos vários, geraram outras ninfas, como as *Potâmidas*, ninfas dos rios; *Náiades*, ninfas dos ribeiros e riachos; *Creneias e Pegeias*, ninfas das fontes e nascentes; e as *Limneidas*, ninfas dos lagos e lagoas.

Estas eram as Ninfas que habitavam o elemento aquático e faziam parte frequentemente do cortejo de Hera e Ártemis.

As ninfas da terra propriamente dita são as *Napeias*, que habitam vales e selvas; as *Oréadas*, ninfas das montanhas e colinas; as *Dríadas* e *Hamadríadas*, ninfas das árvores em geral e especificamente do carvalho (árvore consagrada a Zeus). Há uma distinção entre *Dríadas*, em grego δρυάς (dryás), "carvalho" e *Hamadríadas*, em grego ἅμα (háma), "ao mesmo tempo", e δρυάς, "carvalho", isto é, estão incorporadas a esta árvore, já nascem com ela.

Em síntese, temos os seguintes tipos de *Ninfas*:

> *Oceânidas*, ninfas do alto-mar.
> *Nereidas*, ninfas dos mares internos.
> *Potâmidas*, ninfas dos rios.
> *Náiades*, ninfas dos ribeiros e riachos.
> *Creneias*, ninfas das fontes.
> *Pegeias*, ninfas das nascentes.
> *Limneidas*, ninfas dos lagos e lagoas.
> *Napeias*, ninfas dos vales e selvas.
> *Oréadas*, ninfas das montanhas e colinas.
> *Dríadas*, ninfas das árvores e particularmente dos carvalhos.
> *Hamadríadas*, ninfas dos carvalhos.

Um tipo especial de ninfa são as *Mélias* ou *Melíades*, que nasceram do sangue de Úrano.

MELÍADES, em grego Μελίαδες (Melíades), de μελία (melía), freixo. Trata-se, pois, das Ninfas dos freixos. Em memória de seu nascimento sangrento, o cabo das lanças era confeccionado de freixo, "que se levanta para o céu como lanças". Hesíodo chama-as de Μελίαι (Melíai).

A raça da Idade de Bronze, violenta e sanguinária, nasceu, como se falou no capítulo VIII, dessa árvore de guerra.

Para os gregos, o freixo é o símbolo de poderosa solidez. No mito escandinavo é o símbolo da imortalidade e o traço-de-união entre os três níveis cósmicos. Por isso mesmo o freixo *Yggdrasil* é a árvore da vida: o universo se desdobra à sombra de seus galhos imensos e os animais aí se abrigam.

Yggdrasil está sempre verde, porque é alimentada pelas águas da fonte *Urd*, guardada dia e noite por uma das Nornas. A árvore sagrada possui três raízes: uma, na fonte *Urd*; outra, na terra dos gelos, *Niflheim*, para alcançar a fonte *Hvergelmir*, origem das águas que circulam em todos os rios do mundo; a terceira, no país dos Gigantes, onde canta a fonte da Sabedoria, *Mimir*. Assim como os deuses gregos se reuniam nos píncaros do monte Olimpo, os deuses germânicos se congregavam aos pés de *Yggdrasil*. Quando das grandes catástrofes cósmicas, em que um mundo se destruía para que surgisse um outro, a árvore sagrada permanecia de pé, imóvel, impávida, invencível. Nem as chamas, nem as geleiras, nem as trevas poderiam destruí-la. A árvore da vida era o último refúgio dos que escaparam ao cataclismo e aqui permaneceram, para repovoar o mundo novo. *Yggdrasil* é o símbolo da perenidade da vida, que nada poderá destruir.

Na Antiguidade clássica, o freixo possuía um grande poder mágico, além de funcionar como poderoso antídoto contra todos os venenos, desde que se misturassem suas folhas ao vinho.

Nereidas, Oceânidas, Náiades... divindades das águas claras, das fontes e das nascentes, geram e criam grandes heróis. Vivem nas cavernas, nas grutas, lugares úmidos, o que lhes empresta um certo aspecto ctônio, apavorante, por isso que todo nascimento se relaciona com a morte e vice-versa.

Além do mais, grutas e cavernas são locais próprios para iniciação, em que se morre, para se renascer para uma vida nova.

No desenvolvimento da personalidade, as Ninfas representam uma expressão de aspectos femininos do inconsciente. Divindades do nascimento, suscitam a veneração, de mistura com um certo temor: roubam crianças e podem perturbar o espírito de quem as vê. Sua hora perigosa é o meio-dia, momento de sua hierofania. Quem as vir, tornar-se-á presa de um *entusiasmo ninfoléptico*. É aconselhável, por isso, não se aproximar, ao meio-dia, de fontes, nascentes e da sombra de determinadas árvores...

AFRODITE, em grego Ἀφροδίτη (Aphrodíte), de etimologia desconhecida. O grego ἀφρός (aphrós), "espuma", teve evidentemente influência na criação do mito da deusa nascida das "espumas" do mar. Do ponto de vista etimológico, no entanto, *Afrodite* nenhuma relação possui com *aphrós*. Trata-se de uma divindade obviamente importada do Oriente. Afrodite é a forma grega da deusa semítica da fecundidade e das águas fertilizantes, *Astarté*.

Na *Ilíada*, a deusa é filha de Zeus e Dione, daí seu epíteto de Dioneia. Existe, todavia, uma Afrodite muito mais antiga, cujo nascimento é descrito na *Teogo-*

nia, 188-198, consoante o tema de procedência oriental da mutilação de Úrano. Com o epíteto de *Anadiômene*, a saber, "a que surge" das ondas do mar, de um famoso quadro do grande pintor grego Apeles (século IV a.C.), tão logo nasceu, a deusa foi levada pelas ondas ou pelo vento Zéfiro para Citera e, em seguida, para Chipre, daí seus dois outros epítetos de Citereia e Cípris. Esta origem dupla da deusa do amor não é estranha à diferenciação que se estabeleceu entre Afrodite *Urânia* e *Pandêmia*, significando esta última, etimologicamente, "a venerada por todo o povo", Πάνδημος (Pándemos), e, posteriormente, com discriminação filosófica e moral, "a popular, a vulgar". Platão, no *Banquete*, 180s, estabelece uma distinção rígida entre a *Pandêmia*, a inspiradora dos amores comuns, vulgares, carnais, e a *Urânia*, a deusa *que não tem mãe*, ἀμήτωρ (amétor) e que, sendo *Urânia*, é, *ipso facto*, a *Celeste*, a inspiradora de um amor etéreo, superior, imaterial, através do qual se atinge o amor supremo, como Diotima revelou a Sócrates. Este "amor urânico", desligando-se da beleza do corpo, eleva-se até a beleza da alma, para atingir a Beleza em si, que é partícipe do eterno.

Voltemos aos primeiros passos de Afrodite. Em Chipre, a deusa foi acolhida pelas Horas, vestida e ornamentada e, em seguida, conduzida à mansão dos Olímpicos.

Apesar dos esforços dos mitógrafos, no sentido de *helenizar* Afrodite, esta sempre traiu sua procedência asiática. Com efeito, Hesíodo não é o único que estampa as origens orientais da deusa. Já na *Ilíada* a coisa é bem perceptível. Sua proteção e predileção pelos troianos e particularmente por Eneias, fruto de seus amores como Anquises (*Il.*, V, 311s), denotam claramente que Afrodite é o menos grega possível. No *Hino Homérico a Afrodite* (I, 68s) o caráter asiático da deusa é mais claro: apaixonada pelo herói troiano Anquises, avança em direção a Troia, em demanda do nome Ida, acompanhada de ursos, leões e panteras. Pois bem, sua hierofania voluptuosa transtorna até os animais, que se recolhem à sombra dos vales, para se unirem no amor que transborda de Afrodite. Essa marcha amorosa da grande deusa em direção a Ílion mostra nitidamente que ela é uma Grande Mãe do monte Ida.

Entre os troianos, seu grande protegido é Páris (*Il.*, I, 373ss; X, 1012) e os *Cantos Cíprios* relatam como a deusa, para recompensá-lo por lhe ter ele outorgado o título de *a mais bela das deusas*, o auxiliou na viagem marítima a Esparta e no rapto de Helena.

Seu amante divino Adônis nos leva igualmente à Ásia, uma vez que Adônis é mera transposição do babilônico *Tamuz*, o favorito de Ištar-Astarté, de que os gregos modelaram *sua* Afrodite. Veremos mais adiante que seus filhos Eneias, Hermafrodito e Priapo "nasceram" também no Oriente.

Como se pode observar, desde seu nascimento até suas características e mitos mais importantes, Afrodite nos aponta para a Ásia. Deusa tipicamente oriental, nunca se encaixou bem no mito grego: parece uma estranha no ninho!

Em torno da mãe de Eneias se amalgamaram mitos de origens diversas e que, por isso mesmo, não formam um relato coerente, mas episódios por vezes bem desconexos.

O grande casamento "grego" da deusa do amor foi com Hefesto, o *deus dos nós*, o deus ferreiro e coxo da ilha de Lemnos. Vimos no capítulo VII, p. 145ss, a breve narrativa homérica acerca do desastre desse enlace. Vamos completá-la com alguns pormenores e variantes posteriores, uma vez que Hesíodo, na *Teogonia*, só faz breve alusão ao fato.

Ares, nas prolongadas ausências de Hefesto, que instalara suas forjas no monte Etna, na Sicília, partilhava constantemente o leito de Afrodite. Fazia-o tranquilo, porque sempre deixava à porta dos aposentos da deusa uma sentinela, um jovem chamado Aléctrion, que deveria avisá-lo da aproximação da *luz do dia*, isto é, do nascimento do Sol, conhecedor profundo de todas as mazelas deste mundo... Um dia, o incansável vigia dormiu e *Hélio*, o Sol, que tudo vê e que não perde a hora, surpreendeu os amantes e avisou Hefesto. Este, deus que *sabe atar e desatar*, preparou uma rede mágica e prendeu o casal ao leito. Convocou os deuses para testemunharem o adultério e estes se divertiram tanto com a picante situação, que a abóbada celeste reboava com as suas gargalhadas. Após insistentes pedidos de Posídon, o deus coxo consentiu em retirar a rede. Envergonhada, Afrodite fugiu para Chipre e Ares para a Trácia. Desses amores nasceram *Fobos* (o medo), *Deimos* (o terror) e *Harmonia*, que foi mais tarde mulher de Cadmo, rei de Tebas.

No que tange à preferência da deusa do amor pelo deus da guerra, o que trai uma *complexio oppositorum*, uma conjugação dos opostos, Hefesto sempre a atribuiu ao fato de ser aleijado e Ares ser belo e de membros perfeitos, como se viu no capítulo VII. Claro está que o deus das forjas não poderia compreender que Afrodite é antes de tudo uma deusa da vegetação, que precisa ser fecundada, seja qual for a origem da semente e a identidade do fecundador. Além do mais, casamento por compensação sói fracassar!

Quanto ao jovem Aléctrion, sofreu exemplar punição: por haver permitido, com seu sono, que Hélio denunciasse a Hefesto tão flagrante adultério, foi metamorfoseado em *galo* (*alektryón* em grego é *galo*) e obrigado a cantar toda madrugada, antes do nascimento do Sol...

Ares não foi, no entanto, o único amor extraconjugal de Afrodite. Sua paixão por Adônis ficou famosa. O mito, todavia, começa bem mais longe.

Teias, rei da Síria, tinha uma filha, Mirra ou Esmirna, que, desejando competir em beleza com a deusa do amor, foi por esta terrivelmente castigada, concebendo uma paixão incestuosa pelo próprio pai. Com auxílio de sua aia, Hipólita, conseguiu enganar Teias, unindo-se a ele durante doze noites consecutivas. Na derradeira noite, o rei percebeu o engodo e perseguiu a filha com a intenção de matá-la. Mirra colocou-se sob a proteção dos deuses, que a transformaram na árvore que tem seu nome. Meses depois, a casca da "mirra" começou a inchar e no décimo mês se abriu, nascendo Adônis. Tocada pela beleza da criança, Afrodite recolheu-a e a confiou secretamente a Perséfone. Esta, encantada com o menino, negou-se a devolvê-lo à esposa de Hefesto. A luta entre a duas deusas foi arbitrada por Zeus e ficou estipulado que Adônis passaria um terço de um ano com Perséfone, outro com Afrodite e os restantes quatro meses onde quisesse. Mas, na verdade, o lindíssimo filho de Mirra sempre passou oito meses do ano com a deusa do amor... Mais tarde, não se sabe bem o motivo, a colérica Ártemis lançou contra Adônis adolescente a fúria de um javali, que, no decurso de uma caçada, o matou. A pedido de Afrodite, foi o seu grande amor transformado por Zeus em *anêmona*, flor da primavera, e o mesmo Zeus consentiu que o belo jovem ressurgisse quatro meses por ano e vivesse ao lado da amante. Efetivamente, passados os quatro meses primaveris, a flor anêmona fenece e morre. O mito, evidentemente, prende-se aos ritos simbólicos da vegetação, como demonstra a luta pela criança entre Afrodite (a "vida" da planta) e Perséfone (a "morte" da mesma nas entranhas da terra), bem como o sentido ritual dos *Jardins de Adônis*, de que se falará mais abaixo. Há uma variante do mito que faz de Adônis filho não de Teias, mas do rei de Chipre, o qual era de origem fenícia, Cíniras, casado com Cencreia. Esta ofendera gravemente Afrodite, dizendo que sua filha Mirra era mais bela que a deusa, que despertou na rival uma paixão violenta pelo pai. Apavorada com o caráter incestuoso de sua paixão, Mirra quis enforcar-se, mas a aia Hipólita interveio e facilitou a satisfação do amor criminoso. Consumado o incesto, a filha e amante de Cíniras refugiu-se na floresta, mas Afrodite, compadecida com o sofrimento da jovem princesa, metamorfoseou-a na árvore da mirra. Foi o próprio rei quem abriu a casca da árvore para de lá retirar o filho e neto ou, segundo outros, teria sido um javali que, com seus dentes poderosos, despedaçara a mirra, para fazer nascer a criança. Nesta variante há duas causas para a morte do lindíssimo Adônis: ou a cólera do deus Ares, enciumado com a predileção de Afrodite pelo jovem oriental, ou a vingança de Apolo contra a deusa, que lhe teria cegado o filho Erimanto, por tê-la visto nua, enquanto se banhava.

De qualquer forma, a morte de Adônis, deus oriental da vegetação, do ciclo da semente, que morre e ressuscita, daí sua *katábasis* para junto de Perséfone e a consequente *anábasis* em busca de Afrodite, era solenemente comemorada no Ocidente e no Oriente. Na Grécia da época helenística deitava-se Adônis morto num leito de prata, coberto de púrpura. As oferendas sagradas eram frutas, rosas anêmonas, perfumes e folhagens, apresentados em cestas de prata. Gritavam, soluçavam e descabelavam-se as mulheres. No dia seguinte atiravam-no ao mar com todas as oferendas. Ecoavam, dessa feita, cantos alegres, uma vez que Adônis, com as chuvas da próxima estação, deveria ressuscitar.

O mitologema da morte prematura de Adônis, quer se deva a Ártemis, Apolo ou Ares, está sempre ligado ao nascimento e à cor de determinadas flores. A *anêmona* prende-se, como se viu, à metamorfose do deus naquela flor; a *rosa*, de início branca, tornou-se vermelha, porque Afrodite, no afã de salvar o amante das presas do javali, pisou num espinho e seu sangue deu à rosa um novo colorido. O poeta grego da época alexandrina, Bíon (fins do século IV a.C.), relata que de cada gota de sangue de Adônis nascia uma anêmona, de cada lágrima de Afrodite, uma rosa.

Pois bem, foi exatamente para perpetuar a memória de seu grande amor oriental que Afrodite instituiu na Síria uma festa fúnebre, que as mulheres celebravam anualmente, na entrada da primavera. Para simbolizar o "tão pouco" que viveu Adônis, plantavam-se mudas de roseiras em vasos e caixotes e regavam-nas com água morna, para que crescessem mais depressa. Tal artifício fazia que as roseiras rapidamente se desenvolvessem e dessem flores, as quais, no entanto, rapidamente feneciam. Eram os célebres *Jardins de Adônis*, cuja desventura era solenemente celebrada com grandes procissões e lamentações rituais pelas mulheres da Síria. Muitos séculos depois, Ricardo Reis, o gigantesco Fernando Pessoa, perseguido pela brevidade da vida e pela lembrança do *puluis et umbra sumus* (somos pó e sombra) de Horácio, recordou os *Jardins de Adônis*[10]:

> *As rosas amo dos jardins de Adônis,*
> *Essas volucres amo, Lídia, rosas,*
> *que em o dia em que nascem,*
> *Em esse dia morrem.*
> *A luz para elas é eterna, porque*
> *Nascem nascido já o sol, e acabam*
> *Antes que Apolo deixe*
> *O seu curso visível.*
> *Assim façamos nossa vida um dia,*
> *Inscientes, Lídia, voluntariamente*
> *Que há noite antes e após*
> *O pouco que duramos.*

Os amores de Afrodite não terminam em Adônis. Disfarçada na filha de Otreu, rei da Frígia, amou apaixonadamente o herói troiano, Anquises, quando este pastoreava seus rebanhos no monte Ida de Tróada. Desse enlace nasceu Eneias, que a deusa tanto protegeu durante o cerco de Ílion pelos gregos, como nos atesta a *Ilíada*. Bem mais tarde, do primeiro ao décimo segundo canto da *Eneida* de Vergílio, Eneias a teve novamente por escudo e por bússola. É desse

---

10. PESSOA, Fernando. *Obra Poética*. Rio de Janeiro: Nova Aguilar, 1977, p. 259.

Eneias, diga-se de passagem, que, através de *Iulus*, filho do herói troiano, pretendia descender a *gens iulia*, a família dos *Júlios*, como César e Otaviano, o futuro imperador Augusto. Falsas aproximações etimológicas geraram muitos deuses, heróis e imperadores...

De sua união com Hermes nasceu *Hermafrodito*, etimologicamente (filho) de *Hermes* e *Afrodite*. Criado pelas Ninfas do monte Ida, o jovem era de extraordinária beleza. Tão grande como a de Narciso. Aos quinze anos, Hermafrodito resolveu percorrer o mundo. Passando pela Cária, deteve-se junto a uma fonte, habitada pela Ninfa Sálmacis, que por ele se perdeu de amores. Repelida pelo jovem, fingiu conformar-se, mas, quando este se despiu e se lançou às águas da fonte, Sálmacis o enlaçou fortemente e pediu aos deuses que jamais os separassem. Os dois corpos fundiram-se num só e surgiu um novo ser, de dupla natureza. Também um pedido de Hermafrodito foi atendido pelos Imortais: suplicou ele que todo aquele que se banhasse nas águas límpidas da fonte perdesse a virilidade.

Com sua eternamente insatisfeita "enérgueia" erótica, Afrodite amou ainda o deus do êxtase e do entusiasmo. De sua união com Dioniso nasceu a grande divindade da cidade asiática de Lâmpsaco, Priapo. Trata-se de um deus itifálico, guardião das videiras e dos jardins. Seu atributo essencial era "desviar" o mau-olhado e proteger as colheitas contra os sortilégios dos que desejavam destruí-las. Deus de poderes apotropaicos, sempre foi considerado como um excelente exemplo de *magia simpática*, tanto "homeopática", pela lei da similaridade, quanto pela de "contágio", pela lei do contato, em defesa dos vinhedos, pomares e jardins, em cuja entrada figurava sua estátua.

Como deus da fecundidade, era presença obrigatória no cortejo de Dioniso, quando não por sua semelhança com os Sátiros e Silenos.

Existe aliás uma variante importante acerca da filiação e da deformidade do deus de Lâmpsaco. Tão logo Afrodite nasceu, Zeus por ela se apaixonou e a possuiu numa longa noite de amor. Hera, enciumada com a gravidez da deusa oriental, e temendo que, se da mesma nascesse um filho com a beleza da mãe e o poder do pai, ele certamente poria em perigo a estabilidade dos Imortais, deu um soco no ventre de Afrodite. O resultado foi que Priapo nasceu com um membro viril descomunal, embora fosse impotente. Com medo de que seu filho e ela própria fossem ridicularizados pelos deuses, abandonou-o numa alta montanha, onde foi encontrado e criado pelos pastores, o que explicaria o caráter rústico de Priapo.

Ficaram também célebres na mitologia as explosões de ódio e as maldições de Afrodite. Quando se tratava de satisfazer a seus caprichos ou vingar-se de uma ofensa, fazia do amor uma arma e um veneno mortal. Pelo simples fato de Eos ter-se enamorado de Ares, a deusa fê-la apaixonar-se violentamente pelo gigante Oríon, a ponto de arrebatá-lo e escondê-lo, com grande desgosto dos deuses, uma vez que o gigante, como Héracles, limpava os campos e as cidades de feras e monstros. O jovem Hipólito, que lhe desprezava o culto, por ter-se dedicado a Ártemis, foi terrivelmente castigado. Inspirou a Fedra, sua madrasta, uma paixão incontrolável pelo enteado. Repelida por este, Fedra se matou, mas deixou uma mensagem mentirosa a Teseu, seu marido, e pai de Hipólito, acusando a este último de tentar violentá-la, o que lhe explicava o suicídio. Desconhecendo a inocência do filho, Teseu expulsou-o de casa e invocou contra o mesmo a cólera de Posídon. O deus enviou contra Hipólito um monstro marinho que lhe espantou os cavalos da veloz carruagem e o jovem, tendo caído, foi arrastado e morreu despedaçado.

Querendo proteger a Jasão na conquista do velocino de ouro, fez que Medeia o amasse loucamente. Esta, conhecedora de certos processos mágicos, como um bálsamo que tornava quem o usasse insensível ao fogo e invulnerável, por um dia, deu-o a Jasão, que venceu todas as provas a que foi submetido por Eetes, rei da Cólquida e pai de Medeia. Mas Jasão, que tudo devia à esposa, abandonou-a, para se casar com Creúsa ou Glauce, filha de Creonte, rei de Corinto. Inconformada, porque, *graças a Afrodite*, ainda era apaixonada pelo esposo, Medeia, num acesso de loucura, matou a Creonte, Glauce e os dois filhos que tivera de Jasão.

Tanto as desventuras de *Hipólito* quanto as de *Medeia* foram maravilhosamente bem retratadas por Eurípides, em duas tragédias imortais, *Hipólito Porta-Coroa* e *Medeia*.

Puniu severamente todas as mulheres da ilha de Lemnos, porque se negaram a prestar-lhe culto. Castigou-as com um odor tão insuportável, que os esposos as abandonaram pelas escravas da Trácia. Para se vingar, mataram todos os maridos e fundaram uma verdadeira república de mulheres, que durou até o dia em que os Argonautas, comandados por Jasão, passaram pela ilha e lhes deram filhos.

A própria Helena, que, por artimanhas da deusa e para premiar Páris, fugiu com ele para Troia, deplorava (*Od.*, IV, 261) como se fora uma ἄτη (áte), uma loucura, uma cegueira da razão, o amor que lhe infundira Afrodite e a fizera abandonar a pátria e os deuses.

Poder-se-iam multiplicar os exemplos das vítimas da cólera ou da proteção da deusa do amor, sobretudo através da tragédia grega.

A esta divindade do prazer pelo prazer, do amor universal, que circula nas veias de todas as criaturas, porque, antes de tudo, Afrodite é a deusa das "sementes", da vegetação, estavam ligadas, à maneira oriental, as célebres *hierodulas*, as impropriamente denominadas *prostitutas sagradas*. Essas verdadeiras sacerdotisas entregavam-se nos templos da deusa aos visitantes, com o fito, primeiro de promover e provocar a vegetação e, depois, para arrecadar dinheiro para os próprios templos. No riquíssimo (graças às hierodulas) santuário de Afrodite no monte Érix, na Sicília, e, em Corinto, nos bosques de ciprestes de um famoso Ginásio, chamado Craníon, a deusa era cercada por mais de mil hierodulas, que, à custa dos visitantes, lhe enriqueciam o santuário. Personagens principais das famosas *Afrodísias* de Corinto, todas as noites elas saíam às ruas em alegres cortejos e procissões rituais. Embora alguns poetas cômicos, como Aléxis e Eubulo, ambos do século IV a.C., tivessem escrito a esse respeito alguns versos maliciosos, nos momentos sérios e graves, como nas invasões persas de Dario (490 a.C.) e Xerxes (480 a.C.), se pedia às hierodulas que dirigissem preces públicas a Afrodite. Píndaro, talvez o mais religioso dos poetas gregos, celebrou com um σκόλιον (skólion), isto é, com uma canção convival, um grande número de jovens hierodulas que Xenofonte de Corinto ofertou a Afrodite, em agradecimento por uma dupla vitória nos jogos Olímpicos.

Em Atenas, um dos epítetos da deusa era Ἑταίρα (Hetaíra), hetera, "companheira, amante, cortesã, concubina", abstração feita de qualquer conotação de prostituta. Tal epíteto certamente se deve a um outro de Afrodite, a *Pandêmia*.

Voltaremos a tratar das hierodulas quando falarmos a respeito de Ártemis, a *dea luna triformis*.

Afrodite é o símbolo das forças irrefreáveis da fecundidade, não propriamente em seus frutos, mas em função do desejo ardente que essas mesmas forças irresistíveis ateiam nas entranhas de todas as criaturas. Eis aí o motivo por que a deusa é frequentemente representada entre animais ferozes, que a escoltam, como no hino homérico a que já aludimos. Nesse hino, a deusa do amor mostra todo o seu poderio e força não apenas sobre os animais, mas até mesmo sobre o próprio Zeus:

> Ela transforma até mesmo o juízo de Zeus, o deus dos raios,
> o mais poderoso de todos os Imortais; e embora seja tão sábio,
> a deusa faz dele o que quer... Quando escala o Ida de mil fontes,
> seguem-na, acariciando-a, lobos cinzentos, fulvos leões,
> ursos, velozes panteras, ávidas de procriar. Ao vê-los, a deusa
> se enche de alegria e lhes instila o desejo no peito.
> Então dirigem-se todos, para se acasalar à sombra dos vales.
>
> (Hh. a Afrodite, 36-38 e 68-74).

Eis aí o amor única e exclusivamente sob forma física, traduzido no desejo e no prazer dos sentidos. Ainda não é o amor elevado a um nível especificamente humano. A esse respeito Paul Diel faz o seguinte comentário: "Num plano mais elevado do psiquismo humano, onde o amor se completa no elo com a alma, cujo símbolo é a esposa de Zeus, Hera, o símbolo Afrodite exprimirá a perversão sexual, porque o ato de fecundação é buscado apenas em função da primazia do prazer outorgado pela natureza. A necessidade natural se exerce, portanto, perversamente"[11].

Os autores do Dicionário dos símbolos perguntam se a interpretação deste símbolo não evoluirá, após as pesquisas modernas acerca dos valores propriamente humanos da sexualidade. É que nos meios religiosos, acrescentam eles, de um moralismo exigente, a questão em estudo é saber se o fim único da sexualidade é a fecundidade ou se não seria possível humanizar o ato sexual independentemente da procriação[12].

---

11. DIEL, Paul. Op. cit., p. 166.

12. CHEVALIER, Jean & GHEERBRANT, Alain. Op. cit., p. 55.

O mito da deusa do amor poderia, assim, permanecer por um longo tempo ainda a imagem de uma perversão, a perversão da alegria de viver e das forças vitais, não mais porque o desejo de transmitir a vida estivesse alijado do ato de amor, mas porque o amor em si mesmo não seria humanizado. Permaneceria apenas como satisfação dos instintos, digno de animais ferozes que formavam o cortejo da deusa. Ao término de tal evolução, no entanto, Afrodite poderia reaparecer como a deusa que sublima o amor selvagem, integrando-o numa vida realmente humana.

Capítulo XI
Ainda a Primeira Geração Divina: filhos e descendentes (De Nix ao Leão de Nemeia)

1

A primeira geração divina se fecha com Afrodite, mas, além de Nix, que continuou a gerar, temos das principais divindades, nascidas de Úrano e Geia ou do sangue e esperma do deus Céu, uma longa e importante descendência, que passaremos a estudar.

NIX, velha divindade, nascida do Caos na primeira fase do Universo, e que dera à luz Éter e Hemera, tornou-se extremamente fértil na primeira progênie divina. Gerou, por partenogênese, as seguintes abstrações: *Moro, Tânatos, Hipno, Momo, Hespérides, Queres, Moîras, Nêmesis, Gueras* e *Éris*.

Como *Moro* é da mesma família etimológica que *Moîra* e a ela está associado, de direito e de fato, falaremos a seu respeito mais adiante.

Tânatos, em grego Θάνατος (Thánatos), tem como raiz o indo-europeu **dhwen*, "dissipar-se, extinguir-se". O sentido de "morrer", ao que parece, é uma inovação do grego. O *morrer*, no caso, significa *ocultar-se*, ser como sombra, uma vez que na Grécia o morto tornava-se *eídolon*, um como que retrato em sombras, um "corpo insubstancial". Tânatos, que tinha coração de ferro e entranhas de bronze, é o gênio masculino alado que personifica a Morte, mas não é agente da mesma. Na tragédia grega, surgiu como personagem pela primeira vez na obra de Frínico (século VI a.C.), mas, na realidade, só se afirmou a partir da tragédia de Eurípides *Alceste*. Tânatos não tem um mito propriamente seu. O combate que ele trava com Héracles na *Alceste* e sua desventura com o embusteiro Sísifo, apesar de serem extrapolações de cunho popular, muito contribuíram para fazer do deus da morte uma personagem dramática.

Sísifo, o mais solerte e audacioso dos mortais, conseguiu por duas vezes livrar-se da Morte. Quando Zeus raptou Egina, filha do rio Asopo, foi visto por Sísifo, que, em troca de uma fonte concedida pelo deus-rio, contou-lhe que o raptor da filha fora o Olímpico. Este, imediatamente, enviou-lhe Tânatos, mas o astuto Sísifo enleou-o de tal maneira, que conseguiu encadeá-lo. Como não morresse mais ninguém, e o rico e sombrio reino do Hades estivesse se empobrecendo, a uma queixa de Plutão, Zeus interveio e libertou Tânatos, cuja primeira vítima foi Sísifo. O solerte rei de Corinto, no entanto, antes de morrer, pediu à mulher que não lhe prestasse as devidas honras fúnebres. Chegando ao Hades sem o "revestimento" habitual, isto é, sem ser um *eídolon*, Plutão perguntou-lhe o motivo de tamanho sacrilégio. O esperto filho de Éolo mentirosamente culpou a esposa de impiedade e, à força de súplicas, conseguiu permissão para voltar rapidamente à terra, a fim de castigar severamente a companheira.

Uma vez em seu reino, o rei de Corinto não mais se preocupou em cumprir a palavra empenhada com Plutão e deixou-se ficar, vivendo até avançada idade. Um dia, porém, Tânatos veio buscá-lo em definitivo e os deuses o castigaram impiedosamente, condenando-o a rolar um bloco de pedra montanha acima. Mal chegado ao cume, o bloco rola montanha abaixo, puxado por seu próprio peso. Sísifo recomeça a tarefa, que há de durar para sempre.

A luta com Héracles foi mais simples. Quando Alceste morreu, o herói, por gratidão ao rei Admeto, que, num momento de tão grande dor, lhe dera hospitalidade, dirigiu-se apressadamente ao túmulo da rainha e lá travou gigantesca batalha com Tânatos, arrebatando-lhe Alceste. Vencida a Morte, a rainha de Feres foi devolvida ao hospitaleiro Admeto mais jovem e mais bela que nunca.

Do ponto de vista simbólico, Tânatos é o aspecto perecível e destruidor da vida. Como índice do que desaparece na evolução fatal das coisas, a Morte prende-se à simbólica da Terra. Divindade que introduz as almas nos mundos desconhecidos das trevas dos Infernos ou nas luzes do Paraíso, patenteia sua ambivalência, como a Terra, relacionando-se, de alguma forma, com os ritos de passagem. *Revelação* e *Introdução*, toda e qualquer iniciação passa por uma fase de morte, antes que as portas se abram para uma vida nova. Neste sentido, Tânatos contém um valor psicológico: extirpa as forças negativas e regressivas, ao mesmo tempo em que libera e desperta as energias espirituais. Filho da *Noite* e irmão de *Hipno*, o Sono, possui como sua mãe e irmã o poder de regenerar. Quando se abate sobre um ser, se este orientou sua vida apenas num sentido material, animalesco, a Morte o lançará nas trevas; se, pelo contrário, deixou-se guiar pela bússola do espírito, ela mesma lhe abrirá as cortinas que conduzem aos campos da luz. Não há dúvida de que em todos os níveis da vida humana coexistem a *morte* e a *vida*, ou seja, uma tensão entre forças contrárias, mas Tânatos pode ser a condição de ultrapassagem de um nível para um outro nível superior. Libertadora dos sofrimentos e preocupações, a Morte não é um fim em si; ela pode abrir as portas para o reino do espírito, para a vida verdadeira: *mors ianua uitae*, a morte é a porta da vida.

Em sentido esotérico, Tânatos simboliza a transformação profunda que experimenta o homem pelo efeito da iniciação: "O profano deve morrer, a fim de renascer para uma vida superior que lhe confere a iniciação. Se não se morre para o estado de imperfeição, não há como progredir na iniciação".

Na iconografia antiga, Tânatos é representado por um túmulo, uma personagem armada com uma foice, um gênio alado, dois jovens, um preto, outro branco, um esqueleto, um cavaleiro, uma dança macabra, uma serpente, um animal psicopompo, como o cavalo, o cão...

O simbolismo geral da Morte aparece ainda no *décimo terceiro* arcano maior do *Tarô*, arcano que não tem *nome*, como se o *treze* já lhe conferisse identidade definitiva ou se se temesse nomeá-lo.

Na Antiguidade, realmente, o número *treze* possuía uma conotação maléfica, perigosa, simbolizando "o curso cíclico da atividade humana... a passagem a um outro estado, quer dizer, a Morte".

Para o lúcido Mircea Eliade a Morte é, muitas vezes, o resultado trágico de nossa indiferença diante da imortalidade.

Há de chegar, porém, o dia, em que, com nosso corpo mortal, revestido da imortalidade, poderemos olhar a morte de frente e perguntar-lhe triunfantes: *Ubi est, mors, uictoria tual* (1Cor 15,55): "Onde está, ó morte, a tua vitória?"

HIPNO, em grego Ὕπνος (Hýpnos), da raiz indo-europeia *swep*, "aquietar-se, dormir", donde o latim *somnus*. Irmão gêmeo de Tânatos, conforme os mitógrafos, o Sono habita nos poemas homéricas a ilha de Lemnos; consoante Vergílio, os Infernos; ou ainda o país dos Cimérios, como quer Ovídio. Alado, percorre rapidamente o mundo e adormece todos os seres. Conta-se que, apaixonado pelo lindíssimo pastor Endímion, concedeu-lhe o dom de dormir com os olhos abertos, para poder olhar, dormindo, nos olhos do amante.

MOMO, em grego Μῶμος (Mômos), de etimologia ainda não bem definida: talvez se relacione com o verbo *mokân*, *mokâ-sthai*, "ridicularizar, chasquear, zombar". Momo é a personificação do *Sarcasmo*, sob forma feminina. Sendo excessivo o peso que a Terra suportava, pela rápida multiplicação dos homens, Zeus desencadeou. a guerra de Tebas. Como se julgasse insuficiente essa providência, o pai dos deuses e dos homens pensou em fulminá-los ou afogar a maioria. Foi então que Momo lhe aconselhou um meio mais prático: dar Tétis em casamento a um mortal, de que nasceria Aquiles, e Zeus engendraria uma filha, Helena, que suscitaria a discórdia entre a Ásia e a Europa, provocando a Guerra de Troia. Tantos seriam os mortos em dez anos de luta, que haveria o necessário equilíbrio demográfico.

Em nossa língua, lá pelos fins do século XVI, "momo" se documenta com o sentido de *farsa satírica*: "...na qual noite, e outros dias seguintes, ouve em Sevilha muyto grandes, e sumptuosas festas de *momos*, e justas reaes..."[1] Daí, para se passar a Rei *Momo*, o rei da folia carnavalesca, em que a sátira, a farsa e o sarcasmo imperam, não deve ter sido muito difícil.

HESPÉRIDES, em grego Ἑσπερίδες (Hesperídes), de ἑσπέρα (hespéra), "tarde, ocidente"; da mesma família é o latim *uesper*, com o mesmo sentido. Em português temos *Vésper*, a estrela da tarde, *vesperal*, *vespertino*...

---

1. RESENDE, Garcia de. *Crônica de D. João II*. Cap. 114, p. 151-152, ed. de 1798.

As Hespérides eram as "Ninfas do Poente". Se em Hesíodo são filhas da Noite, mais tarde, sobretudo na época clássica, tornaram-se filhas sucessivamente de Zeus e Têmis, de Fórcis e Ceto e, por fim, de Atlas. Não existe também acordo total entre os autores acerca de seu número, embora, as mais das vezes, sejam três e se chamem Egle, Ericia e Hesperaretusa, quer dizer, respectivamente, "a brilhante, a vermelha, a do poente", designando, assim, o princípio, o meio e o fim do percurso final do sol. Esta última, todavia, costuma ser desdobrada em duas: Hespéria e Aretusa, aumentando-lhes o número para quatro. As Hespérides habitavam o extremo ocidente, não longe da Ilha dos Bem-Aventurados, bem junto ao Oceano. Quando os conhecimentos do mundo ocidental se acentuaram, o país das "Ninfas do Poente" foi localizado nas faldas do monte Atlas. Sua função precípua era vigiar, com auxílio de um dragão, filho de Fórcis e Ceto ou de Tifão e Équidna, as *maçãs de ouro*, presente de núpcias, que Geia deu a Hera por ocasião de seu casamento com Zeus. Em seu jardim maravilhoso elas cantam em coro, junto a fontes, cujos repuxos têm o perfume da ambrosia...

As Hespérides estão ligadas ao ciclo dos *Doze Trabalhos* de Héracles, como se há de ver. Buscando junto a elas as *maçãs de ouro*, os frutos da imortalidade, o herói já estava muito próximo de sua apoteose.

QUERES, em grego Κῆρες (Kêres, com *e* aberto), é aproximado por alguns da raiz, *ker, que significa genericamente "devastar". Os verbos κηραίνειν (keraínein) e κεραίζειν (keraídzein), "destruir, arruinar", talvez não sejam estranhos à mesma família etimológica. O latim tem *caries*, caruncho, podridão, *cárie*, "que destrói" o dente.

É muito difícil determinar com exatidão o conceito de *Queres* no mito grego. De Homero a Platão, se de um lado esse conceito evoluiu, de outro, essas filhas da Noite, desde a *Ilíada*, já tinham uma tendência a confundir-se ora com *a Moîra*, o Destino Cego, ora com as Erínias, as Vingadoras do sangue derramado. Verdadeiros monstros, são representadas como gênios alados, vestidas de preto, com longas unhas aduncas. Despedaçam os cadáveres e bebem o sangue dos mortos e feridos. Aparecem normalmente, por isso mesmo, nas cenas de batalhas e nos momentos de grande violência.

Sua função, todavia, não se restringe apenas ao papel de *Valquírias* dos campos de batalha. já na *Ilíada* surgem como aglutinadas, "destinadas" a cada ser humano, personificando-lhe não só o gênero de morte, mas também o gênero de vida que a cada um é predeterminado. Assim, Aquiles "pôde" escolher entre duas *Queres*: uma lhe proporcionaria na pátria uma vida longa e tranquila, mas inglória; outra, a que ele escolheu, lhe daria um renome imperecível, mas cujo preço era a morte prematura.

São igualmente as *Queres* de Aquiles e de Heitor que Zeus, na presença de todos os deuses, pesa na balança, para saber qual dos dois deveria perecer no combate final diante das muralhas de *Ílion*. Como o prato da balança de Heitor se inclinasse em direção ao Hades, Apolo, de imediato, abandonou seu preferido ao destino que lhe coubera.

Hesíodo, na *Teogonia*, ora fala de *uma* Quere, irmã de Tânatos e de Moro, ora de *várias* Queres, irmãs das Moîras. O fato se explica ou por interpolação ou, o que é mais provável, pelo caráter popular e vago da concepção de *Quere*, que tanto se apresenta como divindade única, quanto como um poder imanente ao indivíduo. É assim que, na *Ilíada*, uma *Quere* é atribuída aos aqueus, outra aos troianos. O que se pode concluir é que a noção de *Quere* podia ter um valor coletivo.

Na época clássica as Queres tornaram-se tão somente reminiscências literárias e foram confundidas com as *Moîras* e as Erínias, com as quais se parecem por seu caráter ctônio e selvagem.

Platão considerava-as como gênios malévolos, semelhantes às Harpias, que poluem tudo aquilo em que tocam. Por fim, a tradição popular acabou por identificá-las com as almas maléficas dos mortos, que se devem apaziguar com determinados sacrifícios, como acontecia no terceiro e último dia dos solenes festejos dionisíacos das *Antestérias*.

MOÎRA, em grego Μοῖρα (Moîra). Sobre a *Moîra*, sua etimologia e função, já se falou no capítulo VII, 6, p. 147s mas como se restringiu o estudo desta abstração a Homero, vamos aqui, se bem que sumariamente, completá-lo.

As *Moîras* são a personificação do destino individual, da "parcela" que toca a cada um neste mundo. Originariamente, cada ser humano tinha a sua *Moîra*, a saber, "sua parte, seu quinhão" de vida, de felicidade, de desgraça. Personifica-da, *Moîra* se tornou uma divindade muito semelhante às Queres, sem, no entan-to, participar do caráter violento, demoníaco e sanguinário que estas possuíam. Impessoal e inflexível, a *Moîra* é a projeção de uma *lei* que nem mesmo os deu-ses podem transgredir, sem colocar em perigo a ordem universal. É a *Moîra*, por exemplo, que impede um deus de prestar socorro a um herói no campo de bata-lha ou de tentar salvá-lo, quando chegou sua hora de morrer. Linhas atrás, ao fa-lar das Queres, fizemos menção de Apolo, que abandonou Heitor, seu herói fa-vorito, quando o prato da balança do baluarte de Troia se inclinou para o Hades. Num simples e doloroso hemistíquio, Homero nos mostra como os deuses, no caso Apolo, que tantas vezes salvou Heitor da morte certa, obedecem, sem hesi-tar, à vontade da *Moîra*:

λίπεν δὲ ἓ Φοῖβος Ἀπόλλων (lípen dè he Phoîbos Appóllon):

> *então Febo Apolo o abandonou.* (Il., XXII, 213).

A pouco e pouco se desenvolveu a ideia de uma *Moîra* universal, senhora in-conteste do destino de todos os homens. Essa *Moîra*, sobretudo após as epopeias homéricas, se projetou em três *Moîras*: Cloto, Láquesis e Átropos, tendo cada uma função específica, de acordo com sua etimologia:

CLOTO, em grego Κλωθῶ (Klothô, com *o* aberto), do verbo κλώθειν (klóthein), *fiar*, significando, pois, Cloto, a que fia, a fiandeira. Na realidade, Cloto segura o fuso e vai puxando o fio da vida.

LÁQUESIS, em grego Λάχεσις (Lákhesis), do verbo λαγχάνειν (lankhánein), em sentido lato, *sortear*, a sorteadora: a tarefa de Láquesis é enrolar o fio da vida e sortear o nome de quem deve morrer.

ÁTROPOS, em grego Ἄτροπος (Átropos) de α (*a*, "alfa privativo"), *não*, e o verbo τρέπειν (trépein), *voltar*, quer dizer, Átropos é a que *não volta atrás*, a inflexí-vel. Sua função é cortar o fio da vida.

Como se observa, a ideia da vida e da morte é inerente à função de *fiar*. Nos dois poemas homéricos o fio da vida simboliza o destino humano. Aquiles, como todos os mortais, está sujeito ao sorteio macabro de Láquesis, isto é, o fi-lho de Tétis e Peleu "deverá sofrer tudo aquilo que *Aîsa* fiou para ele", como traduzimos e mostramos no capítulo VII, 6, p. 148. O astuto Ulisses, que tantas vezes "enganou" a morte, não escapará:

> *Depois, quando lá* (a Ítaca) *chegar, sofrerá o que*
> *o destino e as graves "fiandeiras" lhe "fiaram" em seu nascimento,*
> *quando a mãe o deu à luz.*
> (*Odiss.*, VII, 196-198)

No *Antigo Testamento* são inúmeros os exemplos de associação do fio com a morte. Citar-se-á tão somente o exemplo que nos parece mais expressivo:

> Os "laços" da mansão dos mortos me cingiram todo, os "fios" da morte me apanharam de surpresa (2Sm 22,6).

As três fiandeiras são filhas da Noite, em Hesíodo, mas, uma vez personificadas, tornaram-se para o mesmo poeta filhas de Zeus e Têmis, como já frisamos no capítulo VIII, 3, p. 166.

Frequentemente se encontram as *Moîras* formando um mesmo grupo com *Ilítia*, o que facilmente se explica pelo fato de tanto aquelas quanto esta serem deusas *também* do nascimento. A junção com Τύχη (Týkhe), Tique, a Sorte, o Acaso, configura apenas uma "noção vizinha".

Em Roma, as *Parcas* foram, a pouco e pouco, identificadas com as *Moîras*, tendo assimilado todos os atributos das divindades gregas da morte. Na origem, todavia, as coisas eram, possivelmente, diferentes: as *Parcas*, ao que parece, presidiam sobretudo aos nascimentos, conforme, aliás, a etimologia da palavra. Com efeito, *Parca* provém do verbo *parere*, "parir, dar à luz". Como no mito grego, eram três: chamavam-se *Nona*, *Décima* e *Morta*. A primeira presidia ao nascimento; a segunda, ao casamento; e a terceira, à morte. Diga-se, de passagem, que *Morta* tem a mesma raiz que *Moîra*, possivelmente com influência de *mors*, morte.

Tão grande foi, porém, a influência das *Moîras* sobre as *Parcas*, que estas acabaram no mito latino tomando de empréstimo os três nomes gregos, com suas respectivas funções. Nona, Décima e Morta passaram a ser apenas "nomes particulares".

NÊMESIS, em grego Νέμεσις (Némesis), do verbo νέμειν (némein), "distribuir", donde Nêmesis é a "justiça distributiva", daí a "indignação pela injustiça praticada, a punição divina". A função essencial desta divindade é, pois, restabelecer o equilíbrio, quando a justiça deixa de ser equânime, em consequência da ὕβρις (hýbris), de um "excesso", de uma "insolência" praticada.

Como já se falou de Nêmesis no capítulo VI, 4, p. 118s, apenas se complementou aqui o estudo da deusa punidora da *démesure* com a parte etimológica.

Gueras, a Velhice, não tem um mito próprio.

Éris, em grego Ἔρις (Éris). Para alguns, *Éris*, a "Discórdia", se relacionaria com o indo-europeu *erei*, "perseguir, acossar" e, neste caso, seria da mesma família etimológica que *Erínia*. Com efeito, *éris* na literatura significa "luta, combate, querela que se resolve por um combate, contestação, rivalidade, emulação".

No capítulo VIII, 5, p. 172s, fizemos alusão à *Discórdia*. Vamos, agora, completar-lhe didaticamente o mito. Personificação da Discórdia, Éris é mais comumente, após o poeta de Ascra, considerada como irmã e companheira de Ares. A *Teogonia*, no entanto, coloca-a, como vimos, entre as forças primordiais, na geração da *Noite*, dando-lhe como filhos *Pónos* (Fadiga), *Léthe* (Esquecimento), *Limós* (Fome), *Álgos* (Dor) e *Hórkos* (Juramento). Nos *Trabalhos e Dias*, Hesíodo distingue duas Discórdias: uma, perniciosa, filha de Nix; outra, útil, salutar, que desperta o espírito de emulação e que Zeus colocou no mundo como inspiradora da competição entre os homens.

Éris é normalmente representada como um gênio feminino alado, muito semelhante às Erínias e a Íris. Foi Éris, como já foi mencionado, quem lançou o "pomo da discórdia" destinado à mais bela das deusas e que irá provocar, por causa do julgamento de Páris, a Guerra de Troia.

2

Terminada a geração de Nix, passaremos agora a estudar a longa descendência dos filhos de Úrano e Geia.

Pontos (Mar) gerou sozinho a *Nereu* e, depois, unindo-se a Geia, foi pai de *Taumas, Fórcis, Ceto* e *Euríbia*.

NEREU, em grego Νηρεύς (Nereús). Etimologicamente talvez signifique "o que vive nas águas do mar", desde que se admita uma aproximação com o lituano *nérti*, "mergulhar". "Velho do Mar" por excelência, mais "idoso" que Posídon, pois antecedeu à geração dos Olímpicos, o antigo deus marinho está entre as forças elementares do mundo. Como a maioria das divindades do mar, tem o poder de metamorfosear-se em animais e nos mais estranhos seres. Essa capacidade de transformação ajudou-o durante algum tempo, quando Héracles quis forçá-lo a dizer-lhe como chegar ao país das Hespérides. Trata-se de uma divindade pacífica e benfazeja. É representado com longas barbas brancas, cavalgando um tritão e armado de tridente.

Dos filhos de Pontos e Geia, Taumas, Fórcis, Ceto e Euríbia, nenhum possui um mito próprio e sua importância, como se verá, reside em seus descendentes.

Nereu, unindo-se à oceânida Dóris, foi pai das cinquenta Nereidas, dentre as quais têm realmente um destaque importante na mitologia apenas Anfitrite, Tétis e, em parte, Psâmate.

ANFITRITE, em grego Ἀμφιτρίτη (Amphitríte). Consoante Hesíquio, o que é um arranjo popular, a palavra é formada de ἀμφί (amphí), "em torno de, em volta de", e um elemento τριτώ (tritó), "corrente", donde Anfitrite significaria a que circula a Terra. E, de fato, Anfitrite é a Rainha e a personificação feminina do Mar, aquela que, sendo ela própria a água, rodeia o mundo. Quando, na ilha de Naxos, conduzia o coro das Nereidas, suas irmãs, foi vista e raptada por Posídon.

O rei dos mares a amava, há muito tempo, mas a Nereida, por excessivo pudor, se escondia nas profundezas do oceano, além das Colunas de Héracles. Encontrada pelos Delfins, foi pelos mesmos conduzida a Posídon, que a desposou. Desde então a Rainha do Mar senta-se ao lado do marido, no carro divino. Não raro tem nas mãos o tridente, símbolo de sua soberania. Seu séquito é formado pelas Nereidas de seios nus, por Nereu, Proteu, Hipocampos, Ninfas, Golfinhos e Delfins.

De sua união com Posídon, nasceu, segundo algumas fontes, Tritão, o benfazejo deus marinho, metade homem, metade peixe, que sempre está disposto a serenar as vagas.

TÉTIS, em grego Θέτις (Thétis), talvez do indo-europeu *tétî*, "mãe". Já se falou de Tétis nos capítulos VI, 4, p. 110s e VII, 5, p. 145.

PSÂMATE, em grego Ψαμάθη (Psamáthe), etimologicamente a "arenosa", já que o nome desta Nereida é formado do substantivo *psámmos*, areia. Neste caso, a filha de Nereu teria sido inicialmente o epônimo de uma fonte de fundo arenoso na Beócia. Unida a Éaco, foi mãe de Foco. Como a princípio não desejasse submeter-se aos desejos do pretendente, metamorfoseou-se, como toda divindade marinha, em vários seres. Sua derradeira transformação foi em *foca*, mas nada impediu que o mais piedoso dos gregos e futuro juiz do Hades dela se apoderasse. Como os dois filhos do primeiro matrimônio de Éaco, Télamon e Peleu, por inveja de Foco, que os excedia nos jogos atléticos, o tivessem assassinado, Psâmate enviou contra seus rebanhos um lobo monstruoso. Mais tarde abandonou Éaco e se uniu a Proteu.

Taumas, filho de Ponto e Geia, uniu-se à Oceânida Electra e nasceram Íris e as Harpias.

ÍRIS, em grego Ἶρις (Îris) personificação do arco-íris. Possivelmente a raiz de *Íris* é o indo-europeu *wi*, "dobrar", donde o latim *uiriae*, "bracelete". Íris é a ponte, o traço-de-união entre o Céu e a Terra, entre os deuses e os homens. Comumente é representada com asas e coberta com um véu ligeiro que, ao contato com os raios do sol, toma as cores do arco-íris.

Íris é, como Hermes, a mensageira dos deuses, mas particularmente de Hera e Zeus.

O arco-íris é um símbolo universal do caminho e da mediação entre este mundo e o outro; a ponte de que deuses e heróis se utilizam no seu constante vaivém entre o Céu e a Terra. Na Escandinávia é a ponte Byfrost; no Japão, a ponte flutuante do Céu; a escada de sete cores por onde Buda torna a descer do alto. A mesma ideia se encontra do Irã à África, das Américas à China. No Tibete, o arco-íris não é propriamente a ponte, mas a alma dos soberanos que sobe ao céu. As *fitas* usadas por determinados Xamãs simbolizam a ascensão dos mesmos à outra vida.

Na China a união das "cinco cores" do arco-íris é a mesma união do *yin* e do *yang*, o sinal de harmonia do universo e o símbolo da fecundidade. Se o arco de Çiva é semelhante ao arco-íris, o de Indra é o seu sinal distintivo, uma vez que

Indra dispensa à Terra a chuva e o raio, que são os símbolos da atividade celeste. As sete cores do arco-íris no esoterismo islâmico simbolizam a imagem das qualidades divinas refletidas no universo, já que o arco-íris é a imagem inversa do sol sobre um véu inconsistente de chuva. Consoante o budismo tibetano, nuvens e arco-íris configuram o *Sambhoga-Kâya* (corpo de arrebatamento espiritual) e sua dissolução em chuva, o *Nirmâna-Kâya* (corpo de transformação).

A *complexio oppositorum*, a reunião dos contrários, é também a *re-união* das metades separadas, uma *re-solução*. O arco-íris que surge sobre a Arca de Noé reúne as águas inferiores e superiores, metades do ovo do mundo, como sinal da restauração da ordem cósmica e da gestação de um novo ciclo. No Gênesis 9,12-17 encontra-se explicitamente a materialização de uma *grande aliança* por meio do arco-íris: *E Deus disse: Eis o sinal de aliança, que faço entre mim e vós, e com todos os animais viventes, que estão convosco, por todas as gerações futuras: porei o meu arco nas nuvens, e ele será o sinal da aliança entre mim e a terra. E, quando eu tiver coberto o céu de nuvens, o meu arco aparecerá nas nuvens e me lembrarei da minha aliança convosco e com toda a alma vivente que anima a carne; e não voltarão as águas do dilúvio a exterminar toda a carne. E o arco estará nas nuvens, e eu o verei, e me lembrarei da aliança eterna que foi feita entre Deus e todas as almas viventes de toda a carne que existe sobre a terra. E Deus disse a Noé: Este será o sinal da aliança que eu constitui entre mim e toda a carne sobre a terra.*

A associação *Chuva-Arco-íris* fez que em muitas culturas este evocasse a imagem de uma serpente mítica, como *Naga*, na Ásia oriental. Este simbolismo se encontra também na África e, possivelmente, até mesmo na Grécia, porque o *arco*, que figura na couraça de Agamêmnon, está representado por três serpentes. Pois bem, tal simbolismo está em conexão com as correntes cósmicas que se desdobram entre o céu e a terra.

HARPIA, em grego Ἅρπυια (Hárpyia). O "parentesco" com o verbo ἁρπάζειν (harpádzein), "arrebatar", parece bem possível, bem como com o latim *rapere*, "arrebatar, tomar à força". As Harpias significam, pois, literalmente, "as arrebatadoras". Gênios alados, eram apenas duas inicialmente: *Aelo* e *Ocípete*, às quais se acrescentou posteriormente uma terceira, *Celeno*. Seus nomes traduzem bem sua natureza. Significam respectivamente: a *Borrasca*, a *Rápida no Voo* e a *Obscu-*

ridade. Eram monstros horríveis: tinham o rosto de mulher velha, corpo de abutre, garras aduncas, seios pendentes. Pousavam nas iguarias dos banquetes e espalhavam um cheiro tão infecto, que ninguém mais podia comer. Dizia-se que habitavam nas ilhas Estrófades, no mar Egeu. Vergílio, no canto 6,289, da *Eneida*, coloca-as no vestíbulo do Inferno, com outros monstros.

Arrebatadoras de crianças e de almas, as imagens desses monstros eram muitas vezes colocadas sobre os túmulos, transportando a alma do morto em suas garras.

O principal mito das Harpias está relacionado com Fineu, o mântico, rei da Trácia. Sobre Fineu pesava terrível maldição. Tudo que se colocava diante dele as Harpias o arrebatavam, principalmente se se tratasse de iguarias: o que não podiam carregar poluíam-no com seus excrementos. Quando pela Trácia passaram os Argonautas, o rei pediu-lhes que o libertassem das terríveis Harpias. Zetes e Cálais, filhos do Vento Bóreas, perseguiram-nas, obrigando-as a levantar voo. O destino, no entanto, determinara que as Harpias só morreriam se fossem agarradas pelos filhos de Bóreas, mas, de outro lado, estes perderiam a vida se não as alcançassem. Perseguida sem tréguas por Zetes e Cálais, a primeira Harpia, Aelo, caiu num riacho do Peloponeso, que, por isso mesmo, passou a chamar-se Hárpis. A segunda, Ocípete, conseguiu chegar às ilhas Equínades, que, desde então, se denominaram Estrófades, isto é, ilhas do Retorno. Íris, outros dizem que Hermes, se postou diante dos perseguidores e proibiu-lhes matar as Harpias, porque eram "servidoras de Zeus". Em troca da vida, elas prometeram não mais atormentar Fineu, refugiando-se numa caverna da ilha de Creta. Segundo algumas fontes, uniram-se depois ao Vento Zéfiro e geraram os dois cavalos divinos de Aquiles, Xanto e Bálio, "mais rápidos que o vento", bem como os dois ardentes corcéis dos Dioscuros, Flógeo e Hárpago.

As Harpias são parcelas diabólicas das energias cósmicas, as abastecedoras do Hades com mortes súbitas. Simbolizam as paixões desregradas; as torturas obsedantes, carreadas pelos desejos e o remorso que se segue à satisfação das mesmas. Diferem das Erínias, na medida em que estas representam a punição e aquelas figuram o agenciamento dos vícios e as provocações da maldade. O único *vento* que poderá afugentá-las é o *sopro do espírito*.

Fórcis, filho de Pontos, uniu-se à sua irmã Ceto e foi pai das *Greias* e das *Górgonas*.

GREIA, em grego Γραῖα (Graîa). Trata-se de um adjetivo substantivado, provindo de Γραῦς (Graûs), a "mulher velha". As Greias são, por conseguinte, as *Velhas*, por excelência, porque, na realidade, já nasceram *velhas*. Irmãs mais "velhas" das Górgonas, a princípio eram duas: Enio e Pefredo, a que depois se acrescentou uma terceira, Dino. Tinham apenas um olho e um dente e de ambos se serviam alternadamente. Viviam no extremo Ocidente, no país da Noite, onde jamais chegava o sol.

O único mito em que as Greias desempenham um papel de certa relevância é no de Perseu. Como o herói será assunto de um capítulo do volume III, deixaremos para falar amplamente do mesmo no lugar apropriado. Aqui apenas se dirá o necessário para se compreender o mito das Greias e das Górgonas. A grande missão do herói argivo era chegar ao esconderijo das Górgonas e cortar a cabeça de Medusa. Para tanto, tinha obrigatoriamente que passar pelas Greias, que barravam o caminho a quantos buscassem surpreender suas irmãs. Como as *Velhas* tivessem em comum apenas um olho, a guarda era feita em turnos: uma vigiava e as outras duas dormiam. Perseu conseguiu subtrair-lhes o olho único e, lançando as três em sono profundo, chegou ao esconderijo das Górgonas. Uma outra versão do mito conta que as Greias eram depositárias de um oráculo, segundo o qual só conseguiria cortar a cabeça de Medusa aquele que obtivesse um par de sandálias aladas, um alforje, chamado *kíbisis*, e o capacete de Hades que deixava invisível quem o usasse. Todos esses objetos estavam em poder de determinadas Ninfas, cujo paradeiro só as *Velhas* conheciam. Instruído por Atená e Hermes, Perseu arrebatou o "olho e o dente" das Greias e obrigou-as a revelar onde se encontravam as Ninfas misteriosas. Estas, cordatamente, lhe fizeram entrega dos objetos mágicos, o que lhe permitiu chegar ao esconderijo das Górgonas.

Uma palavra sobre a primeira das Greias, já que as duas outras não possuem interesse algum particular para o mito.

ENIO, em grego ᾿Ενυώ (Enyó) é possivelmente um hipocorístico feminino de ᾿Ενυάλιος (Enyálios), deus das lutas armadas, muitas vezes associado ao grito de guerra. Trata-se, talvez, de divindade pré-helênica. Enio seria "a que faz penetrar, a que fura".

Em todo caso, Enio é uma deusa da guerra, que faz parte do sangrento cortejo de Ares. Em Roma, foi identificada com a deusa da guerra *Belona*, como está na *Eneida*, 8,703.

GÓRGONA, em grego Γοργόνα (Gorgóna), acusativo de Γοργών (Gorgón), cuja forma mais antiga é Γοργώ (Gorgó). De qualquer modo, a fonte é o adjetivo γοργός (gorgós), que significa "impetuoso, terrível, apavorante".

Em tese, apenas *Medusa* é *Górgona*. As duas outras, Ésteno e Euríale, somente *lato sensu* é que podem ser assim denominadas. Das três só Medusa era mortal. Habitava, como suas irmãs, o extremo Ocidente, junto ao país das Hespérides. Estes monstros tinham a cabeça enrolada de serpentes, presas pontiagudas como as do javali, mãos de bronze e asas de ouro, que lhes permitiam voar. Seus olhos eram flamejantes e o olhar tão penetrante, que transformava em pedra quem as fixasse. Eram espantosas e temidas não só pelos homens, mas também pelos deuses. Apenas Posídon ousou aproximar-se delas e ainda engravidou Medusa.

Foi então que Perseu partiu do Ocidente para matar a Górgona, o que fez, como se narrou, utilizando determinados objetos mágicos e sobretudo seu escudo polido de bronze. O filho de Dânae pairou acima dos três monstros, graças às sandálias aladas. As Górgonas dormiam. Perseu, sem poder olhar diretamente para Medusa, refletiu-lhe a cabeça no escudo e, com a espada que lhe dera Hermes, decapitou-a. Do pescoço ensanguentado da Górgona saíram os dois seres engendrados por Posídon, o cavalo Pégaso e o gigante Crisaor. A cabeça de Medusa foi colocada por Atená em seu escudo ou no centro da égide. Assim, os inimigos da deusa eram transformados em pedra, se olhassem para ela. O sangue que escorreu do pescoço do monstro foi recolhido pelo herói, uma vez que este sangue tinha propriedades mágicas: o que correu da veia esquerda era um veneno mortal, instantâneo; o da veia direita era um remédio salutar, capaz de ressuscitar os mortos.

Além do mais, uma só mecha da outrora lindíssima cabeleira da Górgona apresentada a um exército invasor era bastante para pô-lo em fuga.

O mitologema de Medusa evoluiu muito desde suas origens até a época helenística. De início, a Górgona, apesar de monstro, é uma das divindades primordiais, pertencente à geração pré-olímpica. Depois, foi tida como vítima de uma metamorfose. Conta-se que Medusa era uma jovem lindíssima e muito orgulhosa de sua cabeleira. Tendo, porém, ousado competir em beleza com Atená, esta eriçou-lhe a cabeça de serpentes e transformou-a em Górgona. Há uma variante: a deusa da inteligência puniu a Medusa, porque Posídon, tendo-a raptado, violou-a dentro de um templo da própria Atená.

Três irmãs, três monstros, a cabeça aureolada de serpentes venenosas, presas de javalis, mãos de bronze, asas de ouro: Medusa, Ésteno, Euríale. São os símbolos do inimigo que se tem que combater. As deformações monstruosas da psiqué, consoante Chevalier e Gheerbrant[2], se devem às forças pervertidas de três pulsões: sociabilidade, sexualidade, espiritualidade.

Euríale seria a perversão sexual, Ésteno, a perversão social, e Medusa a principal dessas pulsões, a pulsão espiritual e evolutiva, mas pervertida em frívola estagnação. Só se pode combater a culpabilidade oriunda da exaltação frívola dos desejos pelo esforço em realizar a justa medida, a harmonia. É isto, aliás, o que simboliza, face à perseguição, a busca de *refúgio* no templo de Apolo, em Delfos, onde reinam o equilíbrio e a harmonia, cifrados no γνῶθι σ'αὐτόν (gnôthi s'autón), "conhece-te a ti mesmo". Quem olha para a cabeça de Medusa se petrifica. Não seria por que ela reflete a imagem de uma culpabilidade pessoal? O reconhecimento da falta, porém, baseado num justo conhecimento de si mesmo, pode se perverter em exasperação doentia, em consciência escrupulosa e paralisante.

Em resumo, Medusa simboliza a imagem deformada, que petrifica pelo horror, em lugar de esclarecer com equidade.

PÉGASO, em grego Πήγασος (Pégasos). A etimologia que deriva Pégaso de πηγή (pegué), fonte, pelo fato de o cavalo divino, com uma patada, ter feito brotar Hipocrene (fonte do cavalo), é de cunho popular. Talvez o vocábulo origine-se de πηγός (pegós), forte, sólido. Nasceu este cavalo alado das "fontes do Oceano",

---

2. CHEVALIER, Jean & GHEERBRANT, Alain. Op. cit., p. 482.

como se dizia, isto é, no extremo Ocidente, quando da morte da Górgona por Perseu. O mito ora o apresenta como oriundo do pescoço de Medusa, ora como gerado pela Terra, fecundada com o sangue do monstro. Assim que nasceu, voou para o Olimpo, onde se colocou a serviço de Zeus. A respeito da maneira como o cavalo voador se pôs à disposição de Belerofonte, as tradições variam: Atená ou Posídon o teriam levado ao grande herói ou o próprio Belerofonte o encontrara junto à fonte de Pirene. Foi graças a Pégaso que o herói pôde executar duas grandes tarefas que lhe impusera o rei Ióbates: matar Quimera e derrotar as Amazonas. Após a marte do herói, Pégaso retornou para junto dos deuses.

No grande concurso de cantos entre as Piérides e as Musas, o monte Hélicon se envaideceu e se enfunou tanto de prazer, que ameaçou atingir o Olimpo. Posídon ordenou a Pégaso que desse uma patada no monte, a fim de que ele voltasse às dimensões normais e guardasse "seus limites". Hélicon obedeceu, mas, no local atingido por Pégaso, brotou uma fonte, *Hipocrene*, a Fonte do Cavalo, imortalizada em nossa língua pelo gênio de Camões:

> *E vós, Tágides minhas, pois criado*
> *Tendes em mi um novo engenho ardente,*
> *Se sempre, em verso humilde, celebrado*
> *Foi de mi vosso rio alegremente,*
> *Dai-me agora um som alto e sublimado,*
> *Um estilo grandíloquo e corrente,*
> *Por que de vossas águas Febo ordene*
> *Que não tenham enveja às de Hipocrene.*

(Lus., I, 4)

Após muitos trabalhos prestados aos deuses e aos heróis, Pégaso foi transformado em constelação.

Pégaso, cavalo alado, está sempre relacionado com a água. Filho de Posídon e da Górgona, seu nome provém, em etimologia popular, de πηγή (pegué), *fonte*. Teria nascido junto às *fontes do Oceano*. Belerofonte o encontrou bebendo na *fonte* de Pirene. Com uma só patada fez brotar *Hipocrene*, a *fonte do cavalo*. Está, de outro lado, ligado às tempestades, por isso que é "o portador do trovão e do raio por conta do prudente Zeus". Pégaso é, por conseguinte, uma *fonte alada*:

fecundidade e elevação. O simples cavalo é figurado tradicionalmente como a impetuosidade dos desejos. Quando o ser humano faz corpo com o cavalo, torna-se um monstro, o *Centauro*, identificando-se com os instintos animalescos. O cavalo alado, muito pelo contrário, simboliza a imaginação criadora sublimada e sua elevação real. Com efeito, foi cavalgando Pégaso que Belerofonte matou a Quimera. Temos aí, pois, os dois sentidos da fonte e das asas: a fecundidade e a criatividade espiritual. Não é em vão que Pégaso se tornou o símbolo da inspiração poética.

O gigante Crisaor uniu-se a Calírroe e foi pai do gigante *Gerião*, de três cabeças e do monstro *Équidna*.

GERIÃO, em grego Γηρυών (Gueryón), cuja fonte é o verbo γηρύειν (guerýein) "fazer ressoar, gritar", ou por ter sido Gerião um pastor ou porque o nome designava primitivamente o *cão* que lhe guardava os rebanhos. Talvez se trate de etimologia popular.

Gerião era um monstro de três cabeças e de torso tríplice.

Habitava a ilha de Ericia, "a vermelha", situada nas brumas do Ocidente, além do imenso Oceano. Seus rebanhos eram guardados pelo pastor Eurítion e pelo cão Ortro, não longe do local onde Menetes pastoreava os rebanhos de Plutão. Um dos trabalhos de Héracles consistia em roubar os bois de Gerião. O herói enfrentou primeiro o cão Ortro e o liquidou; eliminou, em seguida, o pastor Eurítion e, por fim, lutou com o gigante e o matou a flechadas ou a golpes de clava. A ilha de Ericia estava localizada possivelmente na Espanha, nos arredores de Cádis. O epônimo Ericia designaria uma das Hespérides, cujo "Jardim" estava próximo da ilha homônima. O próprio nome do local, *País Vermelho*, designa uma terra situada a Oeste, o *País do Sol Poente*.

ÉQUIDNA, em grego Ἔχιδνα (Ékhidna), do mesmo grupo etimológico que Ἔχις (Ékhis), "víbora". Monstro com um corpo de mulher e cauda de serpente, que lhe substituía as pernas. Vivia, consoante Hesíodo (*Teog.*, 300ss), nas profundezas da terra, numa caverna, distante dos deuses e dos homens. Outras tradições a colocam no Peloponeso, onde foi morta por Argos-de-Cem-Olhos, porque estava habituada a devorar os transeuntes.

Équidna é de alma violenta, diz Hesíodo. Seu corpo é metade de jovem mulher, de lindas faces e olhos cintilantes, metade, uma enorme serpente, malhada, cruel...

Unida a Tifão, como se verá, em seguida, gerou tão somente monstros: Ortro, Cérbero, Quimera, Leão de Nemeia, Hidra de Lerna...

C.G. Jung fez de Équidna, na perspectiva analítica do incesto, uma imagem da mãe: "Bela e jovem mulher até a cintura, mas, a partir daí, uma serpente horrenda. Este ser duplo corresponde à imagem da mãe: na parte superior, a metade humana, bela e sedutora; na inferior a metade animal, medonha, que a defesa incestuosa transforma em animal angustiante. Seus filhos são monstros, como Ortro, o cão de Gerião, que Héracles matou. Foi com este Cão, seu filho, que, em união incestuosa, Équidna gerou a Esfinge. Esse material é suficiente para caracterizar a soma de *libido* que produziu o símbolo da Esfinge"[3].

Équidna é um símbolo da *prostituta apocalíptica*, da libido que queima a carne e a devora. Mãe do abutre, que rói as entranhas de Prometeu, é ainda o fogo do Inferno, o desejo excitado e sempre insaciável. É a Sereia, de cujas seduções Ulisses soube fugir.

Tifão e Équidna foram pais de *Ortro*, *Cérbero*, *Hidra de Lerna*, *Quimera*, *Fix* e *Leão de Nemeia*.

CÉRBERO, em grego Κέρβερος (Kérberos). A identidade com o sânscrito *karbará-*, *šarvará-*, "pintado", é, hodiernamente, duvidosa. Cérbero é o cão do Hades, um dos monstros que guardavam o império dos mortos e lhe interditava a entrada aos vivos, mas, acima de tudo, se entrassem, impedia-lhes a saída. Segundo Hesíodo, o guardião infernal tinha cinquenta cabeças e voz de bronze. A imagem clássica, porém, o apresenta como dotado de três cabeças, cauda de dragão, pescoço e dorso eriçados de serpentes. Um dos trabalhos impostos por Euristeu a Héracles foi o de descer ao Hades e de lá trazer o monstro. Após iniciar-se nos Mistérios de Elêusis, o herói desceu à outra vida. Plutão permitiu-lhe cumprir a tarefa, desde que dominasse a Cérbero sem usar de armas. Numa luta corpo a

---

3. JUNG, C.G. *Métamorphoses et tendances de la libido*. Paris, 1927, p. 174-205.

corpo, o filho de Alcmena o venceu e o trouxe meio sufocado até o palácio de Euristeu, que, apavorado, ordenou a Héracles que o levasse de volta ao Hades

O *Cão do Hades* representa o *terror da morte*; simboliza os próprios Infernos e o *inferno interior* de cada um. É de se observar que Héracles o levou de vencida, usando tão somente a força de seus braços e que Orfeu, "por uma ação espiritual", com os sons irresistíveis de sua lira mágica o adormeceu por instantes.

Estes dois índices militam em favor da interpretação dos neoplatônicos que viam em Cérbero o próprio gênio do demônio interior, o *espírito do mal*. O monstruoso guardião do Hades só pode ser dominado *sobre a terra*, quer dizer, por uma violenta mudança de nível e pelas forças pessoais de natureza espiritual. Para vencê-lo, cada um só pode contar consigo mesmo.

HIDRA, em grego Ὕδρα (Hýdra), é um derivado de ὕδωρ (hýdor), água. O sânscrito tem *udrá-*, "animal aquático", o alemão *Otter*, "víbora, lontra", latim *lutra* ou *lytra*, lontra.

A Hidra de Lerna é um monstro horripilante, gerado pela deusa Hera, para "provar" o grande Héracles. Criada sobre um plátano, junto da fonte Amimone, perto do pântano de Lerna, na Argólida, a Hidra é figurada como uma serpente descomunal, de muitas cabeças, variando estas, segundo os autores, de cinco ou seis, até cem, e cujo hálito pestilento a tudo destruía: homens, colheitas e rebanhos. Para conseguir exterminar mais esse monstro, o herói contou com a ajuda preciosa de seu sobrinho Iolau, porque, à medida em que Héracles ia cortando as cabeças da Hidra, onde houvera uma, renasciam duas. Iolau pôs fogo a uma floresta vizinha, e com grandes tições ia cauterizando as feridas, impedindo, assim, o renascimento das cabeças cortadas. A cabeça do meio era imortal, mas o filho de Alcmena a decepou assim mesmo: enterrou-a e colocou-lhe por cima um enorme rochedo. Antes de partir, Héracles embebeu suas flechas no veneno ou, segundo outros, no sangue da Hidra, envenenando-as.

A interpretação evemerista do mito é de que se trata de um rito aquático. A *hidra*, com as cabeças, que renasciam, seria, na realidade, o pântano de Lerna, drenado pelo herói. As cabeças seriam as nascentes, que, enquanto não fossem estancadas, tornariam inútil qualquer drenagem.

A venenosa serpente aquática, dotada de muitas cabeças, é frequentemente comparada com os deltas dos rios, com seus inúmeros braços, cheias e baixas.

Consoante Paul Diel[4], a Hidra simboliza os vícios múltiplos, "tanto sob forma de aspiração imaginativamente exaltada, como de ambição banalmente ativa. Vivendo no pântano, a Hidra é mais especificamente caracterizada como símbolo dos vícios banais. Enquanto o monstro vive, enquanto a vaidade não é dominada, as cabeças, configuração dos vícios, renascem, mesmo que, por uma vitória passageira, se consiga cortar uma ou outra".

O sangue da Hidra é um veneno e nele o herói mergulhou suas flechas. Quando a peçonha se mistura às águas dos rios, os peixes não podem ser consumidos, o que confirma a interpretação simbólica: tudo quanto tem contato com os vícios, ou deles procede, *se corrompe e corrompe.*

QUIMERA, em grego Χίμαιρα (Khímaira), significa "cabritinha". Monstro híbrido, com a cabeça de leão, corpo de cabra e cauda de serpente; conforme outros, de três cabeças: uma de leão, a segunda de cabra e a terceira de serpente e que lançava chamas pelas narinas. Criada por Amisódaro, rei da Cária, vivia em Patera. O rei da Lícia, Ióbates, ordenou ao herói Belerofonte que a matasse, uma vez que aquela lhe devastava o país. Cavalgando Pégaso, o herói aproximou-se do monstro, mas teve o cuidado de guarnecer de chumbo a ponta da lança. Com o calor das chamas lançadas por Quimera, o chumbo se derreteu e a matou.

Quimera tem um simbolismo complexo de "criações imaginárias", nascidas nas profundezas do inconsciente, configurando, possivelmente, desejos exasperados pela frustração, os quais acabam por transformar-se em fonte de sofrimentos. O monstro seduz e destrói a quem a ele se entrega. Não se podendo combatê-la de frente, é necessário persegui-la com ardor e surpreendê-la em seus refúgios mais profundos. Sociólogos e poetas viram-na apenas como a imagem das torrentes, "caprichosas como as cabras, devastadoras como os leões e sinuosas como as serpentes", que não se podem deter com diques, mas que é preciso secar pela astúcia, estancando as nascentes, desviando-lhes o curso. A Quimera

---

4. DIEL, Paul. Op. cit., p. 208.

poderia, de outro lado, ser interpretada como uma deformação psíquica, caracterizada por uma imaginação fértil e incontrolada. A cauda de serpente ou dragão corresponderia à perversão espiritual da vaidade; o corpo de cabra à sexualidade perversa e caprichosa; a cabeça de leão a uma tendência dominadora, que corrompe todo e qualquer relacionamento social.

FIX seria a forma beócia de Esfinge, em grego Σφιγξ (Sphínks), que provém, por etimologia popular, do verbo σφίγγειν (sphínguein), "envolver, apertar, comprimir, sufocar". Monstro feminino, com o rosto e, por vezes, seios de mulher, peito, patas e cauda de leão e dotado de asas. A Esfinge figura sobretudo no mito de Édipo e no ciclo tebano. Este monstro fora enviado por Hera, a protetora dos amores legítimos, contra Tebas, para punir a cidade do crime de Laio, que raptara Crisipo, filho de Pélops, introduzindo na Hélade a pederastia. Postada no monte Fíquion, próximo da cidade, devastava o país, devorando a quantos lhe passassem ao alcance. Normalmente propunha um só e mesmo enigma aos transeuntes, e já havia exterminado a muitos, porque ninguém ainda o decifrara.

Foi então que surgiu Édipo e a "cruel cantora" (a Esfinge propunha o enigma cantando) lhe fez a clássica pergunta: "Qual o ser que anda de manhã com quatro patas, ao meio-dia com duas e, à tarde, com três e que, contrariamente à lei geral, é mais fraco quando tem maior número de membros?" Édipo respondeu de pronto: "É o homem, porque, quando pequeno, engatinha sobre os quatro membros; quando adulto, usa as duas pernas; e, na velhice, caminha apoiado a um bastão".

Vencida, a Esfinge precipitou-se do alto de um rochedo e morreu.

Claude Lévi-Strauss[5] enfocou o mito de Édipo e obviamente tentou dar, senão uma interpretação, ao menos uma definição da "cruel cantora" de Tebas. Reunindo as frases e conceitos do excepcional estudioso francês, talvez se possa chegar *antropologicamente* a uma definição de Esfinge: "Monstro-fêmea ctônio, com sinal invertido, símbolo da autoctonia do homem, monstro que violava os jovens, caso não lhe decifrassem o enigma, mas que, uma vez vencido e destruí-

---

5. LÉVI-STRAUSS, Claude. *Antropologia estrutural Um*. Rio de Janeiro: Tempo Brasileiro, 1976, p. 233ss.

do, mostra que o ser humano não nasceu apenas da fêmea, mas do concurso desta com o macho". Donde, a decifração do enigma, representaria a vitória da patrilinhagem sobre a matrilinhagem. Na realidade, tanto o dragão quanto a Esfinge simbolizam a autoctonia do homem. Vencidos pelo homem, atestam a negação dessa autoctonia.

Marie Delcourt, em sua obra clássica e bastante polêmica sobre Édipo, tem um capítulo luminoso e copiosamente documentado sobre a "cruel cantora"[6]. Vamos apontar, por agora, somente algumas reflexões da Autora sobre a Esfinge, *o quanto possível* desvinculada de Édipo, porque acerca do enigma, da vitória deste sobre aquela e suas consequências, há de se falar depois, quando abordarmos o mito do filho de Laio e Jocasta no volume III.

Para Delcourt, o ser mítico, que os gregos denominaram Esfinge, foi por eles criado com base em duas determinações superpostas: a realidade fisiológica, isto é, o pesadelo opressor e o espírito religioso, quer dizer, a crença nas almas dos mortos representadas com asas. Estas duas concepções acabaram por fundir-se, uma vez que possuíam e ainda possuem certos aspectos comuns, principalmente o caráter erótico e a ideia de que, quando se dominam os pesadelos e os fantasmas, o vencedor recebe, como dádiva dos mesmos, tesouros, talismãs e reinos.

A Esfinge é, pois, a junção de dois aspectos: pesadelo opressor e o terror infundido pelas almas dos mortos.

Na realidade, a Esfinge pertence simultaneamente a duas categorias de seres, que correspondem a dois enfoques diferentes: irmã de Efialtes[7], o monstro é um pesadelo, um *demônio opressor*; irmã das Sereias, a "cruel cantora" é uma *alma penada*. Com efeito, Sereias, Queres, Erínias, Harpias, as Aves do Lago de Estinfalo... são, em princípio, *almas dos mortos*. Assim como existem várias Sereias, teria havido várias *Esfinges*. O mito de Édipo, no entanto, *privilegiou de tal*

---

6. DELCOURT, Marie. Op. cit., p. 104ss.

7. Irmã de *Efialtes*, irmã das *Sereias*, porque, nas mais antigas concepções míticas, rodos os monstros (Sereias, Erínias, Gigantes... e *Efialtes* é um deles) nasciam nas "profundezas" do seio de Geia, ou, mais claramente, do *inconsciente*. Só mais tarde, quando se organizaram as genealogias, é que se lhes atribuíram pai e mãe, nos moldes das gerações humanas.

forma uma delas, que as demais caíram no esquecimento. E, por isso mesmo, graças à literatura, todas as imagens mais ou menos diferentes, relativas à Esfinge, cristalizaram-se em torno da *mulher-leão* alada, que a arte grega recebeu do sul do Mediterrâneo. Pois bem, todos esses seres possuem um traço comum: são ávidos de *sangue* e de *prazer erótico.* Vimos como na *Odisseia,* para evocar as almas dos mortos, os *eídola,* Ulisses, além de fazer três libações sobre um fosso, com mel, vinho e água, degolou sobre o mesmo duas vítimas negras: um carneiro e uma ovelha. O resultado foi imediato:

> O negro sangue correu.
> *E logo as almas dos mortos, subindo do Hades, se ajuntaram.*
>
> (*Odiss.,* XI, 36-37)

Isto quer dizer que as almas, por efeito do sangue, recuperaram, ao menos por instantes, sua consciência. Determinados líquidos, como mel, vinho, água, mas sobretudo o *sangue* e o *esperma* (*spérma* em grego é *semente*), porque em ambos "está a vida", são vitais para as "almas", a fim de que possam reanimar seu vigor sempre languescente. Na chamada ânfora de Berlim, de n. 684, do século VI a.C., vê-se um homem deixando cair sua "semente" sobre uma borboleta, que simboliza uma alma, e esta, diga-se de passagem, parece ser a mais antiga representação que se conhece na Grécia da alma-borboleta. Uma passagem de Filóstrato[8] (sofista e biógrafo dos inícios do século III d.C.), falando das Empusas, Lâmias e Mormólices, "irmãs" das Esfinges e Sereias, afirma que *elas amam o prazer erótico e mais ainda a carne humana, e, por isso mesmo, seduzem os jovens que desejam devorar.*

Os povos do Mediterrâneo viam geralmente a alma sob a forma de um pássaro, o que faz que as Sereias e a Esfinge sejam "músicas", como todas as suas irmãs que cantam e "encantam" perigosamente. No canto XII, 184ss, da *Odisseia,* Ulisses consegue escapar à sedução das Sereias, cuja voz irresistível "encantava" suas vítimas para devorá-las. Como sentiam o "desejo", mas não podiam realizá-lo, por serem peixes, frias, portanto, da cintura para baixo, bebiam o sangue dos que atraíam com seu canto. Era, claro está, a substituição de um "líquido" por outro. Um dísti-

---

8. *Vida de Apolodoro,* 4,25.

co da *Ars Amatoria* (Arte de Amar), 2,123-124, de Ovídio, talvez, *lato sensu*, pudesse ser aplicado a esses vampiros, embora as *deusas marinhas*, de que fala o poeta, sejam Calipso e Circe, esta última uma grande devoradora:

> Non formosus erat, sed erat facundus Ulixes,
> *Et tamen aequoreas torsit amore deas*:

> – Ulisses não era bonito, mas era eloquente,
> isto bastou para que duas divindades marinhas
> sofressem por ele os tormentos do amor.

Também a Esfinge era cantora, "a cruel cantora", não propriamente porque o enigma fosse proposto em verso hexâmetro (que nunca foi muito apto para o canto), mas porque, sendo "alma-pássaro" e, portanto, ávida de atrair para destruir, cantava para encantar. Não é por efeitos artísticos que esses monstruosos devoradores aparecem nos monumentos funerários com instrumentos musicais em suas mãos[9]. É que se tornaram poetas, aedos, inspiradoras, permanecendo sempre, todavia, como temíveis sedutoras dos jovens.

Quando se fala ou se escreve sobre o tipo leonino da Esfinge, pensa-se, de imediato, nas Esfinges egípcias, que, aliás, são sem asas e "machos" e, segundo se mostrará, muito diferentes da Esfinge grega, que é feminina e com asas, como aparecem no vale do Eufrates. Foi com esta configuração que a Esfinge, tendo passado por Creta e Micenas, se perpetuou na Europa. A Esfinge cretense e micênica apresenta-se agachada, colada ao solo, e esta última tem as asas abertas, muito semelhantes às das Sereias. Por causa das asas, os gregos viram-na como representação de uma *alma* e, em função do nome, identificaram-na com a Fix tebana e esta identificação possivelmente contribuiu para fazer da mesma um ser único e não uma pluralidade, uma vez que sua origem "psíquica" teria levado a pensar não em uma pessoa, mas numa espécie. De outro lado, é preciso levar em conta que a Esfinge cretense e a micênica não devem ser, como se tem escrito, puramente ornamentais, mas possivelmente elementos apotropaicos.

A Esfinge, porém, é algo mais que uma *Seelenvogel*, mais que uma simples alma-pássaro. A "cruel cantora" é também um *cauchemar*, desde que se dê a este

---

9. DELATTE, A. La musique au tombeau. In: *Rev. Archéol*. Paris, 1912, t. XXI, p. 318-322.

hibridismo seu sentido etimológico[10] de *demônio* esmagador, opressor, "pesadelo". A Esfinge é "alma penada", a dama opressora, ou, mais precisamente, *íncubo*. Normalmente o monstro surge em meio a um turbilhão. Propõe determinadas perguntas que devem ser prontamente respondidas sob pena de morte ou de paralisia. Com muita facilidade transforma-se frequentemente em seres vários: numa linda mulher, numa princesa, fada, neste ou naquele animal[11]. Sua atitude, todavia, é aterradora: abraça com violência, aperta, sufoca. Exige amor, mas dificilmente o consegue, pois sua aparência é assustadora e, não raro, hedionda, sórdida. Os que conseguirem responder-lhe às questões propostas, decifrar-lhe os enigmas ou suportar seu peso esmagador, receberão em troca, como vencedores, tesouros, talismãs, conhecimento de determinados segredos e até mesmo um reino e uma rainha. Curioso é que, no mito cristão, o homem que conseguir vencer o íncubo, libertando-se dos sufocantes amplexos do monstro, este, graças ao vencedor, libertar-se-á também de sua condição infernal. Assim, o ser humano, que vitoriosamente foi capaz de suportar a prova, consegue, as mais das vezes, libertar-se do íncubo e revertê-lo à sua primitiva condição humana. Neste caso, o homem quase sempre se casa com a "dama" e o mito se fecha com um romance, em que as reminiscências e influência cristãs são óbvias. Acontece, porém, que o conto se desdobra e o nascimento dos filhos patenteia aos cônjuges a desigualdade de suas origens.

Tais desdobramentos, no entanto, não possuem um interesse direto para o estudo da Esfinge helênica. O mito grego não se preocupou com o tema de cunho moral da libertação e reabilitação do íncubo. É bem verdade que Circe, ao unir-se a Ulisses, no canto X da *Odisseia*, interrompeu seus sortilégios e retomou a forma humana, mas isto ela o fez temporariamente. Após a partida do herói, Circe voltou a ser o que sempre foi, uma *bruxa*.

---

10. O primeiro elemento de "cauchemar" provém do verbo latino *calcare*, calcar com os pés, pisar e o segundo é a raiz germânica *mar* (o alemão moderno tem Mahr), fantasma noturno, vampiro; cf. o inglês *nightmare*, com o mesmo sentido.

11. Na comédia aristofânica *As Rãs*, v. 289-294, o *cauchemar* Empusa transforma-se sucessivamente em burro, em linda mulher e em cão.

De qualquer forma, alguns traços do "cauchemar" são constantes no tempo e no espaço. Trata-se de um ser misterioso, sobrenatural, caracterizado como as *almas* por suas exigências eróticas. Chamando-o *Inuus*[12], isto é, "o que faz sinal com a cabeça para atrair sexualmente", os latinos compreenderam-lhe bem as intenções. Santo Agostinho mostra com muita nitidez o perigo que os Silvanos e os Pãs representam para a castidade feminina[13]. Se para o autor de *As Confissões* o povo chama aos Silvanos e Pãs de *íncubos*, fica bem explícito que nos fins do século IV d.C. esses monstros eram designados por sua função dominante e não por seu nome mitológico.

Para Santo Tomás de Aquino[14] tanto o íncubo quanto o súcubo[15] nada mais possuem de mitológico: são formas por que se manifesta o demônio, que, assim metamorfoseado, pode conseguir apossar-se sexualmente de suas vítimas.

Duas observações importantes se tornam necessárias: a primeira é que para os latinos os *íncubos* são seres masculinos que atormentam as mulheres e para os gregos são monstros-fêmeas que torturam os homens. A segunda é que *íncubos* e *sú-*

---

12. *Inuus*, Ino, é um deus, como se pode ver na *Eneida*, 6,775, identificado com Pã e Fauno, e sinônimo de *Incubus*, mas cuja origem e nome são, até o momento, inexplicáveis. Sérvio Mauro Honorato, gramático latino dos fins do século IV d.C., comentando a passagem supracitada do poema épico de Vergílio, tentou explicar o "sentido" da palavra: *Inuus ab ineundo passim cum omnibus animalibus, unde et incubus dicitur* (Ad Aen., 6,755): "Chama-se 'Ino', porque se une indistintamente a todos os animais, daí seu nome de íncubo".

13. *Creberrima fama est multique se expertos uel ab eis qui experti essent, de quorum fide dubitandum non esset, audisse confirmant Siluanos et Panes, quos uulgo incubos uocant, improbos saepe exstitisse mulieribus et earum appetisse ac peregisse concubitum* (De Civ. Dei, 15,23): "Conta-se, com muita insistência e muitos atestam tê-lo experimentado ou ouvido de testemunhas, de cuja fidelidade não se poderia duvidar, a afirmação de que também elas tiveram a mesma experiência de que Silvanos e Pãs, vulgarmente denominados *íncubos*, se terem apresentado com más intenções a mulheres e com elas terem consumado a união carnal".

14. *Summa Theol.* I, LI, art. 6, n. 3.

15. Etimologicamente, *íncubo* provém do acusativo singular *incubu*, de *incubus*, e este do verbo *incubare*, "estar deitado sobre"; *súcubo* é formado à base do verbo *succubare*, "estar deitado sob, por baixo". Donde, do ponto de vista mítico, *íncubo* é, *stricto sensu*, um *ser feminino*, que se deita *sobre* o homem para usufruir dos prazeres do amor e o *súcubo*, o ser também feminino, que se deita *sob* o homem com a mesma finalidade. *Lato sensu*, no entanto, e "popularmente" falando, o *íncubo* seria uma espécie de demônio que se reveste de um corpo masculino para usufruir dos prazeres do amor com uma mulher adormecida ou transportada para a assembleia das bruxas, e *súcubo*, o demônio que toma a forma de mulher para, deitando-se por baixo do homem, gozar dos mesmos prazeres.

cubos parecem resultar de duas determinações convergentes: trata-se de *espectros*, *pesadelos*, que agem durante o sono diurno ou noturno. A isto se acresce o caráter sagrado que divide em dois o dia ou a noite, momento crítico, uma vez que ele marca uma *passagem*. "Meio-dia é uma hora sexual", diz laconicamente Caillois[16]. Meia-noite talvez o seja ainda mais. Meridiano ou noturno, o *íncubo* é erótico.

Dada a etimologia de *íncubo* e *súcubo*, talvez não fosse fora de propósito acentuar que os latinos viram nesses monstros opressores e sufocantes seres machos que atormentavam as mulheres. Os gregos, pelo contrário, personificavam como figuras femininas os *cauchemars* e as almas penadas que torturavam os homens, porque a afinidade entre as duas noções é muito estreita, quando se analisa o problema de perto, sobretudo quando se trata das Sereias, das Empusas e da Esfinge. É verdade que as *Erínias*, nas obras literárias que chegaram até nós, perderam toda e qualquer característica sexual e tornaram-se apenas as "justiceiras" e o fato de as mesmas não perseguirem Clitemnestra, que matara o esposo Agamêmnon, se baseia numa razão do *guénos*: Clitemnestra não era do mesmo sangue do marido. Seria, aliás, o caso de se perguntar se primitivamente a paciência das Erínias para com as mulheres culpadas não teve outras razões menos confessáveis...

Seja como for, o *cauchemar* é representado como uma velha de seios caídos. Ambroise Paré, o grande cirurgião francês do século XVI, diz que "Os médicos opinam ser o *Íncubo* um mal em que as pessoas julgam que estão sendo oprimidas ou sufocadas por um fardo pesado que, principalmente à noite, lhes comprime o corpo. O povo acha que esse peso opressor é uma velha". Por isso mesmo, no Languedoc, pesadelo se diz *chaouche-vielio*, velha opressora[17].

Os trágicos gregos jamais atribuíram à Esfinge tebana esse erotismo ligado aos maus sonhos, mas nós o encontramos alhures, como se verá, pois o *íncubo* é essencialmente um monstro fêmea que se aproxima do homem para deitar-se

---

16. CAILLOIS, R. Les démons de midi. In: *Revue d'histoire des religions*. Paris, 1937, t. 115 e 116.

17. Ao menos no interior do Estado do Rio de Janeiro era obrigatória, entre o povo, a seguinte "oração", antes de se dormir:
Pesadeira da mão furada, do dedo escarrapachado,
nesta casa tem quatro canto, cada canto tem um santo.
Por Nossa Senhora, Pesadeira, desta casa vai embora.

sobre ele. O latim conhecia, e já o mencionamos, apenas o *incubus* masculino; *succuba* feminino não era um ser demoníaco, mas simplesmente uma *mulier adultera*, uma *subnuba*, isto é, uma amante, uma concubina. A ausência de um termo feminino correspondente a *incubus* está bem de acordo com a mentalidade romana, que jamais poderia conceber uma "íncuba" deitando-se sobre um homem! Não foi em vão que Ambroise Paré aplicou um masculino latino (*incubus*) à "velha" do pesadelo.

Existe ainda, como já se disse, uma grande semelhança entre os monstros opressores e as almas penadas. É que os "sonhadores" interpretam seus visitantes meridianos ou noturnos como "almas do outro mundo", como espectros. Alguns destes, todavia, se prendem mais a um grupo (monstros opressores) que a outro (almas penadas). Desse modo, as *Sereias* são essencialmente seres "psíquicos". Outros se encontram no ponto de tangência entre essas duas ordens de ideias: é o caso de Pã, Empusa e Esfinge. A ambiguidade desta última se deve, possivelmente, a seu nome (a que aperta, sufoca) e à maneira como se apresenta. Suas asas a predestinavam a encarnar uma alma penada, ávida de sangue e de amor, mas também uma sedutora e cantora. Seu corpo de leoa, seu nome de *Sufocante* predispunham-na a ser um *pesadelo opressor*. Vampiro ligeiro, por suas asas, perseguia os jovens; vampiro volumoso, por seu corpo, esmagava-os com seu peso.

A *Sereia* revela-se *íncubo* nos textos literários e particularmente em textos tardios e não através de monumentos, exceto através de um só, de resto muito belo, mas que pertence à época alexandrina, em que a *Sereia* está prestes a se unir a um camponês adormecido. Com a *Esfinge* as coisas se passam diferentemente: a literatura transmutou-a num bicho-papão e numa inquiridora. Seu caráter sexual nos textos literários é propriamente nulo, mas, em compensação, a arte figurada nos mostra uma *Esfinge* sumamente erótica. Marie Delcourt[18] reuniu e comentou vários monumentos da arte figurada grega, do século VII ao V a.C. (lécitos, isto é, desenhos gravados em vasos; escaravelhos; terracotas; ânforas...), de que se destacam dois lécitos de Atenas, respectivamente dos séculos VI e V a.C., o escaravelho de Corfu, do século VI a.C., e a belíssima Esfinge de

---

18. DELCOURT, Marie. Op. cit., p. 119ss.

Éfeso, embora reconstituída, de data ainda não determinada. Pois bem, nestes últimos quatro monumentos (e a cena não é privativa deles) a Esfinge está a ponto de possuir um jovem.

Mas, para não se ficar apenas na arte figurada, citemos o único fragmento da *Edipodia*, poema atribuído a Cinéton da Lacedemônia e que narrava as aventuras de Laio e Édipo. Por este fragmento se deduz que Hêmon, que era mais belo e mais apetecível que os outros, isto é, que as vítimas anteriores, fora raptado pela Esfinge:

> *Mas aquele que ainda era o mais belo e o mais desejável,*
> *o filho querido do irrepreensível Creonte, Hêmon, o divino.*

Nos monumentos mais recentes, a "cruel cantora" aparece sempre associada a Édipo. Foi sob a influência da literatura que a Esfinge acabou por perder seu caráter de *íncubo*.

No tocante *à Esfinge egípcia* e sua possível influência sobre a grega, é necessário esclarecer alguns pontos importantes.

Do ponto de vista etimológico, o grego σφίγξ, σφιγγός (sphínks, sphingós) nada tem a ver com o egípcio *Shesepuankh*, nome por que se designava a Esfinge dos Faraós. Também sob o aspecto iconográfico e sobretudo funcional, a diferença entre ambas é muito grande.

Shesepuankh[19] significa estátua viva ou estátua da vida, pelo fato de a Esfinge estar voltada para o "nascente" e receber os primeiros raios de Ra-Herakheti, isto é, do Sol vivo.

Iconograficamente, *Shesepuankh* se apresenta invariavelmente com um corpo de leão e cabeça, as mais das vezes, humana, coberta por uma peruca ou *nemes*, também denominada *kleft*, de uma palavra copta, que significa capuz: trata-se, na realidade, de uma touca cerimonial, que representa a juba do leão. Eventualmente a *nemes* pode ser encimada pela coroa do Sul e do Norte, simbolizando, nesse caso, o rei, e é denominada tecnicamente *Androesfinge*. Aparece ainda com a cabeça de "Carneiro", é a *Crioesfinge*, representando Amon-Ra, ou

---

19. As informações sobre a Esfinge egípcia me foram transmitidas, em boa parte, pelo egiptólogo e amigo, Prof. Francisco José Neves, a quem agradecemos.

com a cabeça de Falcão, é a *Hieracoesfinge*, figurando Horus, Ra ou Menthu. Como se observa, trata-se da unívoca presença do Sol. A Esfinge egípcia não é alada, salvo talvez, mas o assunto é discutido, as possíveis exceções da tumba de Tutankhamon e de uma estatueta de Amenhetep III, onde Shesepuankh está coberta no dorso por um manto aparentemente emplumado. Consagrada a Ra-Horus-no-Horizonte, quer dizer, Harmakhis, a Esfinge é um símbolo solar e essencialmente masculino. Não representa propriamente o deus, mas o rei identificado com aquele.

Mesmo estampando a cabeça de Hatshepsut, e, note-se, com barbas, Shesepuankh continua a ser masculina, uma vez que essa mulher extraordinária não pode ser considerada politicamente como rainha. Símbolo benfazejo e guardião, atestava o poder real identificado com o Sol da Manhã. O corpo do leão simboliza a força e a irredutibilidade, a capacidade de eliminar os inimigos do rei e guardar a necrópole, as entradas dos templos e o próprio Egito. A cabeça humana "iluminada representa a inteligência.

Se na Grécia se notabilizou a Esfinge de Tebas, no Egito a mais célebre e, quiçá, a mais antiga, é a de Giseh. Faz parte do complexo funerário de Khafra (Quéfren). Esculpida numa ponta de calcário da antiga pedreira das Pirâmides, é orientada na direção leste-oeste. Originariamente o monumento representaria Khufu, mas foi terminada por Khafra, embora a cabeça seja daquele. Sua localização no centro da necrópole de Giseh faz da mesma a guardiã do cemitério real da quarta dinastia. É famosa não apenas por suas dimensões gigantescas, mas sobretudo porque evoca Ra-Herakheti vivo, encarnado na imagem real, que se ilumina no nascente, abençoando a necrópole com a luz da evolução universal.

Na Grécia, a Esfinge era uma leoa alada com cabeça humana, enigmática e cruel, tipo de monstro terrível, em que se pode ver o símbolo da feminilidade pervertida. A Esfinge de Tebas que propunha enigmas aos transeuntes e devorava os que a eles não respondessem, figuraria a intemperança e a dominação perversa e, como flagelo que devasta o país, simbolizaria as sequências destrutivas do reino de um rei perverso. Todos os atributos da Esfinge são índices da banalização: o monstro só pode ser vencido pelo intelecto, pela sagacidade, antídoto do embrutecimento banal. Presa à terra, está como que cravada na mesma, símbolo da ausência de elevação. Possui asas, mas estas, como as de Ícaro, não podem levá-la muito longe. O destino da "cruel cantora" é ser tragada pelo abismo.

No Egito, um corpo de leão acocorado com uma cabeça humana, de olhar enigmático, emergindo da juba felina. A mais célebre, já se mencionou, se encontra no prolongamento da pirâmide de Quéfren, junto ao Templo do Vale, nas proximidades das mastabas e pirâmides de Giseh, que prolongam sua sombra sobre a imensidão do deserto. A Esfinge vela noite e dia pelas necrópoles gigantes; seu rosto pintado de vermelho contempla o único ângulo do horizonte onde o sol se ergue. Guardiã dos umbrais interditos e das múmias reais, somente ela ouve o cantar cadenciado dos planetas. Vigiando, dia e noite, as entradas da eternidade e atenta a tudo o que foi e a tudo o que será, somente ela contempla o rolar manso dos Nilos celestes e o vaivém das barcas solares. Sua cabeça é a cabeça real, símbolo de um poder soberano, terrível com os rebeldes, benfazeja e protetora dos bons. Sua face barbuda é a própria majestade do Faraó, o deus solar, detentor dos atributos mesmos do leão. Como felino, é irresistível nos combates. Sem vestígio algum de angústia e desespero, invenção exaltada do lirismo romântico, os traços e a posição solidamente acocorada da Esfinge exprimem a serenidade de uma certeza. Nenhuma inquietude, nenhum traço de terror e agonia, como nas máscaras trágicas dos gregos. Seus olhos não se fixam sobre um enigma, cuja grandeza fatal acaba por destruí-la, mas, contemplando o nascer do sol, chegam à grande verdade interior, cuja plenitude recompõe e aquieta.

LEÃO DE NEMEIA, em grego Λέων Νέμειος (Léon Némeios). Não se conhece, até o momento, a etimologia de *léon*: parece tratar-se de palavra não indo-europeia. Νεμέα (Neméa) não é da mesma família etimológica que o verbo νέμειν (némein), "distribuir", "repartir", donde atribuir a um rebanho a parte da pastagem para onde o conduz o pastor, daí fazer pastar, conduzir ao pastoreio, mas se trata de um derivado do substantivo νέμος (némos), "bosque", conforme esclarece Pierre Chantraine, *Dictionnaire étymologique de la langue grecque*, p. 742. O latim tem *nemus*, "bosque sagrado", cujo sentido inicial deve ter sido clareira, onde se celebrava um culto. Talvez se pudesse fazer uma aproximação com o sânscrito *námah*, "inclinação, homenagem".

Pois bem, em Nemeia, cidade da Argólida, havia um *bosque*, onde Héracles matou o terrível leão.

Também o Leão de Nemeia teria sido criado pela vingativa Hera ou à mesma emprestado pela deusa-Lua Selene, com a finalidade de impor a Héracles mais uma tarefa árdua e penosa. Escondido num bosque, nas proximidades de Nemeia, o monstro devastava toda a região, devorando-lhe os habitantes e os rebanhos. Como o animal se entocasse numa caverna com duas saídas, era difícil aproximar-se dele. O herói atacou-o a flechadas, mas inutilmente, pois seu couro era invulnerável. Fechando uma das saídas, o filho de Zeus o tonteou com um golpe de clava e, agarrando-o com seus braços possantes, o sufocou. Arrancou-lhe a pele, com ela cobriu os ombros, tornando-os também invulneráveis. Da cabeça da fera Héracles fez um capacete. Foi durante a caçada ao Leão de Nemeia que se intercala o episódio de Molorco, um pobre camponês que vivia perto de Nemeia e cujo filho único havia sido vítima do Leão. Quando Héracles passou pelo local para combatê-lo, o camponês o acolheu com tal hospitalidade (talvez já o reconhecesse como um deus), que desejou sacrificar-lhe o único bem material que possuía, um carneiro. O herói o impediu e disse-lhe para aguardar trinta dias. Se, nesse prazo, não regressasse da perigosa missão, poderia considerá-lo morto e fosse então o animal sacrificado à sua memória. Se, pelo contrário, o visse retornar vitorioso, que o carneiro fosse oferecido como oblação a Zeus Salvador. Passados os trinta dias, e não tendo o herói aparecido, o camponês o julgou morto e se apressou em fazer os preparativos para o sacrifício. Mas, antes que o mesmo fosse consumado, o filho de Alcmena apareceu revestido com a pele do Leão. O carneiro foi oferecido a Zeus Salvador e, no mesmo local do sacrifício, Héracles instituiu em honra de seu pai Zeus os Jogos Nemeios, que se realizavam, como os Olímpicos, de quatro em quatro anos. Héracles levou o corpo esfolado do Leão para Micenas e Euristeu ficou tão assustado com a bravura e coragem do herói, capaz de liquidar um monstro tão horrendo, que lhe proibiu, doravante, a entrada na cidade. Os "espólios" resultantes dos Trabalhos do herói tinham que ser depositados junto às portas de Micenas.

Para perpetuar a façanha de Héracles, Zeus transformou o Leão de Nemeia em constelação.

Poderoso e soberano, símbolo solar e extremamente luminoso, o *rei dos animais* possui em alto grau as qualidades e os defeitos inerentes à sua espécie.

Encarnação do Poder, da Sabedoria e da justiça, deixa-se arrastar, em contrapartida, pelo excesso de orgulho e segurança, que lhe conferem uma imagem de Pai, Senhor, Soberano. Ofuscado por seu próprio poder, cego pela própria luz, torna-se um tirano, acreditando-se um protetor. Pode ser maravilhoso, tanto quanto insuportável: nessa polaridade oscilam suas múltiplas acepções simbólicas.

Krishna é o leão entre os animais; Buda é o leão dos Shakya; Cristo é o Leão de Judá; Ali, genro de Maomé, exaltado pelos Xiitas, é o leão de Alá. O Pseudo-Dionísio Areopagita procura explicar por que a teologia atribui a certos anjos o aspecto leonino: a forma de leão traduz a autoridade e a força invencível das santas inteligências; o esforço soberano, veemente e indomável para imitar a majestade divina e a capacidade celeste, que é confiada aos anjos, de disfarçar o mistério de Deus numa augusta obscuridade, escondendo de olhos indiscretos os sinais de seu relacionamento com a divindade, como o leão, que, segundo se conta, apaga os vestígios de seus passos, quando perseguido pelo caçador.

No Apocalipse 5,5, Cristo é o Leão de Judá, que venceu de tal maneira, que pôde abrir o livro e desatar os sete selos. Em Ezequiel 1,4-15, o carro de Javé aparece com quatro animais, semelhantes a carvões ardentes, tendo cada um quatro faces, sendo uma de leão. Símbolo da justiça, o Leão é a garantia do poder material ou espiritual. É, desse modo, que serve de trono ou montaria a numerosas divindades, assim como adorna o trono de Salomão, dos reis da França ou dos bispos medievais. Símbolo do Cristo-Juiz e do Cristo-Doutor, transporta-lhe o livro sagrado. É nesta mesma perspectiva que figura como emblema do evangelista São Marcos. Símbolo, por outro lado, da soberba e da arrogância, da impetuosidade e do apetite incontrolável, figura uma pulsão social pervertida: a tendência à dominação despótica, cuja tônica é a imposição brutal do autoritarismo e da força.

O rugido profundo do leão e sua goela aberta conduzem, no entanto, a um outro simbolismo, não mais solar e luminoso, mas sombrio e ctônio. Com esta visão inquietante, o leão se assemelha a outras divindades infernais que tragam o dia no crepúsculo e o expelem na aurora. No Egito, leões eram representados com frequência em duplas, dorso a dorso: cada um deles olhava o horizonte oposto, um a leste, outro a oeste. Figuravam, assim, os dois horizontes e o curso do sol, de uma extremidade à outra da terra. Vigiando, desse modo, o transcurso do dia, representavam o *ontem* e o *amanhã*. Destarte, a viagem infernal do sol o conduzia da goela do Leão do Ocidente para a do Leão do Oriente, de que renascia cada manhã, tornando-se os dois leões os agentes fundamentais do rejuvenescimento do astro. E, de uma forma mais ampla, configuravam a renovação da força e do vigor que assegura a alternância do dia e da noite, do esforço e do repouso. Como se pode observar, expelindo a cada manhã o sol, a visão ctônia do Leão foi exorcizada e a imagem da morte tornou-se penhor de vida. É exatamente isto que se observa em outras culturas, em que o leão, devorando periodicamente o touro, expressa a dualidade antagônica fundamental do dia e da noite, do verão e do inverno.

Em síntese, traduzindo não apenas o retorno do sol e o rejuvenescimento das energias cósmicas e biológicas, o leão tornou-se o símbolo da ressurreição, merecendo, com isso, figurar nos túmulos cristãos.

Capítulo XII
Ainda a Primeira Geração Divina: filhos e descendentes (Do Rio Nilo a Hécate)

Da união de Oceano e Tétis nasceram não só os rios, de que vamos destacar o *Nilo*, *Alfeu*, *Aqueloo* e *Escamandro*, mas também "as três mil Oceânidas", dentre as quais falaremos de *Métis*, *Eurínome* e *Calipso*; as demais, ou possuem muito pouca importância no mito, ou das mesmas já se deu uma ideia ou se falará mais adiante.

NILO, em grego Νεῖλος (Neîlos). Guérios[1] dá-lhe como etimologia o egípcio *Nîl*, "(rio) azul"; remete ao sânscrito *nila*, "azul", e chama a atenção para o português *anil*, do árabe *anîl*, com o mesmo sentido. Na tradição helênica, Nilo é o deus do *Nîl*, o grande rio egípcio. Muito cedo, porém, *Nîl* passou a fazer parte do mitologema de Io, a jovem sacerdotisa de Argos, consagrada a Hera, e que Zeus amou, fazendo-a mãe de Épafo. É a esta mesma Io, que, apesar de metamorfoseada em vaca, a colérica deusa Hera perseguiu implacavelmente, lançando contra a mesma um tavão, que só a deixou em paz, quando Io atravessou o *Bósforo* (travessia da vaca) e ganhou o Egito. Lá, *tocada* por Zeus, deu à luz a *Épafo*. Este desposou Mênfis, filha do rio Nilo. Dessa união nasceu Líbia, mãe da raça de Agenor e Belo.

Os gregos representavam o Nilo como um deus que havia fertilizado o Egito.

---

1. GUÉRIOS, Mansur. *Dicionário etimológico de nomes e sobrenomes.* Curitiba: Indústria Gráfica Cruzeiro, 1949, verbete.

ALFEU, em grego Ἀλφειός (Alpheiós), que provém de *alphós*, "branco, alvo, claro", em latim *albus*, com o mesmo significado, é o deus do rio homônimo, que corre no Peloponeso, entre a Élida e a Arcádia. Diversos mitos relatam as tentativas do deus-rio para conquistar Ártemis e Aretusa, uma das ninfas que fazia parte do cortejo da deusa. Como esta lhe resistisse às investidas amorosas, Alfeu decidiu conquistá-la à força. Um dia em que a irmã de Apolo e suas ninfas celebravam uma festa junto à foz do rio, este tentou aproximar-se dela, mas a deusa enlameou o rosto e o deus não conseguiu reconhecê-la. Uma outra versão conta que Alfeu a perseguiu até a ilha de Ortígia, que se encontra junto ao porto de Siracusa. Como também dessa feita nada conseguisse, passou a acossar uma das ninfas caçadoras de Ártemis, Aretusa. Para segui-la, tornou-se também caçador, como a ninfa, que fugiu para Siracusa, refugiando-se em Ortígia. Perseguida mesmo assim pelo impetuoso "caçador", foi metamorfoseada em fonte. Por amor, Alfeu misturou suas águas às da fonte de Aretusa.

AQUELOO, em grego Ἀχελῷος (Akhelôos), cuja fonte etimológica, o que é pouco provável, seria o radical *âqwâ*, "água". Rio da Etólia e da Acarnânia era o mais célebre e o mais venerado de toda a Grécia. Foi personificado como deus-rio e considerado o mais velho dos "três mil" filhos de Oceano e Tétis. A princípio, segundo se narra, o rio chamava-se Forbas, que era, na realidade, um herói tessálio, da raça dos lápitas, mas um jovem, Aqueloo, ao atravessá-lo, foi ferido por uma flecha, caindo no rio, que recebeu seu nome. Aqueloo teve muitos amores: com Melpômene foi pai das Sereias e, depois, de outros amores seus nasceram várias fontes, como Pirene em Corinto, Castália em Delfos, Dirce em Tebas... O deus-rio da Etólia está ligado também ao ciclo de Héracles. Vizinho de Eneu, rei de Cálidon, pediu-lhe a mão da filha Dejanira. Mas, como deus-rio, Aqueloo podia metamorfosear-se sobretudo em dragão e touro, o que assustou a princesa, que preferiu Héracles, que também a desejava por esposa. O deus-rio não quis abrir mão da jovem, tendo-se, pois, travado um combate terrível entre os dois pretendentes. Usando de seus poderes, Aqueloo transformou-se em touro, mas Héracles quebrou-lhe um dos chifres. O deus-rio deu-se por vencido e cedeu ao herói o direito sobre a filha de Eneu, mas quis o chifre de volta. Foi-lhe então oferecido o corno da cabra Amalteia, que despejava em abundância flores e frutos.

Aqueloo, como todo e qualquer deus, era vingativo. Certa feita, quatro ninfas sacrificavam aos deuses em suas margens e se esqueceram de colocá-lo entre as divindades invocadas. Aqueloo inflou suas águas, transbordou e arrastou as quatro ingratas para o mar, transformando-as nas ilhas Equínades. A quinta ilha do grupo, Perimele, era uma jovem que o deus-rio havia amado e que do mesmo estava grávida. Irritado com Perimele, seu pai Hipódamas, já prestes a nascer o filho de Aqueloo, lançou-a no rio. Este pediu a Posídon para transformá-la em ilha, surgindo a quinta Equínade.

No momento em que Héracles lhe quebrou um dos *chifres*, Aqueloo, perdendo grande parte de sua *força* e *vigor*, deu-se por vencido.

O chifre, o corno, tem o sentido de grandeza, de superioridade, de elevação. Simboliza, por isso mesmo, o poder, a autoridade, características básicas de quem o possui, como os deuses Dioniso, Apolo Carnio[2] e o rei Alexandre Magno, que tomou o emblema de Amon, o deus-carneiro, chamado, no *Livro dos mortos*, o *Senhor dos dois cornos*. Reis e guerreiros de culturas diversas, nomeadamente os gauleses, tinham chifres em seus capacetes. É mister levar em conta, no entanto, que o poder atribuído aos cornos não é apenas de ordem temporal. Os chifres do *carneiro* são de caráter *solar* e os do *touro*, de caráter *lunar*, dado o poder de fecundar do astro e do satélite, e de ambos os animais que os representam. A associação da lua e do touro é bem atestada entre os sumérios e os hindus. A lua é designada no Camboja como um *corno perfeito*, em sua fase crescente. O *Mahâbhârata* fala do *corno* de Çiva, já que este se identifica com sua montaria, o touro *Nandim*. Os chifres dos bovinos são atributo da Grande Mãe divina. Onde quer que apareçam, seja nas culturas neolíticas, na iconografia ou ornamentando os ídolos de forma divina, os cornos marcam a presença da Grande Deusa da fertilidade. Evocam os sortilégios da força vital, da criação periódica, da vida inexaurível e da fecundidade, vindo assim a simbolizar, analogicamente, a majestade e os obséquios do poder real. A exemplo de Dioniso, os chifres de Alexandre Magno retratam-lhe a autoridade e o gênio, que são de origem divina,

---

2. *Carnio*, em grego Καρνεῖος (Karneîos), é um epíteto de Apolo, enquanto deus dos rebanhos e das colheitas, particularmente entre os povos dórios.

e que deverão assegurar a prosperidade de seu império. Se o chifre, as mais das vezes, é um símbolo lunar e portanto feminino, como o é o do touro, pode tornar-se também um emblema solar, masculino, como o chifre do carneiro. Este último aspecto explica, aliás, que o chifre é um símbolo de *virilidade*. O grego κέρας (kéras), o sânscrito *linga* e o latim *cornu* não significam apenas *chifre*, mas também *força, coragem, potência*[3]. É assim que, por sua força e função natural, o chifre retrata o pênis.

Mas, na medida em que *o chifre* designa o *poder*, a este se conjuga a *agressividade*. Agni possui cornos imperecíveis, aguçados pelo próprio Brahma e o chifre acabou por traduzir um poder agressivo do bem ou do mal. Nesta relação de cornos dos animais com chefe político ou religioso existe uma intenção clara de apropriação mágica dos objetos simbólicos. O chifre, o troféu traduzem a exaltação e a posse da força. O soldado romano, após uma grande vitória, ornamentava o capacete com um *corniculum*, isto é, com um chifrinho.

Na tradição judaico-cristã o chifre simboliza a força e tem o sentido de raio de luz, de clarão, de relâmpago. Quando Moisés desceu do Sinai, seu rosto lançava *raios*, que a *Vulgata* traduz em seu sentido próprio por *cornos* (Ex 34,29-30.35). Este é o motivo por que Michelangelo Buonarroti, por exemplo, representou Moisés com chifres, com aspecto de crescente lunar. Os quatro cornos do altar dos holocaustos colocados no Templo designavam as quatro direções do espaço, isto é, a extensão ilimitada do poder de Deus. Nos *Salmos* o corno simboliza a força de Deus, que é a mais poderosa defesa daqueles que o invocam:

---

3. No tocante a *corno*, como epíteto de marido enganado pela mulher (pôr cornos, pôr chifres, cornear, chifrar), que Luís da Câmara Cascudo (*Dicionário do folclore brasileiro*, p. 204, verbete *Cornos*) acha inexplicável, talvez se pudesse esclarecer como uma *antífrase*, uma *lítotes*, uma afirmação por meio da negação do contrário: já que o *chifre* é símbolo de *potência*, "pôr chifres" é negar, de certa forma, à vítima tal virtude. De qualquer modo, o epíteto é de uso muito antigo. Na Grécia κέρατα ποιεῖν τινι (kérata poieîn tini), "fazer chifres em alguém", pôr chifres no marido, já era empregado, como em Artemidoro (séc. II d.C.), *Onirocriticon libri* V (Cinco livros sobre a interpretação dos sonhos), 2,11. A coisa depois se generalizou. Informa o mesmo Luís da Câmara Cascudo (op. cit., p. 204s) que "nos meados do séc. XIV, quando o rei Fernando de Portugal arrebatou dona Leonor Teles ao marido, este, João Lourenço da Cunha, fugiu para Espanha e por lá viveu, ostentando no chapéu um corno dourado, singular identificação do símbolo..."
No séc. XVIII, D. José, rei de Portugal, pela lei de 15 de março de 1751, mandava abrir rigoroso inquérito pelo hábito ridículo de se colocarem chifres às portas das pessoas casadas.

> *Eu me abrigo nele, meu rochedo,*
> *meu escudo e meu corno de salvação* (Sl 17,2-3).

Pode simbolizar igualmente a força altaneira e agressiva dos arrogantes, cuja pretensão é extirpada por Javé:

> *Não levanteis o chifre,*
> *não ergais muito alto vosso chifre,*
> *não faleis, esticando a espinha* (Sl 74,6).

Aos justos, pelo contrário, Javé dará força:

> *Ali farei germinar um chifre para Davi* (Sl 131,17).

No que se refere à expressão *quebrar os cornos a ou de alguém*, que, sem nenhuma conotação sexual, se popularizou, já se encontra no *Antigo Testamento* (Jr 48,25; Lm 2,3; Sl 75,11...) com o sentido preciso de *destruir o poder, esmagar a soberba*, exatamente como na acepção popular de "abater a insolência, humilhar a arrogância".

E já que o *corno* é o símbolo de "força e poder", por uma simples associação foi transformado em poderoso elemento apotropaico: erguendo-se um chifre ou o esqueleto inteiro da cabeça bovina no alto de uma vara, dominando a plantação, tem-se um excelente amuleto contra a esterilidade e forças invisíveis e inimigas. O chifre é altamente benéfico à lavoura, afasta as pragas, é portador de chuva e protege contra o *mau-olhado*. Daí o uso de amuletos, imitando chifres, como defesa contra o *mau-olhado*.

"Um dos amuletos mais poderosos é uma variante da *figa*, a chamada *mão cornuda*, os dedos indicador e mínimo estendidos paralelamente, simulando chifres, e os demais dobrados sobre a palma. É de uso imemorial e os modelos, em ouro e prata, reaparecem como alfinetes de gravata, barretes, berloques, com refinamentos de lavor artístico"[4].

No que diz respeito à *Cornucópia* ou Corno da Abundância, é a mesma, na tradição greco-latina, o símbolo da fecundidade e da felicidade. Cheia de grãos e

---

4. CASCUDO, Luís da Câmara. Op. cit., p. 204s.

de frutos, aberta em cima e não embaixo, como na arte moderna, é o emblema de Baco, Ceres, Rios, Abundância, Constância e Fortuna.

Zeus, brincando, quebrou o chifre da cabra Amalteia, que o aleitava, mas, para compensá-la, prometeu-lhe que este corno se encheria de todos os frutos, quando ela o desejasse. A *Cornucópia* é, pois, o símbolo da profusão gratuita dos dons divinos. Uma variante, já exposta linhas atrás, faz da Cornucópia o corno da mesma cabra Amalteia, mas ofertado por Héracles a Aqueloo, cujo chifre fora quebrado pelo herói, na luta pela posse de Dejanira.

Com o correr do tempo, a Cornucópia tornou-se, mais que o símbolo, um atributo de felicidade pública, da diligência e da prudência, que são a fonte da abundância, da esperança e da equidade.

Numa visão contemporânea, os cornos podem ser considerados também como uma imagem de divergência, simbolizando, assim, a ambivalência e forças regressivas: o demônio é apresentado com chifres e cascos bifurcados. Em contraposição, todavia, podem representar abertura e iniciação, como no mito do carneiro de velo de ouro.

Jung, com a perspicácia que lhe é peculiar, percebeu uma outra ambivalência no simbolismo dos cornos: representam, de um lado, um *princípio ativo* e masculino, por sua forma e força de penetração; de outro, um *princípio passivo* e feminino, por sua abertura, em forma de receptáculo. Reunindo os dois na formação da personalidade, o ser humano se assume integralmente, chegando à maturidade e à harmonia interior, o que não deixa de ter certa relação com a polaridade Sol-Lua, há pouco citada.

ESCAMANDRO, em grego Σκάμανδρος (Skámandros), talvez se relacione com o indo-europeu (*s)qamb, "ondular, curvar-se", e, nesse caso, seria "sinônimo etimológico" do também deus-rio e seu aliado, *Símois*, em grego Σιμόεις (Simóeis), da raiz indo-europeia *suîmo-* "sinuoso, contornado", mas trata-se de mera hipótese.

Escamandro é o mais importante deus-rio da planície troiana. Seu epíteto de *Xanto*, "louro, avermelhado" é devido à cor de suas águas, ou, segundo uma variante, ao fato de as mesmas tingirem de vermelho o velo das ovelhas que nelas se banhavam. Conta-se ainda que Afrodite, antes de submeter-se ao julgamento de Páris, mergulhou seus cabelos no rio; para dar-lhes reflexos dourados. O nome e a origem do rio Escamandro são popularmente explicados da seguinte maneira: Héracles, estando em Troia, teve sede e pediu a seu pai Zeus que lhe indicasse uma fonte. O pai dos deuses e dos homens fez brotar da terra uma pequena corrente, mas o herói achou-a insuficiente para mitigar-lhe a sede e, por isso mesmo, *cavou* a terra (em grego σκάπτειν, skáptein, é *cavar*) e encontrou um lençol de água, que se chamou a fonte de *Escamandro*. Na *Ilíada*, já se comentou (e a repetição visa tão somente a dar unidade ao mito), farto de receber tantos cadáveres em suas águas, o deus-rio quis lutar com Aquiles. Transbordou e ameaçou seriamente afogar o filho de Tétis. Foi necessário a intervenção de Hefesto que, com seu sopro ígneo, obrigou-o a voltar a seu leito.

Tomados em bloco, os rios têm uma simbologia muito precisa e significativa. O símbolo do *rio*, do escoamento das águas, é, simultaneamente, o da possibilidade universal e do *escoamento* das formas, da fertilidade, da morte e da renovação. A corrente figura a vida e a morte. O rolar das águas para o mar, sua cheia ou a travessia de um rio para outro confluem, no fundo, para uma bacia comum. A *descida* para o Oceano é o reencontro das águas, o retorno à indiferenciação, o acesso ao *Nirvana*; a *cheia* é o retorno à fonte divina, ao Princípio; a *travessia* é a luta contra os obstáculos que separam dois princípios: o mundo fenomenal e o estado incondicionado, o mundo sensível e o estado de desapego. *O rio que vem do alto* da tradição judaica é o das bênçãos e das influências celestiais. Este *rio do alto* desce verticalmente, de acordo com o eixo do mundo, o *axis mundi*; espraia-se depois, horizontalmente, a partir do *centro*, seguindo as quatro direções cardeais, até as extremidades do mundo: trata-se dos quatro rios do Paraíso terrestre. *O rio que desce do alto* é também o Ganges, o rio que purifica e catarsiza, porque escorre da cabeleira de Çiva. Símbolo das *águas superiores*, o Ganges é ainda, enquanto rio purificador, instrumento de liberação. Na iconografia, o Ganges e o Iamuna são atributos de Varuna, como senhor das águas. A corrente do rio sagrado hindu é tão axial, que se denomina a *corrente que circula por um tríplice caminho*, percorrendo os três níveis, o celestial, o telúrico e o ctônio.

Para os gregos os rios, filhos de Oceano e, por sua vez, pais das Ninfas, eram semidivinizados e, por isso mesmo, objetos de culto. Ofereciam-se-lhes sacrifícios, lançando-se em sua correnteza touros e cavalos vivos. Dotados de uma grande energia sexual, os rios legaram ao mito uma enciclopédia de amor e uma constelação de filhos. Como qualquer potência fertilizante, cujas decisões e atos são misteriosos, podiam submergir, irrigar, fecundar e inundar; conduzir a barca em seu bojo macio ou fazê-la soçobrar. O piedoso Hesíodo, por isso que os rios inspiravam veneração e medo, aconselhava não atravessá-los, senão após uma prece fervorosa e determinados ritos de purificação:

> *Não atravessem teus pés as magníficas correntes dos*
> *rios eternos; antes, com os olhos cravados em seu curso,*
> *faze uma prece e lava tuas mãos nas águas frescas e*
> *límpidas. Quem atravessa um rio antes de purificar as*
> *mãos e lavar a consciência, atrai sobre si a cólera dos*
> *deuses, que, em seguida, o castigarão.*

> (*Trab.*, 737-741)

Os próprios nomes, alguns em etimologia popular, diga-se de passagem, por que são designados os rios do Hades, expressam simbolicamente os tormentos que aguardam os condenados: *Aqueronte* o rio das dores; *Cocito*, o rio dos gemidos e das lamentações; *Estige*, o gélido rio dos horrores; *Piriflegetonte*, o rio das chamas inextinguíveis; e *Lete*, o rio do esquecimento (V. *Dicionário mítico-etimológico da mitologia grega*).

Em quase todas as culturas sempre existiram rios que simbolizavam e ainda simbolizam o grande *rio cósmico*, como o *Ganges* na Índia; o *Nilo*, no Egito; o *Severn*, na Inglaterra; o *Jordão*, na Palestina; o *Tibre*, na Itália...

Descendo das montanhas, serpeando através das planícies e perdendo-se nos mares, os rios configuram a existência humana no seu fluir, na sucessão de ânsias, desejos, sentimentos, paixões e a multiplicidade de seus desvios. A esse respeito é significativo o pensamento de Heráclito: *Para os que entram nos mesmos rios, outras e outras são as águas que correm por eles... Dispersam-se e... reúnem-se... vêm junto e junto fluem... aproximam-se e afastam-se* (Fr. 12, Diels)[5]. Pla-

---

5. KIRK, G.S. & RAVEN, J.E. *Os filósofos pré-socráticos*. Lisboa: Fundação Calouste Gulbenkian, 1982, 2. ed., p. 198 [Tradução de C.A. Louro Fonseca].

tão interpreta este fragmento de Heráclito como "a absoluta continuidade da mudança em cada uma das coisas": *Heráclito diz algures que tudo está em mudança e nada permanece parado e, comparando o que existe à corrente de um rio, diz que não se poderia penetrar duas vezes no mesmo rio (Crátilo,* 402a)[6].

Penetrar num rio é para a alma entrar num corpo. A alma seca é aspirada pelo fogo, a alma úmida é sepultada no corpo. Possuindo uma existência precária, o corpo flui como a água e cada alma possui seu corpo particular, esta parte efêmera de sua existência, *o seu rio.*

Transpostos os rios, vejamos agora as *Oceânidas.*

MÉTIS, em grego Μῆτις (Mêtis), palavra que é da mesma família que μέτρον (métron), "medida". Métis é a "sabedoria, a prudência". O sânscrito tem *mâtiḥ, e o latim, metiri,* "medir", no sentido físico e moral. Foi a primeira esposa ou amante de Zeus e foi ela quem lhe deu uma droga, graças à qual Crono devolveu todos os filhos que havia engolido. Tendo ficado grávida, Úrano e Geia revelaram a Zeus que Métis teria uma filha e mais tarde um filho, que o destronaria, como ele próprio fizera com o pai Crono. A conselho de Geia ou da própria esposa, Zeus a engoliu e no tempo devido nasceu Atená, das meninges do deus.

EURÍNOME, em grego Εὐρυνόμη (Eurynóme), de εὐρύς (eurýs), largo, amplo, como o verbo εὐρύνειν (eurýnein), ampliar, dilatar, e νόμος (nómos), lei, direito, donde Eurínome significa "a que tem ou gere amplos direitos", a que comanda amplamente. Anteriormente a Crono, reinava com Ofíon (uma espécie de monstro-serpente) sobre os Titãs nas encostas do monte Olimpo. Tendo assumido o poder, Crono lançou o casal no Tártaro ou, conforme uma tradição talvez mais antiga, Ofíon e a esposa se refugiaram no mar, onde, com Tétis, Eurínome ajudou a acolher Hefesto, que havia sido precipitado do céu. Amada por Zeus, foi mãe das Cárites: Aglaia, Eufrósina e Talia. Eurínome possuía um templo muito antigo e famoso nos arredores de Figalia, na Arcádia. O santuário ficava no meio de um bosque de ciprestes e a estátua que representava Eurínome estampava a figura de mulher até as cadeiras, mas daí para baixo terminava em peixe.

---

6. Ibid., p. 199.

CÁRITES, em grego Χάριτες (Khárites), cujo singular é χάρις (kháris), e o sentido é "que brilha, que alegra", do verbo χαίρειν (khaírein), "alegrar-se", daí o significado de cada uma delas: *Aglaia*, brilho, beleza; *Eufrósina*, alegria, prazer; *Talia*, propriamente rebento, renovo, abundância. Em princípio, as Cárites são divindades da beleza, da alegria de viver e é bem possível que, originariamente, tenham sido deusas da vegetação. São representadas quase sempre nuas ou cobertas apenas com leves tecidos ou véus flutuantes. São jovens, lindas, esbeltas e seguram-se normalmente pelos ombros: duas olham numa direção, mas a do meio olha na direção oposta. Sua função principal é alegrar a vida, os homens e os deuses. Habitam o Olimpo, em companhia das Musas e com estas formam, frequentemente, coros. Fazem parte do cortejo de Afrodite, Eros e Dioniso. Exercem influência benéfica sobre os trabalhos intelectuais e as obras de arte e, por isso mesmo, acompanham a deusa Atená, protetora incontestável dos trabalhos femininos e da atividade intelectual. Os latinos chamam-nas *Gratiae*, as Graças.

Já que se falou em latinos, é bom lembrar que o grego χάρις (kháris) nada tem a ver, nem etimológica nem semanticamente, com o latim *caritas, -tatis*, de cujo acusativo *caritate* nos veio *caridade*. *Caritas* (a grafia *charitas* é simplesmente absurda) significa "preço alto, carestia". Na medida em que *caritas* traduziu o grego ἀγάπη (agápe), afeição, estima, é que, na *linguagem cristã*, passou a significar "afeto, estima, ternura, caridade".

CALIPSO, em grego Καλυψώ (Kalypsó), do verbo καλύπτειν (kalýptein), "cobrir, esconder", donde "a que esconde". Há duas personagens míticas com este nome: a *Oceânida Calipso*, de que fala Hesíodo, *Teog.*, 359, e que a denomina ἱμερόεσσα (himeróessa), isto é, "a que desperta o desejo", e a *Ninfa Calipso*, "a que esconde", no caso a Ulisses, e que mereceu ser cantada pelo gênio de Homero, *Odiss.*, VII, 254-266. Se a *Oceânida* não tem um mito próprio, a *Ninfa Calipso* o possui. Já que se está com a mão na massa, vamos aproveitar a ocasião para relatá-lo.

Calipso é, pois, uma ninfa, segundo uns, filha de Atlas e de Plêione; segundo outros, de Hélio e de Perseida, o que a faria irmã de Eetes e de Circe. Vivia na ilha de Ogígia que os mitógrafos localizam no Mediterrâneo ocidental, em frente a Gibraltar. A lindíssima ninfa acolheu o náufrago Ulisses e por ele se apaixonou. Habitava uma gruta profunda com amplos salões, que se abriam para jardins naturais, um bosque sagrado com grandes árvores e fontes que serpeavam por entre a relva. Em todas as dependências e em plena natureza, ninfas, que lhe faziam companhia e a ajudavam na arte de fiar e tecer, trabalhavam cantando. A *Odisseia* conta o quanto Calipso amava a Ulisses. Reteve-o durante sete longos anos oferecendo-lhe em vão a imortalidade. O herói, desejoso de ver ao menos o fumo que se erguia de sua terra natal, não se deixou seduzir. Ítaca, sua pátria, Telêmaco, seu filho, Penélope, sua esposa, e Ulisses media na saudade a saudade de quanto lhes queria...

Dadas as súplicas de Atená em favor de seu protegido, Zeus enviou Hermes à ilha com ordens a Calipso para que libertasse Ulisses e o deixasse partir[7]. Como derradeira homenagem, a ninfa lhe deu madeira para fabricar uma jangada, provisões para a viagem indicou-lhe os astros que o guiariam.

Tradições posteriores dão a Ulisses e Calipso um filho chamado Latino, ou ainda Áuson, epônimo de Ausônia, nome antigo e poético da Itália. Outras atribuem-lhes não um, mas dois filhos: Nausítoo e Nausínoo, o que, evidentemente, lembra ναῦς (naûs), navio, barco.

Uma vez que Hiperíon e Teia muito pouco representam para o mito e que seus filhos Hélio e Selene serão estudados bem mais adiante, resta-nos *Eos*, que será focalizada a seguir, uma vez que também Crio e Euríbia e bem assim seus filhos Astreu, Palante e Perses nenhuma importância possuem na mitologia.

De Astreu e Eos nasceram os ventos Zéfiro, Bóreas e Noto.

EOS, em grego 'Ηώς (Eós) é a Aurora personificada, adorada por todos os povos indo-europeus. Etimologicamente se prende à raiz *awes*, "brilhar", sânscrito *uṣas*, "aurora", dórico ἀώς (aós), latim *aur-ôra*, alemão *Ost*, "leste", onde nasce a luz.

Aurora é representada como a deusa de *dedos cor-de-rosa*, como lhe chama Homero, ροδοδάκτυλος ἠώς (rhododáktylos eós), a aurora de dedos cor-de-rosa. Como tal. sua principal função é abrir as portas do céu ao carro do Sol, descer-

---

7. François de Salignac de La Mothe-Fénelon, em suas *Les Aventures de Télémaque*, lhe recolheu os suspiros vinte e cinco séculos depois: "Calypso ne pouvait se consoler du départ d'Ulysse. Dans sa douleur, elle se trouvait malheureuse d'être immortelle".

rando as pálpebras do dia. Todo o seu mito é um tecido de amores. A princípio, unida a Ares, provocou os ciumes de Afrodite, que se vingou, inspirando-lhe uma paixão louca e eternamente insatisfeita por heróis e simples mortais. O primeiro desses grandes amores foi o filho de Posídon, o gigante Oríon, por ela raptado e levado para a ilha de Delos, aliás com grande desgosto dos deuses. Tendo o filho de Posídon tentado violentar Ártemis, esta enviou contra ele um escorpião que o picou no calcanhar, causando-lhe morte instantânea.

Pelo serviço prestado a Ártemis, o escorpião foi transformado em constelação, tendo aliás Oríon sorte análoga. Raptou, em seguida, Céfalo, filho de Dêion ou de Hermes, e levou-o para a Síria. Como Céfalo não lhe correspondesse ao amor e a tivesse abandonado, Eos inspirou-lhe dúvidas cruéis acerca da fidelidade da esposa Prócris, ciumes que, por sinal, se tornaram recíprocos e levaram a linda Prócris a terminar seus dias tragicamente. Seu terceiro amor foi Titono, filho de Ilo e Plácia ou Leucipe, mas, em todo caso, de raça troiana. Titono foi levado para a Etiópia, o país do Sol, nos velhos mitos. Deu-lhe dois filhos, Emátion e Mêmnon. Este último, seu filho preferido, reinou sobre os Etíopes, mas acabou sendo morto por Aquiles, na Guerra de Troia. Eos havia pedido e obtido de Zeus a imortalidade para Titono. Ao formular o pedido, porém, se esqueceu de solicitar para o mesmo a juventude eterna e a beleza. Com o tempo, o outrora belo e vigoroso Titono chegou à mais lamentável decrepitude. A deusa, aborrecida, trancou-o em seu palácio, onde o "imortal" ancião levava uma vida miserável. À força de envelhecer, Titono perdeu seu aspecto humano e foi metamorfoseado em uma cigarra inteiramente dessecada.

De Eos e Astreu, como se viu, nasceram os ventos Zéfiro, Bóreas e Noto. Para o mito, o único importante é o segundo.

BÓREAS, em grego Βορέας (Boréas). É possível que Bóreas signifique "vento da montanha", em indo-europeu *gworeiâs, sânscrito *giri*, "montanha", já que o mesmo sopra dos montes da Tessália e dos Bálcãs. Personificado, *Bóreas* é o deus do Vento do Norte. Seu *habitat* é a Trácia, país frio por excelência. É representado ordinariamente como um demônio alado, barbudo, de grande vigor físico. Aparece coberto com uma túnica muito curta e plissada. Da raça dos Titãs, personifica as forças elementares da natureza. Entre muitos de seus atos violentos, aponta-se o rapto de Oritia, filha do rei de Atenas, Erecteu, quando se divertia com suas amigas às margens do rio Ilisso. Levou-a para a Trácia, onde a fez mãe dos boréadas, nome por que são conhecidos sobretudo os dois filhos gêmeos de Bóreas, Cálais e Zetes. Alados e impetuosos, desempenharam papel importante na expedição dos Argonautas, como se viu, perseguindo as Harpias, que não deixavam em paz o rei Fineu. Sob a forma de cavalo, Bóreas engendrou com as éguas do rei de Atenas, Erictônio, doze potros. Bóreas e seus filhos eram tão ligeiros, que, correndo sobre um campo de trigo, nem mesmo se curvavam as espigas sob seu peso e, quando percorriam em alta velocidade a superfície do mar, as águas não se agitavam.

Com uma Erínia e, posteriormente, com uma das Harpias, Bóreas foi pai de outros cavalos velocíssimos.

O simbolismo do vento é complexo e se reveste de múltiplas facetas. De um lado, por sua própria agitação, figura a instabilidade, a inconstância, a vaidade. Tratando-se de uma força elementar, o vento é cego e violento. De outro lado, é sinônimo de *sopro*, do *espírito*, do influxo espiritual de origem divina. Em Gn 1,2, o *Espírito de Deus que se movia sobre as águas primordiais* é denominado *vento*, em grego πνεῦμα (pnêuma), "sopro", "sopro do vento", em hebraico *rûaḥ*, *em latim spiritus*, com o mesmo sentido. Nos *Salmos*, os *ventos* são muitas vezes considerados como mensageiros divinos, equivalentes dos anjos. O *vento* dá até mesmo seu nome ao divino Espírito Santo. Foi um vento, que, soprando com ímpeto, trouxe aos Apóstolos, sob a forma de língua de fogo, a terceira pessoa da Santíssima Trindade (At 2,2-3).

Em textos mais poéticos, o vento não raro é apresentado como o sopro da boca de Javé (Os 13,15; Is 11,15; Jó 37,10...). Foi o *sopro* de Deus quem ordenou o *tohu wa bohu* (a desordem e o vazio) primitivo e *animou* o primeiro homem. Como instrumentos do poder divino, os ventos vivificam, punem, ensinam. Como manifestação do divino, traduzem-lhe as *emoções*, das mais ternas à ira mais violenta e impetuosa. É bom, aliás, não esquecer que *alma* em grego é ψυχή (psykhé), "sopro". Na simbólica hindu o vento *Vâyu* é o sopro cósmico e o verbo, o soberano do domínio sutil, o intermediário entre o Céu e a Terra. *Vâyu* penetra, quebra e purifica. Nas tradições cosmogônicas hindus das Leis de

Manu o *vento* nasceu do *espírito* e criou a *luz*. Nas tradições avésticas da Pérsia antiga, o vento é o suporte do mundo e o elemento regulador do equilíbrio cósmico e moral: *a primeira de todas as criaturas foi uma gota de água; Ormazd criou, em seguida, o fogo flamejante e conferiu-lhe um brilho que provém das luzes infinitas. Produziu, finalmente, o vento sob a forma de um jovem de quinze anos, que sustenta a água, as plantas, o rebanho e todos os seres.*

Para os gregos os ventos eram divindades inquietas e turbulentas, a custo guardados em cavernas profundas nas ilhas Eólias. Além do rei e deus dos mesmos, Éolo, distinguiam-se quatro tipos de ventos: os do Norte (Aquilão e Bóreas); vento do Sul (Austro); vento da manhã e do Leste (Euro) e o da tarde e Oeste (Zéfiro).

O denominado *vento druídico* simboliza um aspecto do poder dos próprios druidas sobre os elementos e é tido como um veículo *mágico*, um *sopro*.

Nos sonhos o vento anuncia um acontecimento que pode ser de grande importância: deverá surgir uma transformação. As energias espirituais são simbolizadas por uma grande luz e, o que menos se sabe, pelo vento. Quando se aproxima uma grande tempestade é possível diagnosticar um importante movimento de *espíritos*. A divindade tanto pode se manifestar no doce murmúrio dos ventos quanto nas borrascas e nas tempestades. Os orientais compreendem bem a significação do *espaço vazio*, onde sopra o vento, que é para eles, paradoxalmente, um poderoso símbolo de energia.

Palante uniu-se a Estige e nasceram Zelo (Ciume), Nique (Vitória), Bia (Força) e Crato (Poder).

Para complementar a explicação dada no capítulo VIII, nota 109, vamos expor o mito de Estige.

ESTIGE, em grego Στύξ (Stýks), relacionado com o verbo στυγεῖν (stygueîn), odiar, ter horror, detestar. Na *Teogonia*, Estige é a mais velha das filhas de Oceano e Tétis, uma Oceânida, por conseguinte. Quando da luta de Zeus contra os Gigantes, o pai dos deuses e dos homens pediu o auxílio de todos os imortais e a primeira a chegar foi Estige que, com seus filhos, muito contribuiu para a vitória final do Olímpico. Para recompensá-la, Zeus concedeu que ela fosse a garantia dos juramentos solenes pronunciados pelos deuses. Dava-se o nome de Estige a uma fonte da Arcádia, a qual nascia num alto rochedo e perdia-se nas entranhas da terra. Suas águas, dizia-se, tinham propriedades mágicas: eram um veneno mortal para homens e animais; corroíam e destruíam tudo que nelas fosse lançado: ferro, metais e louça. As águas do rio infernal *Estige*, formado pelas águas da fonte do mesmo nome, tinham igualmente propriedades extraordinárias. Foi ali que Tétis mergulhou Aquiles para torná-lo invulnerável. E era sobretudo por essas águas que os deuses faziam seus juramentos. Quando um dos imortais queria se ligar por um juramento solene, Zeus enviava ao Hades a mensageira Íris, que trazia uma porção da água fatídica, para que servisse de testemunha ao juramento. O perjúrio, no caso, era considerado como falta muito grave e séria e a punição era terrível: durante um ano o deus criminoso era privado de *sopro*, de *ar*, de *espírito* e lhe eram negados o néctar e a ambrosia. Mas não era apenas este o castigo: nos nove anos subsequentes o culpado permanecia afastado do convívio dos Imortais e não podia participar de suas assembleias e banquetes. Só se reintegrava na posse de suas prerrogativas no décimo ano. Essa água terrível, ao que parece, era considerada como o décimo braço do Oceano, o *rio original*: os nove restantes formam as nove espirais com que o rio infernal cerca o disco terrestre. Vergílio, descrevendo o Estige, fala das nove espirais que circundam o reino dos mortos.

Das quatro abstrações, que nasceram de Estige e Palante, *Bia*, a Força, a Violência, é a mais atuante: na Gigantomaquia encontramo-la lutando ao lado do Olímpico e, no encadeamento de Prometeu, novamente ela surge juntamente com *Crato*, o Poder. As quatro fazem parte constante do cortejo de Zeus.

De Ceos e Febe nasceram Leto e Astéria.

FEBE, em grego Φοίβη (Phoíbe), etimologicamente, a "brilhante", como feminino de Φοῖβος (Phoîbos), o "brilhante", Febo, como epíteto de Apolo, não apenas por ser este o *sol*, mas sobretudo porque "purifica", uma vez que, tanto *Phoîbos* como *Phoíbe* relacionam-se com o verbo φοιβάζειν (pʰoibádzein), "purificar, limpar". Atribui-se, por vezes, a Febe a fundação do Oráculo de Delfos, enquanto companheira de Têmis, o qual ela teria dado de presente a seu neto Apolo.

Como de Leto se falará no mitologema de Apolo, seu filho, passemos diretamente a Astéria.

ASTÉRIA, em grego Ἀστερία (Astería), que se prende etimologicamente a ἀστήρ (astér), "estrela, estrela, cadente, meteoro", em latim *stella*, com igual sentido. Amada por Zeus, transformou-se em codorniz. Perseguida mesmo assim pelo pai dos deuses e dos homens, lançou-se ao mar, onde se tornou uma ilha, com o nome de *Ortígia*, a ilha das Codornizes, uma vez que, em grego, ὄρτυξ (órtyks) é codorniz, tanto quanto o sânscrito *vartakah*. Mais tarde a ilha se chamou *Delos*, que se prende a δῆλος (dêlos), "claro, brilhante", porque lá nasceram o Sol (Apolo) e a Lua (Ártemis).

Finalmente, da união de Perses com Astéria nasceu Hécate.

HÉCATE, em grego Ἑκάτη (Hekáte), que é o feminino de ἕκατος (hékatos), isto é, que "fere à distância", que "age como lhe apraz", qualidade específica da grande deusa, sobre que se apoia especialmente Hesíodo na *Teogonia*, 425-435.

Deusa aparentada a Ártemis, não possui um mito próprio. Profundamente misteriosa, age mais em função de seus atributos. Embora descenda dos Titãs e seja portanto independente dos deuses olímpicos, Zeus, todavia, lhe conservou os antigos privilégios e até mesmo os aumentou. Em princípio, uma deusa benéfica, que derrama sobre os homens os seus favores, concedendo-lhes a prosperidade material, o dom da eloquência nas assembleias, a vitória nas batalhas e nos jogos, a abundância de peixes aos pescadores. Faz prosperar o rebanho ou o aniquila, a seu bel-prazer. É a *deusa nutriz* da juventude, em pé de igualdade com Apolo e Ártemis. Eis aí um retrato de Hécate na época mais antiga. Aos poucos, todavia, Hécate foi adquirindo características, atributos e especialização bem diferentes. Deusa ctônia, passou a ser considerada como divindade que preside à magia e aos encantamentos. Ligada ao mundo das sombras, aparece aos feiticeiros e às bruxas com uma tocha em cada mão ou ainda em forma de diferentes animais, como égua, loba, cadela. Tida e havida como a inventora da magia, o mito acabou por fazê-la penetrar na família da bruxaria por excelência: Eetes, Circe e Medeia. É assim que tradições tardias fizeram-na mãe de Circe e, por conseguinte, tia de Medeia. Como mágica, Hécate preside às encruzilhadas, local consagrado aos sortilégios. Não raro suas estátuas representam-na sob a forma de mulher com três corpos e três cabeças.

Hécate é a deusa dos mortos, não como Perséfone, mas como divindade que preside às aparições de fantasmas e senhora dos malefícios. Empunhando duas tochas e seguida de éguas, lobas e cadelas é a senhora todo-poderosa invocada pelas bruxas. Seu poder terrível manifesta-se particularmente à noite, à luz bruxuleante da Lua, com a qual se identifica. Deusa lunar e ctônia, está ligada aos ritos da fertilidade. Sua polaridade, no entanto, já foi acentuada: divindade benfazeja, preside à germinação e ao parto, protege a navegação, prodigaliza prosperidade, concede a eloquência, a vitória e guia para os caminhos órficos da purificação; em contrapartida, possui um aspecto terrível e infernal: é a deusa dos espectros e dos terrores noturnos, dos fantasmas e dos monstros apavorantes. Mágica por excelência, é a senhora da bruxaria. Só se pode esconjurá-la por meio de encantamentos, filtros de amor ou de morte. Sua representação com três corpos e três cabeças presta-se a interpretações simbólicas de diferentes níveis. Deusa da Lua pode representar-lhe três fases da evolução: crescente, minguante e lua nova, em correlação com as três fases da evolução vital. Deusa ctônia, ela reúne os três níveis: o infernal, o telúrico e o celeste e, por isso mesmo, é cultuada nas encruzilhadas, porque cada decisão a se tomar num trívio postula não apenas uma direção horizontal na superfície da terra, mas antes e especialmente uma direção vertical para um ou para outro dos níveis de vida escolhidos.

A grande mágica das manifestações noturnas simbolizaria ainda o inconsciente, onde se agitam monstros, espectros e fantasmas. De um lado, o inferno vivo do psiquismo, de outro uma imensa reserva de energias que se devem ordenar, como o *caos* se ordenou em *cosmo* pela força do espírito.

Capítulo XIII
A Segunda Geração Divina: Crono e sua descendência

1

Consumada a mutilação de Úrano e seu afastamento do governo do mundo, Crono, tendo lançado no Tártaro os Ciclopes e os Hecatonquiros, apoderou-se do poder, casando-se com sua Irmã Reia. Desse enlace nasceram Héstia, Hera, Deméter, Hades, Posídon e Zeus.

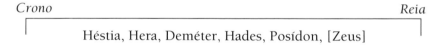

Crono — *Reia*
Héstia, Hera, Deméter, Hades, Posídon, [Zeus]

Como já se falou de Crono, ao menos em parte, e de Reia no capítulo X, abordaremos agora seus filhos, seis grandes deuses olímpicos.

HÉSTIA, em grego ʽEστία (Hestía), deusa da *lareira*. Da mesma família etimológica que o latim *Vesta* (Vesta), cuja fonte é o indo-europeu **wes*, "queimar", em grego εὕειν (heúein), "passar pelo fogo, consumir". Héstia é a lareira em sentido estritamente religioso ou, mais precisamente, é a personificação da lareira colocada no centro do altar; depois, sucessivamente, da lareira localizada no meio da habitação, da *lareira* da cidade, da *lareira* da Grécia; da *lareira* como fogo central da terra; enfim, da *lareira* do universo. E, embora Homero lhe ignore o nome, Héstia certamente prolonga um culto pré-helênico do lar.

Se bem que muito cortejada por Apolo e Posídon, obteve de Zeus a prerrogativa de guardar para sempre a virgindade. Foi ininterruptamente cumulada de honras excepcionais, não só por parte de seu irmão caçula, mas de todas as divindades, tornando-se a única deusa a receber um culto em todas as casas dos homens e nos templos de todos os deuses. Enquanto os outros Imortais viviam num vaivém constante, Héstia manteve-se sedentária, imóvel no Olimpo. Assim como o fogo doméstico é o centro religioso do lar dos homens, Héstia é o centro religioso do lar dos deuses. Essa imobilidade, todavia, fez que a deusa da lareira não desempenhasse papel algum no mito. Héstia permaneceu sempre mais como um princípio abstrato, a *Ideia da Lareira*, do que como uma divindade pessoal, o que explica não ser a grande deusa necessariamente representada por imagem, uma vez que o *fogo* era suficiente para simbolizá-la.

Personificação do fogo sagrado, a deusa preside à conclusão de qualquer ato ou acontecimento. Ávida de pureza, ela assegura a vida nutriente, sem ser ela própria fecundante. É preciso observar, além do mais, que toda realização, toda prosperidade, toda vitória são colocadas sob o signo desta pureza absoluta. Héstia, como Vesta e suas dez Vestais, talvez simbolizem o sacrifício permanente, através do qual uma perpétua inocência serve de elemento substitutivo ou até mesmo de respaldo às faltas perpétuas dos homens, granjeando-lhes êxito e proteção.

Quanto ao *fogo* propriamente dito, a maior parte dos aspectos de seu simbolismo está sintetizada no hinduísmo, que lhe confere uma importância fundamental. *Agni*, *Indra* e *Sûrya* são as "chamas" do nível telúrico, do intermediário e celestial, quer dizer, o fogo comum, o raio e o sol. Existem ainda dois outros: o fogo da penetração ou absorção (*Vaishvanara*) e o da destruição, que é um outro aspecto do próprio *Agni*.

Consoante o I Ching, o fogo corresponde ao sul, à cor vermelha, ao verão, ao coração, uma vez que ele, sob este último aspecto, ora simboliza as paixões, particularmente o amor e o ódio, ora configura o espírito ou o conhecimento intuitivo. A significação sobrenatural se estende das almas errantes, o fogo-fátuo, até o Espírito divino: *Brahma é idêntico ao fogo* (*Gîtâ*, 4,25).

O simbolismo das chamas purificadoras e regeneradoras se desdobra do Ocidente aos confins do Oriente. A liturgia católica do *fogo novo* é celebrada na noite de Páscoa. O divino Espírito Santo desceu sobre os Apóstolos sob a forma de *línguas de fogo*. Tanto no Antigo quanto no Novo Testamento, o fogo é elemento que purifica e limpa, tornando-se, destarte, o veículo que separa o puro do impuro, destruindo eventualmente este último. Por isso mesmo, o fogo é apresentado como instrumento de punição e juízo de Deus (Sl 50,3; Mc 9,49; Tg 5,3; Ap 8,9). Cristo fala de um fogo que não se apagará (Mt 5,32; 18,8; 25,41). Deus será como um fogo, distinguindo o bom do menos bom (Sl 17,3; 1Cor 3,15). Sua força, que tudo penetra, purifica também: nesse sentido é que o batismo de Jesus havia de agir como fogo (Mt 3,11).

Os taoístas penetram nas chamas para se liberar do condicionamento humano, uma verdadeira apoteose, como a de Héracles, que, para se despir do invólucro mortal, subiu a uma fogueira no monte Eta. Mas há os que, como os mesmos taoístas, entram nas chamas sem se queimar, o que faz lembrar o *fogo que não queima* do hermetismo ocidental, *ablução, purificação alquímica*, fogo este que é simbolizado pela Salamandra[1].

O fogo sacrifical do hinduísmo é substituído por Buda pelo fogo interior, que é simultaneamente conhecimento penetrante, iluminação e destruição do invólucro carnal. O aspecto destruidor do fogo comporta igualmente uma relação negativa e o domínio do fogo é também uma função diabólica. Observe-se, a propósito, a forja: seu fogo é, ao mesmo tempo, celeste e subterrâneo, instrumento de demiurgo e de demônio. A grande queda de nível é a de *Lúcifer*, "o que leva a luz celeste", precipitado nas fornalhas do inferno: um fogo que brilha sem consumir, mas exclui para sempre toda e qualquer possibilidade de regeneração.

Em muitas culturas primitivas, os inumeráveis ritos de purificação, as mais das vezes, ritos de passagem, são característicos de culturas agrárias. Configuram certamente os incêndios dos campos, que se revestem, em seguida, de um tapete verde de natureza viva. Entre os gauleses, os sacerdotes druidas faziam grandes

---

1. Salamandra, em grego Σαλαμάνδρα (Salamándra), talvez de origem mediterrânea. Trata-se de uma espécie de tritão que os povos antigos julgavam poder viver no fogo, sem ser consumido. Foi, por isso mesmo, identificada com o próprio fogo, de que era uma manifestação viva. Atribuía-se também à Salamandra o poder de extinguir as chamas, por sua excepcional frialdade. No Egito, a Salamandra era o hieróglifo de homem morto de frio. Na iconografia medieval, representava o justo que não perde a paz de sua alma e a confiança em Deus em meio às tribulações e sofrimentos. Para os alquimistas é a pedra fixada no vermelho. Deram-lhe o nome ao enxofre incombustível. A Salamandra, que se alimenta do fogo, e a Fênix, que renasce das próprias cinzas, são os dois símbolos mais comuns do enxofre.

fogaréus e por eles faziam passar o rebanho para preservá-lo de epidemias. O grande político e excepcional escritor Caio Júlio César (100-44 a.C.) nos fala, no *B. Gal.*, 6,16,9, de gigantescos manequins, confeccionados de vime, que os mesmos druidas enchiam de homens e animais e transformavam em fogueira.

O *Fogo*, nos ritos iniciáticos de *morte* e *renascimento*, associa-se a seu princípio contrário, a *Água*. Os chamados Gêmeos de Popol-Vuh do mito maia, após sua incineração, renascem de um rio, onde suas cinzas foram lançadas[2].

Mais tarde, os dois heróis tornam-se o novo Sol e a nova Lua, Maia-Quiché, efetuando uma nova diferenciação dos princípios antagônicos, fogo e água, que lhes presidiram à morte e ao renascimento. Desse modo, a purificação pelo fogo é complementar da purificação pela água, tanto num plano microcósmico (ritos iniciáticos), quanto num aspecto macrocósmico (mitos alternados de dilúvios, grandes secas ou incêndios). Para os astecas, o fogo terrestre, ctônio, representa a força profunda que permite a *complexio oppositorum*, a união dos contrários, a ascensão, a sublimação da água em nuvens, isto é, a transformação da água terrestre, água impura, em água celestial, água pura e divina. O fogo é, pois, o motor, o grande responsável pela regeneração periódica. Para os bambaras o fogo ctônio configura a sabedoria humana e o urânico, a sabedoria divina.

Quanto à significação sexual do fogo, é preciso observar que ela está intimamente ligada à primeira técnica de obtenção do mesmo pela fricção, pelo atrito, pelo vaivém, imagem do ato sexual, enquanto a espiritualização do fogo estaria ligada à aquisição do mesmo pela percussão. Mircea Eliade chega à mesma conclusão e opina que a obtenção do fogo pelo atrito é tida como o resultado, a "progenitura" de uma união sexual, mas acentua, de qualquer forma, o caráter ambivalente do fogo: pode ser tanto de origem divina quanto demoníaca, porque, segundo certas crenças arcaicas, o fogo tem origem nos órgãos genitais das feiticeiras e das bruxas.

---

2. LONS, Veronica. *The World's Mythology*. London: Hamlyn, 1974, p. 248ss.

Para Gastou Bachelard o "amor é a primeira hipótese científica para a reprodução objetiva do fogo e antes de ser o mesmo filho da madeira, é filho do homem... O método de fricção surge naturalmente. É espontâneo, porque o homem tem acesso a ele por sua própria natureza. Na verdade, o fogo foi surpreendido em nós, antes de ser arrancado do céu..."[3] Há, consoante o mesmo Bachelard, duas direções ou duas constelações psíquicas na simbologia do fogo, segundo é obtido por percussão ou por atrito. No primeiro caso, está intimamente ligado ao relâmpago e à flecha e possui um valor de purificação e iluminação, convertendo-se no prolongamento ígneo da luz. Diga-se, de caminho, que *puro* e *fogo* em sânscrito se designam pela mesma palavra: *agnih*, que é, aliás, um empréstimo do hitita *Agnis*, em latim *ignis*, fogo. A esse fogo espiritualizante se prendem os ritos de iniciação, o sol, os fogos de elevação e sublimação, em síntese, todo e qualquer fogo que visa à purificação e à luz. Opõe-se, nesse sentido, ao *fogo sexual*, obtido por fricção, como a chama purificadora se contrapõe ao centro genital da lareira matrilinear, como a exaltação da luz celeste se distingue do ritual de fecundidade agrária. Assim orientado, o simbolismo do fogo dimensiona a etapa mais importante da intelectualização do cosmo e afasta mais e mais o homem de sua condição animal. Prolongando ainda o símbolo nessa mesma direção, o fogo seria o deus vivo e pensante, que nas religiões arianas da Ásia recebeu o nome de *Agni* e *Ator*.

Em síntese, o fogo que queima e consome é um símbolo de purificação e regeneração, mas o é igualmente de destruição. Temos aí nova inversão do símbolo. Purificadora e regeneradora a água também o é. Mas o fogo se distingue da água na medida em que ele configura a purificação pela compreensão, até sua forma mais espiritual, pela luz da verdade; a água simboliza a purificação do desejo até sua forma mais sublime, a bondade.

Já falamos acerca de *Hera*, no capítulo V, como deusa minoica, associada a Zeus, e como deusa da fertilidade, após o sincretismo creto-micênico. No capítulo VII voltamos a enfocá-la, desta feita já como a rabujenta, irritadiça e vingativa esposa de Zeus, mas tudo dentro de uma perspectiva do poeta da *Ilíada*. Va-

---

3. BACHELARD, Gaston. *La Psychanalyse du feu*. Paris: Gallimard, 1965, p. 58.

mos, agora, completar-lhe, em parte, o mito, porque voltaremos a ela, quando se analisar o longo mitologema de Zeus.

2

HERA, em grego Ἥρα (Héra), nome de etimologia controvertida. Talvez seja da mesma família etimológica que ἥρως (Héros), herói, como designativo dos mortos divinizados e protetores e, nesse caso, *Hera* significaria a protetora, a guardiã. A base seria o indo-europeu *serua*, da raiz *ser-*, "guardar", donde o latim *seruare*, "conservar, velar sobre".

Como todas as suas irmãs e irmãos, exceto Zeus, foi engolida por Crono, mas salva pelo embuste de Métis e os combates vitoriosos de seu futuro esposo.

Durante todo o tempo em que Zeus lutava contra os Titãs, Reia entregou-a aos cuidados de Oceano e Tétis, que a criaram nas extremidades do mundo, o que irá provocar para sempre a gratidão da filha de Crono. Existem outras tradições que lhe atribuem a educação às Horas, ao herói Têmeno, filho de Pelasgo, ou ainda às filhas de Astérion, rei de Creta. Após seu triunfo definitivo, Zeus a desposou, em núpcias soleníssimas. Era, na expressão de Hesíodo, a terceira esposa (a primeira foi Métis e a segunda, Têmis), à qual o deus se uniu em "justas núpcias". Conta-se, todavia, que Zeus e Hera se amavam há muito tempo e que se haviam unido secretamente, quando o deus Crono ainda reinava sobre os Titãs. O local, onde se realizaram essas "justas núpcias" varia muito, consoante as tradições. A mais antiga e a mais "canônica" dessas variantes coloca-as no Jardim das Hespérides, que é, em si mesmo, o símbolo mítico da fecundidade, no seio de uma eterna primavera. Os mitógrafos sempre acentuaram, aliás, que os pomos de ouro do Jardim das Hespérides foram o presente de núpcias que Geia ofereceu a Hera e esta os achou tão belos, que os plantou em "seu Jardim", nas extremidades do Oceano. Homero, na *Ilíada*, desloca o casamento divino do Jardim das Hespérides para os píncaros do monte Ida, na Frígia. Outras tradições fazem-no realizar-se na Eubeia, por onde o casal passou, quando veio de Creta. Em diversas regiões da Grécia, além disso, celebravam-se festas para comemorar as bodas sagradas do par divino do Olimpo. Ornamentava-se a estátua da deusa com a indumentária de uma jovem noiva e conduziam-na em procissão pela cidade até um santuário, onde era preparado um leito nupcial. O idealizador de tal cerimônia teria sido o herói beócio Alalcômenes[4].

Como legítima esposa do pai dos deuses e dos homens, Hera é a protetora das esposas, do amor legítimo. A deusa, no entanto, sempre foi retratada como ciumenta, vingativa e violenta. Continuamente irritada contra o marido, por suas infidelidades, moveu perseguição tenaz contra suas amantes e filhos adulterinos. Héracles foi uma de suas vítimas prediletas. Foi ela a responsável pela imposição ao herói dos célebres *Doze Trabalhos*. Perseguiu-o, sem tréguas, até a apoteose final do filho de Alcmena. Por causa de Héracles, aliás, Zeus, certa vez a puniu exemplarmente. Quando o herói regressava de Troia, após tomá-la, Hera suscitou contra seu navio uma violenta tempestade. Irritado, Zeus suspendeu-a de uma nuvem, de cabeça para baixo, amarrada com uma corrente de ouro e uma bigorna em cada pé. Foi por tentar libertar a mãe de tão incômoda posição que Hefesto foi lançado no vazio pelo pai. Perseguiu implacavelmente Io, mesmo metamorfoseada em vaca, lançando contra ela um moscardo, que a deixava como louca. Mandou que os Curetes, demônios do cortejo de Zeus, fizessem desaparecer Épafo, filho de sua rival Io. Provocou a morte trágica de Sêmele, que estava grávida de Zeus. Tentou quanto pôde impedir o nascimento de Apolo e Ártemis, filhos de seu esposo com Leto. Enlouqueceu Átamas e Ino, por terem criado a Dioniso, filho de Sêmele. Aconselhou Ártemis a matar a ninfa Calisto, que Zeus seduzira, disfarçando-se na própria Ártemis ou em Apolo, segundo outros, porque a ninfa, por ser do cortejo de Ártemis, tinha que guardar a todo custo sua virgindade. Zeus, depois, a transformou na constelação da Ursa Maior, porque, conforme algumas fontes, Ártemis, ao vê-la grávida, a metamor-

---

4. Alalcômenes é um herói da Beócia, fundador da cidade do mesmo nome. Atribui-se a ele a invenção das hierogamias de Zeus e Hera, isto é, de cerimônias religiosas em que se *re-atualizava* o casamento dos dois. Conta-se que Hera. constantemente enganada por Zeus e cansada das infidelidades do esposo, veio até Alalcômenes queixar-se do marido. O herói aconselhou-a a que mandasse executar uma estátua dela mesma, mas confeccionada de carvalho (árvore consagrada a Zeus), e fizesse transportá-la solene e ricamente paramentada, seguida de grande cortejo, como se fosse uma verdadeira procissão nupcial. A deusa assim o fez, instituindo uma festa denominada *Festas Dedáleas*. Segundo a crença popular, esse rito *re-atualizava*, *rejuvenescia* a união divina e conferia-lhe eficácia por magia simpática, pondo um freio, ao menos temporário, às infidelidades do marido...

foseou em ursa e a liquidou a flechadas. Outros afirmam que tal metamorfose se deveu à cólera de Hera ou a uma precaução do próprio Zeus, para subtraí-la à vingança da esposa.

Para escapar da vigilância atenta de Hera, Zeus não só se transformava de todas as maneiras, em cisne, em touro, em chuva de ouro, no marido da mulher amada, mas ainda disfarçava, a quem desejava poupar da ira da mulher: Io o foi em vaca; Dioniso, em touro ou bode... De resto, o relacionamento entre os esposos celestes jamais foi muito normal e a cólera e vingança da filha de Crono se apoiavam em outros motivos. Certa vez, como se há de ver no mitologema de Narciso, Hera discutia com o marido para saber quem conseguia usufruir de maior prazer no amor, se o homem ou a mulher. Como não conseguissem chegar a uma conclusão, porque Zeus dizia ser a mulher a favorecida, enquanto Hera achava que era o homem, resolveram consultar Tirésias, que tivera sucessivamente a experiência dos dois sexos. Este respondeu que o prazer da mulher estava na proporção de dez para um relativamente ao do homem. Furiosa com a verdade, Hera prontamente o cegou.

Tomou parte, como se sabe, no célebre concurso de beleza e teve por rivais a Atená e Afrodite, e cujo juiz era o troiano Páris. Tentou, para vencer, subornar o filho de Príamo, oferecendo-lhe riquezas e a realeza universal.

Como Páris houvesse outorgado a maçã de ouro a Afrodite, que lhe ofereceu amor, Hera fez pesar sua cólera contra Ílion, tendo tomado decisivamente o partido dos gregos. Seu ódio, por sinal, se manifestou desde o rapto de Helena por Páris. Quando da fuga do casal, de Esparta para Troia, a magoada esposa de Zeus suscitou contra os amantes uma grande borrasca, que os lançou em Sídon, nas costas da Síria. Tornou-se, além do mais, a protetora natural do herói grego Aquiles, cuja mãe Tétis fora por ela criada. Conta-se, além do mais, que era grata a Tétis, porque esta sempre repeliu as investidas amorosas de Zeus. Mais tarde, estendeu sua proteção a Menelau, tornando-o imortal. Participou, como já mostramos, da luta contra os Gigantes, tendo repelido as pretensões pouco decorosas de Porfírio.

Ixíon, rei dos Lápitas, tentou seduzi-la, mas acabou envolvendo em seus braços uma nuvem, que Zeus confeccionara à semelhança da esposa. Dessa "união" nasceram os Centauros. Para castigá-lo, Zeus fê-lo alimentar-se de ambrosia, o manjar da imortalidade, e depois lançou-o no Tártaro. Lá está ele girando para sempre numa roda de fogo. Protegeu o navio Argo, fazendo-o transpor as perigosas Rochas Ciâneas, as Rochas Azuis, e guiou-o no estreito fatídico entre Cila e Caribdes.

Sua ave predileta era o pavão, cuja plumagem passava por ter os cem olhos com que o vigilante Argos[5] guardava sua rival, a "vaca" Io. Eram-lhe também consagrados o lírio e a romã: o primeiro, além de símbolo da pureza, o é também da fecundidade, como a romã.

Pelo fato de ser esposa de Zeus, Hera possui alguns atributos soberanos, que a distinguem das outras imortais, suas irmãs. Como seu divino esposo, exerce uma ação poderosa sobre os fenômenos celestes. Honrada como ele nas alturas, onde se formam as borrascas e se amontoam as nuvens, que derramam as chuvas benfazejas, ela pode desencadear as tempestades e comandar os astros que adornam a abóbada celeste. A união de Zeus e Hera é como símbolo da natureza inteira. É por intermédio de ambos, do calor dos raios do sol e das chuvas, que penetram o solo, que a terra é fecundada e se reveste de luxuriante vegetação. Ainda como Zeus, Hera personifica certos atributos morais, como o poder, a justiça, a bondade. Protetora inconteste dos amores legítimos, é o símbolo da fidelidade conjugal. Associada à soberania do pai dos deuses e dos homens, é respeitada pelo Olimpo inteiro, que a saúda como sua rainha e senhora. É verdade que, por vezes, uma rainha irascível e altiva, mas que jamais deixou de ser, em seus rom-

---

5. Argos é personagem secundária no mito. Como existem quatro Argos na mitologia, é bom lembrar que este, de que estamos tratando, é o *Argos*, filho de Arestor e longínquo descendente de Zeus e Níobe. Tinha, segundo uns, apenas um olho; segundo outros, quatro: dois voltados para a frente e dois para trás. A tradição mais seguida, porém, é a de que Argos era dotado de cem olhos. Hera o encarregou de vigiar a vaca Io, de quem estava enciumada. Argos amarrou-a numa oliveira de um bosque sagrado de Micenas. Graças a seus cem olhos, podia vigiá-la com grande eficiência, pois, quando dormia, fechava apenas cinquenta. Hermes, todavia, recebeu ordem expressa de Zeus de libertar Io. A maneira cromo o fez varia muito no mito. O filho de Maia teria liquidado Argos com uma pedra, lançada de longe. Tê-lo-ia adormecido, tocando a flauta mágica de Pã. Uma vez mergulhado em sono profundo, Hermes o matou. Para imortalizá-lo, Hera lhe tirou os cem olhos e os colocou na cauda do pavão.

pantes ou em sua majestade serena, a grande divindade feminina do Olimpo grego, cujo grande deus masculino é Zeus.

3

DEMÉTER, em grego Δημήτηρ (Deméter), cuja etimologia é muito discutida. *Deusa e mãe da terra cultivada* foi compreendida pelos antigos como um equivalente de γῆ μήτηρ (guê méter), "mãe-terra", em que γῆ (guê), terra, teria por correspondente o dório *dâ>dê*, donde Δαμάτηρ (Damáter) > Δημήτηρ (Deméter). Mera hipótese.

Como se trata de uma deusa, cujo culto era levado muito a sério por todos os helenos, da *Grécia continental à Magna Grécia* e desta à *Grécia asiática*, vamos dividir-lhe o estudo em três grandes partes: em primeiro lugar focalizaremos mais profundamente a história desse culto; depois exporemos, de maneira mais simples e didática, o mito de Deméter, insistindo particularmente no rapto de Perséfone; e, por fim, abordaremos os *Mistérios de Elêusis*, complementados por um estudo da parte simbólica, uma pequena síntese acerca do poder de fixação dos alimentos e o esboço de uma pesquisa sobre alimentação e sexualidade.

Consoante o historiador Heródoto (484-408 a.C.), *Hist.*, 2,171, os cultos mais antigos de Deméter foram afogados pelas invasões dórias, a partir do século XII a.C. Ficaram, no entanto, alguns vestígios dessa fase antiga, particularmente na Arcádia, onde a deusa estava associada ao primitivo Posídon, o Posídon-Cavalo, bem como em Elêusis, segundo se verá em seguida. Nos arredores de Telpusa, querendo escapar do deus, que a perseguia, disfarçou-se em égua, mas Posídon, tomando a forma de um garanhão, fê-la mãe do cavalo Aríon e de uma filha, cujo nome só os Iniciados conheciam. O povo chamava-a simplesmente Δέσποινα (Déspoina), a Senhora. Foi por causa da cólera, provocada por essa violência de Posídon, que a mãe de Aríon passou a ser denominada também Deméter-Erínis. Recebeu, igualmente, o epíteto de Lúsia (a que se banha), pelo fato de ter-se purificado dos contatos do deus-cavalo no rio Ládon. Perto da Figalia, ainda na Tessália, chamavam-na Μέλαινα (Mélaina), a Negra, porque, em seu ressentimento, cobriu-se com véus pretos e retirou-se para o fundo de uma caverna, onde sua estátua era encimada por uma cabeça de cavalo. Em Fêneo ainda havia traços de *mistérios primitivos*, celebrados num antro rochoso, onde o sacerdote tirava de um esconderijo uma máscara de Deméter, dita Κιδάρια (Kidária), cobrindo o rosto e ferindo o solo com um bastão, rito destinado a provocar a fertilidade e evocar as forças ctônias. O termo grego κίδαρις (kídaris) designa uma espécie de turbante e o sobrenome *Kidária* poderia derivar de máscara, mas *kídaris* significa outrossim uma dança da Arcádia e a arte figurada deixa entrever que um coro bárbaro de sobrevivência zoomórfica não era estranho a esse culto primitivo. Ainda na Arcádia, as duas deusas, a dupla Deméter-Senhora, tinham características acentuadas de Πότνια θηρῶν (Pótnia therôn), "Senhora das feras", associadas ao mundo animal e à fertilidade dos campos. Na região de Licúria (a montanha dos lobos) sua companheira era uma Ártemis arcaica. À dupla se ofereciam frutos diversos e animais não degolados, mas despedaçados vivos. Em certos locais da Arcádia, Ártemis passava por filha de Deméter e um templo, consoante Pausânias, 8,25,4; 42,1s, lhes era dedicado em comum.

Um mito cretense, recolhido por Hesíodo, *Teog.*, 969ss, atesta que a grande deusa se uniu a Iásion sobre um terreno lavrado três vezes e que dessa ligação nasceu Πλοῦτος (Plûtos). Existem algumas reminiscências de uma hierogamia à época das semeaduras e a ideia desse tipo de união rústica se encontra talvez na Deméter de Olímpia, denominada *Camineia*, isto é, "que está na terra". Sob esse epíteto se viu uma divindade oracular, mas que acabou sendo relacionada com o antigo hábito, segundo o qual o camponês e sua esposa dormiam sobre a terra que deveria ser cultivada, a fim de provocar a vegetação. Homero, na *Odisseia*, V, 125, sem mencionar Pluto, refere-se à mesma tradição, ao dizer que o herói Iásion foi fulminado por Zeus, cujo mito olímpico, mais tarde codificado pelo mesmo Hesíodo, *Teog.*, 912ss, faz de Zeus esposo de Deméter, que dele teria tido Κόρη (Kóre), Core, a Jovem, ou Perséfone. Os sofrimentos por que passou a deusa, quando sua filha, com o consentimento e ajuda do pai, foi raptada por Hades, são relatados no importantíssimo *Hino homérico a Deméter*, composto lá pelos fins do século VII a.C. e que, salvo um ou outro pormenor, pode e deve ser considerado como o ἱερὸς λόγος (hieròs lógos), o "discurso sagrado" do Santuário de Elêusis. Nele a deusa augusta da terra é proclamada *a maior fon-*

te de riqueza e alegria. Com efeito, quando Deméter recuperou, por dois terços do ano, a companhia de Perséfone, a deusa devolveu καρπὸν φερέσβιον (karpòn pherésbion), o *grão de vida*, que ela própria, em sua cólera dolorosa, havia escondido. Confiou-o, em seguida, a Triptólemo, que o *Hino* menciona apenas acidentalmente entre os chefes de Elêusis. Mais tarde este herói se tornará filho de Metanira e Céleo, rei de Elêusis. Triptólemo recebeu a missão sagrada de levar o *grão de vida* a todos os povos e ensinar-lhes a prática do trabalho. A esses dons a deusa de Elêusis acrescentou uma recompensa suprema: no templo que Céleo lhe mandou construir, exatamente no local em que se asilou, Deméter instituiu para sempre ὄργια καλά, σεμνά (órguia kalá, semná), *belos e augustos ritos*, penhor de felicidade na vida e para além da morte. Além do mais, as "duas deusas", mãe e filha, a todos os homens piedosos, que as cultuam, enviam-lhes Pluto, o deus da riqueza agrária. Deméter é, pois, a Terra-Mãe, a matriz universal e mais especificamente a mãe do grão, e sua filha Core o grão mesmo de trigo, alimento e semente, que, escondida por certo tempo no seio da Terra, dela novamente brota em novos rebentos, o que, em Elêusis, fará da espiga o símbolo da imortalidade. Pluto é a projeção dessa semente. Se verdadeiramente o deus da riqueza agrária ficou eclipsado no *Hino a Deméter* pela evocação patética de Core perdida e depois "re-encontrada", uma estreita relação sempre existiu, desde tempos imemoriais, entre os cultos agrários e a religião dos mortos, e é assim que o *Rico em trigo*, Pluto, acabou por confundir-se com outro rico, o *Rico em hóspedes*, πολυδέγμων (polydégmon), que se comprimem no palácio infernal. Pois bem, esse rico em trigo, com uma desinência inédita, se transmutou, sob o vocábulo Πλούτων (Plúton), Plutão, num duplo eufemístico e cultural de Ἅιδης (Háides).

Fundamentalmente agrário, o culto de Deméter está vinculado ao ritmo das estações e ao ciclo da semeadura e colheita para produção do mais precioso dos cereais, o trigo.

Bem antes da fusão com Atenas e comparativamente ao que representavam para a *pólis* de Péricles as Ἀθήναια (Athénaia), *Ateneias* (festas em honra de Atená), sem dúvida as festas mais antigas de Deméter celebravam-se em Elêusis com o nome de Ἐλευσίνια (Eleusínia), *Eleusínias*. Tratava-se de um ato de reconhecimento pelo "fruto de Deméter", διὰ τὸν καρπόν (dià tòn karpón) "por causa do fruto", diz laconicamente Aristóteles, acrescentando, ademais disso, que os ἀγῶνες (agônes), as disputas atléticas, realizadas na ocasião, eram os mais antigos jogos da Grécia. Enquanto os vencedores nas Panateneias eram recompensados com óleo das oliveiras sagradas de Atená, os atletas campeões nas Eleusínias recebiam como prêmio medidas de trigo sagrado, colhido nas planícies de Raros, perto de Elêusis, onde, pela primeira vez, Triptólemo plantou a semente sagrada. Vinculadas à cultura do trigo e aos trabalhos por ela requeridos, as festas da deusa de Elêusis se realizavam em datas apropriadas às condições climáticas da Hélade. As Eleusínias, por sua finalidade mesma, se comemoravam pelos fins da primavera. Os outros ritos, bem mais conhecidos, se escalonavam em três etapas: o trabalho de preparação da terra; a semeadura e a colheita. *O rito sagrado da lavra*, ἄροτος ἱερός (árotos hierós), relembrava o trabalho inicial de *Triptólemo*, cujo nome significa popularmente o que *revolve a terra três vezes*, como τρί-πολος (trí-polos), "terra trabalhada três vezes". Esse rito é mencionado em Esquíron, nos confins ático-eleusínios e nas planícies de Raros, onde residia a família dos Βουζύγαι (Budzýgai), "os que atrelam os bois", que possuía o privilégio de levar a bom termo esse rito sagrado, arando a terra ou mimando simplesmente a lavra e, além do mais, tinha a incumbência de manter os bois sagrados destinados a tal finalidade. De igual natureza eram as *Proerósias*, "sacrifícios antes da lavra", festas instituídas posteriormente por Atenas, para atender a uma resposta do Oráculo de Delfos, quando de uma fome geral. Não havia, ao que parece, nas Proerósias, mímica da lavra, mas oferendas propiciatórias anuais em Elêusis, em nome de todos os gregos. O rapto e a ausência, a descida, o κάθοδος (káthodos) de Perséfone não se processaram no inverno, como agudamente fez ver Nilsson, mas no verão, quando os campos da Grécia se desnudam pelo calor; o retorno, a presença, a subida, o ἄνοδος (ánodos) ocupavam as duas outras partes do ano. A grande deusa iniciava seu esperado retorno após a aradura, no mês Pianépsion (segunda metade de outubro), com as *Tesmofórias*, a festa das semeaduras, e era "presença total", realmente, à época da festa das *Cloias*, quer dizer, do "verde", no mês Posídeon (dezembro), quando, após as chuvas do outono, o trigo e a cevada de Deméter-Cloe cobriam os campos com um manto "verde", e aqui permanecia até a colheita da última primavera, nos últimos dias do mês de Targélion (fins de maio) e início do mês Esquirofórion (junho).

A coincidência desta heortologia (calendário de festas) com o clima mediterrâneo atesta que se está em presença de elementos indígenas anteriores à chegada dos gregos na Península. Além do mais, se os nomes *Deméter* e *Core* são gregos, *Perséfone*, que designa Core, após o rapto dessa última, não tem etimologia indo-europeia. Até mesmo certas variantes do vocábulo, *Perephóneia*, *Periphóna*, *Pherséphassa*, *Pherréphatta*, *Phersephóna* mostram a dificuldade que os gregos tiveram para adaptá-lo em sua língua. Trata-se, ao que tudo indica, de palavra de origem mediterrânea.

Difundidas por todas as regiões do mundo helênico, as mais antigas festas de Deméter são as Θεσμοφόρια (Thesmophória), Tesmofórias, palavra que se compõe de θεσμός (thesmós), "instituição sagrada, lei", e o verbo φέρειν (phérein), "levar, produzir" e, em sentido figurado, "estatuir, estabelecer". *Deméter thesmophóros* é portanto a "legisladora", porque, tendo ensinado os homens a cultivar os campos, *instituiu* o casamento, fundando, assim, a sociedade civil. As *Tesmofórias* são, por conseguinte, a festa da "legisladora", em que se agradece a Deméter pelas últimas colheitas.

Atribuídas por Heródoto às filhas de Dânao, as Danaides, as *Tesmofórias* eram reservadas às mulheres casadas, pela analogia óbvia entre a fecundidade do seio materno e a fertilidade da terra, que as mulheres estão muito mais aptas a promover. Isto explica provavelmente a preeminência da mulher no sacerdócio de Elêusis, tanto mais quanto na cidade santa dos Mistérios a sacerdotisa de Deméter sempre teve as honras da *Eponímia*.

As *Tesmofórias*, que duravam três dias, eram celebradas no mês de Pianépsion, segunda metade de outubro, quando os "poceiros" retiravam das fossas os restos dos leitões que aí haviam sido lançados, segundo a prática, cuja causa foi a desventura do porcariço Eubuleu. Jogavam-se leitões em fossas profundas, contava-se, como recordação da manada de porcos de Eubuleu, quase toda tragada, quando a terra se abriu no momento do rapto de Core. Recolhiam-se, em seguida, os restos, que eram misturados a grãos e sementes diversas: tal mistura era colocada sobre os altares e depois espalhada pelos campos. Tratava-se, claro está, de um rito de adubagem sagrada.

O segundo dia festivo das *Tesmofórias* denominava-se Νηστεία (Nesteía), quer dizer, o "dia do jejum", estomacal e sexual. Em Atenas, as mulheres formavam uma grande procissão e dirigiam-se para o Pnix, a oeste da Acrópole, e passavam o dia todo em cabanas feitas de ramos, sentadas sobre folhas de loureiro, cujas virtudes fecundantes eram muito exaltadas pelos antigos. O jejum e a atitude dessas mulheres eram uma evocação de Deméter, prostrada de dor pelo desaparecimento da filha. Esse dia era considerado nefasto.

As comemorações do terceiro dia das *Tesmofórias* denominavam-se Καλλιγένεια (Kalliguéneia), literalmente, "belas gerações", ou seja, abundantes colheitas. Oferecia-se à deusa uma panspermia, como nas *Antestérias* dionisíacas, uma espécie de sopa com uma mistura de todas as espécies de sementes, uma vez que *pân* é todo, total e *spérma* é semente. As *Kalliguéneia* transcorriam numa atmosfera de grande alegria e as mulheres casadas, de todas as idades, se entregavam a uma liberdade de gestos e de linguagem que fariam corar Aristófanes! Essa mesma quebra de interditos e "desrepressão" se verificam nas *Haloas*, como se mostrará. Também as *Kalliguéneia* tinham por objetivo provocar a fertilidade do ser humano e dos campos.

Um pouco mais tarde, após as chuvas do outono, sem dúvida do mês Posídeon, em dezembro, quando o trigo e a cevada cobriam a terra de verde, celebravam-se as festas denominadas Χλοῖα (Khloîa), em honra ainda de Deméter, chamada Χλόη (Khlóe), Cloe, a "verdejante", em Elêusis e Atenas, epíteto que, por vezes, aparece acompanhado de um outro também muito expressivo, ᾽Ιουλώ (Iuló), quer dizer, paveia de trigo.

Nos fins de maio, inícios de junho, isto é, nos meses Targélion e Esquirofórion, realizavam-se as Θαλύσια (Thalýsia), do verbo θάλλειν (thállein), "florir, cobrir-se de folhas, flores e frutos". Nas *Talísias* ofereciam-se à divindade as primícias da colheita, hábito já registrado em Homero, *Ilíada*, IX, 934, mas a propósito de Eneu, rei de Cálidon, terrivelmente castigado, porque se esqueceu de Ártemis, quando ofereceu as primícias aos outros deuses. Na época clássica, as Talísias eram propriamente uma festa da eira, em honra de Deméter, quando a ela se ofereciam os primeiros grãos da colheita. Teócrito, o grande poeta grego da época alexandrina, no *Idílio* VII, cujo título é exatamente *Talísias*, se inspira poeticamente da festa e diz que "Deméter está coroada de espigas e de papoulas vermelhas".

A derradeira festa de Deméter denomina-se ʿΑλῷα (Halôa), Haloas, ou seja, em princípio, uma festividade da deusa "guardiã dos celeiros", mas essas comemorações celebravam também a outro grande deus da vegetação, Dioniso, que, sob muitos aspectos, está ligado à mãe de Perséfone, como se há de ver, quando focalizarmos o mito do deus do êxtase e do entusiasmo, no volume II.

As *Haloas* se desdobravam, portanto, numa festa da uva, quando se realizava a segunda cava às vinhas, o adubamento das cepas e a degustação do vinho novo, cuja primeira fermentação já havia terminado. Como se tratava de uma festa de Deméter, embora extensiva a Dioniso, a presença da mulher, ao menos em algumas partes da festividade, conferia-lhe um regozijo especial e uma atmosfera de luxúria báquica. Boas apreciadoras também do néctar dionisíaco, as mulheres, mais que nas *Kalliguéneia*, entregavam-se à αἰσχρολογία (aiskhrologuía) e ao τωθασμός (tothasmós), isto é, a gracejos licenciosos e a gestos ousados, que a lei admitia e de que fala Aristóteles na *Política*, 7,1336b17, como assunto superado, por seu caráter ritual[6]. Afinal, não foi mais ou menos isso, como se verá a seguir, que fez a criada de Metanira, Iambe, para arrancar um sorriso de Deméter, inconsolável com o rapto de Core? Seria inútil enumerar os locais, onde se celebrava o culto de Deméter: trata-se de um culto pan-helênico, tendo, isto sim, por centros Elêusis e Atenas.

Eis, em síntese, a primeira parte da história do culto da grande deusa de Elêusis. A segunda, e bem mais importante, são os *Mistérios de Elêusis*, mas para se chegar lá é mais prático e didático expor primeiramente o mito de Deméter e Perséfone.

O mitologema das duas deusas é resultante de uma longa elaboração: de Homero a Pausânias multiplicaram-se as variantes. Vamos tentar reuni-las e desenvolver o mito de maneira bem simples e direta.

Deusa maternal da Terra, sua personalidade é simultaneamente religiosa e mítica, bem diferente, já se salientou, da deusa Geia, concebida como elemento cosmogônico. Divindade da terra cultivada, a filha de Crono e Reia é essencialmente a deusa do trigo, tendo ensinado aos homens a arte de semeá-lo, colhê-lo e fabricar o pão. Tanto no mito quanto no culto, Deméter está indissoluvelmen-

---

6. Em nosso livro *Teatro grego: Origem e evolução*. Rio de Janeiro: TAB, 1980, p. 77, ao tratar da "Origem da Comédia", chamamos a atenção para *Aiskhrología* e as *Haloas*, como elementos dos *Kômoi*.

te ligada à sua filha Core, depois Perséfone, formando uma dupla quase sempre denominada simplesmente *As Deusas*. As aventuras e os sofrimentos das *Deusas* constituem o mito central, cuja significação profunda somente era revelada aos Iniciados nos Mistérios de Elêusis. Core crescia tranquila e feliz entre as ninfas e em companhia de Ártemis e Atená, quando um dia seu tio Hades, que a desejava, a raptou com o auxílio de Zeus. O local varia muito, segundo as tradições: o mais correto seria a pradaria de Ena, na Sicília, mas *o Hino homérico a Deméter* fala vagamente da planície de Misa, nome de cunho mítico, inteiramente desprovido de sentido geográfico. Outras variantes colocam-no ora em Elêusis, às margens do rio Cefiso, ora na Arcádia, no sopé do monte Cilene, onde se mostrava uma gruta, que dava acesso ao Hades, ora em Creta, bem perto de Cnossos. Core colhia flores e Zeus, para atraí-la, colocou um narciso ou um lírio às bordas de um abismo. Ao aproximar-se da flor, a Terra se abriu, Hades ou Plutão apareceu e a conduziu para o mundo ctônio.

Desde então começou para a deusa a dolorosa tarefa de procurar a filha, levando-a a percorrer o mundo inteiro, com um archote aceso em cada uma das mãos. No momento em que estava sendo arrastada para o abismo, Core deu um grito agudo e Deméter acorreu, mas não conseguiu vê-la, e nem tampouco perceber o que havia acontecido. Simplesmente a filha desaparecera. Durante nove dias e nove noites, sem comer, sem beber, sem se banhar, a deusa errou pelo mundo. No décimo dia encontrou Hécate, que também ouvira o grito e viu que a jovem estava sendo arrastada para algum lugar, mas não lhe foi possível reconhecer o raptor, cuja cabeça estava cingida com as sombras da noite. Somente Hélio, que tudo vê, e que já, certa feita, denunciara os amores secretos de Ares e Afrodite, cientificou-a da verdade. Irritada contra Hades e Zeus, decidiu não mais retornar ao Olimpo, mas permanecer na Terra, abdicando de suas funções divinas, até que lhe devolvessem a filha.

Sob o aspecto de uma velha, dirigiu-se a Elêusis[7] e primeiro sentou-se sobre uma pedra, que passou, desde então, a chamar-se *Pedra sem Alegria*. Interrogada

---

7. Ἐλευσίς (Eleusís), do verbo ἔρχεσθαι (érkhesthai), "vir, chegar", é a *vinda*, a *chegada*. Talvez o *ponto de encontro*. No *Novo Testamento*, Ap 7,52, sob forma proparoxítona, ἔλευσις (éleusis), significa a "vinda" de Jesus Cristo.

pelas filhas do rei local, Céleo, declarou chamar-se Doso e que escapara, há pouco, das mãos de piratas que a levaram, à força, da ilha de Creta. Convidada para cuidar de Demofonte, filho recém-nascido da rainha Metanira, a deusa aceitou a incumbência. Ao penetrar no palácio, todavia, sentou-se num tamborete e, durante longo tempo, permaneceu em silêncio, com o rosto coberto por um véu, até que uma criada, Iambe, fê-la rir, com seus chistes maliciosos e gestos obscenos. Deméter não aceitou o vinho que lhe ofereceu Metanira, mas pediu que lhe preparassem uma bebida com sêmola de cevada, água e poejo, denominada κυκεών (kykeón)[8], cuja fonte é o verbo κυκᾶν (kykân), "agitar de modo a misturar, perturbar agitando", donde *cíceon*, além de "mistura", significa também "agitação, perturbação". Trata-se, ao que parece, de uma bebida mágica cujos efeitos não se conhecem bem.

Encarregada da educação do caçula Demofonte, "o que brilha entre o povo", a deusa não lhe dava leite, mas, após esfregá-lo com ambrosia, o escondia, durante a noite, no fogo, "como se fora um tição". A cada dia, o menino se tornava mais belo e parecido com um deus. Deméter realmente desejava torná-lo imortal e eternamente jovem. Uma noite, porém, Metanira descobriu o filho entre as chamas e começou a gritar desesperada. A deusa interrompeu o grande rito iniciático e exclamou pesarosa: "Homens ignorantes, insensatos, que não sabeis discernir o que há de bom ou de mal em vosso destino. Eis que tua loucura te levou à mais grave das faltas! Juro pela água implacável do Estige, pela qual juram também os deuses: eu teria feito de teu filho um ser eternamente jovem e isento da morte, outorgando-lhe um privilégio imorredouro. A partir de agora, no entanto, ele não poderá escapar do destino da morte" (*Hh. D.*, 256-262). Surgindo em todo seu esplendor, com uma luz ofuscante a emanar-lhe do corpo, solicitou, antes de deixar o palácio, que se lhe erguesse um grande templo, com um altar, onde ela pessoalmente ensinaria seus ritos aos seres humanos. Encarregou, em seguida, Triptólemo, irmão mais velho de Demofonte, de difundir pelo mundo inteiro a cultura do trigo.

---

8. O *cíceon* é uma bebida composta, que pode ser preparada de diferentes maneiras: na *Ilíada*, XI, 624-641, seus ingredientes são a farinha de cevada, queijo ralado e vinho; na *Odisseia*, X, 234, às substâncias citadas Circe ainda adiciona mel e drogas mágicas.

Construído o santuário, Deméter recolheu-se ao interior do mesmo, consumida pela saudade de Perséfone. Provocada por ela, uma seca terrível se abateu sobre a terra. Em vão Zeus lhe mandou mensageiros, pedindo que regressasse ao Olimpo. A deusa respondeu com firmeza que não voltaria ao convívio dos Imortais e nem tampouco permitiria que a vegetação crescesse, enquanto não lhe entregassem a filha. Como a ordem do mundo estivesse em perigo, Zeus pediu a Plutão que devolvesse Perséfone. O rei dos Infernos curvou-se à vontade soberana do irmão, mas habilmente fez que a esposa colocasse na boca uma semente de romã (cujo simbolismo se comentará depois) e obrigou-a a engoli-la, o que a impedia de deixar a *outra vida*. Finalmente, chegou-se a um consenso: Perséfone passaria quatro meses com o esposo e oito com a mãe.

Reencontrada a filha, Deméter retornou ao Olimpo e a terra cobriu-se, instantaneamente, de verde. Antes de seu regresso, porém, a grande deusa ensinou todos os seus mistérios ao rei Céleo, a seu filho Triptólemo, a Díocles e a Eumolpo "os belos ritos, os ritos augustos que é impossível transgredir, penetrar ou divulgar: o respeito pelas deusas é tão forte, que embarga a voz" (*Hh. D.*, 476-479).

A instituição dos Mistérios de Elêusis explica-se, pois, pelo reencontro das duas deusas e como consequência do fracasso da imortalização de Demofonte. A esse respeito, comenta agudamente Mircea Eliade:

"Pode-se comparar a história de Demofonte com os velhos ricos que relatam o trágico erro que, em certo momento da história primordial, anulou a possibilidade de imortalização do homem. Mas, nesse caso, não se trata do erro ou do 'pecado' de um antepassado mítico que perde para si e para seus descendentes a condição primeira de imortal. Demofonte não era uma personagem primordial; era o filho caçula de um rei. E pode-se interpretar a decisão de Deméter de imortalizá-lo como o desejo de 'adotar' um filho (que a consolaria da perda de Perséfone) e, ao mesmo tempo, como uma vingança contra Zeus e os Olímpicos. Deméter estava transformando um homem em deus. As deusas possuíam esse poder de outorgar a imortalidade aos humanos, e o fogo ou a cocção do neófito figuravam entre os meios mais reputados. Surpreendida por Metanira, Deméter não escondeu sua decepção diante da estupidez dos homens. Mas o hino não faz qualquer referência à eventual generalização dessa técnica de imortalização, isto é, a fundação de uma instituição suscetível de transformar os homens em deuses por intermédio do fogo"[9].

Na realidade, Deméter só se identificou e pediu que se lhe erguesse um templo após o fracasso da imortalização de Demofonte, mas somente transmitiu seus ritos secretos depois de seu reencontro com a filha. Não existe, pois, objetivamente, nenhuma relação entre a iniciação nos Mistérios e a cocção de Demofonte, interrompida por Metanira. O iniciado nos Mistérios não conseguia e nem pretendia a imortalidade. É bem verdade que, ao fim das cerimônias nos Mistérios, o templo inteiro era iluminado por milhares de archotes, mas esse clarão, "esse fogo", simbolizava, tudo leva a crer, a iluminação interior dos iniciados e a certeza das luzes da outra vida. O pouco que se conhece das cerimônias secretas deixa claro que o mistério central envolvia a presença das duas deusas e que sua fundamentação era a morte simbólica, a descida de Perséfone e seu retorno triunfante, como a semente que morre no seio da terra e se transmuta em novos rebentos. E se através da iniciação a condição humana era modificada, isso se fazia num sentido bem diferente do da fracassada imortalização de Demofonte. O que os Mistérios prometiam era a bem-aventurança após a morte. Os textos a esse respeito são muito escassos, mas expressivos.

O próprio *Hino a Deméter* promete a felicidade para os Iniciados e indiretamente o castigo para aqueles que ignoraram os Mistérios:

> *Feliz aquele que possui, entre os homens da terra,*
> *a visão destes Mistérios. Ao contrário, aquele que não foi iniciado*
> *e aquele que não participou dos santos ritos não terão,*
> *após a morte, nas trevas úmidas, a mesma felicidade do iniciado.*
>
> (Hh. D., 480-482)

Em um de seus *Trenos*, fr. 6 (e não 10, como erradamente costa em Mircea Eliade) exclama o maior dos líricos da Hélade:

> *Feliz aquele que, antes de baixar à terra, contemplou este*
> *espetáculo. Ele conhece qual é o fim da vida e também*
> *o começo, outorgado por Zeus.*

---

9. ELIADE, Mircea. Op. cit., t. I, v. II, p. 127.

Sófocles, fr. 753, o trágico maior, trouxe também a sua contribuição:

> *Bem-aventurados os mortais que, após terem contemplado*
> *os Mistérios, vão descer à outra vida. Ali, somente eles viverão;*
> *os outros só terão sofrimentos.*

Na comédia de Aristófanes *As rãs*, 154-159, Héracles, ensinando a Baco o caminho que levava ao Hades, fala de um pequeno encontro de Dioniso com a alegria dos Iniciados na outra vida:

Héracles – *Prosseguindo, envolver-te-á um sopro de flautas.*
Divisarás uma esfuziante claridade, como aqui;
encontrarás bosques de mirto, grupos bem-aventurados
de homens e mulheres e um estrepitoso bater de palmas.

Baco – *Quem são estes?*

Héracles – *Os Iniciados*[10].

Seja como for, como diz Mircea Eliade, o rapto, quer dizer, a "morte" simbólica de Perséfone, trouxe para os homens benefícios incalculáveis. Uma deusa olímpica, que passa a habitar apenas uma terça parte do ano o mundo dos mortos, encurta a distância entre os dois reinos: o Hades e o Olimpo. Como ponte entre os dois "mundos divinos", podia intervir no destino dos homens mortais.

Os Mistérios de Elêusis vão ter exatamente por essência essa *morte simbólica*, projetada na morte e na ressurreição da semente.

Acerca dos *Mistérios de Elêusis* o que se sabe é tão somente o exterior e, mesmo assim, fragmentariamente. Os documentos literários e a arte figurada aludem particularmente à preparação das etapas da iniciação, o que, é claro, não exigia segredo. Assim mesmo Ésquilo, segundo Aristóteles, teria revelado, sem o querer, certos aspectos secretos relativos aos Mistérios[11]. Temos, ainda, as in-

---

10. ARISTÓFANES. *As rãs*. Rio de Janeiro: Espaço & Tempo, 1987 [Tradução de Junito de Souza Brandão].

11. *Ética a Nicômaco*, 3,1,17. A indiscrição do poeta teria ocorrido em tragédias infelizmente perdidas, como *As sacerdotisas*, *Sísifo*, *Ifigênia*... Ameaçado de morte, conta-se, foi absolvido pelo Areópago por causa de sua coragem na luta contra os persas, em Maratona.

formações transmitidas pelos padres antigos, pelos apologistas cristãos, alguns deles ex-iniciados, as quais são muito mais importantes do que parecem, porque, escrevendo muitas vezes para e contra Iniciados, na ânsia de combater os Mistérios e converter-lhes os adeptos, se não dissessem o que realmente acontecia, correriam o risco de ser desmentidos. Essas informações, porém, têm que ser analisadas com muita prudência, porque, se de um lado são muito incompletas e reticentes, sem penetrar no âmago da questão, e a prudência assim o aconselhava, de outro, baseiam-se, não raro, em "mistérios tardios", da época helenística. Em dois mil anos de funcionamento em Elêusis, é muito provável que os Mistérios tenham sofrido influências de outras correntes religiosas e que certas cerimônias se tenham modificado com o correr dos anos.

No tocante às informações dos "pagãos", também elas, e com muito mais razão, pecam pela base, como veremos: abordam tão-só aspectos externos, quando não se baseiam em épocas tardias, e, pior ainda, quando não confundem Mistérios de Elêusis com Orfismo... O que, aliás, em parte, seria inevitável, como se verá.

Feitas estas ligeiras observações, passemos aos Mistérios.

MISTÉRIO, em grego μυστήριον (mystérion) significa, etimologicamente, "coisa secreta", "ação de calar a boca", uma vez que μυστήριον (mystérion) provém do verbo μύειν (mýein), "fechar, se fechar, calar a boca", daí μύστης (mýstes), "o que se fecha, o que guarda segredo, o iniciado", μυστικός (mystikós), "que concerne aos mistérios, que penetra os mistérios, místico" e μυσταγωγός (mystagogós), de μύστης (mýstes), "iniciado", e o verbo ἄγειν (águein), "conduzir, sacerdote encarregado de iniciar nos mistérios, mistagogo".

Os *Mistérios de Elêusis* não foram os únicos a existir na Hélade. Mas Deméter era a mais venerada e a mais popular das deusas gregas, diz com razão Mircea Eliade, e a mais antiga também. De certa forma, a deusa de Elêusis prolonga o culto das Grandes Mães do neolítico, e, por isso mesmo, outros grandes mistérios lhe eram consagrados, como os da Arcádia e da Messênia, sem excluir sua participação nos de Flia, na Ática. Além destes, dedicados à Grande Mãe de Elêusis, havia os famosos Mistérios dos Cabiros na Samotrácia e, em Atenas, a partir do século V a.C., os Mistérios do deus tracofrígio Sabázio[12], considerado como o primeiro culto de origem oriental a penetrar e ter bastante aceitação no Ocidente.

Dentre todos esses mistérios, todavia, os universalmente famosos foram os *Mistérios de Elêusis* e isso, em boa parte, se deve ao apoio decisivo que lhes deu Atenas. Um apoio, por certo, muito inteligente e bem de acordo com a atmosfera política que a cidade de Atená sempre defendeu. Na medida em que os *Mistérios de Elêusis* não formavam uma seita, nem tampouco uma associação secreta, como os Mistérios da época helenística, os Iniciados, ao retornarem a seus lares, continuavam tranquilamente a participar, e até com mais empenho e desenvoltura religiosa, dos cultos públicos. Só após a morte é que eles passavam novamente (como durante as cerimônias em Elêusis) a formar um grupo à parte, inteiramente separados dos não-iniciados, como nos mostra, entre outros, Aristófanes na comédia *As rãs*. É claro que Dioniso e Deméter, por motivos de ordem política e social, conforme explicamos no capítulo VIII e voltaremos a fazê-lo, quando falarmos de Dioniso, ficaram por longos séculos confinados no campo, mas, a partir de Pisístrato e logo depois, com a democracia, os *Mistérios de Elêusis* podem ser considerados como uma complementação da religião olímpica e dos cultos públicos, sem nenhuma oposição às instituições religiosas da *pólis*. E foi certamente a atmosfera política de Atenas que deu aos *Mistérios de Elêusis* um caráter incrivelmente democrático para a época. Do governante ao escravo, da mãe-de-família à prostituta, do ancião à criança, todos podiam ser Iniciados, desde que falassem grego, para que pudessem compreender e repetir certas fórmulas secretas; não tivessem as mãos manchadas por crime de sangue e nem fossem réus de impureza sacrílega. A isto acrescentava-se, bem de acordo com o valor ritualístico que se atribuía à palavra, o interdito aos φωνὴν ἀσύνετοι

---

12. Sabázio, em grego Σαβάζιος (Sabádzios). Trata-se de um nome frígio e talvez signifique, por eufemismo, o *poderoso*. Sabázio é, pois, um deus oriental cujo culto possuía, como Baco, um caráter orgiástico. É comumente assimilado a Dioniso no mundo grego e considerado como um *Dioniso mais velho*, filho de Zeus e Perséfone. Atribuía-se-lhe a iniciativa de domesticar os bois e era assim que se explicavam os cornos que lhe adornavam as estátuas. Zeus se teria unido a Perséfone sob a forma de serpente, que era, por isso mesmo, o animal sagrado do deus e desempenhava, tudo leva a crer, um papel importante em seus mistérios. Não pertencendo ao panteão helênico propriamente dito, Sabázio não possui um ciclo mítico pessoal, pelo menos exotérico. É bem possível que, nos mistérios, que se celebravam em sua honra, seu mito fosse revelado.

(phonèn asýnetoi), "os deficientes de linguagem", quer dizer, os que, por qualquer problema, não conseguissem pronunciar corretamente as fórmulas rituais.

Mas já é tempo de tentarmos também penetrar um pouco no augusto Santuário de Elêusis.

Consoante a tradição, os primeiros habitantes e colonizadores de Elêusis, localidade que fica a pouco mais de vinte quilômetros do centro de Atenas, foram trácios. Recentes escavações arqueológicas permitem afirmar que Elêusis deve ter sido colonizada entre 1580 e 1500 a.C., mas o primeiro santuário, composto de uma câmara com duas colunas internas que sustentavam o teto, foi construído no século XV a.C. e, nesse mesmo século, se inauguraram os Mistérios. Foram vinte séculos de glória. Nos fins do século IV d.C., Teodósio, o Grande (346-395 d.C.), fechou por decreto e destruiu a picareta os templos pagãos. Era o fim do paganismo, no papel, porque, sobre as ruínas de seus templos, Zeus, Deméter e Dioniso ainda reinaram por muito tempo.

Foi, sem dúvida, a união política de Elêusis com Atenas, no último quartel do século VII a.C., que proporcionou a seu culto todo o esplendor e majestade, que perduraram por dois mil anos. Os Mistérios se tornaram, desde então, uma festa religiosa oficial do Estado ateniense, que lhe confiou a organização e a direção ao Arconte-Rei e a um colega seu, um *epimelétes*, isto é, um intendente especialmente designado para esse mister. A esses se juntavam mais dois delegados, eleitos pelo povo. Os verdadeiros dignitários e oficiantes do culto, porém, pertenciam a três antiquíssimas famílias sacerdotais de Elêusis: os *eumólpidas*, os *querices* e os *filidas*. Os eumólpidas tinham a preeminência, porque pretendiam descender de Eumolpo[13], já por nós citado, e que, etimologicamente, significa "o que canta bem e harmoniosamente", o que modula corretamente as palavras ri-

---

13. Eumolpo é, segundo as melhores tradições, filho de Posídon e Quíone. Com medo da reação do pai, que lhe desconhecia a gravidez, tão logo nasceu Eumolpo, Quíone o lançou no mar. Posídon o recolheu e levou-o para a Etiópia, entregando-o à filha, que uma variante atesta que tivera com Anfitrite, chamada Bentesícima. Eumolpo se casou com uma filha de sua mãe de criação, mas, como houvesse tentado violar uma das cunhadas, foi banido. Com o filho Ísmaro refugiou-se na Trácia, na corte do rei Tegírio, que deu a Ísmaro uma de suas filhas em casamento. Tendo participado de uma conspiração contra o rei, foi expulso da Trácia, refugiando-se em Elêusis. Com a morte de Ísmaro, Eumolpo se reconciliou com Tegírio, que lhe deixou o reino em testamento. Foi durante seu reinado na Trácia que eclodiu a guerra entre Atenas, conduzida por seu rei Erecteu, e Elêusis. Eumolpo lutou bravamente com suas tropas em favor dessa última, mas foi morto em combate. Para vingá-lo, Posídon conseguiu de Zeus que fulminasse Erecteu. Diferentes tradições atribuem-lhe a instituição dos Mistérios e seu filho *Quérix*, palavra que significa *arauto*, após a morte do pai, exerceu função importante nos Mistérios. É ele o ancestral mítico dos querices.

tuais e as encantações. Dos eumólpidas saía, escolhido pela sorte, mas cujo cargo era vitalício, o sacerdote principal dos Mistérios, o *Hierofante*, etimologicamente "o que mostra, o que patenteia o sagrado".

Em termos religiosos, era o sacerdote que explicava os mistérios sagrados e conferia o grau iniciático. Designado entre os querices pelo mesmo método que o Hierofante, o *Daduco*, que significa "o portador de tocha", o segundo em dignidade, tinha a função sagrada de carregar os dois fachos de Deméter. Também da mesma família e escolhido de maneira semelhante, o *Hieroquérix*, o Arauto Sagrado, anunciava os Mistérios. Na família dos filidas era escolhida vitaliciamente a Sacerdotisa de Deméter, igual ou ainda maior em dignidade que o Hierofante e que com o mesmo celebrava o rito do *hieròs gámos*, o casamento sagrado.

As grandes cerimônias de Elêusis tinham como prólogo os *Pequenos Mistérios*, que se realizavam uma vez por ano, de 19 a 21 do mês Antestérion (fins de fevereiro e começo de março), em Agra, subúrbio de Atenas, localizado na margem esquerda do rio Ilisso. Os ritos dos Pequenos Mistérios, que se celebravam no templo de Deméter e Core, compreendiam, segundo se crê, jejuns, purificações e sacrifícios, orientados pelo mistagogo. Acredita-se que nessa *mýesis*, uma espécie de pré-iniciação, alguns aspectos do mitologema de Deméter e Perséfone fossem mimados, reatualizados e ritualizados. Seis meses depois, no mês Boedrômion (mais ou menos 15 de setembro a 15 de outubro), realizavam-se os prelúdios em Atenas e a parte principal em Elêusis, os Grandes Mistérios, para os que houvessem cumprido em Agra os ritos preliminares. Somente no Santuário de Elêusis é que se podia obter a iniciação em primeiro e segundo graus. O primeiro grau denominava-se τελετή (teleté), vocábulo cuja origem é o verbo τελεῖν (teleîn), "executar, realizar, cumprir", donde *teleté* vem a ser "cumprimento, realização". A maioria, acredita-se, parava no primeiro grau. O segundo, o grau completo, supremo, acessível tão somente aos já iniciados há um ano, chamava-se ἐποπτεία (epopteía), do verbo ἐποπτεύειν (epopteúein), "observar, contemplar", donde *epopteía* seria a visão suprema, a revelação completa. Poucos conseguiram atingir esse grau.

O prelúdio dos Grandes Mistérios ainda se passava no Eleusínion, o templo de Deméter e Core em Atenas. No dia 13 de Boedrômion, os Efebos (jovens de

16 a 18 anos) partiam para Elêusis e de lá traziam, no dia 14, sobre um carro, cuidadosamente guardados em pequenos cestos, os *hierá*, os objetos sagrados, que a sacerdotisa de Atená recolhia e guardava temporariamente no Eleusínion. No dia 15, os Iniciados se reuniam e, após as instruções do mistagogo, o *hieroquérix*, o arauto sagrado, relembrava as interdições que impediam a iniciação. O dia 16 era consagrado à lustração geral: ao grito repetido do mistagogo, ἄλαδε, μύσται (hálade, mýstai), "ao mar, os iniciados", todos corriam a purificar-se nas águas salgadas de Posídon. Cada um mergulhava, segurando um leitão que era, logo após, imolado às duas deusas como oferenda propiciatória. É importante lembrar que tal sacrifício visava, antes do mais, à fecundidade, porquanto a palavra grega χοῖρος (khoîros) significa tanto *porco* quanto *órgão genital feminino*. Nos dias 17 e 18 havia uma interrupção nos ritos preliminares, pelo menos desde o século V a.C., porque, nessas datas, se celebrava a grande festa de Asclépio. O dia 19 assinalava o término das cerimônias públicas: ao alvorecer, uma enorme procissão partia de Atenas. Iniciados, neófitos e um grande público acompanhavam as sacerdotisas que reconduziam a Elêusis os *hierá*, os objetos sagrados, trazidos pelos efebos no dia 14.

Encabeçando a alegre e barulhenta procissão, ia um carro com a estátua de Iaco, com seu respectivo sacerdote, entre exclamações entusiastas de Ἴακχη, ὦ Ἴακχη (Íakkhe, ó Íakkhe), "Iaco, ó Iaco!"[14] Personificando misticamente a Baco, Iaco é o avatar eleusínio de Dioniso, aquele que, em *As rãs*[15], os iniciados convidam a dirigir seus coros, o companheiro e o guia que conduz até Deméter, aquele que perfaz e ajuda a perfazer a longa caminhada de aproximadamente vinte quilômetros. Estrabão (66 a.C.-24 d.C.) chama-o o *daímon* da deusa e o cabeça dos Mistérios. Ao cair da tarde, a procissão atravessava uma *ponte*, γέφυρα (guéphyra), sobre o rio Cefiso, e alguns mascarados diziam os piores insultos contra as autoridades, contra pessoas importantes de Atenas e contra os próprios

---

14. *Iaco* é o nome místico de Baco nos Mistérios de Elêusis: trata-se, parece, do grito ritual dos Iniciados: *Iaco, ó Iaco*, e este grito acabou por tornar-se um deus. Talvez *Iaco* seja um *daímon*, um intermediário entre Dioniso e Deméter. Veja-se o cap. IV do volume II.

15. Nesta comédia, v. 314-414, Aristófanes faz uma belíssima paródia, de cunho religioso-político, do *Coro dos Iniciados* na grandiosa procissão que se dirigia para Elêusis.

Iniciados. Tais injúrias na *ponte* denominavam-se γεφυρισμοί (guephyris-moí)[16]. Já, à noite, empunhando archotes, os *mýstai* atingiam Elêusis. É bem possível que consumissem uma parte da noite dançando e cantando em homenagem às duas deusas. O dia 20 era consagrado a rigoroso jejum e a sacrifícios, mas o que se passava no interior do recinto sagrado e no τελεστήριον (telestérion), local do santuário, onde se consumavam os mistérios, quase nada se conhece. Sabe-se, apenas, que a *teleté*, a iniciação em primeiro grau, que ocupava o dia 21, comportava possivelmente três elementos: δρώμενα (drómena), λεγόμενα (legómena) e δεικνύμενα (deiknýmena). O primeiro, *drómena*, era uma *ação*, talvez uma encenação do mitologema das deusas: de archotes em punho, os Iniciados mimavam a busca de Core por Deméter. Há uma passagem muito significativa conservada por Estobeu (450-500 d.C.), na qual se diz que as experiências por que passam as almas, logo após a morte, se comparam às provações dos Iniciados nos Grandes Mistérios. De princípio, a alma erra nas trevas e é presa de inúmeros terrores. Repentinamente, porém, é atingida pelo impacto de uma luz extraordinariamente bela e descortina sítios maravilhosos, ouve vozes melodiosas e assiste a danças cadenciadas, como nos versos há pouco citados de *As rãs*. Aliás, tudo bem parecido com o Bardo Thödol...

O Iniciado com uma coroa sobre a fronte junta-se aos homens puros e justos e contempla os não iniciados mergulhados na lama e nas trevas, apegados às próprias misérias pelo medo da morte e suspeita da felicidade que os aguarda na outra vida! Nos *drómena*, na ação mimética da busca desesperada da filha do Deméter, os Iniciados, segundo se crê, tinham igualmente uma caminhada pelas trevas com encontro de fantasmas aterradores e monstros, mas subitamente descia sobre eles um facho de luz e vastas campinas se abriam ante seus olhos.

Comentando esse fato, o grande conhecedor da história das religiões antigas, Mircea Eliade, argumenta que esse "iluminismo" e essas planícies inundadas de luz são reflexos tardios de "concepções órficas" e reforça seu ponto de vista, citando o *Fédon*, 69c, onde Platão afirma que as punições dos culpados no

---

16. Tem-se discutido muito o sentido desses ultrajes grosseiros. Parece tratar-se de um rito apotropaico: também através dos insultos se afastariam os malefícios.

Hades e a imagem da campina procedem de Orfeu, "que se inspirara nos costumes funerários egípcios". Vai mais longe o Autor de *Mito e realidade*, mostrando que, se nas escavações que se fizeram no Santuário de Deméter e no Telestérion não se encontraram câmaras subterrâneas, é sinal de que os Iniciados não desciam ritualmente ao Hades. Na nota de rodapé, no entanto, como que em dúvida, o Autor explica que "isso não exclui a presença do simbolismo infernal", porque, se não havia "câmaras subterrâneas, existia *o Plutónion*, isto é, uma gruta de Plutão, que assinalava a entrada para o outro mundo"[17].

Dada a autoridade do romeno Mircea Eliade, esperamos que o juízo por ele emitido não seja definitivo. É que, se a citação conservada por Estobeu, que, em última análise, procede de Temístio (século IV d.C.), é realmente tardia, embora Platão (430-348 a.C.) já fale da "campina de Orfeu", é bom deixar claro que os Mistérios de Elêusis não se mantiveram imunes a influências, no decurso de dois mil anos, e que a presença do Órfico-Dionisismo é fato consumado no Santuário de Deméter, ao menos a partir do século VI a.C., o que não é tão tardio assim! De outro lado, para se *descer à outra vida e da mesma retornar* não há necessidade, em iniciação, de câmaras subterrâneas materiais. Afinal, a escada de Jacó estava armada apenas com degraus oníricos ... E havia o *Plutónion*!

O segundo aspecto diz respeito aos *legómena*, a saber, determinadas fórmulas litúrgicas e palavras reservadas aos Iniciados, fórmulas e palavras que eles certamente repetiriam, daí a necessidade de saber grego.

Não se pode e nem se deve interpretar *legómena* como um ensinamento catequético, doutrinal, mas antes como o despertar de certos sentimentos e a criação de um certo estado anímico. A este respeito, Aristóteles nos deixou um fragmento precioso (*Rose*, fr. 15): τοὺς τελουμένους οὐ μαθεῖν τι δεῖ, ἀλλὰ παθεῖν καὶ διατεθῆναι (tús teluménus u matheîn ti deî, allà patheîn kaì diatethênai): "não é necessário que aqueles que se iniciam aprendam algo, mas que experimentem e criem certas disposições internas".

O terceiro e último componente da *teleté* são os *deiknýmena*, vocábulo que só se pode traduzir por "ação de mostrar ou o que é mostrado". Trata-se, segun-

---

17. ELIADE, Mircea. Op. cit., p. 131s.

do se crê, de uma contemplação por parte dos Iniciados, dos *hierá*, dos objetos sagrados. O Hierofante penetrava no Telestérion e de lá trazia os *hierá*, envoltos num nimbo de luz e que eram mostrados aos *mýstai*. Dentre esses objetos sagrados destacava-se, conforme se relata, um *ksóanon*, uma pequena estátua de Deméter, confeccionada de madeira, e ricamente ornamentada. Mas existe ainda uma passagem muito discutida de São Clemente de Alexandria (século III d.C.), que possivelmente se referia aos *deiknýmena*. Eis o texto, que está em *Protréptico*, II, 21,2: "Fiz jejum, bebi o cíceon, tomei o cesto e, depois de havê-lo manuseado, coloquei-o dentro do cestinho; em seguida, pegando novamente o cestinho, recoloquei-o no cesto". Esta referência de São Clemente de Alexandria tem recebido inúmeras interpretações. Vamos sintetizá-las e reduzi-las a seis. O cestinho conteria a réplica de uma *kteís*, de uma vulva: tocando-a, o Iniciado acreditava renascer como filho de Deméter. Esse tirar do cesto para o cestinho e vice-versa simbolizariam a união sexual do Iniciado com a deusa: o *mýstes* unia-se a Deméter, tocando o *kteís* com seu órgão sexual. O objeto sagrado guardado na cesta seria um falo: apertando-o contra o peito, o *mýstes* unia-se à deusa e se tornava seu filho. Para outros, o cestinho conteria um falo e o cesto uma vulva: ao manuseá-los, o Iniciado consumava sua união com as deusas. Tanto o cesto quanto o cestinho guardariam uma serpente, uma romã e bolos em forma de falo e vulva, como representações supremas da fecundidade. Manuseando-os, provocava-se a fertilidade. Qual a correta? Talvez a melhor resposta seria dizer que se trata de uma excelente exegese histórico-religiosa, digna das tertúlias dos frades de Bizâncio!

Uma interpretação mais moderna, independentemente dos *hierá* tão cuidadosamente guardados nos cestos, é que eles seriam objeto de uma apresentação, de mostra (deiknýmena) e não de manipulação.

Finalmente, o dia 22 era consagrado à *epopteía*, à visão suprema, à consumação dos Mistérios. A grande cerimônia se iniciava com o *hieròs gámos*, o casamento sagrado, material ou simbolicamente consumado pelo hierofante e a sacerdotisa de Deméter. Astério, bispo que viveu no século V d.C., nos deixou uma informação valiosa a esse respeito. Astério volta a falar de uma câmara subterrânea mergulhada nas trevas, onde, após se apagarem as tochas, se consumava o *hieròs gámos* entre o hierofante e a sacerdotisa e acrescenta que "uma enorme multidão acreditava que sua salvação dependia daquilo que os dois faziam nas trevas". É claro que, sendo os Mistérios de Elêusis solidários de uma mística agrícola, a sacralidade da atividade sexual simbolizava a fecundidade.

Seria após esse *hieròs gámos* que os Iniciados, olhando para o céu, diziam em altas vozes: "chova" e, olhando para a terra, exclamavam: "conceba". A mensagem da fertilidade é tão clara, que dispensa comentários.

Seria ainda como extensão e consequência do consórcio sagrado, que, consoante Santo Hipólito (século II-III d.C.), em sua obra monumental *Philosophúmena* ou *Omnium haereseum refutatio* (V, 38-41), "durante a noite, no meio de um clarão deslumbrante, que comemora os solenes e inefáveis Mistérios, o hierofante gritava: a venerável Brimo gerou Brimos, o menino sagrado: a Poderosa gerou o Poderoso".

Embora Brimo e Brimos sejam certamente vocábulos de origem trácia, Brimo, no caso em pauta, designaria Perséfone, e Brimos, o Iniciado. Kerényi opina que a proclamação do hierofante significa que a deusa da morte gerou um filho no fogo[18]. Esse filho "nascido" ou "renascido" em meio às chamas dos archotes, que iluminavam o Telestérion, seria o *mýstes*, após sua morte iniciática.

Fechando os Grandes Mistérios, em meio a um mar de luz de milhares de archotes, que davam ao Santuário de Deméter uma imagem antecipada das campinas celestes, se efetuava a *epopteía* propriamente dita, a grande visão. O hierofante apresentava à multidão como que embevecida e extática, mergulhada em profundo silêncio, uma *espiga de trigo*. Este talvez seja o símbolo da grande mensagem eleusínia, símbolo que se fundamenta no liame entre o seio materno e as entranhas profundas da Terra-Mãe. A significação religiosa da espiga de trigo reside certamente no sentimento natural de uma harmonia entre a existência humana e a vida vegetal, ambas submetidas a vicissitudes semelhantes: *a terra que sozinha tudo gera, nutre e novamente tudo recebe de volta*, diz Ésquilo na *Oréstia*, 127s. Morrendo no seio da terra, os grãos de trigo, por sua própria dissolu-

---

18. KERÉNYI, Ch. *Introduction à l'essence de la mythologie*, Paris: Payot, 1953, p. 142s.

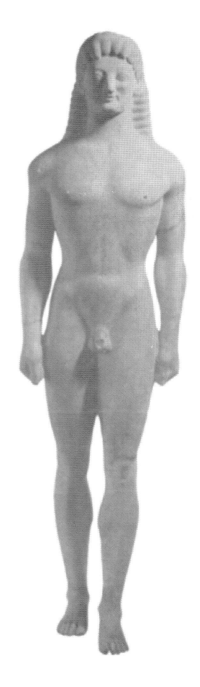

Efebo de Tênea. Mármore de Paros. Arte grega arcaica; cerca de 550 a.C. Glyptotek, Munique

Core da Acrópole. Mármore policromo. Arte grega arcaica; cerca de 530-520 a.C. Museu da Acrópole, Atenas.

Kûros (Jovem) do Pireu. Bronze. Arte grega arcaica; cerca de 520 a.C. Museu Nacional de Atenas.

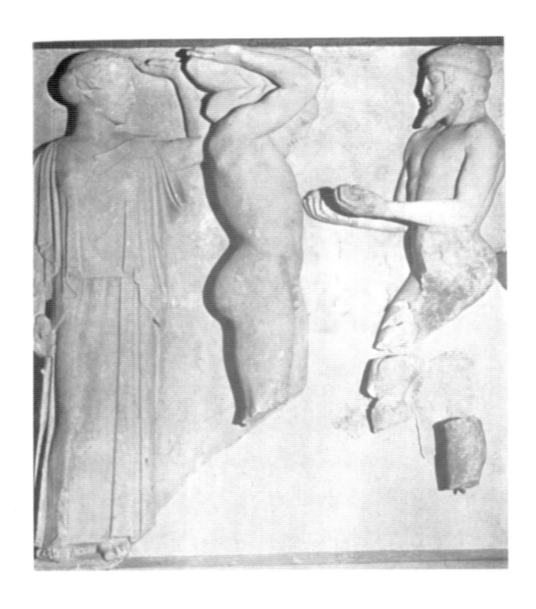

Atená, **Héracles** e **Atlas**. Métopa do templo de Zeus em Olímpia. Mármore. Início da época clássica; cerca de 470-460 a.C. Museu de Olímpia.

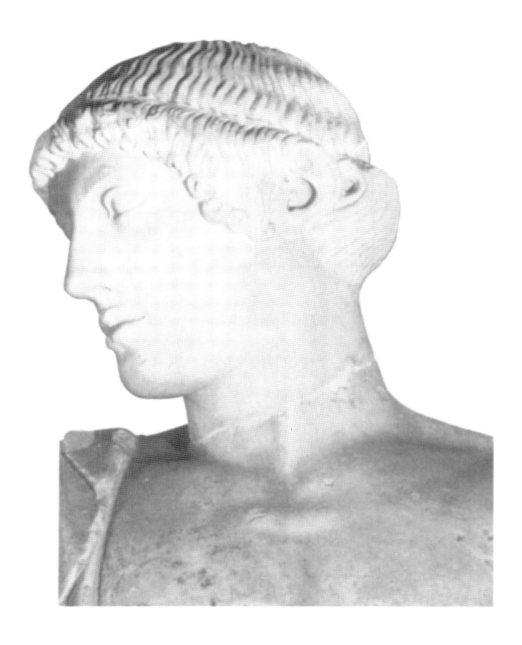

Apolo. Frontão oeste do Templo de Zeus em Olímpia. Mármore. Início da época clássica; cerca de 460 a.C. Museu de Olímpia.

Zeus de Artemísio. Bronze. Cerca de 460 a.C. Museu Nacional de Atenas.

Nascimento de Afrodite (?). Parte central do tríptico Ludovisi. Mármore. Cerca de 470-460 a.C. Museu Nacional de Roma.

Atená "refletindo". Baixo-relevo. Mármore. Cerca de 460 a.C. Museu da Acrópole, Atenas.

Nióbia ferida. Cópia romana de um bronze grego de 440 a.C. Mármore. Museu Nacional de Roma.

Mênade. Cópia romana de um original grego dos fins do séc. V a.C. Mármore. Palácio dos Conservadores, Roma.

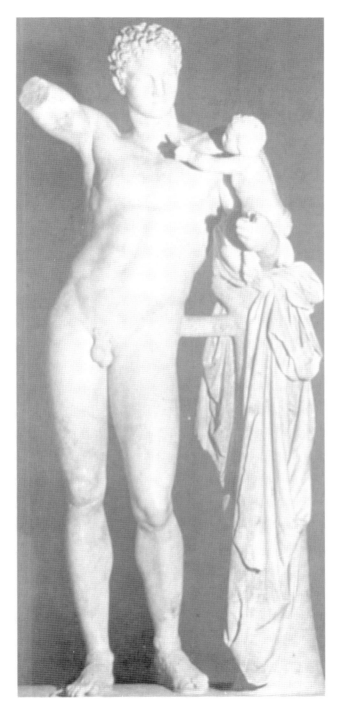

Hermes. Original de Praxíteles. Cerca de 340 a.C. Museu de Olímpia.

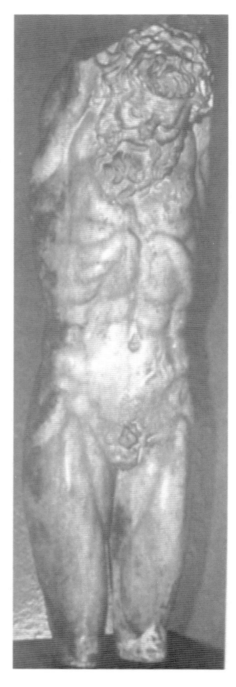

Suplício de Mársias. Cópia de um original da época helenística; séc. III a.C. Museu Arqueológico, Istambul.

Carneiro. Bronze. Siracusa. Época helenística. Museu Arqueológico, Palermo.

Ceneu e os Centauros. Vaso grego, 440 a.C. Museu Real de Arte e de História, Bruxelas.

As Amazonas em guerra. Perugia. Museu Britânico, Londres.

Hermes e o pastor Páris. Museu Metropolitano de Artes, Nova Iorque.

ção, configuram uma promessa de novas espigas. O trigo, como qualquer cereal, tem uma morte fértil, como diz Kerényi.

Talvez se pudesse fazer um cotejo com as palavras de Cristo a respeito desse mesmo grão de trigo: *Amen, amen dico uobis, nisi granum frumenti cadens in terram mortuum fuerit, ipsum solum manet: si autem mortuum fuerit, multum fructum adfert* (Jo 12,24): "Em verdade, em verdade, vos digo que, se o grão de trigo, que cai na terra, não morrer, fica infecundo; mas, se morrer, produz muito fruto". A mesma ideia é repetida por São Paulo em 1Cor 15,36.

Ao terminar uma síntese como esta sobre os Mistérios de Elêusis, fica-se, melancolicamente, num grande vazio. Muita história; mitologia abundante; uma pletora de nomes e de etimologias; citações e mais citações; hipóteses e só hipóteses. Sobre o *rito*, nem uma palavra. Os *Mistérios de Elêusis* foram, realmente, um grande mistério. O verbo *mýein*, fonte de *mystérion*, significa "calar a boca" e também "fechar os olhos": o grande segredo foi certamente sepultado no silêncio e nas trevas de cada Iniciado.

Talvez a razão esteja com Plutarco: "O segredo por si só aumenta o valor daquilo que se aprende".

Por seu relacionamento com a filha Perséfone, deusa ctônia, e com Triptólemo, o mensageiro da cultura do trigo, Deméter se revela a grande deusa das alternâncias da vida e da morte, que regularizam o ciclo da vegetação e de toda a existência. A deusa de Elêusis simboliza uma fase capital na organização da terra: a passagem da natureza bruta à cultura, da selvageria à civilização. Os símbolos sexuais que intervêm no curso da iniciação evocam não só a fecundidade da união sexual, mas sobretudo uma garantia para o *mýstes* de uma regeneração numa outra vida de luz e de felicidade.

Para Paul Diel, Perséfone seria o símbolo supremo da repressão e o sentido secreto dos Mistérios de Elêusis consistiria na descida ao inconsciente, com o propósito de liberar o desejo reprimido e procurar a verdade com vistas a si mesmo, o que pode ser a mais bela das conquistas. Deméter, que deu aos homens o pão, símbolo do alimento espiritual, lhes dará igualmente o sentido verdadeiro da vida: a liberação com respeito a toda exaltação, bem como a qualquer repressão. A deusa se afirmaria, desse modo, como símbolo dos desejos terrestres justificados, encontrando satisfação graças ao esforço engenhoso do intelecto-servidor, o qual, cultivando a terra, permanece acessível ao apelo do espírito[19].

De qualquer forma, o nume tutelar de Elêusis, matriz espiritual e material, é bem diferente de Hera, esposa de Zeus. Deméter não é a luz, mas o caminho para a luz, o archote que ilumina o caminho.

Perséfone é o grão que morre, para renascer mais jovem, forte e belo e, por isso mesmo, ela é *Core*, a Jovem. Poderia simbolizar o próprio neófito, que *morre na iniciação*, para renascer para uma vida que não terá fim.

A permanência de Perséfone no Hades, que seria para sempre, foi reduzida para quatro meses, por concessão especial de Plutão. É que a jovem esposa, embora a contragosto e forçada, comera lá embaixo uma semente de romã. Vamos ouvi-la:

> *Hades colocou dissimuladamente em minha mão*
> *Um alimento doce e açucarado, uma semente de romã,*
> *e, contra a minha vontade, usando de força,*
> *ele me obrigou a comê-la.*

> (*Hh. D.*, 411-413)

O simbolismo da romã se insere em outro de caráter mais geral, o dos frutos com muitas sementes, como a laranja, abóbora e cidra... Trata-se, essencialmente, de um símbolo de fecundidade, de posteridade numerosa. Na Grécia, a romã era um atributo da deusa Hera e de Afrodite e, em Roma, o penteado das mulheres casadas era feito com entrelaçamento de ramos tenros de romãzeira. Na Ásia, a imagem de uma semente aberta de romã expressa o desejo, quando não a própria vulva. Daí o dizer-se por lá que a *semente se abre e deixa vir cem filhos*. Na Índia, as mulheres bebiam o suco de sementes de romã para combater a esterilidade. Perséfone foi coagida a comer a semente doce da romã, que Hades astutamente lhe colocara na mão: é que esta semente, consagrando quem a come aos deuses infernais, é símbolo de uma doçura maléfica. Tendo-a comido, Perséfone passará, e assim

---

19. DIEL, Paul. Op. cit., p. 197.

mesmo por "generosa anuência" de Zeus e de Plutão, *um terço do ano nas trevas brumosas do Hades e os outros dois em companhia dos Imortais*. No contexto do mito, a semente de romã poderia significar que Perséfone deixou-se sucumbir pela sedução e mereceu o castigo de passar quatro meses nas trevas.

De outro lado, comendo a semente da romã, ela quebrou o jejum, que era a grande lei do Hades. Quem ali comesse fosse o que fosse não mais poderia regressar ao mundo dos vivos.

Os sacerdotes e sacerdotisas de Deméter, em Elêusis, se coroavam com ramos de romãzeira, mas nenhum Iniciado podia, em hipótese alguma, comer-lhe o fruto, porque, símbolo da fecundidade, possui a faculdade de fazer com que as almas mergulhem no cárcere do corpo.

A semente de romã, que condenou Perséfone às trevas, por uma contradição aparente do símbolo, condenou-a também à esterilidade. Paradoxo realmente aparente, porque a lei permanente do Hades prevalece sobre o prazer efêmero de haver ela saboreado uma doce semente de romã.

Dois pontos se devem destacar nessa desdita de Perséfone, que *comeu*, e *à força*, uma semente de romã. O primeiro é o poder de *fixação* que possuem, em muitas culturas, determinados alimentos e o segundo, a repressão exercida pelo homem sobre a mulher, através da alimentação.

É conhecida a força mística do alimento como fixação ou retorno obrigatório a determinado lugar. Câmara Cascudo diz que o ato de comer desliga de um país para outro, "como documento de naturalização indiscutido", e acrescenta que a iguaria tem uma potência mágica detentora. "Quem come e bebe certos alimentos ou líquidos não pode esquecer ou deixar de regressar aos lugares onde os consumiu"[20]. O folclore universal, incluindo o brasileiro, nos fornece uma lista deveras extensa de alimentos e bebidas com alto poder de retenção. Entre estes se alinham o cabrito assado do Cáucaso, o "puchero" da Argentina, a "olla podrida" da Espanha, o "porridge" da Escócia, o iogurte da Bulgária, o pato de Rouen, o "Coq au vin du Languedoc", o vatapá e o caruru da Bahia... A água

---

20. CASCUDO, Luís da Câmara. *Anúbis e outros ensaios*. Rio de Janeiro: O Cruzeiro, 1951, p. 42s.

da fonte Trevi em Roma é um convite a que se retorne à Cidade Eterna. O assaí de Belém do Pará retém por lá a quem dele bebeu:

> Quem vai ao Pará,
> parou.
> Bebeu assaí,
> ficou.

Francisco A. Pereira da Costa assinala com muita precisão o liame estabelecido pelo alimento entre esta e a outra vida: "O recém-nascido que não foi amamentado e morre batizado, não participando, portanto, de coisa alguma deste mundo, é um serafim, anjo da primeira hierarquia celestial, e vai imediatamente para as suas regiões ocupar um lugar entre seus iguais; o que receber amamentação e as águas do batismo é simplesmente um anjo, porém antes de entrar no céu passa pelo purgatório para purificar-se dos vestígios da sua efêmera passagem pela terra, expelindo o leite com que se amamentou"[21].

Nas cerimônias religiosas do casamento na Grécia e em Roma, a fixação do casal no novo lar dependia, entre outros ritos, da degustação do bolo nupcial. O fecho da cerimônia, τὸ τέλος (tò télos), "término, fim", simbolizava a mudança de lar e a fixação da noiva em seu novo domicílio, mas o ato representativo dessa transferência era comer com o noivo um pedaço de um bolo especial feito de gergelim e mel, bem como um marmelo ou tâmara, símbolos estes últimos da fecundidade.

Na velha Roma, após as duas primeiras partes da cerimônia, que se denominavam, respectivamente, *traditio*, que é a entrega da noiva ao marido, e *deductio in domum mariti*, ida da noiva para a casa do esposo, seguia-se, a *confarreatio*, que os dicionários traduzem por "forma solene de casamento romano", mas que, por extensão, se constituía na cerimônia básica do mesmo: consistia em se comer um bolo de farinha de *trigo* (far, farris) *em comum*, como símbolo de permanência. É claro que os *bolos* de casamento *ainda* continuam como símbolo do primeiro ato da vida em comum e doméstica da noiva, que, doravante, passaria a mostrar suas aptidões também culinárias...

---

21. 21 PEREIRA DA COSTA, Francisco Augusto. Folclore Pernambucano. In: *Revista do Instituto Histórico Brasileiro*. Rio de Janeiro, 1908, t. LXX, p. 84.

Os banquetes fúnebres, falamos sobretudo de Roma, possuíam, igualmente, entre outros, esse aspecto de fixação e permanência do morto no seio da família, uma vez que este se transformava em *deus Lar*. Os *di lares*, ou simplesmente *Lares*, eram espíritos tutelares, as almas dos mortos, encarregados de proteger a casa, donde sua permanência na mesma era absolutamente indispensável. A refeição fúnebre, para que a fixação fosse realmente efetiva, se repetia no nono dia, no trigésimo e, ao que parece, um ano após o óbito.

Na Idade Média havia um costume, pelo menos em Florença, extremamente curioso e que atesta o poder do alimento como vínculo social. Se o assassino conseguisse tomar uma sopa de pão e vinho sobre o túmulo de sua vítima no decorrer dos nove primeiros dias após o crime, a família do morto não poderia mais exercer o direito da clássica *vendetta*, segundo a alusão de Dante[22]:

> Sappi che'l vaso che'l serpente ruppe
> fu e non è; ma chi n' ha colpa creda
> che vendetta di Dio non teme suppe:

> "Principia por saber que o carro profanado
> há pouco pelo dragão já não está como foi,
> e se convença o malfeitor de que à justiça divina
> nenhuma *sopa* se antepõe".

Perséfone *foi obrigada a comer* a semente de romã e, com isso, sendo esta símbolo da *fertilidade*, a jovem ficou presa ao *marido*.

Fizemos um esboço de pesquisa sobre *alimentação* e *sexualidade* e não julgamos fora de propósito aproveitá-la aqui, uma vez que a semente de romã, como alimento e como símbolo, está estreitamente ligada à *sexualidade* e à *repressão*, no caso em tela, de Plutão sobre Perséfone.

Deve existir uma ligação biológica e real entre alimentação e sexualidade. Logo de saída, o ser, durante os nove meses de gestação, vive no seio materno, alimentando-se de sua substância e, uma vez nascido, nutre-se do leite materno.

---

22. ALIGHIERI, Dante. *La Divina Commedia. Purgatorio*, XXXIII, 34-36. Firenze: "La Nuova Italia" Editrice, 1980.

A analogia da mama com o ato sexual parece clara: "Trata-se, em ambos os casos, de um fenômeno de tumescência"; e, como acentua Havelock Ellis: "A mama inchada corresponde ao pênis em ereção; a boca ávida e úmida da criança corresponde à vagina palpitante e úmida; o leite, vital e albuminoso, representa o sêmen, igualmente vital e albuminoso. A satisfação mútua, completa, física e psíquica da mãe e da criança, pela passagem de um para o outro de um líquido orgânico e precioso, é uma analogia fisiológica verdadeira com a relação entre um homem e uma mulher no ponto culminante do ato sexual"[23].

"A semelhança de conformação entre as extremidades orais e vaginais, como observa Roger Caillois, numa parte do mundo animal, é um fato devidamente estudado"[24]. Eis por que, muitas vezes, o desejo sexual é encarado como um aspecto da necessidade de alimentação. O próprio comportamento normal do ser humano atesta uma característica que representa o liame entre alimentação e sexualidade: "a dentada de amor", por parte da mulher, no momento do coito. Refere-se o fato, ao que tudo indica, a um comportamento instintivo, sem nenhum caráter sádico. Tratar-se-ia, apenas, e inconscientemente, *de um ato simbólico de devorar o macho.*

Essa ligação biológica, primária, entre alimentação e sexualidade explica, num certo número de espécies animais, o fato de o macho ser devorado pela fêmea, como o louva-a-deus e a borboleta, por exemplo, logo após o coito.

No ser humano subsistem traços acentuados dessa convergência de instintos. No fundo, o homem receia ser devorado pela mulher. É o interior da vagina dentada, identificada com a boca, suscetível, por isso mesmo, de cortar o membro viril, no momento da penetração. O desenho da coletânea de poemas de Charles Baudelaire, *Les fleurs du mal*, que estampa uma mulher com a epígrafe *Quaerens quem devoret*, "buscando a quem devorar", é muito sugestivo a esse respeito.

Trata-se, ao que parece, do *complexo de castração*. E é tal esse temor, que, na primeira noite de núpcias, nas culturas primitivas, o noivo era ou ainda é substi-

---

23. ELLIS, H. L'impulsion sexuelle. In: *Études de psychologie sexuelle*. Paris, 1911, t. III, p. 199.
24. CAILLOIS, Roger. *Le mythe et l'homme*. Paris: Gallimard, 1938, p. 45.

tuído por um estrangeiro, um prisioneiro de guerra ou por uma personagem importante, como o sacerdote ou o rei. As duas primeiras classes eram escolhidas em função de seu pouco ou nenhum apreço e as duas últimas pelo fato de o sacerdote e o rei serem portadores da aura sagrada, não correndo, por isso mesmo, nenhum risco.

Explica-se, desse modo, o hábito que perdurou na França, até o século XIII, do célebre *Le Droit de cuissage du Seigneur*, ou seja, o direito da coxa do senhor, em que o rei, deflorando a noiva, dizia-se, prodigalizava às mulheres a fertilidade, bem como contribuía poderosamente para a prosperidade do rebanho e para colheitas abundantes. Como se vê, sexualidade ligada à alimentação. Aliás, o verbo *comer* em nossa língua tem, além de seu sentido normal, uma conotação chula.

Os maridos romanos, no ato do defloramento, invocavam aos gritos a deusa protetora *Pertunda* (nome proveniente de *pertundere*, varar de um lado a outro), conforme atesta, entre outros, Santo Agostinho, *De Ciuitate Dei*, 6,9,3[25]. Por que tanta precaução e medo? Primeiramente, o claro temor do fracasso, o complexo de castração, daí a presença de tantos "ajudantes", e depois o perigo que representava o sangue do hímen, que era tido como perigoso e nefasto.

O *Rig Veda*, X, 85,28,34, considera corno venenosa qualquer peça ensanguentada da noite de núpcias. O sangue do hímen é identificado com o catamênio, que afasta a mulher menstruada do convívio social, tornando-se a mesma tabu. Sempre presente o complexo de castração.

---

25. O grande bispo de Hipona, na passagem citada, critica violentamente a atitude dos maridos romanos que, na primeira noite de núpcias, temendo um fracasso, enchiam a alcova de deuses e deusas, para que os ajudassem na "ingente tarefa": Virginiense, Súbigo, Prema, Pertunda, Vênus, Priapo são divindades obrigatoriamente presentes! O autor da *Cidade de Deus* ironiza perguntando se não bastaria um deles e conclui indignado: *Et certe si adest Virginiensis dea, ut uirgini zona soluatur; si adest deus Subigus ut uiro subigatur; si adest Prema, ut subacta, ne se commoueat, comprimatur; dea Pertunda ibi quid facit? Erubescat, eat foras: agat aliquid et maritus. Valde inhonestum est, ut quod uocatur illa, impleat quisquam nisi ille:* "Se, com efeito, está presente a deusa Virginiense, para soltar o cinto da donzela; se está presente o deus Súbigo, para submetê-la ao marido; se está presente a deusa Prema, para que, submetida, a noiva se deixe deflorar, que faz lá a deusa Pertunda? Que ela se cubra de vergonha e vá embora, permitindo que o marido faça também alguma coisa. É sumamente vergonhoso que outro faça pelo marido o que significa etimologicamente Pertunda...

No mito são muitas, já o vimos, as figuras femininas devoradoras, cuja projeção é a *Giftmädchen*, quer dizer, a *donzela venenosa*: Lâmia, as Harpias, Empusa, Esfinge, as Danaides, as Sereias... E não é este também, em última análise, o sentido do mito de Pandora, que trouxe como presente de núpcias a Prometeu uma jarra ou uma *caixinha*, que, aberta, deu origem a todas as desgraças que pesam sobre os homens?

Ora, *caixa*, *caixinha*, em grego, diz-se *pyksís*, *pyksídos* que o latim clássico simplesmente transcreveu por *pyxis*, *-idis*. Do acusativo singular do latim popular *buxida*, de *buxis*, simples alteração de *pysis*, *-idis*, temos o francês *boiste* e depois *boîte*, caixa, cofre pequeno e trabalhado e também cavidade de um osso, bem como o português arcaico *boeta* e o clássico *boceta*, caixinha redonda, oval ou oblonga que, na linguagem chula, passou a ter também o sentido de vulva.

Para ficarmos apenas na Grécia, poder-se-ia ainda citar o nascimento do segundo Dioniso: Sêmele ficou grávida "de Zeus", porque *devorou* o coração de Zagreu, o primeiro Dioniso, consoante o mito órfico.

Parece realmente que o mito da fêmea devoradora é um mecanismo de defesa arquitetado pelo homem. É a "liquidação de um complexo por um mecanismo semelhante": *similia similibus curantur*, os semelhantes curam-se com os semelhantes. Trata-se de uma autodefesa do *macho*. Talvez a atividade sexual da mulher castre o homem. "O medo de ser enfraquecido pela mulher e sua estratégia sexual", a lassidão e uma certa fadiga que se seguem após o coito impediriam a realização de atos viris e até mesmo o sucesso nos empreendimentos e negócios a que se dedica o homem.

Luís da Câmara Cascudo colheu nos sertões nordestinos dois tabus muito apropriados ao que vimos expondo: "cangaceiro andou com mulher, abriu o corpo"[26], quer dizer, perdeu sua proteção mágica, enfraqueceu-se. E o segundo: "visita de mulher em manhã de segunda-feira dá liliu", ou seja, dá azar, "provoca desastres"...[27]

---

26. CASCUDO, Luís da Câmara. *Dicionário do folclore brasileiro*. Rio de Janeiro: Instituto Nacional do Livro, 1954, p. 595.

27. Ibid., p. 595.

Otto Rank sintetizou bem o problema: "O desprezo que o homem afeta pela mulher é um sentimento que tem sua fonte na consciência, mas, no inconsciente, o homem teme a mulher"[28].

"O sistema patriarcal tende então a 'eliminar a mulher', transformando em tabu qualquer tipo de aproximação. Nesse sentido, a nutrição é ligada inconscientemente à mãe"[29].

Afinal, a mulher é hipóstase da Terra-Mãe, matriz dos alimentos e é da "carne e sangue" da mulher que se nutre o feto durante nove longos meses. Tudo isso explicaria as restrições alimentares que incidem como tabu sobre a mesma, principalmente quando gestante, de resguardo ou menstruada.

"Um levantamento realizado no Espírito Santo, de 1957 a 1962, mostra que a gestante não deve comer: carne-seca com polenta, fígado de boi ou vaca, feijão com arroz, 'papa' de polenta, aipim, inhame, pimenta, repolho, abacaxi, jaca, melancia, manga quente do sol, além do mais, não pode comer fora de hora"[30]. Ovo é expressamente proibido à mulher de resguardo: a alimentação ideal, nestas circunstâncias, é carne de galinha, com pouco tempero. Queijo é perigoso: faz que a mãe ou a criança, ainda em período de mama, fique "esquecida"...

No fundo, a patrilinhagem "vinga-se" do complexo de castração. Uma simples semente de romã torna-se, destarte, um símbolo bastante sugestivo.

4

HADES, em grego Ἅιδης (Háides). Os antigos interpretavam este vocábulo com base na etimologia popular, sem nenhum cunho científico, e *Hades* erradamente era traduzido por "invisível, tenebroso", o que teria a vantagem, e há os que o fazem até hoje, de aproximá-lo do alemão *Hölle* e do inglês *hell*, "mundo subterrâneo, inferno".

---

28. RANK, Otto. *O traumatismo do nascimento*. Rio de Janeiro: Marisa Editora, 1934, p. 125.

29. AUGRAS, Monique. *A dimensão simbólica*. Petrópolis: Vozes, 1983, p. 99.

30. TEIXEIRA, F. Tabus Alimentares. In: *Revista Brasileira de Folclore*. T. XI, n. 30, 1971, p. 101-208, citado por Monique AUGRAS, op. cit., p. 98.

Modernamente se prefere aproximar Ἄιδης de αἰανής (aianés), por σαιϜανής (saiwanés), "terrível", latim *saeuus*, "cruel, terrível, violento", mas trata-se de simples hipótese.

Após a vitória sobre os Titãs, o Universo foi dividido em três grandes impérios, cabendo a Zeus o Olimpo, a Posídon o Mar e a Hades o imenso império localizado no "seio das trevas brumosas", nas *entranhas da Terra*, e, por isso mesmo, denominado "etimologicamente" Inferno, como se explicará depois.

Na luta contra os Titãs, os Ciclopes armaram *Hades* com um capacete que o tornava *Invisível*, daí a falsa etimologia que lhe deram os Gregos, ἀ (a) "não" e ἰδεῖν (ideîn) "ver". Esse capacete, por sinal, muito semelhante ao de Siegfried na mitologia germânica, foi usado por outras divindades como Atená e até por heróis, como Perseu, fato já mencionado no mito da Górgona. Por "significar" Invisível, o nome *Hades* (que também lhe designa o reino), é raramente proferido: Hades era tão temido, que não o nomeavam por medo de lhe excitar a cólera. Normalmente é invocado por meio de eufemismos, sendo o mais comum *Plutão*, o "rico", como referência não apenas a "seus hóspedes inumeráveis", mas também às riquezas inexauríveis das entranhas da terra, sendo estas mesmas a fonte profunda de toda produção vegetal. Isso explica o corno de abundância com que é muitas vezes representado. Violento e poderoso, receia tão somente que Posídon, o "sacudidor da terra", faça o solo se abrir e "franqueie aos olhos de todos, mortais e Imortais, sua morada horripilante, esse local odiado, cheio de bolor e de podridão", como lhe chama Homero na *Ilíada*, XX, 61-65.

Geralmente tranquilo em sua majestade de "Zeus subterrâneo", permanece confinado no sombrio Érebo, de onde saiu apenas duas vezes, uma delas para raptar Core. Exceto essa temerosa aventura, Hades ocupa sua eveternidade em castigar ou repelir os intrusos que teimam em não lhe respeitar os domínios, como o audacioso Pirítoo, que, acompanhado de Teseu, penetrou no Hades na louca esperança de raptar Perséfone. Pirítoo lá está, por astúcia de Plutão, sentado numa cadeira, por toda a eternidade, como se há de ver no mito de Teseu. Lutou ainda contra Héracles, que desceu aos Infernos, para capturar o cão Cérbero. Foi no decurso deste combate que o herói o feriu no ombro direito com uma flechada. Tão grande era a dor, que o Senhor dos mortos teve que subir ao Olimpo e solicitar os bons serviços de *Peéon* (epíteto de Apolo), o deus curandeiro, que lhe aplicou sobre o ferimento um bálsamo maravilhoso. É tão estreitamente ligado a Zeus ctônio, que Hesíodo prescreve ao camponês de invocá-lo associa-do a Deméter, antes de meter mãos à charrua. Derivado de *Pluto*, tão benéfico no *Hino homérico a Deméter*, *Plutão* possuía, como se mostrou, um valor puramente eufemístico, permitindo, assim, que se encobrisse o verdadeiro caráter de *Hades*, o cruel, o implacável, o inflexível, que odiado de todos (*Il.*, IX, 158), não po-deria, com esse nome, receber as honras devidas a um deus. As inscrições mos-tram que mesmo assim Plutão era muito pouco cultuado na Terra, possuindo, com certeza, apenas um templo em Elêusis e outro menor em Élis, que era aber-to somente uma vez por ano e por um único sacerdote.

Já que estamos no Hades, vamos dar uma ideia da concepção popular grega da outra vida, que é, a bem da verdade, resultante de vastos sincretismos, que se estendem de Homero aos derradeiros neoplatônicos (século III d.C.), passando luminosamente pela *Eneida* de Vergílio, composta, já se sabe, no século I a.C.

Tomada em bloco, a religião grega, que jamais teve um livro sagrado, tam-bém não comportava dogmas, porque nunca possuiu um sacerdócio (exceto, em parte, nos Mistérios e no Oráculo de Delfos), que a preservasse de erros e transmitisse a doutrina e a crença a seus adeptos, fortalecendo-lhes a fé. A au-sência de uma classe sacerdotal há de trazer à religião helênica consequências sérias. Não havendo quem consagrasse sua vida ao serviço dos deuses, de seus templos e de seus bens, os assim chamados sacerdotes não passavam de cida-dãos comuns, eleitos para a função por tempo determinado, verdadeiros sacer-dotes sem "vocação" e despreparados, as mais das vezes. Eram homens que, jun-to à sua ocupação normal na vida da cidade, tinham a missão temporária de cui-dar do culto de um deus e guardar-lhe o templo.

Enquanto no Oriente a atividade literária, como bem acentuou Nilsson[31], a conservação da tradição, a especulação e tudo quanto houvesse de ciência esta-vam nas mãos dos sacerdotes, tudo isto, na Grécia, desde a época mais antiga,

---

31. NILSSON, Martin P. Op. cit., p. 12s.

era assunto de leigos, de poetas e de pensadores. Quando se tratava de assuntos mais graves atinentes à religião, os mesmos *eram resolvidos* pela ἐκκλησία (ekklesía), pela *assembleia do povo*, embora se reconhecesse o poder dos deuses, solicitando-lhes o consentimento através do Oráculo de Delfos, se se tratasse sobretudo de modificar cultos antigos ou introduzir outros novos. É grande e séria a transcendência dessa circunstância, pois constitui nada menos que a base para a liberdade de pensamento, bem como para o nascimento da filosofia e da ciência. Pois bem, foi exatamente essa liberdade de pensamento, somada aos vastos sincretismos, que acabou por moldar "uma crença", que fez da religião grega uma colcha de retalhos. É verdade que os deuses tinham seus templos, seus nomes, suas múltiplas funções, mas cada um podia interpretá-los como bem o desejasse.

Assim sendo, não se pode falar de *uma escatologia grega*, mas houve na Hélade *tantas escatologias* quantas as fases e momentos histórico-sócio-culturais por que passou a Hélade. Houve *tantas escatologias* quantas as correntes literárias e filosóficas que medraram na pátria de Homero e de Sócrates. Já se falou de "escatologias" em Homero e Hesíodo: ambas muito diferentes... Poderíamos falar de outras: nos Órficos, nos Pitagóricos, em Platão e nos Neoplatônicos, nos Estoicos e até na ausência de escatologia no Epicurismo (V. *Dicionário mítico-etimológico*, verbete Escatologia).

Vamos nos ater, porém, para o momento, apenas na visão popular do além[32], não nos esquecendo, vamos repetir, que se trata de um *vasto sincretismo*.

O reino ctônio de Plutão chamava-se mais comumente *Hades*, mas havia outros nomes pelos quais podia ser designado, na Grécia e em Roma, muitas vezes

---

32. Em princípio, *Além* ou *Mundo do Além* não se confunde com *Outro Mundo*. O *Além* é o domínio misterioso para onde se encaminham todos os homens após a morte. É diferente do *Outro Mundo*, que não é um *Além*, mas um *duplo de nosso mundo*, na medida em que seus habitantes podem dele sair ou entrar, quando assim o desejarem. Podem até mesmo convidar simples mortais (Ganimedes, Tirésias, Sísifo) para visitá-lo ou lá permanecerem por algum tempo. Do *Além*, a não ser em circunstâncias especiais (reencarnação, Teseu, Orfeu, Eneias...) ninguém sai. O *Outro Mundo* é, por definição, o mundo dos deuses, em oposição ao mundo dos homens, vivos ou mortos, indo estes últimos para o *Além*. O *Outro Mundo* escapa às contingências do tempo e da dimensão. Seus habitantes são *imortais* e podem se encontrar, não importa o lugar ou o momento. Num impera a luz; no outro, as trevas.

tomando-se a parte pelo todo, como Érebo, Tártaro, Orco, Inferno, estes dois últimos provenientes do latim.

Discutida a etimologia de Hades, tentaremos estabelecer as das outras denominações, quando existirem.

ÉREBO, do grego Ἔρεβος (Érebos), designa as trevas que cercam o mundo.

Trata-se de uma concepção indo-europeia, *reqwos*, "cobrir de trevas", que aparece no sânscrito como *rájas*, "espaço escuro", no gótico *riqiz*, "escuridão", e no armênio *erek*, "tarde", como se mostrou no capítulo IX.

TÁRTARO, é o grego Τάρταρος (Tártaros), "abismo subterrâneo, local de suplícios". É possivelmente um empréstimo oriental.

Orco é o latim Orcus, "morada subterrânea dos mortos, os infernos". A etimologia do vocábulo é desconhecida. A proveniência do indo-europeu *areq* ou *areg* é atualmente considerada como fantasiosa, quando não absurda.

Inferno ou "*Os Infernos*" é palavra latina *infernus*. Etimologicamente *infernus* é uma forma segunda de *inferus*, "que se encontra embaixo", por oposição a *superus*, "que se encontra em cima", donde a oposição *Di Inferi*, deuses do Inferno, do Hades, e *Di Superi*, deuses do Olimpo. Observe-se, ainda, em latim, os comparativos *inferior*, que está mais embaixo, "inferior", por oposição a *superior*, que está mais acima, "superior".

Substantivado, o neutro plural *inferna, -orum*, significa as habitações dos deuses de baixo e também dos mortos, quer dizer, o *Inferno*, abstração feita, em princípio, de local de sofrimento ou de castigo, já que todos na Grécia e em Roma iam para o "Inferno", como parece ter sido no *Antigo Testamento*, o sentido de *Sheol*. onde é documentado sessenta e cinco vezes, como por exemplo em Jó 17,16: *in profundissimum infernum descendent omnia mea*: "todas as minhas coisas descerão ao mais profundo dos infernos". E era, precisamente, com esta acepção que ainda se rezava, no Credo, não faz muito tempo, (que Jesus Cristo) *desceu aos infernos*, expressão que, para evitar equívoco, foi substituída por *desceu à mansão dos mortos*. É a partir do *Novo Testamento*, todavia, que o *Inferno* é identificado com a *Geena*, local de sofrimento eterno e a parte mais profunda do *Sheol*, como está em Lc 16,22-23:

Factum est autem ut moreretur mendicus et portaretur ab angelis in sinum Abrahae. Mortuus est autem et dives et sepultus est in inferno: "Ora sucedeu morrer o mendigo e foi levado pelos anjos para o seio de Abraão, e morreu também o rico, e foi sepultado no inferno".

A sequência da parábola diz que Lázaro, o mendigo, estava lá *em cima* e o rico, lá *embaixo*, havendo entre ambos um abismo intransponível.

Na Grécia, ao que tudo indica, somente a partir do Orfismo, lá pelo século VII-VI a.C., é que o Hades, o *Além*, foi dividido em três compartimentos: Tártaro, Érebo e Campos Elísios. O fato facilmente se explica, conforme se há de falar no mito de Orfeu e Eurídice: é que o Orfismo rompeu com a secular tradição da chamada maldição familiar, segundo a qual não havia culpa individual, mas cada membro do *guénos* era corresponsável e herdeiro das faltas de cada um de seus membros, e tudo se quitava por aqui mesmo. Para os Órficos a culpa é sempre de responsabilidade individual e por ela se paga aqui; e quem não se purgar nesta vida, pagará na outra ou nas outras. Havendo uma *retribuição*, forçosamente terá que existir, no além, um prêmio para os bons e um castigo para os maus e, em consequência, local de prêmio e de punição. Veremos um pouco mais adiante que, desses três compartimentos, somente um era permanente, na concepção popular.

Quanto à localização, o Hades era um abismo encravado nas entranhas da Terra, e cuja entrada se situava no Cabo Tênaro (sul do Peloponeso) ou numa caverna existente perto de Cumas, na Magna Grécia (sul da Itália).

Também na literatura babilônia, na epopeia de Gilgamex, nos mitos de Nergal e Ereskigal, na descida de Ištar para os Infernos, estes são um lugar debaixo da Terra, além do oceano cósmico. Há dois caminhos para se chegar lá: descendo na terra ou viajando para o extremo ocidente; mas, antes de atingir o *Além*, é necessário transpor o rio dos mortos, "as águas da morte". Também as concepções ugarítica e bíblica localizam o Inferno nas profundezas da Terra (Sl 63,10). Abrindo-se esta, Coré, o levita, que se opôs a Moisés, bem como Datã e Abirão, com os seus, desceram vivos para os Infernos (Nm 16,30-33). Jó, que os considera como o lugar mais baixo da criação (11,8), imagina os acessos à outra vida no fundo do oceano primordial, em que a terra boia (Jó 38,16ss; 26,5).

O universo, por conseguinte, é dividido em três partes: "acima da terra, na terra e debaixo da terra" ou céu, terra e inferno (Ex 20,4; Fl 2,10).

Para que se possa compreender o destino da alma no Hades, vamos acompanhá-la em sua longa viagem, do túmulo ao reino de Plutão. A obrigação mais grave de um grego é o que concerne ao sepultamento de seus mortos: os filhos, ou, na carência destes, os parentes mais próximos devem sepultar seus pais segundo os ritos, sob pena de lhes deixar a alma volitando no ar por cem anos (o cômputo é puramente fictício), sem direito a julgamento, e, por conseguinte, à paz do Além. Lembremo-nos do já citado verso da *Ilíada* (XXIII, 71) no capítulo VII, em que a psiqué de Pátroclo pede angustiadamente a Aquiles que lhe sepulte o corpo, ou as cinzas, após a cremação, não importa:

> *Sepulta-me o mais depressa possível, para que eu cruze as portas do Hades.*

O sepultamento, todavia, depende de certos ritos preliminares: o cadáver, após ser ritualmente lavado, é perfumado com essências e vestido normalmente de branco, para simbolizar-lhe a pureza. Em seguida, é envolvido com faixas e colocado numa mortalha, mas com o rosto descoberto, para que a alma possa ver o caminho que leva à outra vida. Certos objetos de valor são enterrados com o morto: colares, braceletes, anéis, punhais... Os arqueólogos, escavando túmulos, encontraram grande quantidade desses objetos. Em certas épocas se colocava na boca do morto uma moeda, óbolo destinado a pagar ao barqueiro Caronte, para atravessar a alma pelos quatro rios infernais. Essa ideia de pagamento da passagem, diga-se logo, não é um simples mecanismo da imaginação popular. Toda moeda é um símbolo: representa o valor pelo qual o objeto é trocado. Mas, além de seu valor próprio de dinheiro, de símbolo de troca, as moedas, consoante Cirlot, "desde a Antiguidade tiveram certo sentido talismânico"[33], uma vez que nelas a conjunção do quadrado e do círculo não é incomum. Além do mais, a moeda, em grego *nómisma*, é o símbolo da imagem da *alma*, porque esta traz impressa a marca de Deus, como a moeda o traz do soberano, segundo opina

---

33. CIRLOT, J.E. *Diccionario de símbolos*. Madri: Labor, 1969, verbete.

Angelus Silesius. A moeda chinesa, denominada "sapeca", é um círculo com um furo quadrado no centro; vê-se aí claramente a *coniunctio oppositorum*: a conjunção do Céu (redondo) e da Terra (quadrada), o *animus* e a *anima*, formando uma totalidade. Por vezes se colocava junto ao morto um bolo de mel, que lhe permitia agradar o cão Cérbero, guardião da porta única de entrada e saída do Hades. O cadáver é exposto sobre um leito, durante um ou dois dias, no vestíbulo da casa, com os pés voltados para a porta, ao contrário de como entrou na vida. A cabeça do morto, coroada de flores, repousa sobre uma pequena almofada. Todo e qualquer homem podia velar o morto, acompanhar-lhe o féretro e assistir-lhe ao sepultamento ou à cremação, mas a lei era extremamente rígida com a *mulher*: na ilha de Ceos só podiam entrar na casa, onde houvesse um morto, aquelas que estivessem "manchadas" (a morte sempre contamina) pela proximidade de parentesco com o mesmo, a saber, a mãe, a esposa, as irmãs, as filhas e mais cinco mulheres casadas e duas jovens solteiras, cujo grau de parentesco fosse no mínimo de primas em segundo grau.

Em Atenas, igualmente, a legislação de Sólon era severa a esse respeito: só podiam entrar na casa do morto e acompanhar-lhe o enterro aquelas que fossem parentes até o grau de primas. Os presentes vestiam-se de luto, cuja cor podia ser preta, cinza e, por vezes, branca, e cortavam o cabelo em sinal de dor. Carpideiras acompanhavam o féretro para cantar o *treno*. Diante da porta da casa se colocava um vaso (*ardánion*) cheio de uma água lustral, que se pedia ao vizinho, porque a da casa estava contaminada pela morte. Todos que se retiravam, se aspergiam com essa água, com o fito de se purificar. O enterro se realizava na manhã seguinte à exposição do corpo. A lei de Sólon prescrevia que todo enterro se deveria realizar pela manhã, antes do nascimento do sol. Desse modo, os enterros em Atenas se faziam pela madrugada e por um motivo religioso: até os raios de sol se manchavam com a morte! No cemitério, sempre fora dos muros da cidade, o corpo era inumado ou cremado sobre uma fogueira: neste último caso, as cinzas e os ossos eram cuidadosamente recolhidos e colocados numa urna, que era sepultada. Após se fazerem libações ao morto, voltava-se para casa e se iniciava o minucioso trabalho de purificação da mesma, porque, para os gregos, o maior dos "miasmas" era o contato com a morte. Após um banho de cunho rigorosamente catártico, normalmente com água do mar, os parentes do morto participavam de um banquete fúnebre; este se renovava, em Atenas, ao menos, no terceiro, nono e trigésimo dia e na data natalícia do falecido.

Sepultado ou cremado o corpo, a psiqué era conduzida por Hermes, deus psicopompo, até a barca de Caronte[34]. Recebido o óbolo, o robusto demônio da morte permitia a entrada da alma em sua barca, que a transportava para além dos quatro temíveis rios infernais, Aqueronte, Cocito, Estige e Piriflegetonte, já por nós explicados no capítulo XII. Já do outro lado, após passar pelo cão Cérbero, o que não oferecia grandes dificuldades, pois o que o monstro de três cabeças realmente vigiava era a saída, a psiqué enfrentava o julgamento. O tribunal era formado por três juízes integérrimos: Éaco, Radamanto e Minos. Esse tribunal, no entanto, é bem recente. Homero só conhece como juiz dos mortos a Radamanto. Éaco aparece pela primeira vez em Platão.

Radamanto julgava os asiáticos e africanos; Éaco, os europeus. Em caso de dúvida, Minos intervinha e seu veredicto era inapelável.

Infelizmente quase nada se sabe acerca do conteúdo desse julgamento e a maneira como era conduzido, embora na *Eneida*, 6,566-569, Vergílio nos fale, de passagem, que Radamanto supliciava as almas, obrigando-as a confessar seus crimes ocultos.

Julgada, a alma passava a ocupar um dos três compartimentos: Campos Elísios, Érebo ou Tártaro. Neste último eram lançados os grandes criminosos, mor-

---

34. *Caronte*, em grego Χάρων (Kháron), cuja etimologia é controvertida. Popularmente e nome é tido come eufemismo; *Kháron* proviria do verbo χαίρειν (khaírein), "alegrar-se", donde Caronte seria o "amável" ou o "brilhante". Trata-se, no mito, de um gênio de mundo infernal, cuja função era transportar as almas para além dos rios do Hades, pelo pagamento de um óbolo. Em vida ninguém penetrava em sua barca, a não ser que levasse, como Eneias, um ramo de ouro, colhido na árvore sagrada de Core. Héracles, quando desceu ao Hades, forçou-o, à base de bordoadas, a deixá-lo passar. Como castigo, por "haver deixado" um vivo atravessar os rios, o barqueiro do Hades passou um ano inteiro encadeado. Parece que Caronte apenas dirige a barca, mas não rema. São as almas que o fazem. Representam-no como um velho feio, magro, mas extremamente vigoroso, de barba hirsuta e grisalha, coberto com um manto sujo, e roto, e um chapéu redondo. Nas pinturas tumulares etruscas, Caronte aparece como um demônio alado, a cabeleira eriçada de serpentes, segurando um martelo. Isto dá a entender que o Caronte etrusco é um "demônio da morte", aquele que "mata" o moribundo e o arrasta para o Hades. Para a etimologia v. *Dicionário mítico-etimológico*.

tais e imortais. Era o único local permanente do Hades: lá, como se viu nos capítulos IX e X, supliciados pelas Erínias, ficavam para sempre os condenados, os irrecuperáveis. O mesmo Vergílio, ainda no canto 6,595-627, nos dá uma visão dantesca dos suplícios a que eram submetidos os réprobos e a natureza dos crimes por eles perpetrados. O grande poeta, todavia, no que se refere às faltas graves cometidas, mistura habilmente "aos que espancaram os pais, aos avarentos, aos adúlteros, aos incestuosos, aos que desprezam os deuses", os condenados por crimes políticos... Estão no Tártaro os que "fizeram guerras civis, os desleais, os traidores, os que venderam a pátria por ouro e impuseram-lhe um senhor despótico..." É bom não perder de vista que, a par de ser um poema tardio (século I a.C.), a *Eneida* é também uma obra assumidamente engajada e comprometida com a ideologia política do imperador Augusto, cuja pessoa, cuja família, que era de origem divina[35], cujo governo e cujas reformas o poeta canta, exalta e defende. No Tártaro vergiliano, os assassinos principais de César, Cássio e Bruto, e seus grandes inimigos políticos, como Marco Antônio e a egípcia Cleópatra, entre muitos outros, sem omitir os heróis gregos, inimigos do troiano Pai Eneias, fundador da raça latina, certamente formariam um inferninho à parte, com suplícios adequados... Talvez mais violentos do que os do inferno político da *Divina Comédia* de Dante!

Mas a Sibila de Cumas, que acompanhara Eneias à outra vida, diz-lhe que, embora tivesse cem bocas, seria impossível nomear todas as sortes de crimes e relatar as espécies de castigos.

O Érebo e os Campos Elísios são impermanentes: trata-se mais de compartimentos de *prova* do que de *purgação*. As provações aí realizadas servem de parâmetro de regressão ou de evolução e aperfeiçoamento, cuja natureza nos escapa. Quer dizer, a descida definitiva ao Tártaro ou a próxima ἐνσωμάτωσις (ensomátosis), "reencarnação", ou ainda a próxima μετεμψύχωσις (metempsýkhosis),

---

35. Astutamente, Caius *Iulius* Caesar, aproveitando-se de uma lenda, segundo a qual o herói troiano *Eneias*, filho de Anquises e da deusa Vênus, e pai de *Iulus*, teria fundado a raça latina, o político romano fez uma falsa aproximação etimológica de *Iulius* com *Iulus* e candidatou-se também a ter sangue divino, como parente de *Vênus*. Ora, sendo Augusto sobrinho de César, o sangue de Vênus corria também em suas veias... Com o respaldo de uma deusa, o Imperador haveria de realizar suas grandes reformas. E o melhor é que, historicamente, as realizou...

"metempsicose", que são coisas muito diferentes[36], dependeriam intrinsecamente do "comportamento" da psiqué durante sua permanência no Érebo ou nos Campos Elísios. No Érebo estão aqueles que cometeram certas "faltas". Seria conveniente deixar claro que alguns habitantes temporários do Érebo, que Vergílio denomina *lugentes campi*, Campos das Lágrimas, não têm suas faltas especificadas e outros lá estão sem que possamos compreender o motivo. Recorrendo mais uma vez à *Eneida*, 6,426-450, vamos ver que nos Campos das Lágrimas estão criancinhas que morreram prematuramente; as vítimas de falso julgamento; as suicidas (o poema só fala em mulheres) por amor, como Fedra, Prócris, Evadne, Dido...

Alguns heróis troianos (*mirabile dictu*!) também lá estão e heróis gregos igualmente.

O poeta latino, no entanto, deixa bem claro que essas almas não estão no Érebo por acaso, "sem o aresto de juízes, uma vez que Minos indagou de sua vida e de seus crimes". Donde se conclui que cometeram "faltas".

Do Érebo, que é temporário, elas ou mergulharão no Tártaro, porque se pode regredir, ou subirão para outra impermanência, os Campos Elísios, único local de onde poderiam partir os candidatos à reencarnação ou à metempsicose.

Em se tratando do último nível ctônio, em que estão os poucos que lá conseguiram chegar, os Campos Elísios, em grego Ἠλύσια πεδία (Elýsia pedía) são descritos, ao menos na *Eneida*, 6,637ss, como um paraíso terrestre em plena idade de ouro. Lá residem os melhores em opulentos banquetes nos gramados, cantando em coro alegres canções, nos perfumados bosques de loureiro. Lá estão os que já passaram por uma série de provas e purgações. Mas, decorridos *mil anos*, após se libertarem totalmente das "impurezas materiais", as almas serão levadas por um deus às águas do rio Lete[37] e, esquecidas do passado, voltarão para reencarnar-se.

---

36. *Ensomátosis*, "reencarnação", é a transmigração de uma alma de um corpo humano para outro também humano; *metempsicose* é a reencarnação da alma humana sucessivamente em corpos múltiplos, humanos, animais ou até vegetais. Voltaremos a falar a esse respeito no volume II e mais amplamente no *Dicionário mítico-etimológico*.

37. *Lete*, em grego Λήθη (Léthe), significa "esquecimento". Era o único rio que se atravessava no retorno a esta vida.

Em nove versos, o grande poeta latino sintetiza toda a doutrina da reencarnação emanada da doutrina órfico-pitagórica:

quisque suos patimur manis; exinde per amplum
mittimur Elysium et pauci laeta arua tenemus,
donec longa dies perfecto temporis orbe
concretam exemit labem, purumque relinquit
aetherium sensum atque aurai simplicis ignem.
Has omnis, ubi mille rotam uoluere per annos,
Lethaeum ad fluuium deus euocat agmine magno,
scilicet immemores supera ut conuexa reuisant
rursus, et incipiant in corpora uelle reuerti.

(*En.*, 6,743-751)

– Todos sofremos em nossos manes os merecidos castigos.
Em seguida somos enviados para o vasto Elísio
e são poucos os que ocupam estes prados alegres,
enquanto o escoar dos anos destrói a impureza material,
deixando puro o etéreo espírito, no estado primeiro
de fulgor ígneo. Um deus então, decorridos mil anos,
leva às águas do Lete as almas purificadas,
para que, esquecidas do passado, tornem a ver a face
da terra e queiram voltar a novos corpos.

Poderia causar estranheza aos menos avisados o fato de nos termos apoiado, em alguns pontos, num poema latino, para explicar a escatologia popular grega. A explicação é fácil: *toda a parte doutrinária* do 6° canto da *Eneida* é órfico-pitagórico-platônica. Boyancé fez um estudo extraordinário da religião vergiliana e no capítulo VII, intitulado *Inferi* (Os Infernos), sintetizou não apenas quanto o poeta latino deve à Grécia no 6° canto, mas quanto também Vergílio é original no mesmo canto sexto, que é considerado, com justas razões, como o termômetro da *Eneida*. "Observando-se as concepções religiosas (do canto 6°), tudo é grego, quer se trate de mitos infernais ou de doutrinas filosóficas. Mas que o Pai (Anquises) seja o hierofante e que Eneias, por sua *pietas*, tenha sido conduzido a ele, que o cívico e o cósmico estejam estreitamente associados, tudo isto faz que o espírito, que dá vida às concepções, aos mitos e à doutrina, se torne profundamente romano".

Eis aí uma visão da escatologia grega popular em suas linhas gerais, mas poder-se-ia perguntar: a quantas reencarnações se tinha direito? E depois de totalmente purificada das misérias do cárcere do corpo, qual o destino final da psiqué? A primeira pergunta talvez se pudesse responder evasivamente que o número de reencarnações se mediria pela paciência dos deuses (que certamente não era muito grande!); e à segunda, dizendo-se que, via de regra, o céu grego era platonicamente a *Via Láctea*. Ao menos, que se saiba, a cabeleira de Berenice e os imperadores romanos, que morriam benquistos do povo, eram transformados em astros...

5

POSÍDON, em grego Ποσειδῶν (Poseidôn). Partindo-se da variante gráfica Ποτειδάων (Poteidáon), é possível, segundo Kretschmer, *Glotta*, 1, 1909, 27ss, 382ss, analisar o teônimo como justaposição do vocativo *Πότει (*Pótei), v. πόσις (pósis), "senhor, esposo", e de Δᾶς (Dâs), nome antigo da "terra", δᾶ (dâ) e Δημήτηρ (Deméter), donde Posídon seria "o mestre, o senhor, o esposo da terra" conforme assinala Pierre Chantraine, *DELG.*, p. 931. Carnoy, *DEMG*, p. 170, com base no dórico, decompõe o vocábulo Ποτειδᾶν (Poteidân) em πόσις (pósis), "senhor", e δᾶν (dân), "água", e Posídon significaria "o senhor das águas", o que é pouco provável.

De qualquer forma, Posídon é o deus das águas, mas a princípio, e antes do mais, das águas subterrâneas. Veremos o *motivo histórico* desse fato linhas abaixo. Quando o Universo, após a vitória de Zeus sobre os Titãs, foi dividido em três grandes reinos, como se mostrou, ao falarmos de Hades, Posídon obteve, por sorte, *mas para sempre*, o *domínio do branco mar* (*Il.*, XV, 187s). Embora tenha lutado valentemente contra os Titãs e "fechado sobre eles as portas de bronze do Tártaro", o deus do mar nem sempre foi muito dócil à superioridade e à autoridade de seu irmão Zeus.

Tal independência explica o ter participado com Hera e Atená de uma conspiração para destronar o pai dos deuses e dos homens. A intentona teria surtido efeito, não fora a pronta intervenção do Hecatonquiro Briaréu, chamado às pressas por Tétis. Bastou a presença do monstro, para que os conjurados desistissem de seu intento. Como castigo, Posídon foi obrigado a servir durante um ano ao rei de Troia, Laomedonte. Ali, juntamente com Apolo e o mortal Éaco, participou da construção da sólida muralha da fortaleza de Heitor.

Ao término da fatigante tarefa, Laomedonte se recusou a pagar o salário combinado. Posídon suscitou contra a região da Tróada um terrível monstro marinho e na Guerra de Troia, apesar de sua prudência e temor de Zeus, colocou-se ao lado dos aqueus, exceção feita a certas vinganças pessoais contra Ájax da Lócrida e Ulisses. Disfarçado em Calcas, o deus encoraja os dois Ájax, exorta Teucro e Idomeneu e acaba tomando parte pessoalmente no combate, mas se retirou da refrega, sem discutir, quando Zeus assim o decidiu. Se salvou Eneias de morte certa nas mãos de Aquiles, talvez tal atitude se explique porque o herói troiano não estava ligado à família de Laomedonte, mas a Trós, através de Anquises, Cápis e Assáraco ou ainda porque desejasse angariar um sorriso de Afrodite. Como Zeus, o deus do mar também está ligado ao cavalo, ao touro, a Deméter, como divindade de fecundação. Casou-se com Anfitrite, que foi mãe do "imenso Tritão, divindade terrível e de grandes forças, que habita com sua mãe e seu ilustre pai um palácio de ouro nas profundezas das águas marinhas" (*Teog.*, 930-933). Reina em seu império líquido, à maneira de um "Zeus marinho", tendo por cetro e por arma o *tridente*, que os poetas dizem ser tão terrível quanto o raio. Seu palácio "faiscante de ouro e indestrutível" (*Il.*, XIII, 22) ficava nas profundezas de Egas, cidade na costa norte da Acaia, onde estava localizado um de seus principais santuários. Percorria as ondas sobre uma carruagem tirada por seres monstruosos, meio cavalos, meio serpentes. Seu cortejo era formado por peixes e delfins e criaturas marinhas de todas as espécies, desde Nereidas até gênios diversos, como Proteu e Glauco. Eis as facetas mais conhecidas do grande deus do mar, desde Homero. Subsistem, porém, na própria epopeia, vestígios de um Posídon mais antigo e bem diferente, revelado por epítetos frequentes e significativos e curiosamente sinônimos, como ἐνοσίχθων (enosíkhthon), σεισίχθων (seisíkhthon) e ἐννοσίγαιος (ennosígaios), quer dizer, o "sacudidor da terra", o que corresponde a uma ação *de baixo para cima*, isto é, a uma atividade exercida do seio da terra por uma divindade subterrânea. Posídon, com efeito, foi um antigo deus ctônio, muito antes de tornar-se um deus do luar. Em suma, estes três epítetos mostram que originariamente o deus foi uma divindade ativa que fazia a terra oscilar, quer se tratasse da seiva vital e de abalos sísmicos, quer se tratasse de todas as águas que escapavam do seio da Terra-mãe. Com os epítetos de Φυτάλμιος (Phytálmios) e Φύκιος (Phýkios), isto é, que faz nascer, que produz algas", Posídon aparece igualmente como o promotor da vegetação marinha e terrestre, sendo esta última alimentada pelas águas doces tidas como emanação do deus. Como *Phytálmios*, diga-se de passagem, o "sacudidor da terra" estava associado nas Haloas a Dioniso e Deméter e no velho mito da Arcádia era considerado como esposo de Deméter-Geia. Essencialmente *ctônio*, o que não significa *infernal*, eis aí o Posídon dos primeiros invasores gregos, que, não conhecendo e não tendo um vocábulo seu para designar *mar*[38], não poderiam ter trazido consigo um *deus do mar*. Trouxeram, realmente, um "outro deus", o Posídon ctônio, senhor das águas subterrâneas, depois das águas "terrestres", nascentes, fontes e lagos, e, só depois, deus do mar.

Meillet, cujas conclusões acabamos de citar, resume o problema do desconhecimento do mar por parte dos gregos e portanto da inexistência, a princípio, de um deus "das águas salgadas" com as seguintes palavras: "O mar não possui em grego uma denominação antiga e não existe para mar outro nome indo-europeu a não ser no grupo supracitado, do latim *mare*..."[39] Devem ter sido os emigrantes gregos que povoaram as ilhas e as regiões costeiras da Ásia Menor, esses "navegadores convertidos", que estenderam ao império das ondas o poder do deus que até então reinava apenas sobre as águas terrestres e ctônias.

---

38. Como muitas línguas indo-europeias (exceto um vasto grupo, que se estende do ítalo-céltico ao eslavo e que jamais perdeu o contato com o *mar*, e possuía um nome comum para designá-lo: latim *mare*; irlandês *muir*; gótico *marei*; velho eslavo *morje*...), o grego não tinha uma palavra própria para designar *mar*. O grego πόντος (póntos) "mar" teria significado, de início, *caminho* e estaria aparentado com o latim *pons* e com o sânscrito *pánthâh*, "caminho"; πέλαγος (pélagos) "mar", cuja etimologia não se conhece com segurança, lembra o latim *planus* e parece, como o mesmo latim *aequor*, designar "uma vasta superfície" e θάλαττα (thálatta), "mar", é certamente um empréstimo mediterrâneo.

39. MEILLET, Antoine. *Aperçu d'une histoire de la langue grecque*. Paris: Hachette, 1935, p. 12.

Desse modo, Posídon, o "sacudidor da terra", se tornou também o "sacudidor do mar" e recebeu o duplo privilégio de domador de cavalos e salvador de navios. Bem mais que "às crinas das ondas", as espumas das vagas, e ao galope do cavalo, é à natureza primitivamente ctônia de Posídon que se devem atribuir no mito e no culto seus vínculos frequentes com o cavalo, que, como o touro, que lhe é igualmente associado, é um símbolo das forças subterrâneas, além de ser, por sua clarividência e familiaridade com as trevas, um guia seguro, um excelente psicopompo. O nome do cavalo, em grego ἵππος (híppos), está ligado ao de algumas fontes, como *Aganipe, Hipocrene*. Numa versão tessália o deus foi pai de Esquífio, o primeiro cavalo, que ele teve de Geia, e no folclore da Arcádia foi pai de Aríon, o cavalo de crinas azuis, que ele gerou, como vimos, após transformar-se em garanhão, para conquistar Deméter, metamorfoseada em égua. Há um mito relatado por Pausânias (8,8,2), segundo o qual Posídon se salvara da fúria devoradora de Crono, metamorfoseando-se em potro. Segundo uma variante, na disputa com Atená pelo domínio da Ática, o deus teria feito sair da terra um cavalo e não uma fonte.

Posídon é o presenteador, por excelência, de cavalos alados e até dotados de palavra e de inteligência: Pégaso, o cavalo alado, foi dado a Belerofonte; os "inteligentes" Xanto e Bálio foram presenteados a Peleu. Alguns heróis, que passam por filhos seus, Hipótoon, Neleu e Pélias, foram amamentados por éguas.

A ligação entre Posídon e o cavalo é tão estreita, que o animal pode substituir o próprio deus. Na *Ilíada*, XXIII, 584, Menelau, desconfiado de que a vitória de Antíloco fora fraudulenta, convida-o a jurar por Posídon, estendendo a mão sobre seus cavalos e o carro. No culto, o deus é, muitas vezes, chamado *Híppios*, "gerador de cavalos", particularmente em Olímpia, onde a disputa entre Pélops e Enômao se converteu num protótipo de concursos hípicos que se encontram, por vezes, em suas festas.

Não menor é a ligação do deus com o touro, sua vítima predileta, que lhe era sacrificado no altar ou precipitada viva no mar (*Il.*, XI, 728; XX, 403; *Odiss.*, I, 25 e III, 178). Na tragédia de Eurípides, *Hipólito Porta-Coroa*, o touro surge, dessa feita, sob um aspecto monstruoso, para destruir o inocente Hipólito, a pedido de Teseu, o filho de Posídon-Egeu.

Foi igualmente Posídon o responsável pela paixão de Pasífae pelo lindíssimo touro de Creta, para punir o rei Minos, que não cumprira a promessa de sacrificar-lhe o animal.

O deus do mar teve, além da esposa legítima Anfitrite, muitos amores, todos fecundos. Mas, enquanto os filhos de Zeus eram heróis benfeitores da humanidade, os filhos de Posídon, em sua maioria, eram gigantes terríveis e violentos, como, em parte, já se viu. Com Toosa gerou o monstruoso ciclope Polifemo; com Medusa, o gigante Crisaor e o cavalo Pégaso; com Amimone, uma das cinquenta filhas de Dânao, teve Náuplio; com Ifimedia, os alóadas, isto é, os gigantes Oto e Efialtes. Além destes foram filhos seus, Cércion e Cirão, grandes salteadores, ambos mortos por Teseu; o rei dos lestrigões, Lamo, e o caçador maldito, Oríon; com Hália foi pai de seis filhos e de uma filha chamada Rodos, que deu seu nome à ilha de Rodes. Os filhos homens de Posídon com Hália eram tão violentos e cometeram tantos excessos, que Afrodite os enlouqueceu. Como tentassem violentar a própria mãe, para não serem massacrados, Posídon os escondeu no fundo da terra. Desesperada, Hália precipitou-se no mar. Os habitantes de Rodes instituíram-lhe um culto, como a uma divindade, sob o nome de Leucoteia.

O mês ático Posídeon, que lhe era consagrado, e correspondia mais ou menos a dezembro, era o mês das tempestades de inverno, pois que Posídon é antes o deus do mar encapelado que da bonança. É invocado, por isso mesmo, como salvador dos navios e protetor dos passageiros. Talvez uma certa selvageria em seu caráter e modo de agir, e bem assim a violência da maioria de seus filhos configurem o aspecto sinistro dos elementos.

Quando os homens se organizaram em cidades, os deuses decidiram escolher uma ou várias delas, onde seriam particularmente honrados. Acontecia, frequentemente, no entanto, que duas ou três divindades escolhiam a mesma, o que provocava sérios conflitos, que eram submetidos à arbitragem de seus pares ou ao juízo de simples mortais. Nesses julgamentos Posídon quase sempre teve suas pretensões vencidas. Assim é que perdeu para Hélio a cidade de Corinto, por decisão de Briaréu. Desejou reinar em Egina, mas foi suplantado por Zeus. Em Naxos foi derrotado por Dioniso; em Delfos, por Apolo; em Trezena, por Atená. A disputa maior, todavia, foi pela posse de Atenas e de Argos. Desejando ardentemente Atenas, foi logo se apossando da cidade. Para mostrar sua força, fez brotar da terra, com um golpe de tridente, *um mar*, outros dizem que foi *um cavalo*. Atená, tendo convocado o rei de Atenas, Cécrops, tomou-o por testemunha de sua ação: plantou simplesmente um pé de oliveira, símbolo da paz e da fecundidade.

A magna querela foi arbitrada, segundo uns, por Cécrops e Crânao, também rei de Atenas, consoante outros pelos próprios deuses. Tendo Cécrops testemunhado que Atená plantara primeiro o pé de oliveira, foi-lhe dada a vitória. Irritado, o deus inundou a planície de Elêusis, fertilíssima em oliveiras. Em Argos, disputada também pela deusa Hera, o árbitro foi Foroneu, o primeiro a reunir os homens em cidades. Lá igualmente se decidiu em favor da deusa. Posídon, em sua cólera, amaldiçoou a Argólida e secou-lhe todas as nascentes. Pouco depois, chegou à região Dânao com suas cinquenta filhas e não encontrou água para beber. Posídon, que se apaixonara por Amimone, levantou a maldição e os mananciais reapareceram. Talvez, por compensação, foi-lhe outorgada sem disputa uma ilha longínqua, mas paradisíaca: a *Atlântida*, sobre que faremos algumas digressões.

Atlântida, em grego Ἀτλαντίς (Atlantís), prende-se a *Atlas*, em grego Ἄτλας (Átlas), "que sustém a abóbada celeste", vocábulo formado, ao que tudo indica, de um prefixo intensivo *a-* e de *tlâ*, que aparece no grego τλῆναι (tlênai), "suportar".

Em dois de seus diálogos, *Timeu* e *Crítias*, conta Platão que Sólon, quando de sua viagem ao Egito, interrogara alguns sacerdotes e um deles, que vivia em Saís, no Delta do Nilo, lhe relatou tradições muito antigas relativas a uma guerra entre Atenas e os habitantes da Atlântida. Esse relato do filósofo ateniense se inicia no *Timeu* e é retomado e ampliado num fragmento que nos chegou do *Crítias*. Os atlantes, segundo o sacerdote de Saís, habitavam uma ilha, que se estendia diante das Colunas de Héracles, quando se deixa o Mediterrâneo e se penetra no Oceano. Quando da disputa, já conhecida por nós, entre Atená e Posídon pelo domínio de Atenas, o deus do mar, tendo-a perdido, recebeu como prêmio de consolação a Atlântida. Lá vivia Clito, uma jovem de extrema beleza, que havia perdido os pais, chamados, respectivamente, Evenor e Leucipe.

Por ela, que habitava uma montanha central da ilha, se apaixonou o deus, que, de imediato, lhe cercou a residência com altas muralhas e fossos cheios de água.

Dos amores de Posídon com Clito nasceram cinco vezes gêmeos. O mais velho deles chamava-se Atlas. A ele o deus concedeu a supremacia, tornando-se o mesmo o rei suserano, uma vez que a ilha fora dividida em dez pequenos reinos, cujo centro era ocupado por Atlas. A Atlântida era riquíssima por sua flora, fauna e por seus inesgotáveis tesouros minerais: ouro, cobre, ferro e sobretudo *oricalco*, um metal que brilhava como fogo. A ilha foi embelezada com cidades magníficas, cheias de pontes, canais, passagens subterrâneas e verdadeiros labirintos, tudo com o objetivo de lhe facilitar a defesa e incrementar o comércio. Anualmente, os dez reis se reuniam e o primeiro ato que praticavam em comum era a caçada ritual ao touro. Essa perseguição e a captura do animal sagrado se faziam no próprio *témenos* do deus, isto é, porção de território com um altar ou templo consagrado à divindade. Após garrotearem o animal, decapitavam-no, o que faz lembrar o *tauróbolo* da Creta minoica, cerimônia em que a perseguição precede à oblação final da vítima. O sangue do touro era cuidadosamente recolhido e com ele os dez reis se aspergiam, porque o animal é identificado com a divindade (Plat., *Crít.*, 119d-120c). Após esse rito inicial, os reis, revestidos de uma túnica azul-escuro, sentavam-se sobre as cinzas ainda quentes do sacrifício e davam início à segunda parte da reunião sagrada. Apagados todos os archotes, mergulhados em trevas profundas, os monarcas faziam sua autocrítica e julgavam-se reciprocamente durante uma noite inteira. Aqui, infelizmente, termina o relato do filósofo. Sabe-se ainda que tentando subjugar o mundo, os atlantes foram vencidos pelos atenienses, e isto nove mil anos antes de Platão. Os atlantes e sua ilha, consoante ainda o autor de *Crítias*, desapareceram completamente, tragados por um cataclismo.

Existe, no entanto, uma variante muito significativa de Diodoro Sículo (século I a.C.), acerca da Atlântida e seus habitantes.

Segundo o Autor da *Biblioteca histórica*, a Amazona Mirina declarou guerra aos atlantes que habitavam um país vizinho da Líbia, à beira do Oceano, onde os deuses, dizia-se, haviam nascido. À frente de uma cavalaria de vinte mil Amazonas e de uma infantaria de três mil, conquistou primeiro o território de um dos dez reinos da Atlântida, cuja capital se chamava Cerne. Em seguida, avançou sobre a capital, destruiu-a e passou todos os homens válidos a fio de espada, levando em cativeiro as mulheres e as crianças. Os outros nove reinos da Atlântida, apavorados, capitularam imediatamente. Mirina os tratou generosamente e fez aliança com eles. Construiu uma cidade, a que deu o nome de Mirina, em lugar da que havia destruído, e franqueou-a a todos os prisioneiros e a quantos desejassem habitá-la. Os atlantes pediram então à denodada Amazona que os ajudasse na luta contra as Górgonas. Depois de sangrenta batalha, Mirina conseguiu brilhante vitória, mas muitas das inimigas conseguiram escapar. Certa noite, porém, as Górgonas prisioneiras no acampamento das vencedoras lograram apoderar-se das armas das sentinelas e mataram grande número de Amazonas. Recompondo-se logo, as comandadas de Mirina massacraram as rebeldes. Às mortas foram prestadas honras de heroínas e, para perpetuar-lhes a memória, foi erguido um túmulo suntuoso, que, à época histórica, ainda era conhecido com o nome de *Túmulo das Amazonas*.

As gestas atribuídas a Mirina, todavia, não se esgotam com estas duas guerras. Mais tarde, após conquistar, talvez com auxílio dos atlantes, grande parte da Líbia, dirigiu-se para o Egito, onde reinava Hórus, filho de Ísis, e com ele concluiu um tratado de paz. Organizou, em seguida, uma gigantesca expedição contra a Arábia; devastou a Síria e, subindo para o norte, encontrou uma delegação de cilícios, que, voluntariamente, se renderam. Atravessou, sempre lutando, o maciço do Tauro e atingiu a região do Caíque, término de sua longa expedição. Já bem mais idosa, Mirina foi assassinada pelo rei Mopso, um trácio expulso de sua pátria pelo rei Licurgo.

A lenda desta Amazona é mais uma "construção histórica" e não constitui propriamente um mito, mas uma interpretação de elementos míticos combinados de modo a formar uma narrativa mais ou menos coerente, nos moldes das interpretações "racionalistas" dos mitógrafos evemeristas.

Mirina, rainha das Amazonas, é seu nome da *Ilíada*, mas este é seu nome "junto aos deuses"; entre os homens ela é chamada Batiia.

A Atlântida, o continente submerso, seja qual for a origem do mito, permanece no espírito de todos, à luz dos textos inspirados a Platão pelos sacerdotes egípcios, como o símbolo de uma espécie de paraíso perdido ou de cidade ideal. Domínio de Posídon, aí instalou ele os dez filhos que tivera de uma simples mortal. O próprio deus organizou e adornou sua ilha, fazendo dela um reino de sonhos: "Seus habitantes se enriqueciam de tal maneira, que jamais se ouviu dizer que um palácio real possuísse ou viesse algum dia a possuir tantos bens. Tinham duas colheitas por ano: no inverno utilizavam as águas do céu; no verão, aquelas que lhes dava a terra, com a técnica da irrigação" (*Crít.*, 114d, 118e).

Quer se trate de reminiscências de antigas tradições, quer a narrativa platônica não passe de uma utopia, o fato é que, tudo leva a crer, Platão projetou na Atlântida seus sonhos de uma perfeita organização político-social: "Quando as trevas desciam e as chamas dos sacrifícios se extinguiam, os reis, cobertos com lindas indumentárias de um azul-cinza, sentavam-se por terra, nas cinzas do holocausto sacramental. Então, em plena escuridão da noite, apagados todos os archotes em torno do santuário, os soberanos julgam e são julgados, se houver sido cometida por qualquer deles alguma falta. Terminado o julgamento, as sentenças são gravadas, já em pleno dia, sobre uma mesa de ouro, que era consagrada como recordação do feito" (*Crít.*, 120bc).

Mas quando neles se "enfraquecia o elemento divino e o humano passava a dominar", eram alvo do castigo de Zeus.

A Atlântida reúne, assim, o tema do Paraíso e da Idade de Ouro, que se encontra em todas as culturas, seja no início da humanidade, seja no seu término. A originalidade simbólica da Atlântida está na ideia de que o Paraíso reside na predominância em cada um de nós de um elemento divino.

Acerca do destronamento de Crono e de sua magna consequência, que foi a vitória de *Zeus*, fundador da terceira e última geração divina, há de se falar longamente no capítulo seguinte.

Capítulo XIV
A Terceira Geração Divina:
Zeus e suas lutas pelo poder

1

Zeus, em grego Ζεύς (Dzeús), divindade suprema da maioria dos povos indo-europeus. Seu nome significa o que ele sempre foi antes de tudo: "o deus luminoso do céu". A flexão Ζεύς (Dzeús), Διός (Diós) pressupõe dois radicais: *dy-eu, *dy-êu, fonte de Ζεύς (Dzeús) e do ac. Ζῆν (Dzên), que se origina de *dyê(u)m a que corresponde o sânscrito dyauḥ; o segundo radical é deiw > deiuos > *dei(u)os > deus e com alternância *diw-, como se vê no gen. ΔιϜός (Diwós). Em latim IOU, de *dyew, com a junção de piter (pater), gerou Iuppiter, "pai do céu luminoso", que possui o mesmo significado que Dyâus pitar. No a.a. alemão Tiu>Ziu se tornou o deus da guerra, aparecendo o mesmo nome igualmente em inglês, sob a forma Tuesday, "o dia de Zeus". Em francês, "o dia de Júpiter" surgiu primeiramente com a forma juesdi, depois jeudi, que é o latim iouis dies, "dia de Júpiter". Aliás, os inúmeros epítetos gregos de Zeus atestam ser ele um deus tipicamente da atmosfera: ómbrios, hyétios (chuvoso); úrios (o que envia ventos favoráveis); astrápios ou astrapaîos (o que lança raios); brontaîos (o que troveja). Nesse sentido, diz Teócrito que Zeus ora está sereno, ora desce sob a forma de chuva. Num só verso (Il., XV, 192), Homero sintetiza o caráter celeste do grande deus indo-europeu: *Zeus obteve por sorte o vasto céu, com sua claridade e suas nuvens.*

Antes de penetrarmos no mito de Zeus e sua conquista definitiva do Olimpo, voltemos brevemente a *Crono*, para que se possa colocar uma certa ordem didática no assunto. Como se mostrou no capítulo X, depois que se tornou senhor do mundo, Crono converteu-se num tirano pior que seu pai Úrano. Não se contentou em lançar no Tártaro a seus irmãos, os Ciclopes e os Hecatonquiros, porque os temia, mas, após a admoestação de Úrano e Geia de que seria destronado por um dos filhos, passou a engoli-los, tão logo nasciam. Escapou tão-somente o caçula, Zeus: grávida deste último, Reia refugiou-se na ilha de Creta, no monte Dicta ou Ida, segundo outros, e lá, secretamente, deu à luz o futuro pai dos deuses e dos homens, que foi, logo depois, escondido por Geia nas profundezas de um antro inacessível, nos flancos do monte Egéon. Em seguida, envolvendo em panos de linho uma pedra, ofereceu-a ao marido e este, de imediato, a engoliu. No antro do monte Egéon, Zeus foi entregue aos cuidados dos Curetes[1] e das Ninfas. Sua ama de leite foi "a ninfa", ou, mais canonicamente, "a cabra" Amalteia[2].

Quando, mais tarde, a cabra morreu, o jovem deus a colocou no número das constelações. De sua pele, que era invulnerável, Zeus fez a *égide*[3], cujos efeitos extraordinários experimentou na luta contra os Titãs.

Atingida a idade adulta, o futuro senhor do Olimpo iniciou uma longa e terrível refrega contra seu pai. Tendo-se aconselhado com Métis, a Prudência, esta lhe deu uma droga maravilhosa, graças à qual Crono foi obrigado a vomitar os filhos que havia engolido. Apoiando-se nos irmãos e irmãs, devolvidos à luz pelo astuto Crono, Zeus, para se apossar do governo do mundo, iniciou um duro combate contra o pai e seus tios, os Titãs.

---

1. Os Curetes eram, em síntese, demônios do cortejo de Zeus. Para que os gritos do deus infante não revelassem sua existência e presença a Crono, a ninfa Amalteia solicitou-lhes que dançassem em torno do menino, entrechocando suas lanças e escudos de bronze.

2. Amalteia nos mitos mais antigos é a cabra miraculosa que aleitou Zeus. Outros consideram-na como uma ninfa, que, para esconder o menino de Crono, o suspendeu a uma árvore, para que o pai não o encontrasse, nem no céu, nem na terra, nem no mar. De qualquer forma, ninfa ou cabra, Amalteia era de aspecto tão medonho, que os Titãs, temendo-a, pediram a Geia que a escondesse numa caverna de Creta.

3. *Égide*, em grego αἰγίς, ἴδος (aiguís, -idos), furacão, tempestade, "pele de cabra", escudo coberto com uma pele de cabra e particularmente o escudo de Zeus, coberto com o couro da *cabra Amalteia*, que lhe servia de arma ofensiva e defensiva. Com esse escudo, eriçado de pelos como um tosão, guarnecido de franjas, debruado de serpentes e com a cabeça da Górgona no meio, Zeus espalha o terror, agitando-o nas trevas, no fulgor dos relâmpagos e no ribombar dos trovões. Etimologicamente, no entanto, αἰγίς (aiguís), *égide*, nada tem a ver com αἴξ, αἰγός (aíks, aigós), cabra. A aproximação é meramente fantasiosa e mítica.

Antes, porém, de entrarmos na descrição da gigantesca peleja divina, voltemos um pouco ao nascimento e à infância do filho de Reia. Zeus veio ao mundo na matrilinear ilha de Creta e, de imediato, foi levado por *Geia* para um *antro profundo* e inacessível. Trata-se, claro está, em primeiro lugar, de uma encenação mítico-ritual cretense, centrada no menino divino, que se torna filho e amante de uma Grande Deusa. Depois, seu esconderijo temporário numa *gruta* e o culto minoico de *Zeùs Idaîos*, celebrado numa caverna do monte Ida, têm características muito nítidas de uma iniciação nos Mistérios. Não é em vão, além do mais, que se localizou, mais tarde, o túmulo do pai dos deuses e dos homens na ilha de Creta, fato que mostra a assimilação iniciática de Zeus aos deuses dos Mistérios, que morrem e ressuscitam.

Conta-se ainda que o entrechocar das armas de bronze dos Curetes abafava o choro do recém-nascido, o que traduz uma projeção mítica de grupos iniciáticos de jovens que celebravam a dança armada, uma das formas da *dokimasía* grega. A dança desses demônios, e Zeus é cognominado "o maior dos Curetes", é um conhecido rito da fertilidade. A maior e a mais significativa das experiências de Zeus foi ter sido amamentado pela *cabra* Amalteia e, como o simbolismo da cabra é muito rico, vamos aproveitar a ocasião para fazer um ligeiro comentário a respeito do mesmo. Na Índia, já que a palavra que a designa significa igualmente *não nascido*, a cabra é símbolo da substância primordial não manifestada. Ela é a mãe do mundo, é *Prakriti* e as três cores, que lhe são atribuídas, o vermelho, o branco e o negro, correspondem aos três *guna*, isto é, às três qualidades primordiais, respectivamente *sattva*, *rajas* e *tamas*. Em algumas partes da China, a *cabra* está intimamente ligada ao deus do raio e a cabeça do animal sacrificado lhe servia de martelo, figurando, pois, a cabra um elemento da atividade celeste em benefício da terra e, mais precisamente, da agricultura. Na mitologia germânica a cabra Heidrun pasta as folhas do freixo Yggdrasil e seu leite alimenta os guerreiros de Odin. Entre os gregos, a *cabra* simboliza o raio. A estrela da Cabra na constelação do *cocheiro* anuncia a tempestade e a chuva, assim como a *cabra* Amalteia, nutriz de Zeus. Aliás, a associação da cabra com a *hierofania*, com a manifestação de um deus, é muito antiga. Segundo Diodoro Sículo, foram cabras, quando pastavam no monte Parnaso, que despertaram a atenção para uns vapores, que, saindo das entranhas da terra, punham as mesmas num verdadeiro estado de vertigem. Os habitantes do local compreenderam logo que esses vapores eram uma manifestação do divino e ali instituíram o Oráculo de Delfos.

Javé se manifestou a Moisés no monte Sinai em meio a raios e trovões. Como recordação dessa hierofania, a cobertura do tabernáculo era confeccionada com fios entrelaçados de pelos de cabra.

Romanos e sírios, quando invocavam seus deuses, para testemunhar sua união com o divino, usavam, por vezes, uma indumentária denominada *cilicium*, cilício em português, confeccionada de pelos de cabra. Para os cristãos, o uso do cilício tem, no fundo, o mesmo sentido: a mortificação da carne pela penitência e a liberação da alma que se entrega inteiramente a Deus. Os Órficos comparavam a alma iniciada a um *cabritinho caído no leite*, isto é, que vive da alimentação dos neófitos para ter acesso à imortalidade. O bode designa muitas vezes Dioniso em transe místico, símbolo de um recém-nascido para uma vida divina. Nas "orgias" dionisíacas, as Bacantes cobriam-se com peles de cabritos degolados. Em todas as tradições, a *cabra* aparece como símbolo da nutriz e da "iniciadora", tanto em sentido físico quanto místico dos termos.

O fato é que o deus dos raios e dos trovões se preparou iniciaticamente para assumir o governo do mundo.

2

A luta de Zeus e seus irmãos contra os Titãs, comandados por Crono, durou dez anos. Por fim, venceu o futuro grande deus olímpico e os Titãs foram expulsos do Céu e lançados no Tártaro. Para obter tão retumbante vitória, Zeus, a conselho de Geia, libertou do Tártaro os Ciclopes e os Hecatonquiros, que lá haviam sido lançados por Crono. Agradecidos, os Ciclopes deram a Zeus o raio e o trovão; a Hades ofereceram um capacete mágico, que tornava invisível a quem o usasse e a Posídon presentearam-no com o tridente, capaz de abalar a terra e o mar.

Terminada a refrega, os três grandes deuses receberam por sorteio seus respectivos domínios: Zeus obteve o Céu; Posídon, o mar; Hades Plutão, o mundo subterrâneo ou Hades, ficando, porém, Zeus com a supremacia no Universo.

Geia, todavia, ficou profundamente irritada contra os Olímpicos por lhe terem lançado os filhos, os Titãs, no Tártaro, e excitou contra os vencedores os terríveis Gigantes, nascidos do sangue de Úrano, como se mostrou no capítulo X. Vencidos os formidáveis Gigantes, segundo se mostrou também no capítulo há pouco citado, uma derradeira prova, a mais terrível de todas, aguardava a Zeus, a seus irmãos e aliados. Geia, num derradeiro esforço, uniu-se a Tártaro, e gerou o mais horrendo e terrível dos monstros, Tifão ou Tifeu.

TIFÃO, em grego Τυφῶν (Typhôn), cuja raiz, em etimologia popular, seria o indo-europeu *dheubh-*, "gerar obscuridade, nevoeiro e fumaça". Não seria absurdo, assim, aproximá-lo semanticamente do grego τυφλός (typhlós), "cego", que aparece no antigo irlandês *dub*, "negro", e no alemão *taub*, "surdo", uma vez que Tifão é uma espécie de síntese da violência, cegueira e surdez de todas as forças primordiais. Tifão, ao que parece, é divindade pré-helênica.

Deixando de lado certas variantes, que fazem do monstro filho de Hera e Crono ou apenas de Hera, fiquemos com a hesiódica acima citada, que lhe dá como pais a Tártaro e Geia.

Tifão era um meio-termo entre um ser humano e uma fera terrível e medonha. Em altura e força excedia a todos os outros filhos e descendentes de Geia. Era mais alto que as montanhas e sua cabeça tocava as estrelas. Quando abria os braços, uma das mãos tocava o Oriente e a outra o Ocidente e em lugar de dedos possuía cem cabeças de dragões. Hesíodo (*Teog.*, 824ss) ainda é mais preciso:

> *De suas espáduas emergiam cem cabeças de serpentes,*
> *de um pavoroso dragão, dardejando línguas enegrecidas;*
> *de seus olhos, sob as sobrancelhas,*
> *se desprendiam clarões de fogo...*

Da cintura para baixo tinha o corpo recamado de víboras. Era alado e seus olhos lançavam línguas de fogo. Quando os deuses viram tão horrenda criatura encaminhar-se para o Olimpo, fugiram espavoridos para o Egito, escondendo-se no deserto, tendo cada um tomado uma forma animal: Apolo metamorfoseou-se em milhafre; Hera, em vaca; Hermes, em íbis; Ares, em peixe; Dioniso, em bode; Hefesto, em boi. Zeus e sua filha Atená foram os únicos a resistir ao monstro. O vencedor de Crono lançou contra Tifão um raio, o perseguiu e feriu com uma foice de sílex. O gigantesco filho de Geia e Tártaro fugiu para o monte Cásio, nos confins do Egito com a Arábia Petreia, onde se travou um combate corpo a corpo. Facilmente Tifão desarmou a Zeus e com a foice cortou-lhe os tendões dos braços e dos pés e, colocando-o inerme e indefeso sobre os ombros, levou-o para a Cilícia e o aprisionou na gruta Corícia. Escondeu os tendões do deus numa pele de urso e os pôs sob a guarda do dragão-fêmea Delfine. Mas o deus Pã, com seus gritos que causavam *pânico*, e Hermes, com sua astúcia costumeira, assustaram Delfine e apossaram-se dos tendões do pai dos deuses e dos homens. Este recuperou, de imediato, suas forças, e, escalando o Céu num carro tirado por cavalos alados, recomeçou a luta, lançando contra o inimigo uma chuva de raios. O gigante refugiou-se no monte Nisa, onde as *Moîras* lhe ofereceram "frutos efêmeros", prometendo-lhe que aqueles lhe fariam recuperar as forças: na realidade, elas o estavam condenando a uma morte próxima.

Tifão atingiu o monte *Hêmon*, na Trácia, e, agarrando montanhas, lançava-as contra o deus. Este, interpondo-lhes seus raios, as atirava contra o adversário, ferindo-o profundamente. As torrentes de sangue que corriam do corpo de Tifão deram nome ao monte Hêmon, uma vez que, em grego, sangue se diz αἷμα (haîma). O filho de Geia fugiu para a Sicília, mas Zeus o esmagou, arremessando sobre ele o monte Etna, que até hoje vomita suas chamas, traindo lá embaixo a presença do monstro: essas chamas provêm dos raios com que o novo soberano do Olimpo o abateu.

3

Já se acentuou o caráter de *dokimasía* e de iniciação de Zeus infante, colocado num antro profundo, cercado pelos Curetes e amamentado pela cabra Amalteia. Até aqui Zeus se "preparava" para as grandes lutas que iria travar. Depois vieram as provas definitivas nos embates contra os Titãs e os Gigantes. Também estas Zeus as superou. Faltava a última. A mais difícil e penosa de todas: levar de vencida o gigantesco Tifão, derradeira tentativa de uma divindade primordial, Geia, para impedir a consecução da obra cosmogônica e a instauração de uma nova ordem. Tendo esmagado o derradeiro inimigo, Zeus estava "preparado" para pôr cobro às violentas sucessões das dinastias divinas e assumir, em definitivo, o governo do Universo.

É precisamente a respeito essa última vitória que se deseja dizer uma palavra. Como se viu, Tifão mutilou a Zeus e o conduziu para a gruta Corícia. Se a caverna, já o sabemos, figura os mitos de origem, de renascimento e iniciação, como um real *regressus ad uterum*, um simbólico morrer para se renascer outro, a mutilação de Zeus tem uma conotação mais profunda. Para se compreender bem a mutilação é mister fazer uma dicotomia, uma distinção entre mutilação de ordem social e mutilação ritual. Se entre os celtas o rei Nuada não mais pôde reinar por ter perdido um braço na batalha e o deus Mider é ameaçado de perder o reino, porque acidentalmente ficou cego de um olho, trata-se, em ambos os casos, de um aspecto apenas social do problema. O sentido ritual da mutilação é bem outro. Para se penetrar nesse símbolo é bom relembrar que a ordem da "cidade" é *par*: o homem se põe de pé, apoiando-se em suas *duas pernas*, trabalha com seus *dois braços*, olha a realidade com seus *dois olhos*. Ao contrário da ordem humana ou *diurna*, que é par, a ordem oculta, *noturna*, transcendental é Um, é ímpar. O disforme e o mutilado têm em comum o fato de estarem à margem da sociedade humana ou *diurna*, uma vez que neles a paridade foi prejudicada. *Numero deus impari gaudet*, o número ímpar agrada ao deus, diz o provérbio, mas *an odd number* significa também em inglês um "tipo estranho, um tipo incomum", e a expressão francesa *il a commis un impair* significa que alguém "cometeu uma inconveniência", "fez asneira", transgredindo, por leve que seja, a ordem humana. O criminoso "comete uma terrível inconveniência", transgredindo gravemente a ordem social; o herói se "singulariza perigosamente". Ambos realçam o sagrado e só se distinguem pela orientação vetorial do herói: *sagrado-esquerdo* e *sagrado-direito*. O *vidente*, como Tirésias, é *cego*; o gênio da eloquência é *gago*... a mutilação tem, pois, dois lados, revestindo-se também da *complexio oppositorum*, possuindo, assim, valor iniciático e contrainiciático. No Egito, visando-se a uma intenção mágica de defesa, os animais perigosos, como leões, crocodilos, escorpiões e serpentes eram muitas vezes representados sobre os muros dos templos por hieróglifos mutilados. Os animais apareciam cortados em dois, amputados, desfigurados, de modo a serem reduzidos à impotência.

A mutilação de Zeus é partícipe do "sagrado-direito": visa, em última análise, a prepará-lo para ser *Um*, para ser o rei, para ser *ímpar*, para ser o soberano, para ser o senhor.

Van Gennep, no capítulo VI de *Os ritos de passagem*[4], tem páginas luminosas sobre o rito da mutilação, cuja finalidade maior não é apenas a purificação, mas uma transformação visível para todos da personalidade de um indivíduo. "Com estas práticas retira-se o indivíduo mutilado da humanidade comum mediante um rito de separação, que, automaticamente, o agrega a um grupo determinado". Zeus, que vai ser rei, o senhor, o pai dos deuses e dos homens, purifica-se na *gruta* e, *mutilado*, separa-se em definitivo de *seu meio*, para colocar-se *acima dele*.

As lutas de Zeus contra os *Titãs* (Titanomaquia), contra os *Gigantes* (Gigantomaquia), episódio, aliás, desconhecido por Homero e Hesíodo, mas abonado por Píndaro (*Nemeias*, 1,67), e contra o horrendo Tifão, essas lutas, repetimos, contra forças primordiais desmedidas, cegas e violentas, simbolizam também uma espécie de reorganização do Universo, cabendo a Zeus o papel de um "re-criador" do mundo. E apesar de jamais ter sido um deus criador, mas sim conquistador, o grande deus olímpico torna-se, com suas vitórias, o chefe inconteste dos deuses e dos homens, e o senhor absoluto do Universo. Seus inúmeros templos e santuários atestam seu poder e seu caráter pan-helênico. O deus indo-europeu da luz, vencendo o Caos, as trevas, a violência e a irracionalidade, vai além de um deus do céu imenso, convertendo-se, na feliz expressão de Homero (*Il.*, I, 544) em πατὴρ ἀνδρῶντε θεῶντε (patèr andrônte theônte), o *pai dos deuses e dos homens*. E foi com este título que o novo senhor do Universo, tendo reunido os imortais nos píncaros do Olimpo, ordenou-lhes de não participarem dos combates que se travavam em Ílion entre aqueus e troianos. O teor do discurso é forte e duro, como convém a um deus consciente de seu poder e que fala a deuses insubordinados e recalcitrantes. Após ameaçá-los de espancamento, ou, pior ainda, de lançá-los no Tártaro brumoso, conclui em tom desafiante (*Il.*, VIII, 19-27):

---

4. GENNEP, Arnold van. Op. cit., cap. VI, p. 74ss.

Suspendei até o céu uma corrente de ouro,
e, em seguida, todos, deuses e deusas, pendurai-vos à outra
extremidade: não podereis arrastar do céu à terra a Zeus,
o senhor supremo, por mais que vos esforceis. Se eu, porém,
de minha parte, desejasse puxar ao mesmo tempo a terra inteira
e o mar, eu os traria, bem como a vós, para junto de mim.
Depois, ataria a corrente a um pico do Olimpo,
e tudo ficaria flutuando no ar. E assim saberíeis
até que ponto sou mais forte do que os deuses e os homens.

O religiosíssimo Ésquilo, num fragmento de uma de suas muitas tragédias perdidas, vai além de Homero na proclamação da soberania de Zeus:

Zeus é o éter, Zeus é a terra, Zeus é o céu.
Sim, Zeus é tudo quanto está acima de tudo.

(Fr. 70, Nauck)

E era realmente assim que os gregos o compreendiam: um grande deus de quem dependiam o céu, a terra, a *pólis*, a família e até a mântica. Alguns outros de seus epítetos comprovam sua grandeza e soberania: senhor dos fenômenos atmosféricos, dele depende a fertilidade do solo, daí seu epíteto de *khthónios*; protetor do lar e símbolo da abundância, ele é *ktésios*; defensor da *pólis*, da família e da lei, é invocado como *polieús*; deus também da purificação, denomina-se *kathársios* e deus ainda da mântica, em Dodona, no Epiro, onde seu oráculo funcionava à base do farfalhar dos ramos de um carvalho gigante, árvore que lhe era consagrada.

É conveniente, no entanto, deixar claro que o triunfo de Zeus, embora patenteie a vitória da ordem sobre o Caos, como pensava Hesíodo, não redundou na eliminação pura e simples das divindades primordiais. Algumas delas, se bem que desempenhando papel secundário, permaneceram integradas no novo governo do mundo e cada uma, a seu modo, continuou a contribuir para a economia e a ordem do Universo. Até mesmo a manutenção de Zeus no poder, ele a deve, em parte, à admoestação de Geia e Úrano, que lhe predisseram o nascimento de um filho que o destronaria. Foi necessário, para tanto, que engolisse sua primeira esposa, Métis. *Nix*, a Noite, uma das mais primordiais das divindades, continuou a ser particularmente respeitada e o próprio Zeus evitava irritá-la. A ela Zeus ficou devendo seus primeiros rudimentos de *cosmologia*, quando perguntou à deusa das trevas como firmar seu "soberbo império sobre os imortais" e como organizar o Cosmo, de modo a que "se tivesse um só todo com partes distintas". As *Erínias* continuaram a desempenhar seu papel de vingadoras do sangue parental derramado; *Pontos*, o mar infecundo, permaneceu rolando suas ondas em torno da terra; *Estige*, que ajudou a Zeus na luta contra os Titãs, foi transformada não apenas em rio do Hades, mas na "água sagrada" pela qual juravam os deuses; *Hécate*, a deusa dos sortilégios, teve seus privilégios ampliados por Zeus, como se mostrou no capítulo XII, e *Oceano* há de tornar-se uma divindade importante e um aliado incondicional de Zeus. Em síntese, o novo senhor, alijados os inimigos irrecuperáveis, ao menos temporariamente, buscou harmonizar o Cosmo, pondo um fim definitivo à violenta sucessão das dinastias divinas.

Até mesmo as divindades pré-helênicas, através de um vasto sincretismo, conforme se procurou apontar no capítulo V, tiveram funções e algumas muito importantes na nova ordem do mundo. O exemplo começou pelo próprio Zeus, que, apesar de ser um deus indo-europeu, "nasceu" em Creta; lá teve seus primeiros ritos iniciáticos e lá "morreu"! A marca minoica permaneceu inclusive na época clássica: a arte figurada nos mostra a estátua de um Zeus jovem e imberbe, o jovem deus dos mistérios do monte Ira, o deus da fertilidade, o Zeus ctônio. Atená, a importantíssima Atená, deusa da vegetação, transmutou-se na filha querida das meninges de Zeus. Perséfone tornou-se, além de filha da Grande Mãe Deméter, sua companheira inseparável nos Mistérios de Elêusis. Poder-se-ia ampliar a lista, mas o que se deseja ressaltar é que uma sábia política religiosa, em que certamente teve papel de relevância o dedo de Delfos com sua moderação e indiscutível patrilinhagem, fez que deusas locais pré-helênicas, algumas divindades primordiais e certos cultos arcaicos se integrassem no novo sistema religioso olímpico, dando à religião grega seu caráter específico e sua extensão pan-helênica sob a égide de Zeus. Tão logo o pai dos deuses e dos homens sentiu consolidados o seu poder e domínio sobre o Universo, libertou seu pai Crono da prisão subterrânea onde o trancafiara e fê-lo rei da Ilha dos

Bem-Aventurados, nos confins do Ocidente. Ali ele reinou sobre muitos heróis que, mercê de Zeus, não conheceram a morte. Esse destino privilegiado é, de certa forma, uma escatologia: os heróis não morrem, mas passam a viver paradisiacamente na Ilha dos Bem-Aventurados. Trata-se de uma espécie de recuperação da *Idade de Ouro*, sob o reinado de Crono.

Os Latinos compreenderam bem o sentido dessa *aetas aurea* (Idade de Ouro), pois fizeram-na coincidir com o reino de *Saturno* na Itália.

Vejamos brevemente a "história" desse deus itálico e de suas célebres festas, denominadas *Saturnalia*, as Saturnais.

Saturnus, antigo deus itálico, anterior à chegada dos indo-europeus à terra de Rômulo, competiu vantajosamente com *Liber*, deus tipicamente latino, como divindade da vegetação. Enquanto *Liber* acabou fundindo-se com *Bacchus*, de procedência grega, *Saturnus* continuou a ser o grande deus da semeadura e da vegetação, donde um deus ctônio.

Por etimologia popular, *Saturnus* proviria de *satus*, do verbo *serere*, "semear, plantar"; a aproximação com *saturâre*, "saciar, fartar", é falsa, mas bem de acordo com sua função: um deus da abundância.

Segundo o mito, quando Zeus destronou a Crono, este refugiou-se na Ausônia, onde recebeu o nome de Saturno. À sua chegada, a Itália (outrora denominada poeticamente Ausônia) teve sua *aetas aurea*, a Idade de Ouro, quando a terra tudo produzia abundantemente, sem trabalho, como atesta o poeta latino Públio Ovídio Nasão, em suas *Metamorfoses*, 89ss. Reinavam a paz, a concórdia, a fraternidade, a igualdade e a liberdade. Saturno é, pois, o herói civilizador, o que ensina a cultura da terra, a paz e a justiça. O poeta maior da latinidade, Públio Vergílio Marão, sonhou com o retorno, no século de Augusto, dessa paz e dessa justiça:

> *Iam redit et Virgo, redeunt Saturnia regna* (*Écloga* 4,6):
>
> – Eis que a justiça está de volta; retorna o reino de Saturno.

Pois bem, para comemorar esse antigo estado paradisíaco e obter as boas graças e a proteção do deus sobre a vegetação e as sementes lançadas no seio da terra, celebravam-se, anualmente, as *Saturnalia*. Iniciavam-se ao término de um ano e inícios do outro, ou seja, no dia 17 de dezembro. Duravam, a princípio, um só dia, depois dois e, em seguida, três. À época imperial, Augusto introduziu um quarto dia e Calígula um quinto. Coincidentemente, por ocasião das *Saturnalia*, realizavam-se também as *Paganalia* (de *pagus, -i*, aldeia) e as *Compitalia* (de *compita, -ôrum*, encruzilhadas). As primeiras eram festas rurais e as segundas tinham por cenário as encruzilhadas de Roma, mas ambas visavam à fertilidade dos animais e dos campos e, como os *khýtroi* das *Antestérias* gregas, estavam estreitamente ligadas ao culto dos mortos. Estes, afinal, comandam as sementes guardadas no seio da terra. Se na Hélade os *khýtroi* eram consagrados às Queres e às Erínias, na Itália, o eram aos deuses Lares, Manes ou Penates, meros eufemismos de Lêmures, isto é, os gênios, os espíritos tutelares, as almas dos mortos, encarregados de proteger o lar, a cidade, os campos e, por isso mesmo, denominados *Lares Praestites*, Lares Protetores, sentinelas sempre prontas a proteger e a servir.

As *Saturnalia* seriam, em última análise, uma reminiscência da *aetas aurea*, quer dizer, da abundância, da igualdade, da liberdade. Começavam, em Roma, pela manhã. Após se retirar a faixa de lã que cobria, durante o ano todo, o pedestal da estátua de Saturno, realizava-se, um pouco mais tarde, um banquete público, cujo término era marcado pelo grito da distensão: *Io Saturnalia!* Viva as Saturnais. Tudo parava: o senado, os tribunais, as escolas, o trabalho. Reinavam a alegria, a orgia e a liberdade. Eliminavam-se interditos de toda ordem. Quebrava-se a hierarquização da orgulhosa sociedade romana: os escravos, temporariamente em liberdade total, eram servidos pelos senhores, aos quais, não raro, insultavam, lançando-lhes em rosto os vícios, as torpezas e a crueldade.

Se as *Saturnais*, com toda a sua liberação, talvez possam ser interpretadas, segundo o fizemos, como reminiscência da Idade de Ouro, não poderiam simbolizar também, como no complexo de Édipo, a supressão do deus, do pai e do chefe?

Se Crono destronou a seu pai Úrano, mutilando-o e se, por sua vez, foi destronado pelo filho Zeus, o povo e sobretudo os escravos, durante o breve período das Saturnais, faziam que seus chefes e senhores prepotentes recebessem "a retribuição" do que haviam feito a seus próprios pais, à imitação do ato de Crono para com Úrano e de Zeus em relação a Crono. Assim talvez se explique por que se elegia, anualmente, nas *Saturnalia*, um *Saturnalicius Princeps*, o *rei das Saturnais*, como, entre nós, o *Rei Momo*. Em épocas recuadas, esse rei, após presidir aos banquetes, às festas e orgias, era, no final das mesmas, *sacrificado a Saturno*.

4

Acerca dos casamentos e das ligações amorosas de Zeus é necessário proceder com cautela e método. Vai-se, primeiramente, dar uma ideia do simbolismo desses "amores"; em seguida far-se-á menção dos principais casamentos e ligações do deus, deixando-se para outros capítulos os mitos relativos a cada união do Vol. II.

Zeus é, antes do mais, um deus da "fertilidade", é *ómbrios* e *hyétios*, é chuvoso. É deus dos fenômenos atmosféricos, como já se disse, por isso que dele depende a fecundidade da terra, enquanto *khthónios*. É o protetor da família e da *pólis*, daí seu epíteto de *polieús*. Essa característica primeira de Zeus explica várias de suas ligações com deusas de estrutura ctônia, como Europa, Sêmele, Deméter e outras. Trata-se de uniões que refletem claramente hierogamias de um deus, senhor dos fenômenos celestes, com divindades telúricas. De outro lado, é necessário levar em conta que a significação profunda de "tantos casamentos e aventuras amorosas" obedece antes do mais a um critério religioso (a fertilização da *terra* por um deus *celeste*, e, depois, a um sentido político: unindo-se a certas deusas locais pré-helênicas, Zeus consuma a unificação e o sincretismo que hão de fazer da religião grega um calidoscópio de crenças, cujo chefe e guardião é o próprio Zeus.

Já enumeramos no capítulo VIII, 3, os casamentos e as uniões de Zeus com deusas e "mortais". Essas hierogamias são as catalogadas por Hesíodo (*Teog.*, 886-944). A lista, no entanto, foi bastante ampliada após o poeta da Beócia. Vamos, pois, repetir o quadro com os necessários acréscimos, sobretudo com aqueles que têm maior interesse para o mito:

> *Zeus e Métis foram pais de Atená.*
> *Zeus e Têmis geraram as Horas e as Moîras.*
> *Zeus e Eurínome geraram as Cárites.*

Zeus e Deméter geraram Core ou Perséfone.

Zeus e Mnemósina geraram as Musas.

Zeus e Leto geraram Apolo e Ártemis.

Zeus com sua "legítima" esposa Hera gerou Hebe, Ares, Ilítia (e Hefesto?).

Zeus e Maia geraram Hermes.

Zeus e Sêmele geraram Dioniso.

Zeus e Alcmena geraram Heracles.

Zeus e Dânae geraram Perseu.

Zeus e Europa geraram Minos, Sarpédon e Radamanto.

Zeus e Io geraram Épafo.

Zeus e Leda geraram Pólux e Helena, Castor e Clitemnestra.

Eis aí os principais amores do senhor do Olimpo. Observe-se que as "sete" primeiras ligações de Zeus o foram com *deusas* e as "sete" outras são consideradas como simples uniões ou amores passageiros com *mortais*. O que na realidade acontece é que a maioria dessas *mortais* eram antigas imortais, que, por um motivo ou outro, sobretudo em razão de sincretismos, tiveram seus cultos absorvidos por deusas mais importantes e foram rebaixadas ao posto de heroínas, de princesas ou de simples mortais, como se verá.

A relação da "força fecundante" do filho caçula de Crono poderia ser bem ampliada, porque a maioria absoluta das regiões gregas se vangloriava de ter possuído um herói epônimo nascido dos amores do grande deus. O mesmo se diga das grandes famílias lendárias que sempre apontavam um seu ancestral como filho de Zeus.

Mas, que representa, afinal, esse deus tão importante para os gregos, dentro de um enfoque atual? Após o governo de Úrano e Crono, Zeus simboliza o reino do espírito. Embora não seja um deus criador, ele é o organizador do mundo exterior e interior. Dele depende a regularidade das leis físicas, sociais e morais. Consoante Mircea Eliade, Zeus é o arquétipo do chefe de família patriarcal. Deus da luz, do céu luminoso, é o pai dos deuses e dos homens. Enquanto deus do relâmpago configura o espírito, a inteligência iluminada, a intuição outorgada pelo divino, a fonte da verdade. Como deus do raio, simbolizou a cólera celeste, a punição, o castigo, a autoridade ultrajada, a fonte de justiça. A figura de Zeus, após ultrapassar a imagem de um deus olímpico autoritário e fecundador, sempre às voltas com amantes mortais e imortais, até tornar-se um deus único e universal, percorreu um longo caminho, iluminado pela crítica filosófica e pela evolução lenta, mas constante, da purificação do sentimento religioso. A concepção de Zeus como Providência única só atingiu seu ápice com os Estoicos, entre os séculos IV e III a.C., quando então o filho de Crono surge como símbolo de um "deus único", encarnando o Cosmo, concebido como um vasto organismo animado por uma força única. É indispensável, todavia, deixar bem patente que os Estoicos concebiam o mundo como um vasto organismo, animado por uma força única e exclusiva, *Deus*, também denominado Fogo, Pneuma, Razão, Alma do Mundo... Mas, entre Deus e a matéria a diferença é meramente acidental, como de substância menos sutil a mais sutil. A evolução desse *Teocosmo*, desse deus-mundo, é necessariamente fatalista, pois que obedece a um rigoroso determinismo. Desse modo, aos imprevistos do acaso e ao governo da Providência divina se substitui a mais absoluta fatalidade.

As teorias cosmológicas dos Estoicos estão, na realidade, fundamentadas no panteísmo, fatalismo e materialismo. O belíssimo *Hino a Zeus*, do filósofo estoico Cleantes (século III a.C.), marca o ponto culminante da ascensão do deus olímpico no espírito dos gregos de sua época e estampa bem claramente o que se acabou de dizer.

Os "modernos", todavia, denunciaram em determinadas atitudes do poderoso pai dos deuses e dos homens o que se convencionou chamar de *Complexo de Zeus*. Trata-se de uma tendência a monopolizar a autoridade e a destruir nos outros toda e qualquer manifestação de autonomia, por mais racional e promissora que seja. Descobrem-se nesses complexos as raízes de um manifesto sentimento de inferioridade intelectual e moral, com evidente necessidade de uma compensação social, através de exibições de autoritarismo. O temor de que sua autocracia, sua dignidade e seus direitos não fossem devidamente acatados e respeitados tornaram Zeus extremamente sensível e sujeito a explosões coléricas, não raro calculadas.

Para Hesíodo, no entanto, Zeus simboliza o termo de um ciclo de trevas e o início de uma era de luz. Partindo do Caos, da desordem primordial, para a justiça, cifrada em Zeus, o poeta sonha com um mundo novo, onde haveriam de reinar a disciplina, a justiça e a paz.

APÊNDICE
Deuses gregos e latinos

A listagem dos principais deuses gregos com seus respectivos correspondentes latinos tem por objetivo contribuir para se evitarem confusões entre uns e outros. Uma coisa é um *deus grego* e outra, muito diferente, um *deus latino*, mesmo resultante de um sincretismo, como foi o caso específico de Roma que, após dominar o sul da Itália, com a queda de Tarento, em 272 a.C., acabou por se apossar, ou melhor, de ser possuída pela cultura grega: literatura, artes e deuses...

Seria o momento de recordar, mais uma vez, que Roma, com o ímpeto e a bravura de suas legiões, subjugando pelas armas a Grécia, foi por ela intelectualmente derrotada, como diz o já citado *poeta latino* Quinto Horácio Flaco, *Epist.*, 2,1,157:

Graecia capta, ferum uictorem cepit et artes
intulit agresti Latio.

– A Grécia vencida venceu o feroz vencedor
e introduziu as artes no Lácio inculto.

Com as *artes* vieram igualmente os deuses da Hélade e fundiram-se com as divindades latinas; mas aqueles, como via de regra acontece em qualquer sincretismo, jamais perderam seu χαρακτήρ (kharaktér), sua "marca" indelével de *dei otiosi*, de deuses ociosos e poéticos. Transplantados para a Itália, tornaram-se *dei laboriosi*, isto é, deuses com múltiplos afazeres. Deuses que "batiam ponto" e permaneciam na *Urbs* o dia todo, ajudando e trabalhando... Se o *Zeus* helênico se fez o ditador incontestе do Olimpo, o *Júpiter*, ao descer para Roma, tornou-se *Stator*, *Iuppiter Stator*, quer dizer, o "Júpiter Estator", *que está de pé*, firme como uma "estátua", em defesa não apenas dos interesses de sua cidade, mas também do Império Romano, como o invocou Marco Túlio Cícero nas *Catilinárias*, *Cat.*, 1,11. Se *Hera* olímpica é a protetora dos amores legítimos (exceto das paixões do próprio marido!), em Roma, com o nome de *Iuno Lucina*, Juno *Lucina*, "a que faz vir à luz", a rainha dos deuses passou efetivamente a presidir aos partos. E em cada um dos "adaptados" se poderia estabelecer um distanciamento cada vez mais acentuado, do abstrato para o concreto.

Trata-se, realmente, de duas mentalidades, que estão bem gravadas em tudo quanto realizaram esses dois povos extraordinários: o grego bem mais voltado (Esparta, por motivos históricos, é um caso à parte) para a *poíesis*, o romano para a *prãksis*. Definindo esse ângulo do espírito romano impresso em seus deuses, afirmava um "outro escritor latino", o erudito Plínio, o Velho: *omnium uirtutum et utilitatum rapacissimi* (*Nat. Hist.*, 25,2) – os romanos eram avidíssimos por tudo quanto representasse valor e utilidade.

Herdeira da Grécia, Roma possuía, no entanto, sua missão. Seu poeta maior, Públio Vergílio Marão, soube destacá-la, colocando lado a lado, mas em polos divergentes, dois universos do pensamento, o grego e o romano. E foram esses dois mundos bem díspares que acabaram por lhes moldar os deuses, muito semelhantes quanto aos significantes e bem distantes no que tange aos significados, mesmo aqueles que têm procedência comum do mundo indo-europeu.

Eis o texto do poeta de Mântua:

> *Excudent alii spirantia mollius aera,*
> *credo equidem; uiuos ducent de marmore uultus;*
> *orabunt causas melius, caelique meatus*
> *describent radio et surgentia sidera dicent:*
> *tu regere imperio populos, Romane, memento,*
> *hae tibi erunt artes, pacisque imponere morem,*
> *parcere subiectis et debellare superbos.*

(En., 6,847-853)

> – Outros saberão com mais arte dar vida ao bronze,
> assim o creio; farão surgir do mármore figuras vivas;
> saberão pleitear mais eloquentemente as causas, calcularão

os movimentos do céu e o curso dos astros:
tu, Romano, lembra-te de que nasceste para governar o mundo.
Eis aí as tuas artes: impor as condições da paz,
poupar os vencidos e esmagar os soberbos.

Voltando ainda um pouco ao "empréstimo" religioso que a Grécia fez a Roma, convém enfatizar que os romanos não assimilaram simplesmente os deuses gregos, mas os *traduziram* e, portanto, os transformaram.

Citando Heidegger, diz Angelo Ricci que o filósofo alemão "tem uma observação radical com referência já ao uso, em língua latina, de termos gregos, a qual é válida para explicar o processo inteiro do encontro dos dois universos de pensamento"[1].

"É pois verídico", pondera judiciosamente Heidegger, "que essa tradução de termos gregos para o latim não é, em hipótese alguma, algo tão inofensivo, como se pensa até hoje. Essa tradução, aparentemente literal (e, por isso mesmo, aparentemente salvaguardante), é, na realidade, uma *tra-dução* (de *trans-ducere*, transpor para além), uma transferência da experiência grega para um outro universo do pensamento. O pensamento romano retoma as palavras gregas sem a apreensão original correspondente ao que elas dizem, sem a *parole* grega"[2].

Feitas estas observações, vamos estampar tão somente os grandes deuses gregos transpostos para o latim, observando-se que, nessa transferência, algumas divindades helênicas foram simplesmente transliteradas.

Ao lado dos deuses gregos colocamos entre parênteses alguns epítetos mais usados e nos latinos mantivemos, ao lado do nome em grego ou em latim, os nomes ou epítetos gregos, desde que efetivamente usados pelos escritores latinos.

---

1. RICCI, A. *O teatro de Sêneca*. Porto Alegre: Centro de Arte Dramática, 1967, p. 11.

2. HEIDEGGER, Martin. *Holzwege*. Paris: Gallimard, 1962, p. 16 (O título da tradução francesa é *Chemins qui ne mènent nulle part*).

Afrodite (Citereia, Cípria, Cípris). . . . . . . Vênus (Citereia, Cípria)

Apolo (Hélio, Febo, Lóxias, Pítio) . . . . . . Apolo (Febo, Lóxias, Pítio)

Ares. . . . . Marte

Ártemis (Hécate, Selene) . . . . Diana (Hécate)

Atená (Palas) . . . . Minerva (Palas)

Crono . . . . Saturno

Deméter . . . . Ceres

Eros . . . . Cupido

Geia . . . . Terra

   Hades

   . . . .   Dite (Plutão)

   Plutão

Hebe . . . . Juventas (Hebe)

Hefesto . . . . Vulcano

Hera . . . . Juno, Lucina

Héracles, Alcides . . . . Hércules (Alcides)

Hermes . . . . Mercúrio

Héstia . . . . Vesta

Leto . . . . Latona

Moira . . . . Fado, Parcas

Perséfone, Core . . . . Prosérpina (Perséfone)

Posídon . . . . Netuno

Reia . . . . Cibele (Reia)

Tânatos . . . . Morte

Úrano . . . . Céu

Zeus . . . . Júpiter

* Erínias	{	Aleto	Fúrias	{	Aleto		
		Tisífone			Tisífone		
		Megera			Megera		
* Queres	{	Cloto	Parcas	{	Nona	e {	Cloto
		Láquesis			Décima		Láquesis
		Átropos			Morta		Átropos

BIBLIOGRAFIA

ADRADOS, R. et al. *Introducción a Homero*. Madri: Ediciones Guadarrama, 1963.

ALSINA, José. *Tragedia, religión y mito entre los griegos*. Barcelona: Labor, 1971.

ARNOLD, Paul. *El Libro Maya de los Muertos*. México: Editorial Diana, 1983.

AUBRETON, Robert. *Introdução a Hesíodo*. São Paulo: USP, 1956.

AUERBACH, Erich. *Mimesis*. São Paulo: Editora da USP, 1971 [Tradução de George Bernard Sperber].

AUGRAS, Monique. *O duplo e a metamorfose*. Petrópolis: Vozes, 1983.

_____ *A dimensão simbólica*. Petrópolis: Vozes, 1980.

BACHELLARD, Gaston. *La psychanalyse du feu*. Paris: Gallimard, 1965.

_____ *L'air et les songes*. Paris: J. Corti, 1943.

_____ *L'eau et les rêves*. Paris: J. Corti, 1942.

BACHOFEN, Johann Jakob. *Das Mutterrecht*. Stuttgart: Krais und Hoffmann, Erste Auflage, 1975.

_____ *Versuch über die Gräbersymbolik der Alten*. Basileia, 1859.

BAILLY, A. *Dictionnaire grec-français*. Paris: Hachette, 1950.

BARGUET, Paul. *Le Livre des Morts des anciens égyptiens*. Paris: Cerf, 1967.

BARTHES, Roland. *Mythologies*. Paris: Seuil, 1970.

BENOIST, Luc. *Signos, símbolos e mitos*. Belo Horizonte: Interlivros, 1976 [Tradução de Anna Maria Viegas].

BENVENISTE, Émile. *Le vocabulaire des institutions indo-européennes*. Paris: Minuit, 2 vols., 1969.

BERVEILLER, Michel. *A tradição religiosa na tragédia grega*. São Paulo: Editora Nacional, 1953.

BLAISE, Albert. *Dictionnaire latin-français des auteurs chrétiens*. Paris: Librairie des Méridiens, 1954.

BLEGEN, W. *Troy and the Trojans*. London: Thames and Hudson, 1963.

BONNARD, André. *Civilisation grecque*. Lausanne: Clairefontaine, 3 vols. [s/d].

BOYANCÉ, Pierre. *La religion de Virgile*. Paris: PUF, 1963.

BRANDÃO, Junito de Souza. *Teatro grego: Tragédia e comédia*. 5. ed. Petrópolis: Vozes, 1985.

_____ *Teatro grego: Origem e evolução*. Rio de Janeiro: TAB, 1980.

_____ *As nuvens* (Aristófanes). Rio de Janeiro: Grifo, 1976.

_____ *Introdução à Grécia*. Rio de Janeiro: Verbum, 1974.

_____ *Alceste* (Eurípides). Rio de Janeiro: Bruno Buccini, 1969 [Introdução e tradução].

_____ *De Homero a Jean Cocteau*. Rio de Janeiro: Edit. Bruno Buccini, 1969.

_____ *Duas tragédias gregas: Édipo Rei e Hécuba*. Rio de Janeiro: Pongetti, 1965.

_____ *As rãs* (Aristófanes). Rio de Janeiro: Baptista da Costa, 1959.

BRELICH, Angelo. *Gli eroi greci*. Roma: Edizioni dell'Ateneo e Bizzarri, 1978.

BROWN, Norman O. *Vida contra morte*. Petrópolis: Vozes, 1972 [Tradução de Natanael C. Caixeiro].

BRUNDAGE, Burr Cartwright. *El Quinto Sol: Dioses y mundo azteca*. México: Editorial Diana, 1982.

BRUNTON, Paul. *L'Égypte secrète*. Paris: Payot, 1949.

CAILLOIS, Roger. *Le mythe et l'homme*. Paris: Gallimard, 1938.

CAMPBELL, Joseph. *The Hero with a Thousand Faces*. Princeton: Bollingen Series, 1973.

CARNOY, Albert. *Dictionnaire étymologique de la mythologie gréco-romaine.* Louvain: Universitas, 1976.

CARROUGES, Michel et al. *L'enfer.* Paris: La Revue des Jeunes, 1950.

CASCUDO, Luís da Câmara. *Dicionário do folclore brasileiro.* Rio de Janeiro: INL, 1954.

_____ *Anúbis e outros ensaios.* Rio de Janeiro: O Cruzeiro, 1951.

CASSIRER, E. *La philosophie des formes symboliques.* 3 vols. Paris: Minuit, 1972.

_____ *Linguagem e mito.* São Paulo: Perspectiva, 1972.

CERQUEIRA, Ana Lúcia Silveira & LYRA, Maria Therezinha Arêas. *Hesíodo-Teogonia.* Niterói: Ceuff, 1979.

CHAUCHARD, Paul et al. *La survie après la mort.* Paris: Labergerie, 1968.

CHEVALIER, J. & GHEERBRANT, A. *Dictionnaire des symboles.* Paris: Robert Laffont/Jupiter, 1982.

CIRLOT, J.E. *Diccionario de símbolos.* Madri: Labor, 1969.

COROMINAS, J. *Diccionario crítico etimológico de la lengua castellana.* 4 vols. Madri: Gredos, 1954.

COURCELLE, Pierre. *Les lettres grecques en Occident: De Macrobe à Cassiodore.* Paris: E. de Boccard, 1948.

CROISET, Maurice. *La civilisation de la Grèce antique.* Paris: Payot, 1943.

DANIEL, Glyn. *The First Civilizations.* London: Penguin Books, 1968.

DAREMBERG, Ch. & SAGLIO, Ed. *Dictionnaire des Antiquités grecques et romaines.* 10 vols. Paris: Hachette, 1887-1919.

DELCOURT, Marie. *Oedipe ou la légende du conquérant.* Paris: Les Belles Lettres, 1981.

DER LEEUW, G. Van. *L'homme primitif et la religion.* Paris: Alcan, 1940.

DE SCHEFFER, Thassilo. *Mystères et oracles helléniques.* Paris: Payot, 1943.

D'HAUTERIVE, R. Grandsaignes. *Dictionnaire des racines des langues européennes.* Paris: L. Larousse, 1949.

DIEL, Paul. *Le symbolisme dans la mythologie grecque*. Paris: Payot, 1952.

DODDS, E.R. *The Greeks and the Irrational*. Los Angeles: University of California Press, 1963.

DOIG, Frederico Kauffmann. *Comportamiento sexual en el antiguo Perú*. Lima: Kompaktos G.S., 1978.

DUMÉZIL, Georges. *Les dieux indo-européens*. Paris: PUF, 1952.

_____ *Quirinus, essai sur la conception indo-européenne de la société et sur les origines de Rome*. Paris: Gallimard, 1941.

_____ *Ouranós-Varuna, étude de mythologie comparée indo-européenne*. Paris: A. Maisonneuve, 1934.

DUSSAUD, René. *Les civilisations préhelléniques*. Paris: Paul Geuthner, 1914.

EISSFELDT, Otto von et al. *Élements orientaux dans la religion grecque ancienne*. Paris: PUF, 1949.

ELIADE, Mircea. *História das crenças e das ideias religiosas*. 5 vols. Rio de Janeiro: Zahar 1978 [Tradução de Roberto Cortes de Lacerda].

_____ *Mito e realidade*. São Paulo: Perspectiva, 1972 [Tradução de Pola Civelli].

_____ *Traité d'histoire des religions*. Paris: Payot, 1970.

_____ *Le mythe de l'éternel retour*. Paris: Gallimard, 1969.

_____ *Méphistophélès et l'Androgyne*. Paris: Gallimard, 1962.

_____ *Naissances mystiques*. Paris: Gallimard, 1959.

_____ *Images et symboles*. Paris: Gallimard, 1952.

ERNOUT, A. & MEILLET, A. *Dictionnaire étymologique de la langue latine*. Paris: Klincksieck, 1959.

EVANS, Arthur. *The Palace of Minos at Cnossos*. 6 vols. London: Oxford, 1921/1936.

EYDOUX, Henri-Paul. *In Search of Lost Worlds*. London: Hamlyn, 1975.

FINLEY, M.I. *The Ancient Greeks*. London: Penguin Books, 1966.

FLACELIÈRE, Robert. *La vie quotidienne en Grèce au siècle de Périclès*. Paris: Hachette, 1959.

FOUCAULT, M. *Histoire de la folie*. Paris: Gallimard, 1961.

FRAZER, J.G. *The Golden Bough*. London: The Macmillan Press, 1978.

FREIRE, António, S.J. *Conceito de Moîra na tragédia grega*. Braga: Livraria Cruz, 1969.

FREUD, Sigmund. *Edição Standard brasileira das Obras Psicológicas Completas*. 23 vols. Rio de Janeiro: Imago.

FRISK, Hjalmar. *Griechisches Etymologisches Wörterbuch*. Heidelberg: Carl Winter, 1958.

FROMM, Erich. *The Forgotten Language*. New York: Rinehart, 1973.

GIRARD, René. *Des choses cachées depuis la fondation du monde*. Paris: Bernard Grasset, 1974.

_____ *La violence et le sacré*. Paris: Bernard Grasset, 1972.

GLOTZ, Gustave. *La civilisation égéene*. Paris: Albin Michel, 1952.

_____ *Histoire grecque*. Paris: PUF, 1948.

GOLDSCHMIDT, Victor. *La religion de Platon*. Paris: PUF, 1949.

GRAVES, Robert. *Les mythes grecs*. Paris: Fayard, 1967.

GRIMAL, Pierre. *Dictionnaire de la mythologie grecque et romaine*. Paris: PUF, 1951.

GUÉRIOS, Mansur. *Dicionário etimológico de nomes e sobrenomes*. Curitiba: Cruzeiro, 1949.

GUSDORF, Georges. *Mythe et métaphysique*. Paris: Flammarion, 1943.

GUTHRIE, W.K.C. *The Greeks and their Gods*. Boston: Beacon Press, 1955.

HARDING, E. *Les mystères de la femme*. Paris: Payot, 1953.

HERBERT, Jean. *La mythologie hindoue*. Paris: Albin Michel, 1952.

HOGBEN, Lancelot. *The Mother Tongue*. London: Secker and Werburg, 1964.

HOLZNER, Joseph. *Autour de Saint Paul*. Paris: Alsatia, 1953.

HOMÈRE. *Hymnes*. Paris: Les Belles Lettres, 1941 [Texte établi et traduit par Jean Humbert].

HORTA, Guida Nedda Barata Parreiras. *Os gregos e seu idioma*. Rio de Janeiro: Livraria Acadêmica, t. 1, 1970.

JAEGER, W. *Paideia*. México: Fondo de Cultura Económica, 1957.

JEANMAIRE, H. *Dionysos*. Paris: Payothèque, 1978.

JUNG, C.G. *A natureza da psique*. Petrópolis: Vozes, 1984 [Tradução de D. Mateus Ramalho Rocha].

_____ *Aion – Estudos sobre o simbolismo do si-mesmo*. Petrópolis: Vozes, 1982 [Tradução de D. Mateus Ramalho Rocha].

_____ *Arquétipos e inconsciente colectivo*. Buenos Aires: Paidós, 1981.

_____ *Psicologia da religião ocidental e oriental*. Petrópolis: Vozes, 1980 [Tradução de D. Mateus Ramalho Rocha].

_____ *Lembranças, sonhos, reflexões*. Rio de Janeiro: Nova Fronteira, 1976.

_____ *Psicología y alquimía*. Buenos Aires: Paidós, 1956.

_____ *Transformaciones y símbolos de la libido*. Buenos Aires: Paidós, 1952.

JUNG, C.G. et al. *Man ad his Symbols*. London: Aldus Books, 1964.

JUNG, C.G. & KERÉNYI, K. *Introduction à l'essence de la mythologie*. Paris: Payot, 1953.

JUNG, C.G. & WILHELM, R. *O segredo da Flor de Ouro*. Petrópolis: Vozes, 1983 [Tradução de Dora Ferreira da Silva e Maria Luiza Appy].

KERÉNYI, Károly. *Miti e misteri*. Torino: Editore Boringhieri, 1980.

KIRK, G.S. & RAVEN, J.E. *Os filósofos pré-socráticos*. Lisboa: F. Calouste Gulbenkian, 1982 [Tradução de Carlos Alberto Louro Fonseca, Beatriz Rodrigues Barbosa e Maria Adelaide Pegado].

KLEIN, Melanie. *Our Adult World and Other Essays*. London: William Heinemann, 1982.

KRAPPE, A.H. *La genèse des mythes*. Paris: Payot, 1952.

LAGENEST, J.P. Barruel de. *Elementos de sociologia da religião*. Petrópolis: Vozes, 1976.

LEENHARDT, Maurice. *Do Kamo*. Paris: NRF, 1947.

LEITE, José Marques. *Homero*. Rio de Janeiro: Gráfica Portinho Cavalcanti, 1976.

LEJEUNE, Michel et al. *Études mycéniennes*. Paris: Centre National de la Recherche Scientifique, 1956.

LESKY, Albin. *Geschichte der Griechischen Literatur*. Berna: Francke Verlag, 1963.

LÉVÊQUE, Pierre. *La aventura griega*. Barcelona: Labor, 1968.

LÉVI-STRAUSS, Claude. *La via de las máscaras*. México: Siglo Veintiuno, 1981.

_____ *Antropologia estrutural UM*. Rio de Janeiro: Tempo Brasileiro, 1976.

LLOYD-JONES, Hugh et al. *O mundo grego*. Rio de Janeiro: Zahar, 1977 [Tradução de Waltensir Dutra].

LONS, Veronica. *The World's Mythology*. London: Hamlyn, 1974.

LUKE, Helen. *Woman – Earth and Spirit*. New York: Crossroads, 1981.

MACHADO, José Pedro. *Dicionário etimológico da língua portuguesa*. 3 vols. Lisboa: Confluência, 1952-1956.

MANNHEIM, Ralph. *Myth, Religion and Mother Right* – Selected Writings of J.J. Bachofen. Princeton: Princeton University Press, 1973.

MARROU, Henri-Irénée. *Histoire de l'éducation dans l'Antiquité*. Paris: Seuil, 1955.

MATTA, Roberto da. *Carnavais, malandros e heróis*. 3. ed., Rio de Janeiro: Zahar, 1981.

MAZON, Paul. *Introduction à l'Iliade*. Paris: Les Belles Lettres, 1948.

_____ *Hésiode*. Paris: Les Belles Lettres, 1947.

MÉAUTIS, Georges. *Les dieux de la Grèce*. Paris: PUF, 1959.

_____ *Sophocle. Essay sur le héros tragique.* Paris: Albin Michel, 1957.

_____ *Mythes inconnus de la Grèce antique.* Paris: Albin Michel, 1944.

MEILLET, Antoine. *Aperçu d'une histoire de la langue grecque.* Paris: Hachette, 1935.

MIREAUX, Émile. *La vie quotidienne au temps d'Homère.* Paris: Hachette, 1954.

MOELLER, Charles. *Sagesse grecque et paradoxe chrétien.* Paris: Casterman, 1950.

MURRAY, Gilbert. *Greek Studies.* London: George Allen and Uwin, 1946.

NASCENTES, Antenor. *Dicionário etimológico da língua portuguesa.* T. II. Rio de Janeiro: Francisco Alves, 1952.

NEUMANN, Erich. *The Great Mother.* Princeton: Bollingen Series, 1974.

_____ *Apuleius: Amor und Psyche, mit einem Kommentar von Erich Neumann: Ein Beitrag zur seelischen Entwicklung des Weiblichen.* Zürich: Rascher Verlag, 1952.

NILSSON, Martin P. *The Minoan-Mycenaean. Religion and its Survival in Greek Religion.* Lund: Catt., 1950.

_____ *Greek Piety.* London: Oxford University Press, 1948.

OTTO, Walter F. *Dionysos, le mythe et le culte.* Paris: Mercure, 1969.

PAGE, Denys. *The Greeks.* London: A.C. Watts, 1962.

PANDOLFO, Maria do Carmo Peixoto. *Joana d'Arc – Semiologia de um mito.* Rio de Janeiro: Grifo, 1977.

PAPADAKIS, Théodore. *Epidaure – Le sanctuaire d'Asclépios.* Atenas: Hugh Schnell, 1972.

PARIS, Pierre & ROQUES, G. *Lexique des antiquités grecques.* Paris: Albert Fontemoing, 1909.

PENDLEBURY, J.D.S. *Palace of Minos – Knossos.* London: Max Parrish, 1954.

PETTAZZONI, Raffaele. *La religion dans la Grèce antique.* Paris: Payot, 1953 [Tradução de Jean Gouillard].

POHLHAMMER, R. Maisch F. *Instituciones griegas*. Madri: Labor, 1978.

RAHNER, Hugo. *Mythes grecs et mystère chrétien*. Paris: Payot, 1954.

RANK, Otto. *El mito del nacimiento del héroe*. Buenos Aires: Paidós, 1981.

_____*O traumatismo do nascimento*. Rio de Janeiro: Marisa, 1934 [Tradução de Elias Davidovich].

RIESTERER, Peter P. *Kunstschätze aus dem Ägyptischen Museum Kairo*. Bern: Kümmerly und Frey, 1963.

ROCHA, Maria Helena da. *Estudos de história da cultura clássica*. Lisboa: Fundação Calouste Gulbenkian, 1964.

SAÏD, Suzanne. *La faute tragique*. Paris: Maspero, 1978.

SAMDUP, Lama Kazi Dawa. *Bardo Thödol*. São Paulo: Hemus, 1980 [Tradução de Norberto de Paula Lima e Márcio Pugliese].

SANT'ANNA, Affonso Romano de. *O canibalismo amoroso*. Rio de Janeiro: Brasiliense, 1984.

SCHLIEMANN, H. *Ithaque, le Péloponnèse, Troie*. Paris: C. Reinwald, 1869.

SEABRA, Zelita, & MUSZKAT, Malvina. *Identidade feminina*. Petrópolis: Vozes, 1985.

SÉJOURNÉ, Laurette. *Pensamiento y religion en el México antiguo*. México: Fondo de Cultura Económica, 1964.

SIMON, Marcel & BENOIT, André. *El judaísmo y el cristianismo antiguo*. Barcelona: Labor, 1972.

SNELL, Bruno. *The Discovery of the Mind*. New York: Harper Torchbooks, 1960.

SOLMSEN, Friedrich. *Hesiodi: Theogonia. Opera et Dies*. London: Oxford Classical Texts, 1970.

SOUZA, Eudoro de. *Escrita cretense, língua micênica e grego homérico*. Florianópolis: Faculdade de Filosofia, 1955.

SPENCER, Gertrude. *O drama da iniciação*. Curitiba: Grande Loja do Brasil, 1983.

TOYNBEE, Arnold J. *Helenism – The History of a Civilization*. London: Oxford University Press, 1959.

TULARD, Jean. *Histoire de la Grèce*. Paris: PUF, 1962.

VAN DER BORN, A. et al. *Dicionário Enciclopédico da Bíblia*. Petrópolis: Vozes, 1977.

VEGA, José S. Lasso de la. *De Safo a Platón*. Barcelona: Planeta, 1976.

VENTRIS, Michael & CHADWICK, John. *Documents in Mycenaean Greek*. London: Cambridge University Press, 1956.

WALDE, A. & HOFFMANN, J.B. *Lateinisches Etymologisches Wörterbuch*. Heidelberg: Carl Winter, 1938.

WEBSTER, T.B.L. *From Homer to Mycenae*. London: Methuen, 1958.

WILGES, Irineu, V. I. *As religiões no mundo*. Petrópolis: Vozes, 1984.

WILHELM, Richard. *I Ching*. São Paulo: Pensamento, 1982 [Tradução de Alayde Mutzenbecher e Gustavo Alberto Corrêa Pinto].

ÍNDICE ONOMÁSTICO

Observações: 1) As palavras ou expressões gregas transliteradas para caracteres latinos aparecem em grifo. O mesmo ocorre com nomes de obras ou palavras de língua estrangeira.
2) Os números em índice referem-se às notas de rodapé.

A
Abdera 28
Abirão 334
Abraão 98, 334
Abrahae 334
Academia 197
Acaia 175, 342
Acarnânia, Rio da 274
Acrísio 87
Acrópole 65, 161, 305
Adamastor (Gigante) 215
Admeto 87, 238
Admeto da Tessália 30
Adônis 228-231
Adônis, Jardins de 230s
Adrasto de Sicione 30
Aedo 124[7]
Aelo 163, 248s
Aérope 83, 89s
Afidna 118
Afrodísias 234
Afrodite 76, 111, 113s, 132s, 136, 145-147, 163, 168, 176, 197, 202, 208, 217, 221, 226, 228, 230-236, 279, 298, 307, 322, 342, 345, 370,

Afrodite Pandêmia 198, 227, 234
Afrodite Urânia 198, 227
Agamêmnon 73, 80, 83, 90-100, 115, 123, 125, 129, 131s, 135, 149s, 248, 264
Agamêmnon, Túmulo de 80
Aganipe 344
Agave 168
Agenor 273
Agesilau 112
Ágias 117[8]
Aglaia 167
Áglao 90
Agni 292, 295
Agnis 65, 295
Agostinho, Santo 263, 327
Agra 315
Agrigento 160
Ágrio 168, 223
Aiê 210
Aígistos 94
Aîsa 147-149, 243
Ájax 92, 115, 117[8], 122, 132s
Ájax de Lócrida 342

Akhetaton 103

Alalcômenes 297, 297[4]

Alá, Leão de 270

Alalu 209

Alceste 29, 29[9], 87, 87[14], 238

Alcides 370

Alcínoo 136, 144

Alcioneu 163, 222

Alcmena 167, 170, 256, 269, 297, 364

Alcméon 220

Aléctrion 228s

Aletes 99

Aleto 163, 218, 221, 370

Alexandre 14, 90, 112s, 115s, 132

Alexandre Magno 275

Alexandria 81[8]

Aléxis 234

Alfeu 164, 223, 273s

Álgos (Dor) 245

Ali (Leão de Alá) 270

Alóadas 345

Alto-mar, Ninfas do 225

Amalteia, Cabra 75, 212, 274, 352, 352[2], 352[3], 353, 356

Amalteia, Ninfa 352[1]

Amazona Mirina 347

Amazonas 253, 347s

Amazonas, Túmulo das 348

Amenhetep III 267

Amenófis IV 103

Amiclas 109

Amimone 345s

Amimone, fonte 256

Amisódaro 257

Amniso 56

Amon 275

Amon, Esposas de 206

Amon-Ra 266

Amor 162, 197

An 209

Anacreonte 198, 198[4]

Anacreônticas 198[4]

Anadiômene 227

Anatólia 46, 107

Anatólios 46, 51-53

Ánax 123[4]

Anaxíbia 95

Androesfinge 266

Androgeu 64s

Andrômaca 104, 134

Anfião 89

Anfíon 85

Anfitrião 87

Anfitrite 163, 167, 246, 314[13], 342, 345

Anquises 168, 227, 231, 340, 342

Antenor 113

Ânteros 198

Antestérias 242, 305, 362

Anteu 196

Anticleia 137

Antígona 67, 89

Antigo Testamento 81[8], 82, 197[3], 219, 244, 277, 292, 333

Antíloco 344

Antínoo 137

Antologia Palatina 198[4]

Anu 209

Apeles 227

Ápis 66

Apocalipse 270

Apolo 75s, 81, 91s, 96s, 106, 109, 114-116, 129, 131-140,143, 150, 155, 157, 167,170, 212, 214-216, 220, 222s, 230, 242s, 252, 274, 275[2], 291, 297, 331, 342, 345, 355, 364, 370

Apolo Carnio 275

Apolodoro 260[8]
Apolônio de Rodes 193
Aqueloo 273-275, 278
Aqueronte 280, 337
Aqueus 45, 47[3], 48, 54, 55[2], 69, 71s, 74, 80, 91-93, 103, 107, 109, 114-116, 121, 131s, 142, 145, 147, 196, 242, 342,
Aquiles 80[11], 88, 92s, 95, 97, 104, 111, 114s, 130, 132s, 137, 140, 142, 144s, 147-150, 153, 184, 240, 242s, 249, 298, 335, 342
Aquiles Pelida 130
Aquino, Tomás de 263
Ar 201, 209
Arábia 348
Arábia Petreia 356
Arato 212
Arcádia 62, 107, 164[6], 223, 274, 300, 307, 312, 343s
Arconte-Rei 314
Arctino de Mileto 117[8]
Areópago 96, 311[11]
Ares 50, 75, 85, 114, 132s, 136, 143, 145s, 167, 183, 197, 228-233, 245, 251, 307, 355, 364, 370
Arestor 299[5]
Arete 136
Aretusá 241, 274
Arges 163, 206, 214
Argivos 116, 149, 154
Argo 299
Argólida 46, 72, 79s, 88, 107, 256, 268, 346
Argonautas 234, 249
Argonáuticas 193, 222
Argos 90, 96-98, 137, 273, 299, 299[5], 345
Argos-de-Cem-Olhos 254

Ariadne 58, 64, 67, 167
Aríon 300, 344
Aristófanes 30, 30[10], 305, 311, 311[10], 313, 316[15]
Aristômaco 105s
Aristóteles 47[3], 127, 140, 161, 303, 306, 311, 318
Ars Amatoria 261
Arte de Amar 261
Artemidoro 276[3]
Ártemis 60, 62, 75s, 85, 89, 91, 97, 99, 114s, 133, 167, 199, 222, 224, 229s, 233, 274, 297, 301, 305, 307, 364, 370
Ártemis Ctônia 197
Árvores, Ninfas das 224s
Asclépio 215s, 316
Ascra 16, 155, 161, 168, 186, 193, 213, 245
As Confissões 263
As Deusas 306
Ásia 113, 126, 130, 228, 240, 248, 295, 322
Ásia Menor 27, 46, 51, 54, 69, 85, 91, 97, 101, 103s, 109, 112, 126-128, 155, 160
Ásia Menor Grega 125, 154
Asiáticos 337
Ásina 79
As nuvens 30
As rãs 311, 316
Asopo 85, 238
As Sacerdotisas 311[11]
Assáraco 342
Astarté 226
Astecas 294
Astéria 164s, 288
Astério 319
Astérion 64, 296

Ast. Poet. II 212
Astreia, Virgem 212
Astreu 164s
Asuwa 103
Átamas 297
Atená 75-78, 96, 111, 114s, 129,
   132-137s, 140-146, 167, 170 ,176,
   220-223, 250-253, 298, 307, 313,
   316, 330, 341, 344s, 355, 360, 363,
   370
Atená *Prónoia* 114
Atená "Providência" 114
Atenas 29s, 65, 67, 77, 87, 99, 104s,
   108, 123, 129, 159s, 234, 265, 303,
   305s, 312-316, 314[13], 336, 345
Ateneias 302
Ateniense, Constituição 159
Atenienses 105, 347
Ática 67, 71, 104, 106, 118, 312, 344
Atlantes 346-348
Atlântico, Oceano 207
Atlântida 346-349
Atlas 166s, 175, 201, 346s
Atlas, Monte 241
Atmosfera 210
Ator 295
Atreu 80, 83, 88-91, 94s
Atreu, Tesouro do 125
Atridas 80, 88, 90, 115, 130
Atridas, Maldição dos 71, 89, 100
Átropos 167, 243, 370
Augusto 232, 338, 338[35], 362
Áulis 91, 95, 100, 115
Aurora 164, 211
Ausônia 212, 361s
Autônoe 168
Avalon, Ilha de 117
Aves do Lago de Estinfalo 259
Azuis, Rochas 299

B

Babilônia 94
Bacantes 354
Bacchus 361
Baco 278, 311, 313[12], 316, 316[14]
Bálcãs 51
Bálio 111, 249, 344
Bambaras 294
Banquete 197, 227
Bardo Thödol 317
Batiia 348
Bet-'el 62
Belerofonte 253s, 257, 344
Beleza 227
Belo 273
Belona 251
Bem-Aventurados, Ilha dos 32, 117,
   178, 180, 186, 188, 241, 361
Benevolentes 221
Benfazejas 221
Bentesícima 314[13]
Beócia 52, 62,67, 71, 91, 155, 168,
   213, 247, 297[4], 363
Betel 62
Bia 165
Bíon 230
Bizâncio 319
Boedrômion 315
Boieiro 198
Bóreas, Vento 140, 165, 249
Borrasca 248
Bósforo 273
Brahma 276, 292
Branca, Ilha 118
Briaréu 163, 206, 217, 341, 345
Brimo 320
Brimos 320
Briseida 92, 132, 150
Britomártis 62, 68, 76

Cílix 245

Cimérios 323s

Címon 183

Cinegética 25, 304[3]

Cíniras 308

Cios 190

Cípselo 37, 251, 276[33]

Cirão 44, 163

Circe 193, 195s, 198, 203s, 231, 303,
320, 320[18], 323s, 327, 327[26], 328,
341, 344

Circe, Ilha de 195

Cirene 61, 158

Cirônicas, Rochas 163

Cirônicos, Rochedos 163

Ciros, Ilha de 36, 89, 183, 312

Cisne 237

Cisne, Zeus- 346

Cisseu 315[11]

Citera, Ilha de 317

Citerão 253, 256, 280, 283s

Citerão, Monte 35, 98, 253, 255, 286

Citéron 65

Çiva 39

Cízico 189s

Cleolao 154

Cleomedes de Astipaleia 45

Cleômenes 54

Cleômenes 48[38]

Cleópatra 158

Clícia 57

Clímene 232, 234, 239, 307[7]

Clio 34[29]

Clite 189

Clitemnestra 20, 60, 65, 89, 138[22], 308,
309[8]. 316, 345, 345[1], 346-359, 369s

Clitemnestra-Egisto 358

Clódia 358, 358[5]

Clódio, P. 358[5]

Clóris 215

Cnido, Afrodite de 145, 149s

Cnossos 168

Codro 56

Coéforas 345[1], 354

Coéforas 28, 354, 356

Colono 267, 283s, 299

Colono, Édipo em 243[1], 258, 265, 266[22],
278, 283, 285[42], 287

Cólquida 22, 159, 166[10], 186s, 189,
191, 193-200, 203, 208s, 212

Colunas de Héracles 114

Comatas 80, 80[4]

Cometo 95, 95[1]

Complexo de Electra 359

Cônidas 25, 160

Copreu 100, 255[11]

Corça de Cerinia 105

Corcira 195

Core 181, 325, 360, 363

Core, Deméter- 360, 360[9], 367

Core-Perséfone 363, 365, 368, 371s

Corebo 46[35]

Corfu 195, 329, 344

Corinto 21, 45, 64, 159, 175,
196-198, 199, 201s, 205, 217, 219,
219[2], 222, 251-253, 253[8], 254-257,
276[33], 280s, 284, 288

Corinto, Istmo de 108, 161, 165

Corônis 20, 146

Corono 127, 218

Cortona 341

Cós 51, 125

Cós, Ilha de 36

Craníon 45

Crateis 327[26]

Crátilo 13, 272[27]

Creonte 95, 99, 154, 159, 198s, 244, 266s, 269, 271, 277s, 281, 283

Creontíades 154

Creso 50

Creta 108, 131[17], 167, 169, 173s, 182, 195, 221[3]

Creta, Ilha de 35s

Creta, Touro de 108, 166

Creteu 185[2], 215s

Creúsa 158s, 198, 201, 216, 315[11]

Crisaor 84, 114

Crise 218

Criseida 311, 350

Crises 110, 218, 310s

Crisipo 61, 247, 253, 271

Crisógone 218

Crisótemis 347, 350, 369

Cristo 113

Crômia 216

Crômion, Porca de 162s

Crônida 95

Crono 47, 68, 367

Crotona, Mílon de 59

Ctéato 64, 106s

Ctesipo 128, 154

Ctônia 48[37], 158

Ctônio 245s

Cuzco 147

D

Dafne 48[38]

Dáfnis 133

Damasco 252

Damastes 164

Dâmiso 57

Dânae 75, 77s, 82s, 90s, 361

Danaides 47, 63, 76, 76[1]

Dânao 75s, 76[1], 77

Daniel 275

Danúbio 194

Dario 41

Dáulis 256, 279

Dáunia 89

De Institutione Oratoria 345[1], 358

Dédalo 170s

Dêicoon 154

Deidamia 221[3], 312

Deífobo 301[1], 313s, 315[11]

Dêion 216, 303

Dejanira 37, 47, 66, 118, 127-129, 131, 133s, 138, 154, 325

Delfinio, Apolo 109, 165s

Delfos 42, 45, 48, 48[37], 49, 66, 119s, 130, 142, 147, 158s, 187, 216, 252, 256s, 279, 284, 307, 356

Delfos, Ginásio de 305

Delfos, Oráculo de 8, 42, 100, 183, 187, 252, 257, 278, 280, 285, 287, 356

Delfos-Trezena 159

Delíades 217

Delos 29, 48, 312

Delos, Ilha de 173, 365

Deméter 35[29], 53, 118, 163, 189[5], 246, 267, 325, 360, 360[9], 363, 368, 371s

Deméter-Core 360, 360[9], 367

Deméter Eleusínia 127, 135

Deméter-Perséfone 360, 360[9], 363

Demódoco 57, 329

Demofonte 135, 176, 218

Demofoonte 157, 183

Dercino 115s

Descrição da Grécia 13[2], 157[1], 185[1], 217[1], 232[3], 243[1], 271, 285[42], 345[1]

Destino 359

Deucalião 56, 186, 216

Deus Pã 343

Deusas Olímpicas 371s

Deuteronômio 32

Dexâmeno 124
Dia 178[16]
Diana 176
Dias, Trabalhos e 116, 140, 273
Diceu 132
Diceu, o Justo 132
Díctis 90
Dido 281, 369
Dimas 127, 315[11]
Dinastes 154
Díndimon, Monte 190
Dino 83, 109
Diodoro 43, 47, 56, 65, 128, 197, 204, 276
Diodoro 51s
Diodoro Sículo 157[1], 185[1], 217[1], 221[3], 232[3], 243[1], 285[42]
Diomeda 303
Diomedes 43, 53, 55, 65, 89, 109, 136, 158, 216, 301, 307[7], 310, 312, 349
Diomedes, Éguas de 109
Dione 367
Dionisíacas 35, 243[1]
Dionísio de Halicarnasso 304[3]
Dioniso 31, 34[29], 35, 40, 51s, 58, 91, 123, 172s, 201, 246, 246[2], 271, 312, 321, 325[24], 328[28], 360[8]
Dioscuros 44, 46, 52s, 58, 183, 200, 346s
Dioscuros Afetérios 45
Diotimo 100
Dioxipe 232[2]
Dipnosofistas 59, 271, 274[30], 285[42], 304[3]
Dirce 246[2]
2Reis 242
Dodona 188[4]
Dólon 312

Dolonia 312
Don, Rio 203
Dorieu, Lacedemônio 115
Dórios 127
Doro 127, 216
Dragão 209, 245, 271
Dragão de Ares 247
Dríopes 127
Dríops 53
Dulíquio 330

E
Éaco 60, 88
Eanes 62
Eantias, Festas 27
Ébalo 303
Ecália 46, 98, 130
Ecfas 248
Ecles 124
Eco 34[29]
Econômico 24, 359
Édipo 21, 37, 58, 60-62, 65, 79, 116, 175, 229, 243[1], 244-246, 248[5], 253, 253[9], 254s, 255[11], 256-262, 265-270, 272-274, 276, 276[33], 277-284, 285[44], 286-299, 353
Édipo em Colono 66, 243[1], 258, 265, 266[22], 278, 282, 285[42], 286
Édipo Rei 243[1], 248s, 252-256, 256[11], 262, 265s, 272, 276-280, 285, 285[42], 287
Eécion 251
Eeia 342
Eeia, Ilha de 195, 320, 324, 342, 344
Eetes 166[10], 186s, 193-196, 200, 203s, 208s, 212, 231, 320
Efebia 28
Efebos 25-27

Efialtes 270
Éforos 48[38]
Egeu 20s, 55, 65, 158, 160, 163, 165, 166[10], 167-169, 173s, 178, 199, 213, 308
Egílipe 310
Egímio 127s
Egina 219[2]
Egina, Ilha de 43, 88, 195
Egisto 20s, 60, 79, 349-355, 357s, 370
Egisto-Clitemnestra 358
Egito 23, 31s, 75-77, 120s, 317[14], 351
Egle 119, 172
Éguas de Diomedes 109
Elaís 312
Élato, Centauro 123
Electra 347, 350s, 353-356, 358, 360, 369s
Electra 28, 345[1], 351
Eléctrion 62, 91, 93-95, 95[1], 116
Elefenor 182
Eleusínia, Deméter 127
Elêusis 26, 34[29], 51s, 52[41], 82, 118, 164, 175
Elêusis, Mistérios de 46, 117, 362
Elêuteras 246[2]
Élida 107, 124, 131[17]
Élis 107
Elísios, Campos 200
Emátion 121
Empédocles 34[28]
Enárete 216, 218
Endímion 47
Eneias 20, 22s, 43, 46, 51, 57, 72, 91, 115, 341, 369
Eneida 34[29], 35, 46, 51, 57, 91, 97, 98[3], 115, 281, 302, 312, 314, 315[11], 356, 369
Eneu 60, 62, 129

Enio 83
Eno 312
Enômao 35, 37, 47, 64, 89
Enópion 57, 60, 173
Eólia 215
Eólia, Ilha de 319
Éolo 186, 204, 216, 218, 319
Éolo, Ilha de 319, 344
Eono 127
Eoo 232
Eos 121, 231
Épafo 75, 77
Epicasta 154, 248, 248[3], 249, 254, 257, 281
Epidauro 51, 161
Epígonos 53
Epiro 89, 131, 180, 341
Épito 65
Epopeias Cíclicas 315[11]
Epopeu 246[2]
Equetleu 42
Équetlo 42
Équidna 103, 103[4], 114, 119, 162, 220, 327[26]
Equíon 245
Erasipo 154
Erecteu 27, 60, 65, 158, 180
Ergino 99, 126, 188, 191
Eribeia 168
Erictônio 80, 158
Erídano 120, 236
Erídano, Rio 195
Erifila 62
Erimanto 57, 104
Erimanto, Javali de 104
Erimanto, Monte 124
Erínia 214, 265
Erínias 248[3], 267, 270, 277, 299, 353s, 356s, 364

Erínias-Eumênides 54
Eriópis 197
Eritia 114, 119s
Eritia, Ilha de 114
Érix 47, 115s
Eros 11, 85, 321[19], 367, 368
Erótica 304[3]
Errante 341
Esão 185, 185[2], 197, 201, 209, 211, 215
Escamandro 313
Escorpião 234, 236
Esculápio 146
Esfinge 103, 257, 268-272, 272[27], 273, 275-276, 279, 285, 288-296, 325
Esfinge de Tebas 276
Esfinges 270
Ésimo 303
Espanha 114
Esparta 24s, 27s, 43, 45, 57[45], 67, 78, 89, 126s, 179, 306, 311, 315, 342s, 346-347
Espermo 312
Espórades, Ilhas 196
Esquéria 329
Esquéria, Ilha de 329
Ésquilo 11, 28, 50, 62, 76[1], 135, 139, 252s, 270, 282, 285[42], 304[3], 345[1], 351-352, 356, 364
Estábulos de Augias 107, 124
Estácio 47, 243[1], 285[42]
Estáfilo 51, 173
Estenebeia 76-78, 219, 221
Estênelo 45, 91, 95, 97, 110
Ésteno 84
Estérope 215, 325
Estesícoro 47, 52, 57, 57[45]
Estige 234
Estige, Rio 118

Estinfalo 62, 106
Estinfalo, Lago de 106, 270
Estoicos 141
Estrabão 49, 51, 203, 243[1], 285[42], 327
Estrímon, Rio 115
Estrobles 154
Estrófio 351, 354
Eta 137, 222
Eta, Monte 65, 123, 134, 136s
Etálides 188
Etéocles 20, 46, 63, 175, 244, 266, 277, 282, 283[39]
Eteono 267
Etéria 232[2]
Etiópia 85
Étlio 216
Etólia 49, 89, 341
Etólia, Titormo da 59
Éton 232
Etra 159-162, 180, 183
Etrúria 115
Eubeia 128, 182, 307[7]
Eubeia, Ilha de 196, 349
Eubuleu 53
Eumedes 45
Êumenes 154
Eumênides 248, 267, 283, 299, 345[1]
Eumênides 50, 61, 357
Eumeu 331
Eumolpo 25s, 53, 98, 158
Êuneo 215
Êunomo 62
Eunosto 38
Euríale 85
Euríbates 131
Eurícapis 154
Euricleia 57, 248, 332
Eurídice 65, 77s, 266
Eurilite 198

Euríloco 320
Eurímede 217-218
Eurimedonte 110
Eurínome 217-218
Euriodia 304
Euríopes 154
Eurípides 11, 29, 38, 50, 52, 56, 58[47],
    63, 65, 68, 103[3], 109, 135-138,
    157[1], 159, 167, 176s, 185[1], 187,
    197, 198[9], 199, 221, 232[3], 243[1],
    252s, 255[11], 271, 277, 282, 285[42],
    304[3], 308, 309[8], 313, 315, 315[11],
    318[16], 345[1], 348, 356, 359
Eurípilo 36, 51, 125, 154
Euristeu 97, 100s, 104s, 107-110, 114,
    117, 119-121, 128, 138, 219
Eurítion 62, 114, 124
Eurítion, Centauro 124
Êurito 46, 53, 64, 98, 106s, 130, 133,
    188, 306, 338
Euritras 154
Europa 20, 59, 114, 221[3], 236[7], 243,
    324, 361,
Eutélides 154
Eutimo de Locros 45
Euxino, Ponto 191, 194, 203
Evandro, 115, 221[3]
Eveno, 57, 129
Everes 154
Evipe 303
Êxodo 23, 31
Ezequiel 275

F

Fábula 254
Fábulas 13[2], 63[50], 66, 157[1], 185[1],
    187[3], 217[1], 232[2], 243[1], 385[42], 304[3],
    345[1]
Fabulae 63[50]

Faetonte 231s, 232[3], 233-240
Falias 154
Fanes 39
Farurim 242
Fásis 191, 198
Fastos 36
Feaces 46, 195, 329, 344
Feaces, Ilha dos 195, 329
Febe 232[2]
Febo Apolo 196, 232s
Fedra 38, 65, 138[22], 167, 174, 176-178,
    181s, 282
Fedro 100
Feia 162
Fenícia 245
Fenícias 242[1], 252s, 253[8], 254, 277,
    285[42]
Fênix 25, 38, 57, 277, 312
Feres 109, 185[2], 197-199, 215
Feres II 215
Festa das Apatúrias 27
Festa das Fratrias 28
Festa das Hiperbóreas 29
Festas Eantias 27
Festo 35
Fílace 44
Fílaco 42, 60, 117, 185[2]
Fileu 107
Filoctetes 56, 134, 134[18], 301s, 301[1],
    310, 312
Filoctetes 56, 134[18], 137, 302, 304[3]
Filolau 110
Filomela 158, 246
Filomelides 310
Filônoe 218, 220s
Filônome 38, 79[3]
Fineu 83, 158, 190s
Fíquion, Monte 269, 284
Fitálidas 165

Fítalo 165
Fix 269-271, 272[27]
Flaco, Quinto Horácio 113
Flaco, Valério 187[3], 203
Flégias 218
Flégon 232
Flegra 126
Fócida 245, 246[2], 279, 351, 354
Foco 51, 62, 65, 89[17], 218, 246[2]
Folo 123
Folo, Centauro 123
Fóloe 123
Fonte de Pirene 219[2]
Forbas 25, 254s, 327[26]
Fórcis 83, 327[26]
Fórmias 319
Fórmio 57
Frásio 121
Fratrias, Festa das 28
Frígia 315[11], 325[24]
Frinondas 131
Frixo 187s, 187[4]
Frixo 187
Ftia 57, 89[17]
Ftiótida 89, 89[17]
Fúrias 356

G

Gália 114
Ganimedes 61, 67, 111
Gansa-Nênesis 346
Gautama Sakyamuni 23, 23[17]
Geia 33, 119s, 158, 327[27]
Gelanor 75
Genélope 47
Gênesis 38, 102, 275
Gênios 340
Geografia 243[1], 285[42]
Geórgicas 65

Gerião 47, 56, 113-118, 126, 136, 327[27]
Gerião, Bois de 113
Gibraltar 327s
Gibraltar, Rochedo de 114
Gigante 114
Gigantes 53[42], 126, 138
Ginásio de Delfos 305
Glauce 198s, 202
Glauco 48, 65, 217-220, 224, 327[26]
Glauco II 218
Gleno 154
Górgaso 51
Gorge 60
Gorgófone 91, 303
Górgona Medusa 182
Górgonas 79, 84, 84[10], 86, 275
Gortina 341
Grã-Bretanha 324
Grande Mãe 149, 151, 179, 190, 284,
    300, 345
Grécia 11, 13, 38, 41, 45, 48s, 95,
    114s, 130s, 146, 157, 161, 172,
    188, 193, 204, 246[2], 248, 283, 334,
    345, 364, 370
Grécia, Descrição da 13[2], 157[1], 185[1],
    217[1], 232[3], 243[1], 271, 285[42]
Greco-Pérsicas, Guerras 183
Gregório, S. 113
Greias 83, 84[10]
Guerra de Troia 157, 183, 221[3]
Guerras Greco-Pérsicas 183
Guerra Tebana 116

H

Hades 14, 25, 27, 35, 42, 59, 67, 76,
    84, 98, 102, 109, 117-119,
    136-138, 179-182, 184, 189[5], 200,
    222, 271, 302, 323, 335, 352s,
    360[8], 362s, 371

Haliarto 218
Halicarnasso 304[3]
Halmo 218
Halócrates 154
Hamadríada 60
Harmonia 37, 245, 359
Harpias 190, 270
Hebe 67, 95, 123, 129, 135, 154
Hécale 166
Hecalésio, Zeus 166
Hecamede 203
Hécate 198, 204s, 209, 327[26]
Hécuba 56, 138[22], 200, 301[1], 313, 315, 315[11]
Hécuba 21, 56, 304[3], 315, 315[11]
Hedoneu 180
Hefesto 11, 102, 106, 157s, 161, 164, 173, 189[5], 193, 331[29], 337, 360[8]
Heitor 38, 43, 51, 53, 65, 68, 302, 315[11]
Hélade 13, 48s, 61, 67, 101, 108, 114, 116, 187, 247, 249, 307, 347, 370
Hele 187
Hele, Mar de 187
Heléboro 51
Hélen 216
Helena 20, 52, 57[45], 59, 68, 89, 179, 181, 183, 200, 301[1], 306, 307s, 307[7], 310s, 313s, 316, 330, 342, 346s, 349, 358
Helena 345[1]
Helênicas 45, 52
Helenos 49[39], 102, 135, 301, 301[1], 311[10], 312, 315[11]
Helesponto 187, 189s
Helíades 232[2]
Hélie 232[2]
Hélio 33, 91, 107, 114, 159, 198s, 231s, 232[2], 232[3], 233-236, 238-240, 305, 320, 324, 327

Hélio, Ilha de 327
Hemítea 21, 51
Hêmon 65, 244, 266, 269, 271, 277
Heníoque 163
Hera 11, 21, 30, 42, 51, 60, 85, 91, 93s, 96s, 99, 105s, 108, 110, 113, 115, 119, 121, 125-127, 135s, 139s, 178[16], 186, 189[5], 193s, 199, 203, 205, 223, 223[4], 229, 247, 271, 313, 313[28], 347, 360, 360[8], 362s, 367s, 370-372
Héracles 20s, 27s, 30, 36s, 42, 44-49, 51s, 52[41], 54, 55[43], 57-60, 62-65, 67, 75, 91, 93-101, 103-111, 114-121, 123-134, 134[18], 135-143, 145s, 151, 154s, 157, 166, 175, 180s, 188, 190, 205, 219, 221[3], 222, 227, 232, 275, 301s, 301[1], 309[8], 325, 325[24], 333, 337, 360[8]
Héracles 63, 93s, 135, 138, 343
Héracles Vitorioso 123
Héracles-Ônfale 145s
Héracles, Colunas de 114
Héracles, Hino a 136
Hermafrodito 34
Hermes 45, 64, 83s, 90, 97, 102, 117, 187s, 189[5], 303-305, 320s, 328, 328[28], 335, 337, 343, 360[8]
Heródoto 13[2], 55, 67, 131[17], 243[1], 247, 251, 285[42]
Heródoto 15, 29, 42, 56, 67
Heroides 63, 157[1], 172, 185[1], 197, 200s, 200[10], 343
Hesíodo 11, 38, 41, 56, 68, 116, 136, 140s, 185[1], 232[3], 243[1], 273, 274[30], 304[3], 367
Hesíona 111, 124s
Hesíquio 272[27]
Hesperaretusa 120

Hárpago 249

Harpia(s) 163, 242, 247-249, 259, 328

Harpina 85

Hárpis 249

Hatshepsut 267

Hatusa 104, 107

Hebe 167, 364, 370

Hécate 165, 222, 273, 288s, 307, 360, 370

Hecatonquiros 162, 166, 186, 205s, 210, 217, 291, 352, 354

Hécuba 93, 112, 116, 134

Hefesto 76, 131, 133, 135s, 167, 176, 215, 222, 228s, 279, 355, 364, 370

Heidrun, Cabra 353

Heitor 92s, 102, 104, 115, 122s, 132-134, 144, 152, 242s, 342

Hélade 16, 28, 45, 48, 50-53, 69, 71, 74, 85, 100, 104, 107, 109, 121, 154s, 157, 161, 193, 218, 258, 303, 312, 362, 367

Heládico Antigo 45-47, 51s

Heládico Médio 45, 79

Heládico Recente 45, 79

Helena 14, 83, 90s, 97, 100, 106, 110, 113-119, 132, 146, 228, 234, 240, 298, 364

Heleno 113, 132

Helenos 47[3], 300

Hélicon 155, 214, 253

Hélio 64, 135, 137, 141, 164s, 167, 211, 222, 228s, 282, 307, 345, 370

Hélio Hiperíon 135, 137

Hélios 49

Héllenes 47[3]

Hemera 162, 200s, 237

Hêmon 166, 356

Hera 14, 60, 75-78, 89, 111, 113s, 129, 131-133, 140, 142s, 146, 148,

165-167, 170, 210, 214, 222-224, 232, 235, 241, 247, 256, 258, 269, 273, 291, 295s, 297[4],297s, 299[5], 299, 322, 341, 346, 355, 364, 370

Héracles 64, 86, 91, 105-107, 167, 170, 176, 186[26], 196, 222s, 233, 238, 241, 246, 255s, 268, 274s, 278s, 293, 297, 330, 334[34], 364, 370

Héracles, Colunas de 246, 346

Héracles, Trabalhos de 46

Heraclidas 105-107

Hermafrodito 228, 232

Hermes 75-77, 89, 112, 136, 138, 167, 170, 176s, 197s, 222, 232, 247, 249-251, 299[5], 337, 355s, 364, 370

Hermíona 83, 97, 100, 113

Heródoto 30, 139, 300, 304

Heróis, Mito dos 16

Héros 296

Hesíodo 16, 27s, 32, 61[8], 76, 139, 155, 158, 160s, 166-169, 171-175, 176[13], 177-186, 188-194, 196s, 200, 202, 209, 213, 217, 227s 241s, 244s, 255, 280, 296, 301s, 331s, 355, 358s, 363, 365

Hesíquio 246

Hesperaretusa 241

Hespéria 241

Hespérides 163s, 214, 237, 240s, 246, 251, 254

Hespérides, Jardim das 296

Héstia 165, 210, 291s, 370

Hetaíra 234

Hidra de Lerna 163s, 255-257

Hieracoesfinge 267

Hierofante 315, 319

Hieroquérix 315

Higino 94, 212
Hilo 105s
Hinduísmo 393
Hindus 275
Hino a Deméter 301
Hino a Zeus 365
Hino Homérico a Afrodite 227
Hino Homérico a Deméter 301, 307, 331
Hiparco 161
Hiperíon 162-165, 206, 208, 211, 283
Hípias 161
Hipólito, Santo 320
Hipno(s) 163s, 237, 239s
Hipocampos 246
Hipocrene 214, 252s, 344
Hipódamas 275
Hipodamia 83, 85, 88
Hipólita 229s
Hipólito 222, 233, 344
Hipólito Porta-Coroa 233, 344
Hipona 327[25]
Hipótoon 344
Híppios 344
Hissarlik 101
História da Guerra do Peloponeso 30
História Sagrada 32
Hitita(s) 63, 102s, 107, 209
Hodites 105
Homero 16, 27s, 32, 56, 71s, 90, 93,
    102, 110[7], 116s, 121-129, 138-140,
    145-147, 149, 151, 152[2], 154, 168,
    171, 173s, 181[21], 183, 191, 193,
    197[3], 214, 216, 241-143, 291, 296,
    301, 306, 330-332, 337, 342, 351,
    358
Honorato, Sérvio Mauro 263[12]
Horácio 231
Horas 211s, 227, 296, 363
Horco 166, 190

Hórkos (Juramento) 245
Hórus 267, 348
Hvergelmir, Fonte 225

I

Iaco 316, 316[14]
Iambe 306, 308
Iambos 159, 159[4]
Iamuna 279
Iásion 168, 301
Ícaro 66-68, 268
Ícaro, Mar de 66
I Ching 292
Ida, Monte 75s, 112s, 116, 133, 142,
    144, 203, 227, 231, 296, 352s, 360
Idade de Bronze 196
Idade de Ferro 16, 122, 180, 186-188
Idade de Ouro 16, 187s, 193, 197[3],
    212, 349, 362
Idade de Prata 182
Idade dos Heróis 178, 185
Ideia(s) 57, 164
Idíia 167
Idílio VI 215
Idílio VII 305
Idomeneu 342
Ifianassa 83, 90
Ifigênia 83, 91, 97-100, 311[11]
Ifimedia 345
Ilha Branca 118
Ilha de Avalon 117
Ilha de Chipre 73, 103s, 108, 227s, 230
Ilha de Cós 222
Ilha de Creta 46, 51s, 55s, 61, 65, 75,
    184, 249, 352
Ilha de Egina 51s, 73, 238, 345
Ilha de Ericia 254
Ilha de Eubeia 71, 73, 91, 104, 296
Ilha de Ítaca 73, 121, 135-138, 244

Ilha de Lemnos 228, 233, 240
Ilha de Lesbos 105, 117[8]
Ilha de Melos 52
Ilha de Minos 52, 54, 64, 68s, 75
Ilha de Naxos 246, 345
Ilha de Nisiro 222
Ilha de Ogígia 135s
Ilha de Ortígia 274
Ilha de Rodes 73, 103-105, 345
Ilha de Salamina 71
Ilha dos Bem-Aventurados 32, 117, 178, 180, 186, 188, 241, 361
Ilhas do Retorno 249
Ilhas Equínades 249
Ilhas Estrófades 249
Ilíada 55[2], 71-74, 76, 90-93, 102, 102[4], 105, 110s, 114, 117[8], 121s, 124, 128, 132, 135, 140-150, 184, 196, 216s, 231, 241s, 295s, 305, 330, 335, 344, 348
Ílion 85, 101, 101[4], 103, 110, 112-116, 117[8], 122, 131, 231, 242, 298, 358
Ilíria 104
Ilisso 315
Ilítia 56, 60, 68, 76, 167, 244, 364
Ilo 85
Imortais 161, 166, 187, 189, 191, 196, 212s, 235, 309, 323, 330
Índia 25, 50, 280, 322, 353
Indo-Europeus 50
Indo-Iranianos 50
Indra 48, 247, 292
Inferi 340
Inferno(s) 238, 249, 255s, 309, 329s, 333-335, 338, 340
Ino 168, 263[12], 297
Inuus 263
Io 259, 292, 299, 299[5], 364

Ióbates 253, 257
Iolau 256
Íole 106
Iou 351
Irã 50, 247
Irene 167, 205
Íris 113, 132, 144, 163, 166, 245, 247, 249
Isaac 98s, 203
Ištar 334
Ištar Astarté 228
Ísis 348
Ísmaro 314[13]
Istmo de Corinto 106
Istro 164s
Ítaca, 244
Ítaca, Ilha de 73, 121, 134-138
Itália 48, 66, 212, 334, 361, 367
Iucta, Monte 56, 67
Iulius 338[35]
Iuló 305
Iulus 232, 338[35]
Iuno Lucina 368
Iuppiter 49s, 351
Ixíon 298

J

Jacinto , 46[2], 109
Jacó 62, 318
Jápeto, Titã 162, 166s, 206
Jardins das Hespérides 296
Jardins de Adônis 230s
Jardins dos Deuses 197
Jasão 168, 233
Javé 98, 194, 204, 270, 277, 354
Jericó 103
Jesus (J. Cristo) 203, 293, 307[7], 333
Jó 195, 204
João 204

Jocasta 89, 259
Jogos Fúnebres 86, 112
Jogos Nemeios 269
Jogos Olímpicos 86, 234
Jônios 45, 48, 51s, 54, 71, 109
Judá, Leão de 270
Judeus 219
Júlio César, Caio 294
Júlios 232
Juno Lucina 368, 370
Júpiter 49, 50[8], 75, 202, 351, 367, 370
Júpiter Estator 367
Juramento (Hórkos) 190, 245
Justiça 159, 161, 166, 172, 177-181, 189-191, 270, 361, 364
Justiça, Trabalho e 172, 174
Juventas 370

K

Kalliguéneia 305s
Kan 49
Karbará 255
Keramápullos 72
Khafra (Quéfren) 267
Kháos 170
Khthónios 76
Khlóe 305
Khloîa 305
Khufu 267
Ki 209
Kíbisis 150
Kidária 301
Kômoi 306[6]
Krishna 270

L

Labdácidas, Maldição dos 89
Labirinto 57s, 65s

Lacedemônia 90, 266
Lácio 69, 367
Lacônia 62, 67, 107
Ládon 300
Laerte 138, 216
Lago de Estinfalo 259
Lagos, Ninfas dos 225
Lágrimas, Campos das 339
Laio 86s, 89, 258s, 266
Lâmia 328
Lâmias 260
Lamo 345
Lâmpsaco 232
Languedoc 264
Laódice 83, 90, 99
Laomedonte 342
Lápita 185
Lápitas 274, 298
Láquesis 167, 243, 370
Lar 325
Lares 325, 362
Lares Praestites 362
Lares Protetores 362
Latino(s) 48, 168, 263s, 283, 361
Latona 370
Lázaro 354
Leão 269-271
Leão de Alá 270
Leão de Judá 270
Leão de Nemeia 163, 237, 255, 268s
Leão do Ocidente 271
Leão do Oriente 271
Leão dos Shakya 270
Leda 90, 117s, 364
Lei Eterna 211
Lei, Tábuas da 203
Lélex 67
Lemnos, Ilha de 228, 233, 240
Lêmures 362

Lenda 37[2]
Leões, Porta dos 73
Lerna 46, 256s
Lerna, Hidra de 163, 256s
Lesbos, Ilha de 105, 117[8]
Lesques de Mitilene 117[8]
Lestrigões 136, 345
Lete 339, 339[37]
Léthe (Esquecimento) 245
Leto 85, 165, 167, 170, 214, 216, 297, 364, 370
Leucipe 346
Leucoteia 345
Levítico 219
Liber 361
Líbia 273, 347s
Libido 255
Licáon 148
Lícia 215, 257
Licomedes 114
Licurgo 348
Lídia 83, 185[26], 231
Limneidas 224s
Limós (Fome) 245
Linear A 54s, 55[2]
Linear B 54s, 55[2], 74, 76, 78
Livro dos Mortos 275
Lócrida 106
Lócrida, Ájax de 342
Lotófagos 136
Lóxias 370
Lua 62, 211, 294
Lua Selene 269
Lúcifer 293
Lúsia 300
Luta(s) 172, 186s

M
Macária 106
Macedônia 46, 104

Madeira, Cavalo de 116
Mãe 159
Mãe-Terra 77, 195
Magna Grécia 334
Magna Mater 75, 195
Mahâbhârata 275
Mahr 262[10]
Maia 170, 299[5], 364
Maia-Quiché 294
Malaia 120
Maldição dos Atridas 71, 89, 100
Maldição dos Labdácidas 89
Mália 54, 56
Manes 362
Mántica 210
Mântua 368
Maomé 270
Mar 162s, 201, 203, 330
Mar (Pontos) 245, 247
Mar, Rainha do 246
Mar, Velho do 110, 163, 224, 246
Mar de Ícaro 66
Mar Mediterrâneo 52s, 103, 260, 346
Mar Negro 47, 118
Marão, Públio Vergílio 116, 212, 361, 368
Maratona 106, 118, 311[11]
Maratona, Touro de 65
Marco Antônio 338
Marco Fábio Quintiliano 168
Marco Túlio Cícero 81, 115, 368
Marcos, São 270
Marduc 25[1]
Mares Internos, Ninfas dos 225
Maria, Virgem 34
Mars 50, 50[8]
Marte 370
Mater 196
Mecone 175

Medeia 167, 184, 233
Mediterrâneo, Mar 52s, 103, 260, 368
Mediterrâneo Oriental 103
Medo 167
Medusa 163s, 250-252, 345
Mégaron 79
Megera 163, 218, 221, 370
Mélaina 300
Melanésia 43
Melíades (Mélias), Ninfas 163, 184, 208, 217, 223, 225
Melos, Ilha de 52
Melpômene 214, 274
Mêmnon 168
Memória 213
Menécio 166, 175
Menelau 83, 90s, 97, 106, 112-118, 132s, 135, 146, 298, 344
Menetes 254
Mênfis 66, 273
Mênon 65
Mensageiro 176
Mentes 135, 141
Menthu 267
Mentor 135, 141
Mercúrio 370
Messênia 107, 312
Metamorfoses 66, 193, 361
Metanira 302, 306, 308-310
Métis 164s, 167, 170, 211, 273, 281, 296, 352, 359, 363
Micenas 51, 53, 55², 72s, 77-80, 88-96, 99, 101s, 109, 123, 125, 129, 132, 156, 215, 261, 269, 299⁵
Micenas, Palácio de 72
Micênicos 123
Mideia 80
Mider 357
Mileto 103, 105

Mimas 222
Mimir 226
Minerva 370
Minerva, Voto de 96, 220
Mínios 47³
Minoico Antigo 53
Minoico Médio 53, 56
Minoico Recente 53
Minos 52, 53¹, 54, 62-67, 69, 78, 80, 184²⁵, 337, 345, 364
Minos, Cidade de 55²
Minos, Ilha de 52, 54, 64, 68s, 75
Minotauro 59, 63,67
Mirina 347s
Mirmidões 88
Mirra 229
Mírtilo 86
Misa 307
Mísia 91, 95
Mistérios 33, 304, 310-314, 314¹³, 316, 320, 331, 353
Mistérios, Grandes 315, 317, 320
Mistérios de Elêusis 33, 255, 300, 306s, 309-316, 316¹⁴, 318, 320s, 331, 360
Mistérios dos Cabiros 312
Mistérios Greco-Orientais 33, 33¹²
Mito dos Heróis 16
Mitra 50
Mnemósina 162, 167, 170, 206, 213, 364
Moîra(s) 106, 111, 114, 116, 142, 147-149, 154, 163, 167, 169s, 211s, 222, 237, 241-243, 364, 370
Moisés 203, 276, 334, 354
Molorco 269
Momo 164, 237, 240
Mômos 240
Montanha, Sermão da 203

Monte Atlas 241
Monte Carmelo 203
Monte das Oliveiras 203
Monte Dicta 56, 75, 210s, 352
Monte Érix 234
Monte Etna 228
Monte Fíquion 258
Monte Ida 75s, 112s, 116, 133, 142,
    144, 203, 227, 231, 296, 325s, 360
Monte Iucta 56, 67
Monte Nisa 203
Monte Olimpo 203, 213
Monte Palecastro 56
Monte Parnaso 353
Monte Pélion 111
Monte Sinai 203, 276, 354
Montes 162, 201s
Montesalvat do Graal 203
Monstros 162
Mopso 348
Mormólices 260
Moro 163s, 237, 242
Mors 244
Morta 244
Morte 163, 237s, 370
Mundo do Além 332, 334s
Musas 111, 131, 167, 169s, 213, 253,
    364
Musas da Piéria 172

N
Naga 248
Náiades 90, 224-226
Nandim 275
Napeias 225
Nápoles 215
Narciso 46[2], 232, 298
Nasão, Públio Ovídio 66, 361
Nasátya 50

Nascentes, Ninfas das 225
Náucrates 66
Naupacto 106
Náuplio 345
Nausícaa 136, 141
Nausínoo 168
Navegação 173
Naxos, Ilha de 246, 345
Negra 300
Negro, Mar 47, 118
Neleu 85, 344
Neleús 71
Nelidas 71
Nemeia(s) 75[4], 268s, 358
Nemeia, Leão de 163s, 237, 255,
    268s
Nêmesis 118, 163s, 237, 244
Nemus 268
Neolítico I 45
Neolítico II 45
Neolítico, Grandes Mães do 312
Neoplatônicos 332
Neoptólemo 97, 114
Nereida(s) 110, 163s, 224-226, 246,
    342
Nereida Tétis 92, 110s, 114s, 132s,
    142, 145, 163s, 168, 212, 240, 243,
    246, 279, 298, 342
Nereu 110, 163s, 224, 245s
Nesteía 304
Nestor 71, 92, 115, 123, 131s, 135
Netuno 370
Nicóstrato 83
Nîl 273
Nilo, Rio 167, 207, 273, 346
Nilos 268
Nilsson 69, 161, 303, 331
Ninfa Amalteia 352
Ninfa Calipso 135, 137

Ninfa Sálmacis 232
Ninfas 184, 202, 223s, 232, 246, 250, 279, 307, 352, 352[1]
Ninfas das Árvores 225
Ninfas das Fontes 225
Ninfas das Nascentes 225
Ninfas das Selvas 225
Ninfas do Poente 241
Ninfas dos Carvalhos 225
Ninfas dos Freixos, 163, 225
Ninfas dos Lagos 225
Ninfas dos Mares Internos 225
Ninfas dos Ribeiros 225
Ninfas dos Rios 225
Ninfas dos Vales 225
Ninfas Melíades (Mélias) 163, 184, 208, 217, 223, 225
Ninguém (Ulisses) 216
Níobe 83, 85, 299[53]
Nique 165
Nirmâna-Kâya 248
Nirvana 279
Nisa, Monte 203
Nisiro, Ilha de 222
Nix 162, 167[7], 197, 200s, 237, 245, 359
Noé 248
Noite 162, 167[7], 187, 197, 200s, 239-241, 244s, 250, 359
Nona 244, 370
Nornas 225
Nóstoi 93, 117[8]
Noto 165
Novo Testamento 197[3], 292, 307[7], 333
Nuada 357
Nut 210

O
Obscuridade 248s
Oceânida Clímene 175
Oceânida Electra 247

Oceânida(s) 164, 207s, 214, 224-226, 273
Oceano 163, 206-208, 214, 224, 241, 253, 273s, 279, 296, 346s, 360
Oceano, Fontes do 252s
Oceano, Rio 207
Oceano Atlântico 207
Ocidente 54, 121, 125, 230, 241, 250s, 253s, 292, 313, 353 ,361
Ocidente, Leão do 271
Ocípete 163, 248s
Odes 198, 198[4]
Odin 50, 343
Odisseia 55[2], 72, 74, 88, 93, 116, 117[8], 121, 124[7], 125, 128s, 134, 141, 147, 153, 215, 260, 262, 301, 308[8]
Ogígia, Ilha de 135, 282
Oidípus Týrannos 160
Olímpia 69, 109, 157, 344
Olímpia, Deméter de 301
Olímpicas 29[6]
Olímpico 144, 148, 176
Olímpicos 83, 213, 223, 227, 246, 269, 309, 355
Olimpo 73, 76s, 85, 117, 128s, 131, 135, 139, 143-146, 149, 157, 167, 171, 176s, 213, 226, 253, 292, 296, 300, 307, 309, 311, 330, 333, 351, 356, 358, 364, 367
Olimpo, Monte 203, 213
Oliveiras, Monte das 203
Olorum 210
Óneiros 131
Ônfale 185[26]
Oráculo de Delfos 33, 96, 114, 303, 331s
Orco 333
Orcômeno 90
Orcus 333
Oréadas 224

Orestes 83, 90, 93, 95, 97, 99s, 107, 220

Orestes de Argos 30

Oréstia 95, 217, 221, 320

Orfeu 256, 318, 304, 332[32]

Órfico-Dionisismo 318

Órficos 189[28], 332, 334, 354

Orfismo 312, 334

Oriente 33, 53, 122, 125, 157, 226, 228, 230, 331, 355

Oriente, Leão do 271

Oríon 233, 284, 345

Ortígia, Ilha de 274, 288

Ortro 163s, 254s

Orun 210

Oscos 48

Otaviano 232

Oto 345

Otreu 232

Otter 256

Ouranós 49

"Outro Mundo" 332[32]

Ovídio 170, 193s, 212, 240, 261

Oxalá 210

Óxilo 107

P

Pã(s) 263, 263[12], 265, 299[5], 356

Paganalia 362

Pai Eneias 338

País do Sol Poente 254

País Vermelho 254

Palácio de Micenas 72

Palamedes 94

Palante 165

Palas 73, 222, 370

Palas Atená 222

Palecastro, Monte 56

Palene 222

Palestina 107

Panateneias 303

Pândaro 115, 132

Pandora 172, 174, 176, 179, 186s, 192, 328

Panteão 60

Papadimitríu 72

Paraíso 238, 349

Paraíso, Rios do 279

Parcas, 244, 370

Páris 14, 90, 94, 112-118, 132, 227, 234, 245, 279, 298

Parnaso, Monte 353

Páscoa 292

Pasífae 64, 66, 68, 345

Patera 257

Patriarca 98

Patroclia 133

Pátroclo 85[11], 92, 123, 132-134, 140, 145, 148, 152s, 335

Paulo, São 98, 321

Pausânias 193, 301, 306, 344

Pavor 167

Peã 75

Pefredo 250

Pégaso 163s, 251-253, 257, 344s

Pegeias 224

Pelasgo 296

Peleu 88, 111, 131, 133, 149, 243, 247, 344

Pélias 344

Pelida 133

Pélion, Monte 111

Pelopia 83, 90, 94

Pelópidas 89s

Peloponeso 52, 67, 71, 73, 105-107, 113, 249, 254, 274, 334

Peloponeso, História da Guerra do 30

Pélops 83, 85-89, 93, 258, 344

Penates 362
Penélope 104, 134s, 137s
Penía 197
Pequenos Mistérios 315
Perephóneia 304
Péricles 194, 302
Perimele 275
Período Micênico 45
Periphóna 304
Perseida 164
Perephóneia 304
Perséfone 62, 68s, 73-78, 83, 118s, 167, 198, 229s, 300-303, 306s, 309-311, 313[12], 315, 320, 322s, 325, 330, 360, 364, 370
Perses 155, 165, 172-174, 189s
Perseu 87s, 163s, 215, 250s, 330, 364
Persidas 88
Persuasão 176
Pertunda 327, 327[25]
Pesadeira 264[17]
Pherréphatta 304
Pherséphassa 304
Phersephóna 304
Philosophúmena 320
Phytálmios 343
Pianépsion 304
Piéria, Musas da 172
Piérides 213, 253
Pílades 95-97, 100
Pilos 55[2], 71, 73, 75, 109, 123, 135
Píndaro 28, 75, 93, 193, 234, 358
Pirâmides 267
Pirâmides, Textos das 25
Pirene, Fonte de 253, 274
Piriflegetonte 280, 337
Pirítoo 118, 300
Pirra 114

Pirro 114
Pisa 85s
Pisístrato 135, 160
Pitagóricos 332
Pítia 106
Pítio 370
Píton 109
Platão 57, 65, 140, 143, 169, 197, 227, 241s, 317, 332, 337, 346s, 349
Plínio, o Velho 368
Plístene 83
Plístene II 83
Plotino, *Enéadas* 57
Plutão 77, 210, 215, 238, 254s, 302, 322, 325, 330, 332, 335, 354, 370
Plutarco 63, 321
Pluto 168, 301, 331
Plutó 83, 164
Plutónion 318
Plûtos 301
Pneuma 365
Pnix 305
Pobreza 197
Poder 165, 270
Poderosa 320
Poderoso 320
Poemas Cíclicos 117
Poente, Ninfas do 241
Polibotes 222
Polícrates 160
Polidoro 168
Polifemo 135s, 214-216, 345
Polímnia 214
Polinice 89
Política 306
Políxena 93
Pólux 90, 113, 118, 364
Pomo da Discórdia 111, 245
Pónos (Fadiga) 245

Ponte Byfrost 247

Pontos (Mar) 162s, 183, 201, 203, 245-247, 360

Popol-Vuh, Gêmeos de 294

Porfírio 222s, 298

Póros 197

Porta dos Leões 73

Poseidôn 341

Posídeon 303s

Posídon 52, 64, 75, 85s, 110, 114, 133-137, 144, 167, 210, 212, 215s, 222, 228, 233, 246, 251, 253, 275, 291, 300, 314[13], 316, 330, 341s, 344-348, 354, 370

Posídon-Cavalo 300

Potâmidas 224s

Poteidân 341

Poteidáon 341

Prakriti 353

Prema 327[25]

Preto 215

Príamo 91, 93, 102, 112-114, 116, 122, 132, 134, 142, 144, 298

Priapo 228, 232, 327[25]

Princípio 203

Prócris 339

Proerósias 303

Prometeu 110, 166, 172, 174, 176[13], 179, 186, 208, 211, 255, 328

Prometeu Acorrentado 207

Prosérpina 370

Prostituta Apocalíptica 255

Protetora 298

Proteu 246s, 342

Protéptico 319

Prudência 167, 352

Psâmate 163, 246s

psámmos 247

Pseudo-Dionísio Areopagita 270

Psiqué (Psykhé) 14, 16, 152, 154, 200

Ptolomeu 54

Públio Ovídio Nasão 66, 361

Públio Vergílio Marão 116, 212, 361, 368

Purgatório 324, 325[22]

Q

Quéfren 268

Queres 163, 237, 242s, 259, 362, 370

Querices 314[13]

Quérix 314[13]

Quimera 163, 253-255, 257

Quintiliano, Marco Fábio 168

Quinto Ênio 32

Quinto Horário Flaco 69, 81[9], 367

Quíone 314[13]

Quios 105

Quirão 111

Quirinus 50, 50[8]

R

Ra 259

Ra-Herakheti 266s

Ra-Horus-no-Horizonte 267

Radamanto 64, 69, 337, 364

Rainha do Mar 246

Ramnunte 118

Ramsés III 104

Rapsodo 124[7]

Raros 303

Razão 365

Rei Momo 240, 368

Reia 56, 60, 60[8], 68, 75s, 162, 165, 206, 208-211, 214, 291, 296, 306, 352s, 370

Remo 94

República VII 57

Reso 132
Retorno, Ilhas do 249
Retornos 93
Ribeiros, Ninfas dos 225
Rico 302
Rig Veda 59, 82, 219, 327
Rio da Acarnânia 274
Rio da Etólia 274
Rio Danúbio 104, 118
Rio Ganges 279s
Rio Nilo 164, 207, 273s, 346
Rio Oceano 207
Rios 224, 278
Rios, Ninfas dos 225
Rios do Paraíso 279
Rochas Azuis 299
Rochas Ciâneas 299
Rochedos Cirônicos 106
Rodes, Ilha de 73, 103-105, 345
Rodos 345
Roma 49, 75, 206, 244, 251, 322, 324, 332, 362, 367, 369
Romanos 47[3], 50, 203, 354, 367
Rômulo 94, 361
Rudra 59

S

Sabázio 313, 313[12]
Sabedoria, Fonte da 226, 270
Sabinas 119
Sacerdotisa de Deméter 315
Saís 346
Salamandra 293, 293[1]
Salamina, Ilha de 73
Sálmacis, Ninfa 232
Salmos 276
Salomão 270
Sambhoga-Kâya 248
Samos 105, 160

Samotrácia 312
Santuário de Deméter 318, 320
Santuário de Elêusis 69, 301, 314s
Sara 98
Sarcasmo 163, 240
Sarcófagos, Textos dos 25
Sarpédon 64, 148, 152, 364
Sátiros 222, 232
Saturnais 361
Saturnalia 361s
Saturno 202, 212, 361, 363, 370
Selene 164s, 211, 222, 370
Selvas, Ninfas das 225
Sêmele 167s, 170, 297, 328, 363
Semíramis 94
Senhor 82, 98, 219, 330
Senhora 77, 300
Septuaginta 81, 81[8], 197[3]
Sereia(s) 137, 255, 259, 259[7], 260s, 264s, 274, 328
Sermão da Montanha 203
Serpentes, Deusa das 60
Sérvio Mauro Honorato 263[12]
Sete Contra Tebas, Os 185
"Setenta, Os" 81[8]
Sexto Empírico 127
Shakya, Leão dos 270
Sheol 333
Shesepuankh 266s
Shu 210
Sibila de Cumas 221, 338
Sicília 66, 215, 222, 228, 234, 307, 356
Sicilianos 214
Sicione 94
Sículo 353
Sídon 298
Silenos 232
Silvanos 263
Simóeis 278

Símois 164s, 278

Sinai, Monte 203, 276, 354

Sípilo 83, 85

Siracusa 103, 160, 274

Síria 54, 103, 229, 231, 298, 348

Sírios 354

Sísifo 238, 311[11], 332[32]

Sócrates 227, 332

Sofistas 33

Sófocles 14, 71, 99s, 160, 193, 311

Sol 64, 164, 211, 228s, 266s, 294

Sol da Manhã 267

Sol Poente, País do 254

Sol-Lua 278

Solnce 49

Sólon 82, 157-160, 186, 194, 218, 336, 346

Sonho 131

Sono 163, 239s

Sorte 244

Stamatákis 72

Súbigo 327[25]

Sufocante 265

Sumérios 203, 207, 275

Sūrya 49, 292

T

Tábuas da Lei 203

Tágides 253

Talia 167, 214

Talísias 305

Talos 65, 184

Tamuz 228

Tânatos 163s, 237-240, 242, 370

Tantálida 90

Tântalo 83-85, 90

Tântalo II 83

Taoístas 293

Tarento 103, 367

Targélion 303s

Tarô 239

Tártaro 84, 142, 162, 166, 195, 201, 210, 214, 217, 221s, 291, 299, 333s, 338s, 341, 352, 354s, 358

Taumas 163s, 246s

Táurida 97, 100

Tauro 348

Tebas 73, 89, 109, 123, 178, 228, 240, 258, 267

Tebas, Édipo de 30

Tebas, Esfinge de 267

Tégea 106

Tegírio 314[13]

Teia 164s, 206, 211

Teias 229

Télamon 247

Teledamo 93

Télefo 94s

Telegonia 117[8]

Telégono 87, 168

Telêmaco 117, 134s, 137s

Telestérion 318-320

Tell-el-Amarna 103

Tellus-Mater 195

Telpusa 300

Têmeno 105s, 296

Têmis 110, 163, 167, 170, 193, 205, 211s, 241, 244, 296

Temístio 318

Templo do Vale 268

Tempo 208

Tênaro, Cabo 334

Tênedos 91, 105

Teocosmo 365

Teócrito 215, 351

Teodósio, o Grande 34, 314

Teogonia 16, 155, 161, 168-171, 175, 184, 193, 207, 209, 212, 226-228, 242, 245

Terpsícore 214

Terra 63, 159, 162, 195s, 202, 206s, 209-211, 220, 223, 238, 240, 246s, 253, 302, 306, 330s, 334, 336, 370

Terra-Mãe 46, 63, 74, 79, 220, 224, 302, 320, 329, 343

Tersites 191

Teseu 58s, 64, 67, 87, 105, 113, 118, 233, 330, 332[32], 344

Teshup 209

Tesmofórias 303s

Tesouro do Atreu 125

Téspias 173s

Tessália 46, 71, 73, 104, 300

Testamento, Novo 197[3], 292, 307[7], 333

Tetes 159

Tétis (Tethýs), Titânida 110, 162, 164, 206s, 214s, 224, 273s, 295

Tétis (Thétis), Nereida 92, 110s, 114s, 132s, 142, 145, 163, 168, 212, 240, 243, 246, 279, 298, 342

Teucro 342

Textos das Pirâmides 25

Textos dos Sarcófagos 25

Thalýsia 305

Thesmophória 303

Tiamat 203

Tibete 247

Tieste 83, 88s, 94s

Tifão 163, 166, 241, 255, 355s, 358

Tifeu 355

Tilisso 72

Timeu 346

Tíndaro 90, 114, 118

Tique 244

Tirésias 91, 137, 298, 332[32], 357

Tirinto 46, 51, 72s, 79, 101, 109, 215

Tisâmeno 97, 107

Tisífone 163, 217, 221, 370

Titã 206, 209

Títaks 183

Titãs 172, 183, 196, 205s, 208, 213, 215, 217, 222s, 296, 330, 341, 352, 352[2], 355s, 360

Titânidas 205s, 211, 214

Titanomaquia 358

Titéne 183

Tito Lucrécio Caro 41

Titono 168

Toas 97, 223

Tomás de Aquino 263

Toosa 216, 345

Tor 50

Touro 59, 64-66

Touro de Maratona 65

Trabalho e Justiça 172, 174

Trabalhos de Héracles 46

Trabalhos e Dias 16, 155, 161, 166, 171, 174, 188, 193, 245

Trácia 28, 213, 223, 228, 233, 249, 314[13], 356

Trácios 314

Traquine 105

Trenos 310

Triptólemo 79, 302s, 308s, 321

Tritão 246, 342

Tróada 93, 95, 103, 115, 231

Troia 51, 71, 73, 80, 85, 90-92, 97, 101, 102[4], 103, 112-118, 117[8], 121s, 124, 131, 134-136, 142, 144, 173, 178, 227, 234, 243, 279, 297s, 342

Troia, Cavalo de 116

Troia, Guerra de 72, 92, 100-102, 111, 113s, 117[8], 122, 130, 134, 145, 212, 240, 245, 342

Troia II 101

Troia VI 51, 101s

Troia VIIa 102

Troia VIII 102
Troia IX 102
Troia Homérica 101
Troia Mítica 110
Troianos 92, 102, 115s, 132s, 142, 148, 196, 227, 242, 358
Trós 342
Tsúntas 72
Tucídides 30, 33
Túmulo das Amazonas 348
Túmulo de Agamêmnon 80
Túmulo de Clitemnestra 80
Túmulo de Egisto 80
Turquia 101
Tutankhamon 267
Tyr 50
Týrannos 160

U
Ulisses 87, 91s, 104, 113, 115, 117, 117[8], 121, 132-137, 141, 144, 151, 153, 168, 215s, 244, 255, 260-262, 342
Umbros 48
Universo 330, 341, 354, 357, 359s
Urânia 214
Urânios (Ciclopes) 215
Úrano 162, 165, 171, 183s, 195, 197, 201s, 205s, 208-210, 213s, 217, 221, 227, 237, 245, 291, 352, 359, 362, 364, 370
Urd, Fonte 225
Úrea 202
Ursa 198
Ursa Maior 297

V
Vaishvanara 292
Vale, Templo do 268
Vales, Ninfas dos 225

Valquírias 242
Varuna 49s, 201, 279
Veiouis 75
Véjove 75
Velcano 63, 68, 76
Velhas (Greias) 164, 250
Velhice 163
Velho do Mar 110, 163, 224, 246
Vento Bóreas 140, 165, 249
Vento Zéfiro 140, 142, 165, 227, 249
Vênus 327[25], 338, 370
Vergílio 117[8], 221, 231, 240, 249, 263[12], 337s, 340
Vergonha 178, 190
Vésper 240
Vesta (Vestais) 206, 291, 370
Via Láctea 341
Vingadoras 221, 241
Violência 179, 181
Virgem Astreia 212
Virgem, Constelação da 212
Virgem Maria 34
Virginiense 327[25]
Voto de Minerva 96, 220
Vulcano 370
Vulgata 276

X
Xamãs 247
Xanto 111, 133, 140, 249, 278, 344
Xenófanes 27-29, 139
Xenofonte de Corinto 234
Xerxes 234
Xiitas 270

Y
Yang 195
Yggdrasil, Freixo 225s, 353
Yin 195

Z

Zagreu 328

Zéfiro, Vento 140, 142, 165, 227, 249

Zelo 165

Zetes 249

Zeto 89

Zeus 16, 32, 49s, 56, 63-69, 75-77, 83, 86, 89, 91, 109-114, 117s, 117[8], 126, 129s, 132, 134-137, 139, 141s, 144-147, 149s, 157, 164-167, 169-172, 164[109], 174s, 177, 180s, 180[21], 185, 189, 191, 193, 196-198, 202s, 205-210, 212-214, 216, 222s, 225s, 229, 235, 238, 240-242, 244s, 247, 249, 253, 269, 273, 279, 291, 295-297, 297[4], 299, 301, 307, 309s, 313[12], 314, 314[13], 323, 330, 341, 345, 349, 351, 351[1], 351[2], 351[3], 352-364

Zeús 49, 49[5]

Zeus, Hino a 365

Zeùs Idaîos 353

Zeùs Khthónios 359

Zeus Pai 49

Zeús-Papaîos 49

Zeùs Patér 49

Zeus Salvador 269

ÍNDICE ANALÍTICO

Observações: 1) As palavras ou expressões gregas transliteradas para caracteres latinos aparecem em grifo. O mesmo ocorre com nomes de obras ou palavras de língua estrangeira.
2) Os números ligados por hífen indicam que o assunto tratado no verbete continua nas páginas indicadas.
3) Os números em índice referem-se às notas de rodapé.

A
Abismo
- A. insondável 194
Abraão
- sacrifício de A. 97s
v. tb. Isaac; Sacrifício
Abundância 212
v. tb. Mulher; Fertilidade; Astreia
- corno da A. 277-279
v. tb. Cornucópia
Ação
- A. de caminhar 203
v. tb. *Pent*
Acaso 245
v. tb. Tique; Sorte
Adivinho 169
v. tb. *Mántis*; *Poietés*; *Uates*
Adônis
- mito de A. e Afrodite 229-232
Afrodite 146s, 226-235
- mito do casamento de A. com Hefesto 228s
- mito de A. e Adônis 229-232
- mito de A. e Anquises 231
- mito de A. e Dioniso 232
- mito de A. e Zeus 233
- mitos das explosões de ódio e das maldições de A. 233
- símbolo das forças irrefreáveis da fecundidade 243s
- perversão sexual 235
Agathón 129
v. tb. Bom; *Agathós*
Agathós 150
v. tb. *Agathón*; Bom; *Areté*; *Áristos*
Agricultura
- geradora de riqueza 173
Água 294
v. tb. Fogo
Águia 94
Aîsa 148-150

409

v. tb. *Moîra*; Destino; Parte; Lote; Quinhão

Aíthein 201

v. tb. Brilhar; Iluminar

Alegoria 37[2]

Alegorismo 31-33

Alento 152

v. tb. *Thymós*; Apetite; Instinto

Alfeu 273s

Alimentação

- A. e sexualidade 325-329

v. tb. Repressão do homem sobre a mulher

Alimentos

- poder de fixação dos A. 323-325

Alma(s) 82, 152, 261-263

v. tb. Psiqué (*Psykhé*)

- A. dos mortos 259

— terror infundido pelas A. dos mortos 259-263, 249

v. tb. Esfinge (Fix)

- A. penada 258-261

v. tb. *Cauchemar*; Esfinge (Fix); Demônio opressor

- A. do mundo 365

v. tb. Deus; Fogo; Pneuma; Razão

Altura 202

v. tb. Montes

Amalteia

- cabra A. 352s, 356

v. tb. Égide; Hierofania

Amor

- A. Contrário 198

v. tb. Eros; Ânteros

- A. legítimo 297, 299s

- "dentada de A." 326

Anábasis 230

v. tb. Mito de Afrodite e Adônis; *Katábasis*

Ánaks 123

v. tb. Rei; Senhor; *Basileús*

Âncora 61

Andreîon 108

v. tb. Homem; Clube dos homens

Anêmona 229s

Anér 174

v. tb. Herói; *Uir*

Anfitrite 246

Anima 195, 199, 336

v. tb. *Animus*; *Coniunctio oppositorum*

Animus 195, 199, 336

v. tb. *Anima*; *Coniunctio oppositorum*

Anóetos 175

Anquises

- mito de A. e Afrodite 231s

Ânteros 198

v. tb. Eros; Amor Contrário

Ánthropos 174

v. tb. Barro; Argila; *Humus*; Humildade; *Homo*; Homem

Antropomorfismo 128, 138-141, 170

- censura ao A. 28

Apetite 152

v. tb. *Thymós*; Alento; Instinto

Apolo 143

Apólogo

- A. do Gavião e do Rouxinol 191

Aqueloo 273-278

Aqueus 71-74, 101-106, 121, 125-127

- surgimento e expansão 71-74

- Civilização micênica 101-104

- migrações aqueias 104s

- triunfo dos dórios sobre os a. 121

- "religião dos mortos" 125-127

Arauto

- A. sagrado 315

Arca

- A. de Noé 248
Arco-íris
- caminho e mediação entre este e o outro mundo 247s
v. tb. Chuva
Ares 143, 146
Areté 140, 150, 158, 174
v. tb. Excelência; Superioridade; *Áristos*; *Agathós*
Arges 214
v. tb. Raio
Argila 174
v. tb. *Humus*; Humildade; *Homo*; *Ánthropos*; Homem; Barro
Ariadne
- fio de A. 65, 67
Aristocracia
- transição da Monarquia para a A. 156
Áristos 150
v. tb. Bom; *Areté*; *Agathós*
Arquétipo
- conceito 39, 40
- possibilidade de perceber nos Mitos os caminhos simbólicos para a formação da Consciência Coletiva 9, 15
- matriz e realimentador dos símbolos para estruturar a Consciência 9
Ars Amatoria 261
v. tb. *Arte de Amar*
Arte de Amar 261
v. tb. *Ars Amatoria*
Árvore 59, 60
Assembleia 157, 159
- A. do povo 332
v. tb. *Ekklesía*
Astéria 287s
- descendência de A.
— Hécate 288s

Astreia 212
Astronomia 213
v. tb. Urânia
Áte 149, 154
v. tb. Razão, cegueira da; Desvario involuntário
Atená 143
Atlântida 346-349
- simbolismo da A. 348s
Atridas
- *hamartía* (maldição) dos A. 83-100
Átropos 243
Autogenia 202
Autoridade 205
Ave
- símbolo cretense da A. 63

B

Barro 174
v. tb. *Humus*; Humildade; *Homo*; Homem; *Ánthropos*; Argila
Basíleion guéras 181s
v. tb. Privilégio real
Basileús 123
v. tb. Rei; Senhor; *Ánaks*
Bétilos 62
Bia 286s
v. tb. Força
Bom 129, 149s
v. tb. *Agathón*; *Agathós*; *Areté*; *Áristos*
Bóreas 283-286
Brilhar 201
v. tb. *Aíthein*; Iluminar
Brontes 214
v. tb. Trovão
Bronze
- B. antigo 46
- idade do B. 183-186
v. tb. Idades, mito das Cinco

C

Cabra 94
- C. Amalteia 352s, 356
v. tb. Égide; Hierofania
Cadela 94
Calamidades 177
v. tb. Mito de Pandora
Calíope 214
v. tb. Poesia épica
Calipso 282
Caminhar
- ação de C. 203
v. tb. *Pent
Caminho 203
v. tb. *Pánthâḥ; Pons; Ponte; Pontos;
Marcha
Campos Elísios 337-340
v. tb. Hades; Tártaro; Érebo
Cão do Hades 255
v. tb. Terror da morte; Inferno interi-
or; Espírito do mal
Caos 194s
cf. Universo, a primeira fase do
- personificação do vazio primordial
194
- pensamento ativo 194
Carneiro 275-278
v. tb. Corno; Chifre; Força; Poder;
Touro
- caráter solar dos chifres do C.
275-279
v. tb. Masculino; Touro; Feminino
Casamento
- rapto da mulher 117-120
- rito de iniciação 120
- transmissão da vida 206
- mito do C. de Afrodite com Hefesto
228s
- C. sagrado 67, 143, 209, 315, 320

v. tb. Hieròs gámos
— na mitologia suméria 209
— na mitologia egípcia 210
— na mitologia nagô 210
- instituição do C. 304
v. tb. Deméter Thesmophóros
Castração 209-211
- complexo de C. 326s, 329
Cauchemar 261-265
v. tb. Seelenvogel; Esfinge (Fix)
Caverna 56-58, 357
v. tb. Gruta; Regressos ad uterum
Cegueira
- C. da razão 149
v. tb. Áte
Ceos
- descendência de C. e Febe 287-289
cf. Gerações – divinas segundo Hesíodo
Cérbero 255
Ceto
- descendência de C. e Fórcis
250-271
cf. Gerações divinas – segundo Hesíodo
Cevada 303, 305
v. tb. Grão de vida
Chifre 275-278
v. tb. Corno; Força; Poder; Carneiro;
Touro
Chuva 248
v. tb. Arco-íris
Ciclopes 206, 214-216
- Urânios 214
- Sicilianos 214s
— Polifemo 214s
- Construtores 214
Cidade-Estado 156
v. tb. Pólis

Civilização
- C. micênica 101-105
v. tb. aqueus
Clãs 94s
Clio 214
v. tb. História
v. tb. *Géne*
Cloto 243
Cobrir 202
v. tb. *Uir*
Comédia 214
v. tb. Talia
Comércio
- atividade comercial na Grécia arcaica 157
Complexio oppositorum 199, 229, 248
v. tb. União dos opostos; Reunião dos contrários
Complexo
- C. de Electra 99
- C. de castração 326-329
- C. de Zeus 365
Condutor
- fio C. 65, 67
v. tb. Ariadne, fio de
Conflito
- C. de gerações 86-89
- C. entre gerações divinas
— no mito grego 208s, 291, 319, 322, 358
— no mito hurrita-hitita 209
Conhecimento
- C. do futuro 210
v. tb. *Mântica*
Consciência
- estruturada nos símbolos 10
- C. da fé cristã com toda a sorte de crenças 11
- C. coletiva

— formada nos mitos 9-10, 15
Consciente
- interação com o Inconsciente coletivo através dos símbolos 10, 15
Construtores (Ciclopes) 214
Consuetudo 211
v. tb. Justiça; *Díke*
Contrário(s)
- reunião dos C. 248
v. tb. *Complexio oppositorum*
- amor C. 198
v. tb Eros; Ânteros
Corno 274-278
v. tb. Chifre; Força; Poder; Carneiro; Touro
- C. da abundância 277-279
v. tb. Cornucópia
- princípio ativo (masculino) e princípio passivo (feminino) 278
Cornucópia 277
v. tb. Corno da abundância
Corpo
- C. insubstancial 153, 226
v. tb. *Eídolon*
Cosmogonia 161s
v. tb. Universo, nascimento (origem) do
Crato 286
Crepúsculo 201
v. tb. *Erek*
Creta, Ilha de
- origem cretense 51-54
- sistema religioso 54-64
— locais de culto 55-56
— objetos sagrados 55-56
— grutas e cavernas 56-58
— labirinto 57, 64, 68
— cerimônias 57-60
—- sacrifícios sangrentos 58

—- jogos 58-60

— culto dos mortos 59-60

— primazia das sacerdotisas 59-60

—- sacerdotisas: hipóstases da Grande Mãe 59-60

—- sacerdotes: acólitos das sacerdotisas 59-61

—a Grande Mãe e suas hipóstases 60-64

- supremacia da mulher cretense 62-64

- o grande mitologema cretense do Rei Minos 64-69

— o mitologema 64-66

— interpretação 66-68

- sincretismo religioso creto-micênico 74-80

— influência cretense na elaboração do panteão helênico 74-79

— influência no culto aos deuses 78-80

— influência no culto aos mortos 79-80

Criações

- C. imaginárias 257

v. tb. Quimera

Crisaor 251, 254

Cristianismo

- interação do C. com toda a sorte de crenças 11

- seu encontro com a mitologia grega 33, 35

Crono 206, 208, 210, 351

- descendência de C. e Reia 291-349

cf. Gerações divinas – segundo Hesíodo

Cruz 33-34

Culto

- C. creto-micênico 74-81

— aos deuses 78-80

— aos mortos 79-81

— sincretismo religioso creto-micênico 74-81

- C. a Deméter 299-305

v. tb. Mãe-Terra

Cultura

- C. greco-romana: auxílio na busca da identidade brasileira 9-11

- legado da Grécia para a C. ocidental 10, 11

D

Daímones 178-180

v. tb. Demônio(s)

- D. epictônios 180, 182s, 188

- D. hipoctônios 180, 182s, 188

Daimónion 197, 197[3]

v. tb. Demônio(s)

Dança 214

v. tb. Terpsícore

Decadência

- D. grega 108-110

v. tb. dórios, retrocesso dório

Deméter 291, 299-305

v. tb. Mãe-Terra

- culto a D. 299-305

- *D. Thesmophóros* 303

v. tb. Casamento, instituição do

- mito de D. e Perséfone 299-311

- mistérios de Elêusis 311-329

cf. Elêusis, mistérios de

Demônio(s) 177s, 179s, 197, 197[3]

v. tb. *Daimónion* (*Daímones*)

- D. (pesadelo) opressor 259s, 262, 264s

v. tb. Mortos, almas dos; Alma penada; Esfinge (Fix); *Cauchemar*

"Dentada de amor" 326
Descendência(s) 81
v. tb. *Génos*
- D. divinas
cf. Gerações divinas
Descomedimento 68, 177, 182
v. tb. *Hýbris*
Desgraças 176s
v. tb. Mito de Pandora
Destino 148s
v. tb. *Moîra (Aîsa)*; Parte; Lote; Qui-
nhão
- D. cego 241
Desvario
- D. involuntário 150
v. tb. *Áte*
Deus(es)
v. tb. Alma do mundo; Fogo; Pneu-
ma; Razão
- Espírito de D. 33, 194, 200
- os D. em Homero 139-142
— qualidades dos D. 139-141
— os D. na *Odisseia* 141
— os D. na *Ilíada* 141
- D. homéricos 141-148
— Zeus 141
— Hera 141-143
— Atená 143
— Ares 142, 146
— Apolo 143s
— Posídon 143-145
— Tétis (Nereida) 145
— Hefesto 145s
— Afrodite 146-148
- D. Hesiódicos 161-168, 205-367
Cf. Gerações divinas – segundo He-
síodo
- culto creto-micênico aos D. 78-80
- D. ctônios 161-166

- D. olímpicos 165-168
- *deus ex machina* 174
- D. ociosos 210
v. tb. *di otiosi*
- manifestação de um D. 353s
- D. gregos e latinos 367-370
Díke 141, 169, 171, 177, 211
v. tb. Justiça; *Consuetudo*
Dioniso
- mito de D. e Afrodite 232
Di otiosi 210
v. tb. Deuses ociosos
Direito
- D. grego na Grécia Arcaica 157,
159s
Disciplina 205
v. tb. Eunomia
Discórdia 172, 245
v. tb. Éris; Emulação
Dois 357
v. tb. Um; Ímpar; Par
Dokimasia 59
v. tb. Prova iniciática; Iniciação
Dórida 105
Dórios 105-110, 121
- invasões dórias 105s
- os d. e o "retorno dos heraclidas"
103-106
- retrocesso dório 107-110
— organização social 107s
— organização religiosa 109
- triunfo dos d. sobre os aqueus 122
Doze Trabalhos 106, 241, 297
v. tb. Héracles

E
Égide 352
v. tb. Amalteia

Ego 199
Eídolon 93, 153s, 237s
v. tb. Imagem; Simulacro; Corpo insubstancial
Ekklesía 157, 159, 332
v. tb. Assembleia
Electra
- complexo de E. 99
Elêusis
- Mistérios de E. 311-329
— ligeiras observações 311s
— os mistérios 312-321
— simbolismo dos Mistérios de Elêusis 321-329
—- poder de fixação dos alimentos 323-325
—- alimentação e sexualidade 325-329
Elísios
- campos E. 337-340
v. tb. Hades; Tártaro; Érebo
Emulação 172, 245
v. tb. Éris; Discórdia
Enérgueia 217, 232
Enigma
- E. da Esfinge (Fix) 258
Enio 250s
Entendimento 152
v. tb. *Nóos; Phrén*
Entusiasmo
- E. ninfoléptico 226
Eólida 106
Eos 283s
- descendência de E.
— Bóreas 283-286
Epopeia
- poesia épica micênica 124s
- origem da E. 127
- influência da E. na elaboração do politeísmo 126-128

- E. e a religião 126-130
- "humanismo divino" 128
- E. homérica 122-126
cf. Homero
Équidna 254
v. tb. Incesto
Érato 214
v. tb. Lírica coral
Érebo 201, 333, 337-339
cf. Universo, a primeira fase do
v. tb. Hades; Campos Elísios; Tártaro; Trevas; Nix
Erek 201
v. tb. Crepúsculo; Érebo
Érgon 174
v. tb. Trabalho
Erínias 218-222
Éris 172, 237, 245
v. tb. Discórdia; Emulação
Eros 196-201
cf. Universo, a primeira fase do
v. tb. Ânteros; Amor Contrário
Erro 81-82
v. tb. *Hamartía*
Escamandro 273, 278-281
Escatologia
- E. homérica
— conceito 148
— terminologia escatológica 147-154
—- *Moîra* ou *Aîsa* 148-156
—- *Áte* 149-154
—- *Areté* 149-151
—- *Timé* 150-154
— a "outra vida" 151-154
—- *Thymós* 151-154
—- *Nóos* 151-154
—- *Phrén* 151-154
—- *Psykhé* 151-154
—- *Eídolon* 152-154

- E. hesiódica 189
Escravidão 159
v. tb. Hipoteca somática
Escudo
- E. bilobado 62
Esfinge 258-268
v. tb. Fix
- enigma da E. 258
- mito da E.: interpretação 258s
- vitória da patrilinhagem sobre a matrilinhagem 259
- demônio (pesadelo) opressor 259, 262, 264s
v. tb. *Cauchemar*
- alma penada 259s, 264
Espaço
- E. obscuro 201
v. tb. *Rájas*
Esperança 177
v. tb. Mito de Pandora
Esperma 260
v. tb. *Spérma*; Semente
Espírito 152
v. tb. *Nóos*
- E. de Deus 33-34, 194, 201
- E. do mal 256
v. tb. Inferno interior; Terror da morte; Cão do Hades
Esquizogenia 203
"Estado dos deuses"
cf. Homero
- os deuses em H. 138-142
- os deuses homéricos 141-148
Ésteno 252
v. tb. Perversão social
Estéropes 214
v. tb. Relâmpago
Estige
- mito de E. 286s

- descendência de E. e Palante 286
cf. Gerações divinas – segundo Hesíodo
Estrutura
- E. trifuncional indo-europeia 50
v. tb. Soberania; Força; Fecundidade
Éter 201s
cf. Universo, a primeira fase do
Eupátridas 157
v. tb. Nobres
Eurínome 273, 281
Euterpe 214
v. tb. Música
Evemerismo 31, 32
Excelência 140, 151, 174
v. tb. *Areté*

F
Fábula 37[2]
Falta 81
v. tb. *Hamartía*
Família 81-82
v. tb. *Génos*
Febe 206, 214, 287s
- descendência de F. e Ceos 287-289
cf. Gerações divinas – segundo Hesíodo
Fecundidade 50, 247, 316
v. tb. Estrutura trifuncional indo-europeia (50)
v. tb. *Yin*; *Yang*; Harmonia (247)
v. tb. *Khoîros*; Porco; órgão genital feminino (298)
- forças irrefreáveis da F. 235
- sexualidade e F. 235
v. tb. Afrodite
Fêmea
- F. devoradora 328
v. tb. Macho

Feminino 276, 278
- princípio passivo 278
v. tb. Princípio ativo; Masculino; Sol;
Lua; Carneiro; Touro
- órgão genital F. 316
v. tb. *Khoîros*; Fecundidade; Porco
Ferro
- Idade de F. 186-188
v. tb. Idades, mito das Cinco
Fertilidade 212, 298s.
v. tb. Mulher; Abundância; Astreia
Fidelidade
- F. conjugal 297, 299
Figa 277
v. tb. Mau-olhado; Mão cornuda
Fio condutor 65, 67
v. tb. Ariadne, fio de
Fix 255, 258-268
v. tb. Esfinge
- mito da Esfinge: interpretação 258
- vitória da patrilinhagem sobre a
matrilinhagem 247
- demônio (pesadelo) opressor 259,
262, 264
- alma penada 258-261
Fixação
- poder de F. dos alimentos 323-326
Fogo 175, 365
v. tb. *Nûs*; *Inteligência* (175)
v. tb. Deus; Alma do mundo; Pneuma; Razão (365)
- simbolismo do F. 291-295
- F. nos ritos iniciáticos 294
v. tb. Água
Foice 208
v. tb. Castração
Força 50, 275-279, 268s
v. tb. Estrutura trifuncional indo-europeia (50)

v. tb. Corno; Chifre; Poder; Carneiro;
Touro (275-279)
v. tb. Bia (276s)
Fórcis 245s, 250-271
- descendência de F. e Ceto 250-271
cf. Gerações divinas – segundo Hesíodo
Freixo
- simbolismo do F. 225s
Futuro
conhecimento do F. 210
v. tb. *Mântica*

G

Galo 63, 229
Gavião
- apólogo do G. e do Rouxinol
190-192
Geia 195s
cf. Universo, a primeira fase do
- descendência da união de Úrano
com G. 206-217
cf. Gerações divinas – segundo Hesíodo
Géné 95
v. tb. Clãs
Genealogia
- G. (origem) dos deuses 162-167,
205-365
v. tb. Gerações divinas – segundo
Hesíodo
- G. (origem) dos heróis 167s
Génos 80, 81, 83, 110, 125
v. tb. Guénos
- conceito 81-83
- rompimento definitivo do G. 110
v. tb. Família; Grupo familiar; Descendência
Geração(ões)

- conflito de G. 86-89
v. tb. Jovem Rei e Velho Rei
- conflito entre G. divinas
— no mito grego 208s, 291, 351s, 354, 358
— no mito hurrita-hitita 209
Gerações divinas – segundo Hesíodo 162-168, 205-365
Primeira geração divina 162-166, 205, 289
A. De Úrano a Crono 205-235
* Descendência da união de Úrano com Geia 206-217
- Titãs 206-210
— Oceano 206-208
— Crono 205, 208-211, 351s
- Titânidas 206, 211-214
— Teia 206, 211
— Reia 206, 210s
— Têmis 205s, 211s
— Astreia 212
— Mnemósina 205, 213
— Musas 213s
— Febe 205, 214
— Tétis 205, 214
- Ciclopes 205, 214-217
— Urânios 214
— Sicilianos 214-217
—- Polifemo 215s
— Construtores 214
* Descendência do sangue de Úrano 216-236
- Hecatonquiros 206, 217
- Erínias 217-222
- Gigantes 222s
- Ninfas 222-226
— tipos de Ninfas 225
— Ninfas Melíades (Mélias) 225s
- Afrodite 226-236

B. De Nix ao Leão de Nemeia 237-271
* Descendência de Nix 237-245
- Tânatos 237-240
- Hipno 237, 240
- Momo 237, 240
- Hespérides 237, 240s
- Queres 237, 241-243
- Moîras 237, 242-244
— Cloto 243
— Láquesis 243
— Átropos 243
- Nêmesis 244s
- Guéeras 237, 245
- Éris 237, 245
• Descendência de Pontos 245-271
- Nereu 245-247
— Anfitrite 246
— Tétis 246
— Psâmate 246s
- Taumas 245-247
— Íris 247s
— Harpias 248s
- Fórcis e Ceto 245, 250
— Greias 250
—- Enio 250s
— Górgonas 249-253
—- Medusa 250-253
—— Pégaso 251-254
—— Crisaor 251, 254
(Gerião 255)
(Équidna 254)
(Cérbero 255)
(Hidra de Lerna 255-257)
(Quimera 255-258)
(Fix – Esfinge 255, 258-267)
(Leão de Nemeia 255, 270)
C. Do Rio Nilo a Hécate 273-289
* Descendência de Oceano e Tétis 273-283

- Rios 273-280
— Nilo 273
— Alfeu 273
— Aqueloo 273-279
— Escamandro 273-281
- Oceânidas 273, 281s
— Métis 273, 281
— Eurínome 273, 281
—- Cárites 281
— Calipso 282
* Descendência de Hiperíon e Teia
  282-286
- Eos 282-284
— Bóreas 283-286
* Descendência de Palante e Estige 286
- Estige 286s
* Descendência de Ceos e Febe 287,
  289
- Febe 287s
— Leto 287s
— Astéria 287s
—- Hécate 288s
Segunda geração divina 165-167, 291,
  349
* Descendência de Crono e Reia
  291-349
- Héstia 291-295
- Hera 291, 295-299
- Deméter 291, 300-311
— Perséfone 300-311
- Hades 291, 329-341
— Tártaro 333
— Érebo 333
— Orco 333
— Inferno 333
- Posídon 341-346
— Atlântida 346-349
- (Zeus)
Terceira geração divina 166-168,
  351-365

- Zeus e suas lutas pelo poder
  351-365
- hierogamias de Zeus 166-168
Gerião 254s
Gigantes 222s
Ginecocracia 63
v. tb. Mulher
Gnosticismo 33
Górgonas 250-253
— Medusa 250-253
Grande Mãe 60-64
- a G.M. minoica 59-64
— suas hipóstases 59-60
— centro da religião cretense 60-61
— G.M. um arquétipo 60-61
Grão
— G. de vida 302
  v. tb. Mãe-Terra
Grécia
- legado da G. 27
— para a cultura ocidental 10-11
— para o Renascimento 11
- idades da G. 45-52, 71-74, 100-110,
  122s, 155-162
— esboço histórico 45-46
— neolítico I 46
— neolítico II 46
— bronze antigo 46
— povos gregos 46-52, 71-74,
  100-110, 122
—- jônios 51-52
—- aqueus 71-74
—— eólios 71
—— civilização micênica 101-105
—- dórios 105-110
—— G. da Ásia (Eólida, Jônia, Dórida) 106
—— decadência grega 109s
—— triunfo dos dórios sobre os
  aqueus 122

— G. arcaica 156-162

—- da monarquia para a aristocracia 156

—- atividade religiosa 157

—- atividade política 155-159

—— o problema da terra 156-160

—— o direito grego 156-160

—- atividade comercial 156

—- atividade militar 149-156

—- os tiranos 160

- influência grega sobre os latinos (literatura, artes, deuses) 367-369

Gregos

- povos G.

cf. Grécia

Greias 250

- Enio 250

Grupo

- G. familiar 81-82

v. tb. *Génos*; Guénos

Gruta 56-58, 357

v. tb. Caverna; *Regressus ad uterum*

Guardião(ães)

- G. dos homens 182

v. tb. *Phýlakes*

Gué 174

v. tb. Terra

Guénos 218, 264, 334

v. tb. *Génos*

Guéras 237, 245

H

Hades 291, 329-341

- Érebo 333

- Tártaro 333

- Orco 333

- Inferno 333

- Cão do Hades 255s

v. tb. Terror da morte; Inferno interior; Espírito do mal

Hamartía 80-83, 85s, 88, 95, 218s

- conceito 80-82

- H. dos Atridas 82-100

- H. ordinária 82

- H. extraordinária 82

Harmonia 247

v. tb. *Yin*; *Yang*; Fecundidade

Harpias 248s

Hécate 288s

Hecatonquiros 206, 217

Hefesto 145s

- mito do casamento de H. com Afrodite 228s

Hélade

- H. pré-helênica 45

- quatro grandes centros religiosos da H. 69

Helena

- rapto de H. 110, 112-120

Hemera 200-202

Hera 141-143, 291, 295-299

Héracles

- geração de H. 106

- doze trabalhos de H. 106, 241, 294

Heraclidas

- retorno dos H. 106-108

v. tb. dórios

Hermetismo 33

Herói(s)

v. tb. *Anér*; *Uir*

- H. epônimo 156

- genealogia (origem) dos H. 167-169

v. tb. Heroogonia

- idade dos H. 176

v. tb. Idades, mito das Cinco

Heroogonia 167s

v. tb. Heróis, genealogia (origem) dos

Hesíodo
- quem foi H. 155
- H. e Homero: diferenças 171, 174
- obras 155, 162-174
— *Teogonia* 155, 161-171
cf. verbete próprio
— *Trabalho e Dias* 155, 171-192
cf. verbete próprio

Hespérides 237, 240s

Héstia 291-295

Hidra
- H. de Lerna 255-257
v. tb. Vícios múltiplos

Hierà Anagraphé 32
v. tb. História Sagrada

Hierodulas 234
v. tb. Prostitutas sagradas

Hierofania(s) 202, 353s
v. tb. Manifestação de um deus; Amalteia

Hierogamia(s) 143, 166-168, 170, 205
- H. de Zeus 167s, 363s

Hieròs gámos 67, 143, 199, 315, 319s
v. tb. Casamento sagrado

Hiperíon
- descendência de H. e Teia 283-286
— Eos 283s
—- Bóreas 283-286

Hipno 237, 240

Hipoteca
- H. somática 159
v. tb. Escravidão

História 213
v. tb. Clio
- H. Sagrada 32
v. tb. *Hierà Anagraphé*

- H. da Grécia
cf. Grécia, idades da

Homem(ns) 195
v. tb. *Humus*; Humildade; *Homo*
- clube dos H. 109
v. tb. *Andrêion*
- patrilinhagem dória 109
- classes de H. 139
- repressão do H. sobre a mulher 325-327
v. tb. Sexualidade

Homero
- epopeia homérica 121-126
— diferença "histórica" entre a *Odisseia* e a *Ilíada* 121s
— base histórica da *Odisseia* 121s
— base histórica da *Ilíada* 121
— epopeia homérica e a poesia épica micênica 123
— o mundo micênico na epopeia homérica 123-125
— o modo de sua composição 125
- epopeia e religião 125-139
- religião homérica 129-139
— síntese da *Ilíada* 129-135
—síntese da *Odisseia* 135-138
— sincretismo da religião homérica 139
— antropomorfismo homérico 139
- os deuses em H. 139-142
cf. Deus(es)
- os deuses homéricos 142-148
cf. tb. Deus(es)
- escatologia homérica 148-154
cf. verbete próprio
- H. e Hesíodo: diferenças 171-173

Homicídio 217-222

Homo 174-195
v. tb. Barro; Argila; *Humus*; Humildade; *Ánthropos*; Homem

Honra 140, 151, 174
v. tb. *Timé*
Hoplita 158
v. tb. Soldado de infantaria
Humildade 195
v. tb. *Humus*; *Homo*; Homem; Barro;
 Argila; *Ánthropos*
Humus 174, 195
v. tb. Barro; Argila; Humildade;
 Homo; *Ánthropos*; Homem
Hýbris 68, 88, 141, 151, 173,
 177, 182, 221
v. tb. Violência; Descomedimento
- H. militar 183
v. tb. Violência bélica

I
Idades
- mito das Cinco I. 177-188
— comentários genéricos 177-181
—- significado dos metais (ouro, prata, bronze, ferro) 178
—- a intercalação dos heróis entre os
 metais 178s
—- plano das I. 178-181
—- esquema trifuncional do mitologema 181
— as cinco I. 181-188
—- I. de Ouro 181
—- I. de Prata 182s
—- I. de Bronze 183-186
—- I. dos Heróis 186
—- I. de Ferro 110, 186s
— a escatologia e a justiça 188-192
—- a escatologia 188
—- a justiça 188-192
Ilha
- I. de Creta
cf. Creta, ilha de

—- I. de Minos
cf. tb. Creta, ilha de
Ilíada 121s, 125, 129-135, 140,147
v. tb. *Odisseia*
- diferença "histórica" entre *I.* e *Odisseia* 121s
- base histórica da *I.* 122
- modo de composição 125
- síntese da *I.* 130-135
- os deuses na *I.* 141-148
Ílion
v. tb. Troia
- I. histórica 101-105
- I. mítica 101-105
Iluminar 201
v. tb. *Aíthein*; Brilhar
Imagem 153
v. tb. *Eídolon*
Imortais
- I. do Olimpo 181, 182[23]
Imortalidade
- frutos da I. 241
v. tb. Maçãs de ouro
Ímpar
- número 1. 357s
v. tb. Um; Par; Dois
Inadvertência 76
v. tb. *Hamartía*
Incesto 255
v. tb. Équidna
Inconsciente
- origem da Consciência e fonte de
 reabastecimento 9s
- I. Coletivo
— conceito 39-40
— interação com o Consciente através dos símbolos 9-10, 15
— arquétipos: conteúdos do I.C. 39, 40

Íncubo(s) 14, 262-266
v. tb. Súcubo(s); Esfinge (Fix);
 Esperma; *Cauchemar*
Incubus 163[12]
v. tb. Íncubo(s)
Indo-Europeu(s)
- povos I.-E. 45, 48, 49, 361
- migrações indo-europeias 46-50
- os vários grupos linguísticos 47, 48
- vocabulário comum 48, 49
- sua teologia e mitologia 49
- estrutura trifuncional de sua sociedade e ideologia 50
Inferno 333s
- concepção de I. 333s
— no Antigo Testamento 333s
— no Novo Testamento 333s
— na literatura babilônica 334
- I. interior 256
v. tb. Terror da morte; Espírito do
 mal; Cão do Hades
Iniciação
- ritual de I. 118-120
- prova iniciática 59
v. tb. *Dokimasía*; Prova iniciática
Iniciado(s) 300, 310-313, 315-321,
 323
- I. nos Mistérios de Elêusis 307
Insondável
- abismo 1. 194
Instinto 152
v. tb. *Thymós*; Alento; Apetite
Insubstancial
- corpo I. 237
v. tb. *Eídolon*
Inteligência 176
v. bt. *Nûs*; Fogo
Invasões

- I. dórias 105-110
v. tb. dórios
Íris 247-249
Irmandade 156
v. tb. *Phratría*
Irreflexão 81
v. tb. *Hamartía*
Isaac
- sacrifício de I. 97-98
v. tb. Abraão; Sacrifício

J
Jônia 106
Jônios 51-52, 105s
- surgimento e desenvolvimento dos
 J. 51-52
- migrações jônicas 105s
Jovem
- J. rei 87
v. tb. Velho rei
Justiça 141, 170, 172, 178, 205, 211
v. tb. *Díke*; *Consuetudo*; Têmis
- o dever de ser justo 172s
- alavanca da prosperidade 174
- dedicação à J. 189-192
— apólogo do Gavião e do Rouxinol
 191s

K
Katábasis 219
v. tb. Mito de Afrodite e Adônis; *Anábasis*
Khoîros 316
v. tb. Fecundidade; Porco; Orgão genital feminino
Khrónos 208
v. tb. Tempo; *Krónos* (Crono)
Krónos 208
v. tb. Crono; *Khrónos* (Tempo)

Kósmos 13, 174
v. tb. Universo; Ordem

L

Labirinto 57, 64, 67
Lábrys 56, 57
v. tb. Machadinha de dois gumes; Labirinto
Laços
- L. de sangue 81
v. tb. *Sanguine coniunctus*; *Personae sanguine coniunctae*; *Hamartía*
Láquesis 243
Lareira
- ideia de L. 291s
v. tb. Héstia
Lavra
- rito sagrado da L. 303
v. tb. Mãe-Terra
Leão 62, 63
- L. de Nemeia 255, 268-271
— simbolismo do L. 270s
Legítimo
- amor L. 297, 299
Lei 170
v. tb. Lógos
- L. das três unidades (ação, tempo e lugar) 26
Lenda 37[2]
Lerna
- Hidra de L. 256s
v. tb. Vícios múltiplos
Leto 287s
Libido 86, 200
Limite 68, 92-93
- L. permissível 133
v. tb. *Métron*; Medida
Lírica
- L. coral 214

v. tb. Érato
Lírio 299
v. tb. Pureza
Literatura
- L. greco-latina e o embasamento mítico 13
Loba 94
Lógos 170
v. tb. Razão; Ordem; Lei
- oposição ao mito 13-14
- incompatível com o amor 198
Lote 148
v. tb. *Moîra (Aîsa)*; Destino; Parte; Quinhão
Loucura 97
v. tb. *Manía*
Lua 275, 278
v. tb. Sol; Masculino; Feminino
Luz 162, 170
- L. radiante 200, 202
v. tb. Éter; Hemera

M

Maçãs
- M. de ouro 241
v. tb. Imortalidade
Machadinha
- M. de dois gumes 57
v. tb. *Lábrys*; Labirinto
Machina
- *deus ex M.* 174
- M. *fatalis* 83, 85, 86, 89
v. tb. Máquina fatal
Macho
- ato simbólico de devorar o M. 326
- autodefesa do M. 328
v. tb. Fêmea
Madeira 196
v. tb. *Materia*; *Mater*; Mãe

Mãe 196
v. tb. *Mater*; *Materia*; Madeira
- M.-Terra 299-329
— culto à M.-T. 299-306
— mito de Deméter e Perséfone 306-311
- Mistérios de Elêusis 311-329
cf. Elêusis, Mistérios de
Mal
- espírito do M. 256
v. tb. Inferno interior; Terror da morte; Cão do Hades
Maldição
- M. dos Atridas 71, 82-100
v. tb. *Hamartía*
- M. familiar 218-220
Mandala 58
Manía 97
v. tb. Loucura
Manteía 113
v. tb. Poder divinatório
Mântica 210
v. tb. *Mántis*; Conhecimento do futuro
Mántis 169
v. tb. *Mântica*; Adivinho; *Poietés*; *Uates*
Mão
- M. cornuda
v. tb. Mau-olhado; Figa
Máquina
- M. fatal 83, 85s, 89
v. tb. *Machina fatalis*
Marcha 203
v. tb. *Pánthāḥ*; *Pons*; Ponte; Pontos; Caminho
Masculino 276, 278
- princípio ativo 278
v. tb. Feminino; Princípio passivo; Sol; Lua; Carneiro; Touro
Massa

- M. informe e vazia 194
v. tb. *Rudis indigestaque moles*
Mater 196
v. tb. *Mãe*; *Materia*; Madeira
Materia 196
v. tb. Madeira; Mãe; *Mater*
Mátria 64
Matrilinhagem
v. tb. Patrilinhagem
- M. Minoica
cf. Grande Mãe
— o feminino minoico 74
- M.-patrilinhagem
— equilíbrio creto-micênico 74
— fim do equilíbrio creto-micênico 108s
- substituição da M. pela patrilinhagem 170
- vitória da patrilinhagem sobre a M. 259
v. tb. Mito da Esfinge
Mau-olhado 277
v. tb. Figa; Mão cornuda
Medida 139-141, 151
v. tb. *Métron*; Limite
Medusa 250-253
Megalomania 68
Melíades (Mélias) Ninfas 224-226
Melpômene 214
v. tb. Tragédia
Memória 213
v. tb. Mnemósina
Métis 273, 281
Métron 68, 93, 133, 140s, 150, 173
v. tb. Limite (68, 93)
v. tb. Limite permissível (133)
v. tb. Medida (139-141, 151)
- M. em Homero e Hesíodo 173
Migrações
- M. aqueias, jônicas, eólicas 105
Militar

- atividade M. na Grécia arcaica 156-158
- *Hýbris M.* 183
v. tb. Violência bélica
Minos
- Ilha de M.
cf. Creta, ilha de
- mito do Rei M. 64-69
— o mitologema 64-66
— interpretação do mitologema 66-69
Mistério(s) 312
- M. primitivos 301
- M. de Elêusis
cf. Elêusis, M. de
Mitema
- conceito 40
Mito(s)
- conceito 37-40
- caminho simbólico para a formação da Consciência Coletiva 9-10
— acesso ao Inconsciente Coletivo 9
- depositários de símbolos no funcionamento do *Self* cultural 10
- sua importância para o estudo da literatura greco-latina 13
- oposição ao Lógos 13-14
- fim em si mesmo 14
- vive em variantes 25-27
- sua importância na cultura grega 27
- inspiração e guia da cultura 27
- expresso pelos símbolos 40
- reatualizado pelo rito 41
- faz reviver uma realidade primeva 43s
- M. gregos
— como são conhecidos 25s
— alterações sofridas 27-30
— entraves sofridos 27-30
—- racionalismo pré-socrático 27s
—- dicotomização 28s

— politização 28-30
— novos enfoques 30-35
— encontro com o cristianismo 33-35
- M. da Esfinge (Fix) 248s
- M. da Guerra de Troia 110-118
- M. das Cinco Idades 177-188
- M. de Afrodite e Adônis 229-231
- M. de Afrodite e Anquises 231s
- M. de Afrodite e Dioniso 232
- M. de Deméter e Perséfone 306-311
- M. de Estige 286s
- M. de Pandora 176
- M. de Pégaso 252s
- M. de Prometeu 174-176
- M. de Sísifo 238
- M. de Zeus e Afrodite 232
- M. do casamento de Afrodite com Hefesto 228s
- M. do rei Minos 64-68
- M. das explosões de ódio e das maldições de Afrodite 232s
Mitologema
- conceito 40
Mitologia
- conceito 40
- M. grega
— fonte inesgotável de símbolos 10, 13
— como chegou até hoje 26
Mnemósina 206, 213
v. tb. Memória
Moeda
- símbolo da imagem da alma 335
- *Coniunctio oppositorum* 326
v. tb. *Animus; Anima*
Moîras 147-150, 154, 237
v. tb. *Aîsa*; Destino; Parte; Lote; Quinhão
- as três M. 242-244
— Cloto 243
— Láquesis 243
— Átropos 243

Momo 237, 240
Monarquia
- transição da M. para a aristocracia
156
Montanha
- alta M. 202s
Montes 201-203
cf. Universo, a primeira fase do
Morrer 237
v. tb. Ocultar-se
Morte
- M. simbólica 311, 321s
 tb. Mistérios de Elêusis
- M. do rei e sua substituição 86-89
Morto(s)
- culto creto-micênico aos M. 79-82
- religião dos M. 125-127
- M. anônimos 180, 185, 188s
v. tb. *Nónymoi*
- almas dos M.
— terror infundido pelas almas dos
M. 259, 262
v. tb. Demônio opressor; Alma
penada; Esfinge (Fix); *Cauchemar*
- cerimônias de sepultamento dos M.
335-337
- destino da Psiqué após o
sepultamento 336s
Mulher
v. tb. Astreia; Fertilidade;
Abundância
- valorização da M. 59-61
- supremacia da M. cretense 62-64
- matriz sadia
— laboratório eugênico 109
- rapto da M. 117-120
v. tb. Casamento
- M.-leão 260
v. tb. Esfinge (Fix)
- repressão do homem sobre a M.
325-329

v. tb. Sexualidade
Mundo
- nascimento (origem) do M. 161s
v. tb. Cosmogonia
- M. ctônio 161s
- arco-íris: caminho e mediação entre
este e o outro M. 247s
- alma do M. 365
v. tb. Deus; Fogo; Pneuma; Razão
Musas 213
Museu 213
v. tb. Musas
Música 213
v. tb. Musas (213)
v. tb. Euterpe (214)
Mutilação
- M. social 357s
- rito da M. 357s
Mythos 13
v. tb. Mito

N
Nemeia
- Leão de N. 255, 268-271
Nêmesis 244
Neolítico
- N. I 46
- N. II 46
v. tb. Grécia, idades da
Neopitagorismo 33
Neoplatonismo 33
Nereu 245s
- descendência de N. 246s
cf. Gerações divinas – segundo
Hesíodo
Nilo 273
Ninfas 223-226
- tipos de N. 225
- N. Melíades (Mélias) 223
Nique 286
Nix 201s

cf. Universo, a primeira fase do
v. tb. Érebo; Trevas
- descendência de N. 237-245
cf. Gerações divinas – segundo
 Hesíodo
Nobres 157
v. tb. *Eupátridas*
Noé
- arca de N. 248
Noiva
- violação da N. 120
Nónymoi 180, 186
v. tb. Mortos anônimos
Nóos 151, 154
v. tb. Entendimento; Espírito
Nostalgia 122, 135
v. tb. *Nóstos*; Retorno do esposo;
 Odisseia
Nóstos 122, 135
v. tb. *Odisseia*; Retorno do esposo;
 Nostalgia
Nudez
- N. do atleta 109
Nûs 175
v. tb. Inteligência; Fogo

O
Obscuridade 201
v. tb. *Riqiz*
Oceânidas 273, 281s
- Métis 273, 281
- Eurínome 273, 281
— Cárites 281
- Calipso 282
Oceano 206-208
- descendência de O. e Tétis 273-282
cf. Gerações divinas – segundo
 Hesíodo
Ociosidade 210
v. tb. *Otiositas*
Ocultar-se 237

v. tb. Morrer
Oculto 203
- centro O. 58
Odisseia 121, 125, 134-138, 141-147
v. tb. *Odýsseia*; *Odysseús*; Regresso de
 Ulisses; *Ilíada*
- base histórica da O. 121s
- diferença "histórica" entre a O. e a
 Ilíada 121s
- modo de composição 124
- síntese da O. 134-138
- os deuses na O. 140-147
Odýsseia 134
v. tb. *Odisseia*; *Odysseús*; Regresso de
 Ulisses
Odvsseús 134
v. tb. *Odisseia*; *Odýsseia*; Regresso de
 Ulisses
Olimpo
- imortais do O. 181, 182[23]
Omphalós 96
v. tb. Umbigo
Opostos
- união dos O. 199
v. tb. *Complexio oppositorum*
- conjugação dos O. 200
v. tb. Érebo; Nix
Orco 333
Ordálio 94s
Ordem 170, 174, 205s
v. tb. Lógos; *Kósmos* (170, 174)
v. tb. Têmis (205s)
Órgão
- O. genital feminino 315s
v. tb. *Khoîros*; Fecundidade; Porco
Otiositas 210
v. tb. Ociosidade
Ouro
- Idade de O. 181
v. tb. Idades, mito das Cinco
Ovo 197, 203

P

Palante
- descendência de P. e Estige 286s
cf. Gerações divinas – segundo Hesíodo
Pandora
- mito de P. 176
Panteão
- P. helênico e a influência cretense 74-79
Pánthâh 203
v. tb. *Pons*; Ponte; Pontos; Marcha; Caminho
Par
- número P. 357
v. tb. Um; ímpar; Dois
Parábola 37^2
Parentesco
- P. sagrado 82
Parte 147, 242s
v. tb. *Moîra* (*Aîsa*); Destino; Lote; Quinhão
Passividade 85
Pátria 64
Patrilinhagem
v. tb. Matrilinhagem
- masculino helênico 74
- matrilinhagem-p.: equilíbrio creto-micênico 74
- repressão patrilinear 99
- P. dória: fim do equilíbrio creto-micênico 108
- substituição da matrilinhagem pela P. 170
- vitória da P. sobre a matrilinhagem 259
v. tb. Mito da Esfinge
Pavão 299
Paz 208
v. tb. Irene

Pederastia 108s
Pedra
- P. negra 62
- P. sagrada 62
- *P. sem alegria* 307
Pégaso 241-251
- mito de P. 251s
Pensamento
- P. ativo 194
v. tb. Caos
Pent 203
v. tb. Ação de caminhar
Perséfone 300-311
- mito de Deméter e P. 299-311
Personae sanguine coniunctae 81
v. tb. Sangue, pessoas ligadas por laços de; *Sanguine coniunctus*; *Hamartía*
Perversão 200
v. tb. Eros
- P. espiritual 252
v. tb. Medusa (Górgona)
- P. sexual 235, 252
v. tb. Afrodite (235)
v. tb. Euríale (252)
- P. social 252
v. tb. Ésteno
Pesadelo
- P. (demônio) opressor 259s, 262, 265
v. tb. Esfinge (Fix)
Phratría 156
v. tb. Irmandade
Phrén 152s
v. tb. Entendimento
Phýlakes 182
v. tb. Guardiães dos homens
Phylé 156
v. tb. Tribo
Pilar 62
Plutodótai 182

v. tb. Dispensadores de riquezas
Pneuma 365
v. tb. Deus; Alma do mundo; Fogo; Razão
Poder 205, 275-279
v. tb. Corno; Chifre; Força; Carneiro; Touro
- P. divinatório 113
v. tb. *Manteía*
- P. de fixação dos alimentos 323-325
Poesia
- P. épica micênica
— tipo de P. 124
- epopeia homérica 122-126
- P. épica 214
v. tb. Calíope; Epopeia
Poeta 169, 186
v. tb. *Poietés*; *Mántis*; *Uates*
Poietés 169, 186
v. tb. Poeta; *Mántis*; *Uates*
Polifemo 216
v. tb. Ciclopes
Polímnia 214
v. tb. Retórica
Pólis 157s, 189
v. tb. Cidade-Estado
Politeísmo
- conceito 127
- formação do autêntico P. 127-130
- P. e a arte épica 127
Política
- atividade P. na Grécia arcaica 156-159
Pomba 61, 63, 94
Pons 203
v. tb. *Pánthâḥ*; *Ponte*; *Caminho*; *Pontos*; *Marcha*
Ponte 204
v. tb. *Pons*; *Pánthâḥ*; Caminho; Pontos; Marcha
Pontos 201, 203

cf. Universo, a primeira fase do
- descendência de P. 245-271
cf. Gerações divinas - segundo Hesíodo
Porco 316
v. tb. *Khoîros*; Fecundidade; Órgão genital feminino
Posídon 144s, 321-326
- Atlântida 346-349
Povo(s)
- assembleia do P. 332
v. tb. *Ekklesía*
- P. do mar 104
v. tb. dórios
Prata
- Idade de P. 182-184
v. tb. Idades, mito das Cinco
Prazer
- P. erótico 260
v. tb. Esfinge (Fix)
Primogênito
- sacrifício do P. 97-100
- sacrifício de Isaac (de Abraão) 97s
Princípio
- P. ativo 195, 279
- P. passivo 195, 279
v. tb. Feminino; Masculino
Privilégio
- P. real 182
v. tb. *Basíleion géras*
Profano
- dicotomia entre P. e sagrado 42-44
v. tb. Sagrado
- parentesco em P. 82
Profeta 169
v. tb. *Uates*
Prometeu
- mito de P. 174-176
— etimologia 175
— o mito 174-176

Prostitutas
- P. sagradas 234
Prova
- P. iniciática 59
v. tb. *Dokimasía*; Iniciação
Prudência 185
v. tb. *Sophrosýne*
Psámmos 247
Psâmate 246s
Psiqué 152s
v. tb. *Psykhé*; Alma; Sopro vital
- deformações monstruosas da P. 252
v. tb. Górgona
- destino da P. após o sepultamento
  do corpo 336-338
- julgamento da P. 337s
- destino da P. 337s
Psykhé 152s
v. tb. Psiqué; Alma; Sopro vital

Q

Quente 202
Queres 237, 241s
Quimera 243, 257
v. tb. Criações imaginárias
Quinhão 148, 243
v. tb. *Moîra* (*Aîsa*); Destino; Parte,
  Lote

R

Raio 215
v. tb. Arges
Rájas 201
v. tb. Espaço obscuro; Érebo
Rapto
- R. de Helena 110-120
- R. da mulher 117-119
v. tb. Casamento
Razão 170, 365
v. tb. Lógos (170)

v. tb. Deus; Alma do mundo; Pneuma; Fogo (365)
- incompatibilidade com o amor 198
- cegueira da R. 149
v. tb. *Áte*
Regressão 85
Regresso
- R. de Ulisses 134
v. tb. Odisseia; *Odýsseia*; *Odysseús*
Regressus ad uterum 56, 195, 357
v. tb. Grutas e cavernas (56, 356)
v. tb. Útero, descida ao Ú. da terra
  (195)
Rei 124, 161
v. tb. Senhor; *Basileús*; *Ánaks* (123)
v. tb. Tirano (*Týrannos*) (160)
- jovem R. 87
- velho R. 87s
- R. das saturnais 363
v. tb. *Saturnus*; *Saturnalia*
- morte do R. e sua substituição
  86-89
- mito do R. Minos 64-68
v. tb. Creta, Ilha de
Reia 196, 211
- descendência de Crono e R.
  291-349
cf. Gerações divinas – segundo
  Hesíodo
Relâmpago 215
v. tb. Estéropes
Religião
- conceito 41
- R. e rito 41
- sincretismo religioso
  creto-micênico 74-81
cf. Creta, ilha de
- R. aqueia
- R. cretense 54-64
cf. Creta, ilha de
- R. dos mortos 126s

- R. hesiódica 162-172
- R. homérica 126
Renascimento
- legado da Grécia para o R. 10s
Repressão
- R. do homem sobre a mulher 325-329
Retórica 204
v. tb. Polímnia
Retorno
- R. do esposo 122, 135
v. tb. *Nóstos*; Nostalgia
Retrocesso
- R. dório 108, 110
v. tb. Dórios; Decadência grega
Reunião
- R. dos contrários 248
v. tb. *Complexio oppositorum*
Rio(s) 273-281
- Nilo 273s
- Alfeu 273s
- Aqueloo 273-277
- Escamandro 273, 278-281
- simbolismo do R. 279-281
Riqiz 201
v. tb. Obscuridade; Érebo
Riqueza(s)
- adquirida pela agricultura 173
- dispensadores de R. 183
v. tb. *Plutodótai*
Rito 98
- conceito 41
- R. e religião 41
- R. e o retorno às origens 41s
- R. familiar 94
- R. político 94
- R. iniciático 107-109
- R. sagrado da lavra 303
v. tb. Mãe-Terra
- R. da mutilação 357s
Ritual

- R. de iniciação 120
v. tb. Iniciação
Roma
- influência grega sobre os latinos 367-370
Romã 322s, 325, 329
- simbolismo da R. 322s
v. tb. Fertilidade
Rosa 230
Rouxinol
- apólogo do Gavião e do R. 191s
Rudis indigestaque moles 194
v. tb. Massa informe e vazia

S
Sacerdotes
- acólitos das sacerdotisas 60s
v. tb. Creta, ilha de
Sacerdotisas
- primazia das S. 60
- hipóstases da Grande Mãe 60
Sacrifício(s)
- S. sangrentos cretenses 58
- S. de Isaac (de Abraão) 98
- S. do primogênito 97-99
- S. reais 99
Sagrado
- dicotomia entre o profano e o S. 42s
v. tb. Profano
- parentesco S. 81s
- arauto S. 315
Sangue 260
v. tb. Esfinge (Fix)
- pessoas ligadas por laços de S. 81
v. tb. *Personae sanguine coniunctae; Sanguine coniunctus; Hamartía*
Sanguine coniunctus 82
v. tb. Laços de sangue; *Personae sanguine coniunctae; Hamartía*
Saturnalia 361-363
Saturno 360-363

v. tb. *Saturnus*
Saturnus 360-363
v. tb. Saturno
Seelenvogel 261
v. tb. *Cauchemar*; Esfinge
Self
- S. cultura: interação com o
  Inconsciente Coletivo 10
Semente 188, 260
v. tb. *Spérma*; Esperma
Senhor 124
v. tb. Rei; *Basileús*; *Ánaks*
Sepultamento
- cerimônias de S. do morto 335-337
Serpente 62s
Sexualidade
- S. e fecundidade 235
v. tb. Afrodite
- perversão sexual 235
- alimentação e S. 325-328
v. tb. Repressão do homem sobre a
  mulher
Sheol 333
v. tb. Inferno
Sicilianos (Ciclopes) 214s
- Polifemo 215s
Simbolismo
- S. da Atlântida 348s
- S. da romã 322s, 325, 329
- S. do fogo 292-295
- S. do freixo 225s
- S. do leão 270s
- S. do rio 279-281
- S. do vento 284-286
Símbolo
- conceito 40
- expressa o mito 40
Simulacro 153
v. tb. *Eídolon*
Sincretismo
- S. religioso creto-micênico 74-80

— influência cretense no panteão
  helênico 74-79
— no culto aos deuses 78-80
— no culto aos mortos 76, 79s
Sísifo
- mito de S. 238
Soberania 50
- v. tb. Estrutura trifuncional
  indo-europeia
Soberano 161
v. tb. Tirano (*Týrannos*)
Sogra 221
Sol 275, 278
v. tb. Lua; Masculino; Feminino
Soldado
- S. de infantaria 158
v. tb. *Hoplita*
Sonho
- S. funesto 141
Sophrosýne 186
v. tb. Prudência
Sopro
- S. vital 152
v. tb. Psiqué (*Psykhé*)
Sorte 244
v. tb. Tique; Acaso
Soteriologia 33
Spérma 188, 260
v. tb. Semente; Esperma
Súcubo(s) 263s
v. tb. Íncubo(s); Esfinge; Esperma;
  Cauchemar
Superioridade 151
v. tb. *Areté*

T
Talia 214
v. tb. Comédia
Tânatos 237-240
Tártaro 196, 333, 337-339

cf. Universo, a primeira fase do
v. tb. Hades; Érebo; Campos Elísios
Taumas 245-247
- Íris 247s
- Harpias 248s
Teia 206-211
- descendência de T. e Hiperíon
  283-286
cf. Gerações divinas – segundo Hesíodo
Têmis 161, 205, 211s
v. tb. Justiça
Tempo 208
v. tb. *Khrónos; Krónos;* Crono
Teofanias 202
Teogonia 155, 162, 172
- etimologia 162
- divisão da obra 162-169
— invocação às musas 162
— cosmogonia (nascimento do
  Universo) 162s
— teogonia (origem/genealogia dos
  deuses) 163-168
v. tb. Gerações divinas – segundo
  Hesíodo
— heroogonia (origem/genealogia
  dos heróis) 168s
- crítica à T. e comentários 169-172
Teratomorfismo 170
Terpsícore 214
v. tb. Dança
Terra 174
v. tb. *Gué*
- o problema da T. na Grécia arcaica
  157-160
- descida ao útero da T. 195
v. tb. *Regressus ad uterum*
Terror
- T. da morte 256

v. tb. Inferno interior; Espírito do
  mal; Cão do Hades
- T. infundido pelas almas dos
  mortos 259s, 262
v. tb. Esfinge (Fix); Alma penada
Tesmofórias 303-305
v. tb. Mãe-Terra
Tétis (*Têthýs*), Titânida 206, 214s
- descendência de T. e Oceano
  273-283
cf. Gerações divinas – segundo
  Hesíodo
Tétis (*Thétis*), Nereida 110-112, 145,
  246
Thymós 151, 153
v. tb. Instinto; Apetite; Alento
Tifão 355-357
Timé 92, 133, 142, 151, 154, 159,
  174
v. tb. Honra
Tique 244
v. tb. Acaso; Sorte
Titânidas 205, 210-214
cf. Gerações divinas – segundo
  Hesíodo
Tirano(s) 160
v. tb. *Týrannos;* Soberano; Rei
Titãs 205-211
- Oceano 206, 207s
- Crono 206, 208-211
Touro 59, 62, 63, 275-278
v. tb. Corno; Chifre; Força; Poder;
  Carneiro
- caráter lunar dos chifres do T. 275,
  278
v. tb. Feminino; Carneiro; Masculino
Trabalho 173
v. tb. *Érgon*
- necessidade do T. 172s, 175
v. tb. mitos de Prometeu, de Pandora
  e das Cinco Idades

- alavanca da prosperidade 174
- *T. e Dias* 152, 171-172
—apresentação da obra 171s
—- necessidade do trabalho 171s
—- o dever de ser justo 171s
— diferença de enfoques entre
  Hesíodo e Homero 174
— o cenário em que nasceu a obra
  174s
— divisão da obra 172-174
—- introdução 172
—- síntese da primeira parte 173
—- síntese da segunda parte 172-174
—- síntese da terceira parte 174
— o trabalho 171^2-188
—- mito de Prometeu 174s
—- mito de Pandora 176
—- mito das Cinco Idades 176-188
— a justiça 171-174, 189-199
—- apólogo do Gavião e do Rouxinol
  191-198
Tragédia 214
v. tb. Melpômene
Trevas 162, 170s
- T. profundas 200
- T. infernais 201
- T. superiores 201
v. tb. Érebo; Nix
Treze
- número T. 239
Tribo 156
v. tb. *Phylé*
Trigo 302s, 305, 320s
v. tb. Grão de vida
Troia
- T. histórica 101-105
- T. mítica 101-105
- guerra de T. 101s, 105, 109-118
v. tb. *Ílion*
Trovão 214
v. tb. Brontes

Týrannos 160
v. tb. Tirano; Soberano; Rei

U
Uates 169, 186
Uir 174
v. tb. Herói; *Anér*
Ulisses
- regresso de U. 134
v. tb. *Odysséus*; *Odisseia*
Um 357
v. tb. ímpar; Par; Dois
Umbigo 96
v. tb. *Omphalós*
União
- U. dos opostos 199
v. tb. *Complexio oppositorum*
Universo 13
v. tb. *Kósmos*
- nascimento (origem) do U. 162s
v. tb. Cosmogonia
- a primeira fase do U. 194-204
— Caos 193s
— Geia 195s
— Tártaro 196
— Eros 196-201
— Érebo 200
— Nix 200s
— Éter 200s
— Úrano 201s
— Montes 201-204
— Pontos 201-203
Urânia 214
v. tb. Astronomia
Urânios (Ciclopes) 214
Úrano 201s
- reinado de Ú. 161-166
cf. Universo, a primeira fase do
- descendência de Ú. 205, 236
cf. Gerações divinas – segundo
  Hesíodo

Útero
- descida ao Ú. da terra 195
v. tb. *Regressus ad uterum*
Uva 306

V

Vazio
- V. primordial 194
v. tb. Caos
Vegetação
- ritos simbólicos da V. 229-231
Velho
- V. rei 86-88
v. tb. Jovem rei
Vento
- simbolismo do V. 284-286
Vícios
- V. múltiplos 257
v. tb. Hidra de Lerna
Vida
- grão da V. 303-305
v. tb. Mãe-Terra
Vingança
- V. do sangue parental derramado 217-222
v. tb. Homicídio
Violação
- V. da noiva 120

Violência 88, 141
v. tb. *Hýbris*
- V. bélica 183
v. tb. *Hýbris* militar

Y

Yin 247
v. tb. *Yang*; Fecundidade; Harmonia
Yang 247
v. tb. *Yin*; Fecundidade; Harmonia

Z

Zelo 286
Zeus
- nascimento e infância de Z. 353
- sua luta pelo poder 165s, 351s, 354, 356
- a conquista do poder 166
- domínio e governo de Z. 139, 142, 166s, 169-171, 356s, 258-361
- detentor das virtudes e das artes 170
- hierogamias de Z. 170
- mito de Z. e Afrodite 232
- complexo de Z. 365
Zoolatria
- crenças zoolátricas 94

CULTURAL

Administração
Antropologia
Biografias
Comunicação
Dinâmicas e Jogos
Ecologia e Meio Ambiente
Educação e Pedagogia
Filosofia
História
Letras e Literatura
Obras de referência
Política
Psicologia
Saúde e Nutrição
Serviço Social e Trabalho
Sociologia

CATEQUÉTICO PASTORAL

Catequese
  Geral
  Crisma
  Primeira Eucaristia

Pastoral
  Geral
  Sacramental
  Familiar
  Social
  Ensino Religioso Escolar

TEOLÓGICO ESPIRITUAL

Biografias
Devocionários
Espiritualidade e Mística
Espiritualidade Mariana
Franciscanismo
Autoconhecimento
Liturgia
Obras de referência
Sagrada Escritura e Livros Apócrifos

Teologia
  Bíblica
  Histórica
  Prática
  Sistemática

REVISTAS

Concilium
Estudos Bíblicos
Grande Sinal
REB (Revista Eclesiástica Brasileira)

VOZES NOBILIS

Uma linha editorial especial, com importantes autores, alto valor agregado e qualidade superior.

PRODUTOS SAZONAIS

Folhinha do Sagrado Coração de Jesus
Calendário de mesa do Sagrado Coração de Jesus
Agenda do Sagrado Coração de Jesus
Almanaque Santo Antônio
Agendinha
Diário Vozes
Meditações para o dia a dia
Encontro diário com Deus
Guia Litúrgico

VOZES DE BOLSO

Obras clássicas de Ciências Humanas em formato de bolso.

CADASTRE-SE
www.vozes.com.br

EDITORA VOZES LTDA.
Rua Frei Luís, 100 – Centro – Cep 25689-900 – Petrópolis, RJ
Tel.: (24) 2233-9000 – Fax: (24) 2231-4676 – E-mail: vendas@vozes.com.br

UNIDADES NO BRASIL: Belo Horizonte, MG – Brasília, DF – Campinas, SP – Cuiabá, MT
Curitiba, PR – Fortaleza, CE – Goiânia, GO – Juiz de Fora, MG
Manaus, AM – Petrópolis, RJ – Porto Alegre, RS – Recife, PE – Rio de Janeiro, RJ
Salvador, BA – São Paulo, SP